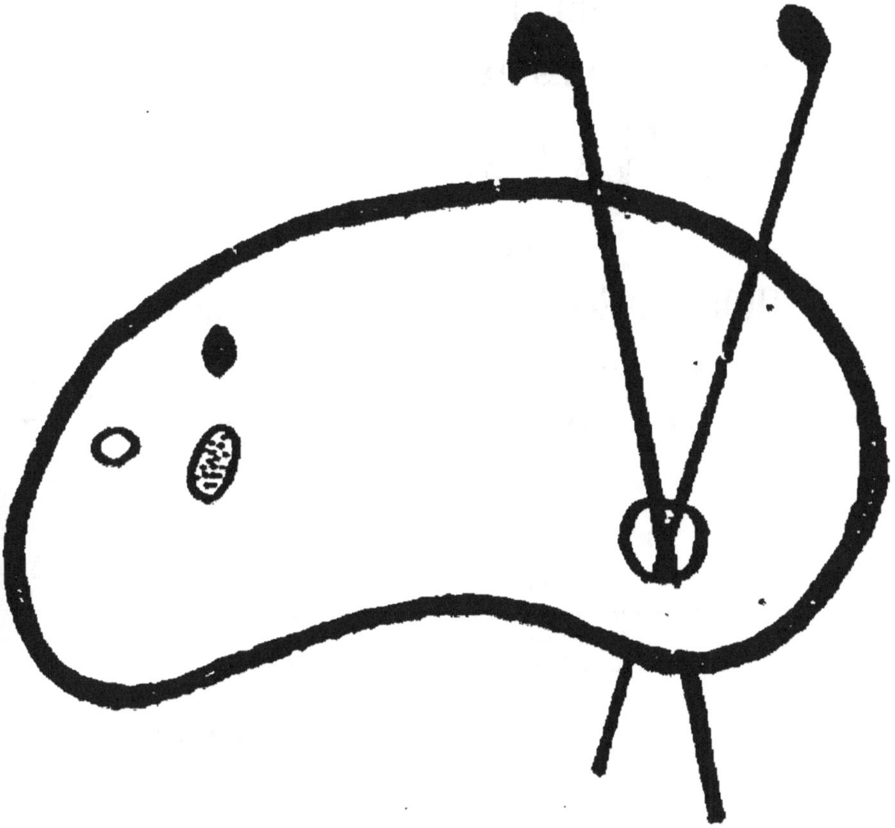

DEBUT D'UNE SERIE DE DOCUMENTS
EN COULEUR

HISTOIRE
DÉMOCRATIQUE ET ANECDOTIQUE
DES PAYS
DE LORRAINE, DE BAR
ET
DES TROIS ÉVÊCHÉS (Metz, Toul, Verdun)
DEPUIS LES TEMPS LES PLUS RECULÉS
JUSQU'A LA RÉVOLUTION FRANÇAISE

PAR

J.-B RAVOLD

Officier d'Académie
Auteur des *Transportés de la Meurthe* en 1852,
de *République et Monarchie*
couronné, en 1873, par la Ligue nationale de San-Francisco, etc.

LE DROIT PRIME LA FORCE

TOME TROISIÈME

PARIS
Chez CHARLES BAYLE, libraire-éditeur, rue de l'Abbaye, 16
NANCY
Chez PAUL SORDOILLET, libraire, place Stanislas, 7
SIDOT FRÈRES, libraires, rue Raugraff, 3
HUSSON-LEMOINE, libraire, rue d'Amerval, 6 bis
Mme MORAWETZ, rue Saint-Dizier, 37
Et à l'IMPRIMERIE COOPÉRATIVE DE L'EST, rue Saint-Dizier, 51

1890

NANCY — IMPRIMERIE COOPÉRATIVE DE L'EST

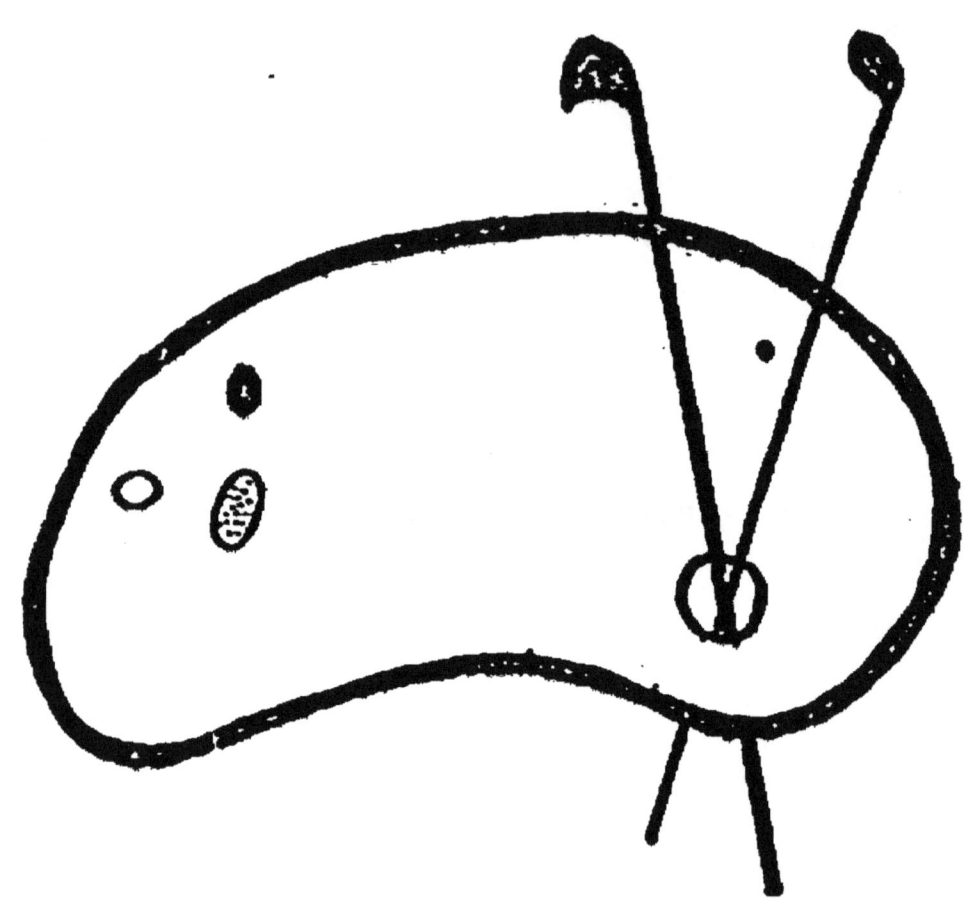

FIN D'UNE SERIE DE DOCUMENTS
EN COULEUR

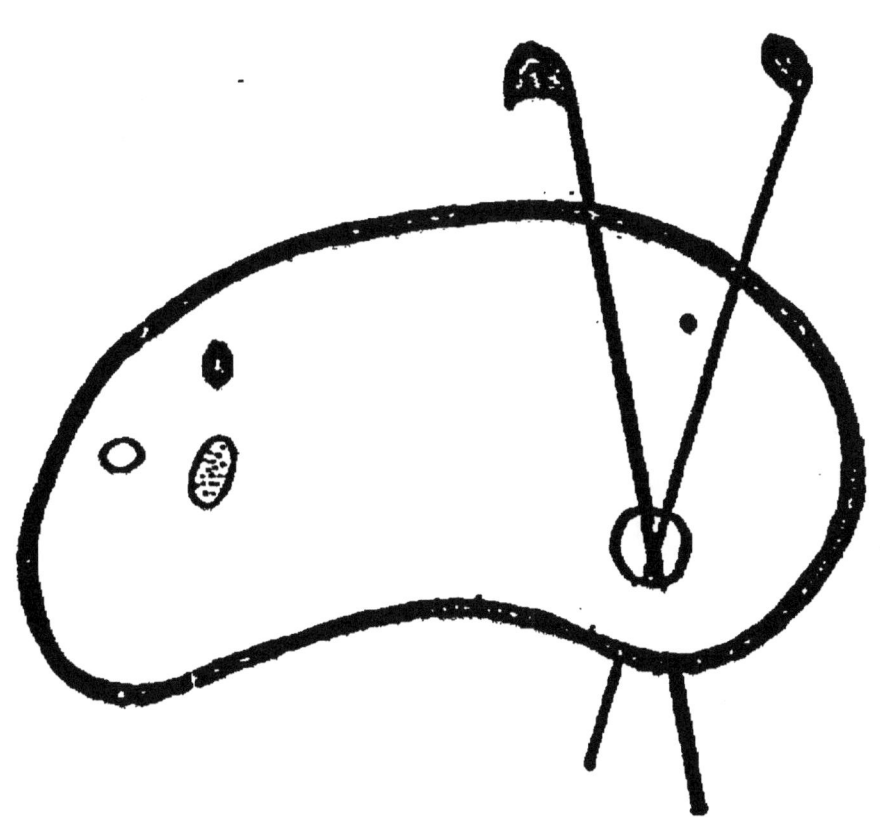

FIN D'UNE SERIE DE DOCUMENTS
EN COULEUR

LK²
3739

HISTOIRE DÉMOCRATIQUE

DU

PAYS LORRAIN

HISTOIRE

DÉMOCRATIQUE ET ANECDOTIQUE

DES PAYS

DE LORRAINE, DE BAR

ET

DES TROIS ÉVÊCHÉS (Metz, Toul, Verdun)

DEPUIS LES TEMPS LES PLUS RECULÉS

JUSQU'A LA RÉVOLUTION FRANÇAISE

PAR

J.-B. RAVOLD

Officier d'Académie
Auteur des *Transportés de la Meurthe* en 1852,
de *République et Monarchie*
couronné, en 1873, par la Ligue nationale de San-Francisco, etc.

LE DROIT PRIME LA FORCE

TOME TROISIÈME

PARIS
Chez CHARLES BAYLE, libraire-éditeur, rue de l'Abbaye, 16
NANCY
Chez PAUL SORDOILLET, libraire, place Stanislas, 7
SIDOT FRÈRES, libraires, rue Raugraff, 3
HUSSON-LEMOINE, libraire, rue d'Amerval, 6 *bis*
Mlle MORAWETZ, rue Saint-Dizier, 67
Et à l'IMPRIMERIE COOPÉRATIVE DE L'EST, rue Saint-Dizier, 51

1890

DEUXIÈME PARTIE

LA LORRAINE AUTONOME, DUCALE FÉODALE ET PARLEMENTAIRE

(Suite)

HUITIÈME SECTION

QUATRIÈME PÉRIODE

DEPUIS LES GUERRES DE RELIGION JUSQU'A L'OCCUPATION FRANÇAISE

De 1508 à 1545. — Antoine.

Femme : RENÉE DE BOURBON.

SOUVERAINS ET PRÉLATS LORRAINS CONTEMPORAINS

ROIS de France.	EMPEREURS d'Allemagne.	ÉVÊQUES		
		de Metz.	de Toul.	de Verdun.
LOUIS XII.	MAXIMILIEN Ier.	HENRI de Lorraine-Vaudémont	HUGUES des Hasards.	VARY de Dommartin.
			JEAN de Lorraine	
FRANÇOIS Ier.	CHARLES V.		HECTOR d'Ailly.	JEAN de Lorraine
			JEAN de Lorraine (2e fois).	
			ANTOINE Pellegrin.	
			JEAN de Lorraine (3e fois).	

SOMMAIRE. — Noël et l'épithète de *Bon*. — Causes de la popularité d'Antoine. — Les États le proclament duc. — Impositions nécessitées par le mauvais état des finances. — Antoine jure de respecter les libertés des Toulois. — Agnadel. — Les Grands-Jours réunis à Saint-Mihiel. — Gardes-du-Corps. — Paix sur les rives de la Moselle et de la Sarre. — Antoine épouse Renée de Bourbon. — Marignan. — René et sa femme à Laxou et à Nancy. — Disette et Peste. — Antoine bat deux aventuriers — Châtel rendu à la Lorraine. — Juridiction ecclésiastique élargie au profit du pouvoir civil. — Entrevue du Drap d'Or. — Édit contre les blasphémateurs et contre les émancipations. — Jean de Lorraine, évêque de Metz. — Relâchement des mœurs du clergé. — Signes précurseurs de la Réforme. — Insurrection des paysans allemands. — Les douze articles des Rustauds. — Modération des paysans insurgés. — Ils respectent la liberté religieuse. — Rustauds lorrains. — Ils sont très nombreux dans le bailliage d'Allemagne. — Le bas clergé en faveur de la Réforme. — Inquisiteurs en Lorraine. — Défenses ordonnées par Antoine. — Rustauds de Dieuze et Antoine. — Adresse des chefs luthériens au Duc. — Officier, avocat des protestants, décapité. — Sommes énormes offertes aux chefs catholiques. — Antoine lève une armée de condottieri et marche sur Dieuze. — Rustauds à Herbitzheim. — Marche sur Sarrebourg. — Gerber propose un armistice. — Antoine fait emprisonner le messager. — Loupestein. — Massacre de Saverne. — Odieuses exécutions. — Scherwiller. — Défaite des Rustauds. — Supplice du pasteur Schuh. — Retour d'Antoine. — Son pèlerinage à Saint-Nicolas. — Enquête et répression dans la Lorraine allemande. — Aveux des ex-rebelles. — Leur nombre. — Sévère répression. — Couteaux enlevés. — Récompense aux orthodoxes. — Privilèges enlevés aux roturiers. — Jubilé accordé aux Lorrains. — Neutralité d'Antoine entre François I" et Charles V. — Metz lui donne le titre de comte. — On lui livre le château de Void. — Landfried. — Troupes fournies contre le Turc. — Bandits repoussés. — Trêve de Nice due à Antoine. — Prétentions de la France sur le Barrois mouvant. — Charles V refuse de restituer le duché de Gueldres. — 1540, la chaude année. — Sorciers. — Mariage du futur duc François I" avec Christine de Danemarck. — Stenai abandonné à la France. — Traité de Nuremberg consacrant l'indépendance de la Lorraine (1542). — Nouvelle tentative d'Antoine pour la paix. — Subside voté pour la défense du pays.

Trois Évêchés. — *Metz.* — Catégorie des citoyens disposés à accueillir le protestantisme. — Prosélytes à Metz. — Jean de Lorraine et ses parents, trafiquant du siège épiscopal de la Cité, poussent au luthéranisme. — Prohibition des magistrats. — Supplice de Jean Châtelain. — Jean Leclerc. — Jacques le libraire. — Expansion du protestantisme. — Guillaume Farel. — Ses controverses. — Les femmes l'attaquent. — Temple protestant à Metz. — Guize attaque Gorze. — Odieux massacre. — Farel s'échappe. — Intolérance à Metz. — Charles V jure de conserver les privilèges des Messins et visite armes et fortifications. — Dons qu'on lui offre. — Ordonnances contre l'hérésie. — Deux autres visites de l'empereur. — Charles V, despote.

Toul. — La ville rançonnée par François I" et Charles V. — Peste de 1522. — Disette de 1524. — Nouveaux fléaux en 1528-29. — Conflit à propos de Vicherey. — Inquisiteur à Toul. — L'évêque d'Hocédy est mal accueilli. — Détresse en 1544.

Verdun. — Troupes et argent contre les Rustauds. — Concordat germanique — Furstemberg battu par Guise. — Expansion générale du protestantisme.

Justice. — Jean Blin et sa femme. — Lois cruelles contre les Égyptiens. — Lois sévères sur la chasse. — Fauconnerie. — Corvées de chasse.

Notes. — Devise d'Antoine. — Luxe de table en 1524. — Assemblée des Grands-Jours. — Filiation des Guises. — Bayard défend le duc de Lorraine. — Etangs battus pour faire cesser les croassements des grenouilles. — Chaud été de 1516. — Vers adressés à Renée de Bourbon. — Sa réception à Metz. — Mines du Val-de-Lièpvre. — Mesures cruelles contre les blasphémateurs. — Ignorance et relâchement du clergé. — L'article premier des Rustauds justifié. — Qu'est-ce que les douze articles, et l'arbre de liberté ? — Cause de l'échec des Rustauds. — Ils ne prennent que les biens du clergé. — La portion congrue. — Avocat des Rustauds tué par ordre d'Antoine. — Lansquenets. — Clergé avare. — Les Rustauds jugés par un écrivain clérical. — Massacres des Rustauds constatés. — Gerber et ses lettres. — Antoine après sa victoire. — Jugement de Weil — de Chevrier — et de Beaupré. — Les habitants de Sainte-Hippolyte pressurés. — Alsaciens victimes de l'insurrection. — Valeur des enquêtes contre les adversaires politiques ou religieux. — L'enquête de 1525. — Bermeringer et Brubach. — La Lorraine allemande. — Liberté de répression accordée au duc de Deux-Ponts, à Philippe de Harenges. — Rémission accordée à un luthérien du Val-de-Lièpvre. — Insurgés châtiés. — Bliesbrücken et les Rustauds. — Traité d'Antoine avec l'archevêque de Trèves. — Edits contre le clergé. — Claudine Boussard. — Aide imposé pour la conquête de la province de Gueldres. — Ducs indépendants de l'Empire. — Landfried. — Population de la Lorraine. — Anoblis. — Linge et toile. — Processions sans résultat contre les intempéries. — Température insolite. — Jean de Lorraine. — La duchesse de Lorraine à Metz — Cadeaux divers des citains. — Metz, fief d'Antoine. — Corneille Agrippa. — Farel et les moines. — Guerres privées. — Protestantisme proscrit à Metz. — Médecins à Toul. — Chanoines toulois, seigneurs laïques. — Landfried.

« C'est Edmond du Boulay qui, le premier, a donné l'épithète de *bon* au duc Antoine. (NOEL, *Cat.*, t. II, p. 578.) Nous ne pouvons deviner sur quoi peut être fondée une semblable qualification en faveur de l'exécuteur des hautes œuvres du parti catholique, qui massacra quarante mille hérétiques dans lesquels se trouvaient plus de dix mille de ses sujets, fit brûler Loupestein, Saverne, Scherwiller, etc. L'encensoir ne saurait profaner tant de sang pour le rendre agréable à Dieu ; l'épopée la plus virgilienne ne saurait justifier ces cruautés. On aurait dû donner au duc Antoine le surnom de *Catholique*, comme il fut donné pour cause semblable à Ferdinand V d'Aragon, l'exterminateur des Maures. « Justifier un tel homme ? fi donc ! le glorifier, à la bonne heure !... s'écrie un de nos contemporains. Soit ! appelez-le catholique. »

L'une des causes indéniables de la popularité d'Antoine, c'est la paix qu'il sut faire régner dans ses États pendant sa vie ; c'est l'habileté qu'il mit en œuvre pour préserver la Lorraine des attaques de la France et de l'Allemagne en lutte, habileté que Léopold imita au commencement du XVIIIe siècle et qui lui valut également la reconnaissance de ses sujets. Le paysan, certain de pouvoir rentrer paisiblement ses récoltes, acquittait sans peine, outre la dîme et divers droits seigneuriaux, les impositions au profit de la caisse ducale, et reportait sur le souverain toute la gratitude imaginable pour ce bienfait nouveau, inconnu alors.

Antoine était âgé de dix-neuf ans à la mort de son père (1). Celui-ci avait déféré la régence à sa femme, Philippine de Gueldres. Les murmures de la noblesse firent convoquer les trois ordres à Nancy, le 13 février 1509, dans la salle du

(1) Antoine avait pris pour emblème un cadran horizontal avec un soleil et ces mots : *Nulla hora sine linea*. Il avait pour devise : « *J'espère avoir.* »

palais ducal, dite des Cerfs. Les États votèrent l'aide de trois florins par conduit qu'on demandait à titre de don de joyeux avènement, mais déclarèrent qu'Antoine « estoit constitué à aage compétent et suffisamment qualifié por estre hors de tutelle, curatelle et mainbournie ». (DIGOT.)

La duchesse dut s'incliner.

Au sortir de la séance des États, vers quatre heures du soir, Antoine annonça qu'il allait prêter le serment exigé des nouveaux ducs depuis le règne d'Isabelle; et il le fit, en effet.

L'examen de la situation financière prouva que l'aide de trois florins par conduit était insuffisant (1). On convoqua de-

(1) Pour donner une idée du luxe de table chez les privilégiés de l'époque, nous transcrivons ici les détails suivants :

« Le jour du baptême du prince Nicolas, fils d'Antoine, à Bar, en 1524, on distribua au peuple de la ville et des environs, assis à table (et sans rappeler la viande de boucherie), 28 poinsons de vin, 50 moutons, 3 bœufs, 500 chapons, 1.100 poules, miches et michettes sans nombre, outre la vénerie et volerie, car on y voyait cerfs, biches, sangliers, chèvres, veaux, daims, gohiers, lapins, lièvres, outardes, cignes, butors, paons, faisans, bitardes, oies, hérons, canards, genilottes, perdrix, bécasses, grives, merles, lourdes, vanneaux, pluviers, tourterelles, pigeons et raniers. Le lendemain qui était le vendredi, après toutes sortes de potages délicats, on était servi de lamproies, saumons, truites, brochets, carpes, anguilles, barbeaux, cheveines, perches, hallottes, gremilles, tanches, moutoiles, goujons, aubes, vilains, sachets, pinglets, stockfisches, marsouins, harengs et autre marée, si délicieusement accoustré que tout y estoit demeuré. Il y avoit pour le dessert, hypocras à tonneaux, poinsons et tandelins, vin clairet, vin de Beaune et de Vertu, d'Aï et de Bar-sur-Aube, spauvin et trabey, plainvin, vin français, rappé d'Allemagne et de Barrois, Malvoisie et Romanie, répandus en grande abondance. » (LEPAGE, *Lett. sur l'hist. de Lorr.*, pp. 55-56.)

Quelque temps après, à l'hôtel d'Antoine du Chastellet, chambellan du prince, il y eut un banquet dont voici le menu :

Premièrement de la panneterie..... Le 1er service, savoir : hypocras blanc avec rôties ; le 2e service, hérons froids, langues salées, paons froids, pâtés de perdrix froids. De l'échançonnerie, vin de Bourgogne cléret, viel et nouveau, vin d'Aï nouveau, vin blanc de Bar-sur-Aube, vin cléret de Bar, viel et nouveau, vin bâtard et Malvoisie. — De la cuisine, 1er service, les saucisses, les constelettes de porc, les per-

rechef les Etats. Ceux de Lorraine accordèrent un nouvel aide dont on ne connait pas l'importance. Ceux du Barrois autorisèrent, contre des lettres de *non-préjudice*, la levée de trente gros sur chaque ménage.

A son passage à Toul, Antoine s'agenouilla devant le maitre-autel sur lequel on avait exposé les reliques de l'église, et jura, les mains placées sur le canon de la messe, de respecter les droits et les libertés des bourgeois, de défendre ceux-ci dans toutes les circonstances, et d'observer les différentes clauses des conventions conclues avec ses prédécesseurs.

Le jeune duc avait été élevé avec Louis XII, roi de France; aussi à peine eut-il pris possession de ses Etats, qu'il alla rejoindre ce monarque en Italie, et prit une part brillante à la bataille d'Agnadel, gagnée sur les Vénitiens, en 1509. Louis XII, pour récompenser la bravoure des quarante gentilshommes lorrains qui avaient accompagné le duc, les fit tous chevaliers, le lendemain de la victoire.

De retour, en Lorraine, l'année suivante (1510), Antoine visita les villes de ses Etats, confirma leurs privilèges et fit réparer celles dont les fortifications avaient été endommagées sous le règne de son père. A Saint-Mihiel, il convoqua

drix au choux, pâtés d'assiette; 2º service, les chapons bouillis, le manger blanc, ventres de veaux, pâtés à la sauce chaude, cuisses de chevreuils chaudes ; les perdrix à l'orange ; 3º service, lapins à la trimollette, les gelinottes de bois, les cochons rôtis, les oies sauvages, cuisses de chevreuil froides, pâtés de longes de chevreuils, tièdes avec olives et capres ; 4º service, hérons et butors, les canards à la dodine, les chapons à la cameline, les bécasses et vanneaux, pâtés de venaison; 5º service, le bœuf salé, hautes côtes de mouton, pâtés de canards, gelée de cochon, la gelée de cour en deux sortes, rouge et jaune, pieds, groins et oreilles de porc au son. » (*Ibid.*, pp. 57-58.)

« Avec ces choses, ajoute le chroniqueur, la noblesse s'ébattoit en faits, ris, jeux, dicts (causeries), chants, orgues, instruments, danses de hauts, moyens et bas. Plus outre, la fête étoit esjouie par Songe-Creux et ses enfants, Mal-me-sert, Peu d'acquet et Rien-ne-vaut qui, jour et nuit, jouoient des farces vieilles et nouvelles, *rebobelinées* et joyeuses à merveille... »

et présida l'assemblée des *Grands-Jours*, qui ne s'était pas réunie, croit-on, depuis quatorze ans. La session dura cinq jours, et Bournon prétend que l'on y jugea huit cents causes. C'était alors un tribunal souverain, composé de la noblesse lorraine et barisienne, qui jugeait, en dernier ressort, les appels divers portés devant lui (1).

Vers 1511, Antoine se créa une compagnie de gardes du corps. Elle ne fut d'abord (1514) composée que de 25 hommes ; mais on l'augmenta dans la suite. En 1551, elle comptait quarante archers et deux trompettes ; elle devint le noyau du corps des arquebusiers à cheval. Quelques-uns des prédécesseurs d'Antoine avaient déjà eu des gardes ; mais c'est à dater de ce prince que l'institution devint permanente. L'écrivain Blaise de Montluc, dit avoir figuré dans les archers d'Antoine, que M. de Bayard commandait alors en qualité de lieutenant (2).

Peu après, le jeune duc conclut avec l'archevêque de Trèves un traité qui mit fin aux cruelles hostilités qui depuis

---

(1) Voir page 402. L'assemblée des *Grands-Jours* fut longtemps propre au Barrois, qui était alors divisé en plusieurs châtellenies ou prévôtés; les prévôts jugeaient en première instance. On appelait de leur tribunal par devant les Baillifs, et de ceux-ci à la Cour des Grands-Jours que le duc formait, de temps à autre, en nommant un certain nombre de seigneurs qui jugeaient en dernier ressort, et au milieu desquels il présidait souvent lui-même. (BEXON, p. 190.)

— Une ordonnance, publiée en 1532, avait pour but d'abréger les procédures, de diminuer les frais et de prévenir les nullités et les fraudes dans les contrats. (DIGOT, t. IV, p. 81.)

(2) Le chevalier Bayard fut lieutenant d'une compagnie d'hommes d'armes de France, qui se trouvait en Lorraine, en 1521. Elle comptait cent hommes. A Marignan, dit un chroniqueur, « le seigneur Bayard, lequel estoit lieutenant, de Monseigneur de Lorraine, voyant ledit seigneur dans la presse, au milieu des Suysses en moult grand dangier, marcha vers luy, criant à haulte voix : Suysses traitres et villains maulditz, retournez manger du fromaige en vos montaignes si pouez, mais je vous prometz que à ceste heure n'aurez loysir. Criez mercy à ceste heure à Dieu de vostre trahyson, car demain ne sera temps, et en enfer n'y a aucune remission ni repentance. Alors frappa sur Suysses... » (*A. L.*, 30e an. p. 72.)

cinq siècles désolaient les rives de la Moselle et de la Sarre. Hélas ! cette courte trêve allait être bientôt suivie d'autres boucheries humaines, sous prétexte de religion.

Après ces soins donnés à l'administration de ses États, Antoine les quitta pour assister au sacre de François Ier (1er janvier 1515), épouser ensuite Renée de Bourbon, et suivre enfin le roi de France en Italie. Là, il prit part à la bataille de Marignan et reçut cet éloge du prince le plus chevaleresque de son époque, qu'il *s'était conduit en brave chevalier*. Antoine et son frère Claude n'hésitèrent pas à combattre, au profit de la France, les enfants de ces généreux alliés de leur père qui l'avaient replacé sur son trône. Le jeune duc de Guise (1), âgé de dix-huit ans et qui commandait les lansquenets, la milice bourgeoise, fut trouvé sous un monceau de morts, couvert de vingt-deux blessures et foulé aux pieds des chevaux. Son écuyer, Adam, lui avait sauvé la vie au prix de la sienne, en se jetant généreusement sur son corps.

Antoine, à son retour en Lorraine, y amena la jeune duchesse qui n'y avait pas encore paru (1516). En passant à Laxou, on lui fit une réception magnifique. « Tous hommes et femmes (*Chronique lorraine*), jeunes fils, jeunes filles, tous lui allirent au-devant ; tous la menèrent à Laixou, toutes jeunes femmes et filles chantant joyeusement ; audit Laixou furent préparéez trois ou quatre maisons des plus belles, et force losges de mayes (verdure) et là feirent des-

---

(1) CLAUDE, cinquième fils de René II, épousa Antoinette de Bourbon et fut père de : 1° FRANÇOIS DE GUISE, mort en 1563 ; 2° CHARLES DE LORRAINE, dit le *grand cardinal*, mort en 1574 ; 3° LOUIS DE LORRAINE, dit le *cardinal de Guise*, mort en 1578.

2° FRANÇOIS DE GUISE, fut père de : 1° *Henri le Balafré*, tué à Blois, en 1588 ; 2° *Louis II*, dit également le cardinal de Guise, tué avec son frère Henri, à Blois, en 1588 ; 3° *Charles de Lorraine*, duc de Mayenne, mort en 1611 ; 4° *Catherine*, duchesse de Montpensier.

Le chef de la maison des Guises qui joue un si grand rôle au XVIe siècle, eut en apanage les biens que René II possédait en France, savoir : Guise, Aumale, Mayenne, etc., etc.

cendre Madame, et touttes les aultres dames et damoiselles, toutes femmes dudit Laixou, lui fut apporté force tartes, pommes, poires, vin rouge et cleret, et là feirent la bonne chière. » En reconnaissance de cet accueil, Renée affranchit les habitants de Laxou d'une servitude singulière. Dans l'endroit où est aujourd'hui la place Carrière, à Nancy, et qui était alors un marécage, ces malheureux étaient forcés de venir battre l'eau, la première nuit des noces pour empêcher le cri des grenouilles (1).

La réception à Nancy ne le céda en rien à celle de Laxou. Thierriat rapporte que l'on prescrivit « qu'en les rues où icelle devait passer, fussent les pavez mis à poinct ; ce que n'avoit-on faict quarante ans en avant » (2).

« Tous les clercs allaient au-devant, le suffragant en tête, portant le cuissal Monsieur saint Georges qu'il mit hors, et le donna à baiser à Madame. » (*Chron. de Lorr.*) Un chœur de musiciens, placé à la porte Saint-Jean, lui chanta des strophes que la Chronique a conservées (3). Le narrateur, après avoir raconté minutieusement tous les incidents de la fête ajoute : «... Après qu'ils eurent souppé, rendu grece à

(1) Voir page 438, note. De nos jours on a essayé de nier l'existence de cette humiliante servitude qui a fait dire à l'abbé Bexon (p. 193, note : « Je ne sais lequel paraîtra le plus bizarre, de faire taire les grenouilles pour endormir M. l'abbé (de Luxeuil), ou les nouveaux mariés. »

(2) A cette époque (1514), fut pavée la ville de Pont-à-Mousson, laquelle ne l'avoit auparavant jamais été et étoit l'une des *ordes* (sales) villes que jamais l'on vit. (*Chr. de Metz.*)

(3)   Dame triomphante, magnifique
  Vaisseau rempli de prudence
  De Bourbon, maison authentique
  Issue de couronne de France
  De nos cœurs vous faisons offrance...

  Doulceur longuement désirée
  En ce bon pays de Lorraine
  Où perles et mines sont trouvées
  Sallines et choses souveraines
  Vostre plaisir soit d'estre humaine
  A vos obéissants subjects.

Suivent les vers de l'épigraphe qui forment moitié d'une strophe de la composition. (Voir 1er volume.)

Dieu, se meirent à dancer. Quand l'heure vint de coucher, Monsieur, Madame ensemble couchont, et pour bien attréner la noble maison et le pays, il est à présumer du jeu d'amour, Monseigneur feit comme ses prédécesseurs » (1).

Peu après cette entrée solennelle, deux fléaux accablèrent simultanément la Lorraine. Vers le 15 mai, le vent du nord, accompagné d'une gelée vive, s'abattit pendant huit jours sur le pays et détruisit entièrement la végétation déjà fort avancée. Des orages fréquents qui survinrent plus tard mirent le comble aux désastres déjà accomplis. Une disette générale, suivie d'une maladie pestilentielle, affligèrent le pays et répandirent partout la désolation et la mort (2).

Vers le même temps, deux aventuriers audacieux qui se faisaient nommer le comte de Guersage et le comte Francisque, suivis de six mille Allemands, fondirent sur la Lorraine par la vallée de Saint-Hippolyte, dont ils se rendirent maîtres, pendant que, dans le Barrois, le bâtard de Chamilly s'empara par surprise de Conflans en Bassigny, dont il ran-

---

(1) Les Messins, en 1516, souhaitèrent, à leur tour, la bienvenue à la nouvelle duchesse de Lorraine, et lui offrirent une moult belle et riche coupe, bien faicte et bien ouvrée, et pesoit icelle coupe trois marcs et demie et fut achetée cinquante livres et denier, monnaie de Metz. Et, avec ce fut mis dedans la dicte coupe deux cent et cinquante florins de Metz; lequel présent recent moult agréablement le duc Anthoine. (*Chroniques*, p. 705.)

(2) L'été de 1516 (*Chronique de Lorraine*), depuis avril jusqu'en octobre, fut si chault, que on eut les foings en juing, les blés en juillet, et les vins au commencement de septembre ; mais peu y eut de blés et vins ; tous les foings furent bons, par lesdictes grandes chaleurs ; en plusieurs lieux cheute la fouldre ; spécialement tout le ban de Berney fut gâtez et en plusieurs aultres lieux il y eut *grande mortalité*, principalement à Toul : Dieu par sa sainte grâce veuille avoir pitié et mercy des trépassez! Ledit été fut si sec, que jamais on ne vit les ripvières si courtes, car jamais ne veit-on tant de poissons en été, car on feit en cestuy, car tous les vendredy, samedy et jeunes on en avoit à bon marchié et eut-on trouvé à Nancy 4 ou 5 que chers que cherettes toutes chargiées de poissons et se vendoit à bon prix. Les ponts des ripvières estoient bien aisez à refaire audit estez. L'hiver fut fort pluvieux dont les eaux furent toujours grandes. (D. CALMET.)

çonna les habitants; mais il fut contraint vite à rembourser les quinze cents écus, fruit de ce brigandage. Quant aux Allemands, le continuateur de Monstrelet prétend que les mines du Val-de-Lièvre avaient été le prétexte et la cause de l'agression (1).

Le duc Antoine rassembla à la hâte quelques troupes et dispersa les Allemands, avant l'arrivée du corps envoyé à son secours par François Ier. Ce monarque remit au duc l'hommage et la juridiction sur la ville de Châtel-sur-Moselle, aliénée par René Ier, afin de « reconnaître, dit-il, les importants services que le duc de Lorraine avait rendus à ses prédécesseurs et à lui-même. » Antoine obtint en même temps de Léon X, que les causes ecclésiastiques ne fussent point portées à Rome en première instance (BEXON, p. 195), et que les juges ordinaires pourraient en connaître jusqu'à sentence définitive. Cet indult, favorable au clergé lorrain, rétablit la discipline ecclésiastique, déjà fortement ébranlée, ainsi que le droit commun, violé si souvent par *les grâces expectatives et les réserves*. Le chapitre de Toul l'inscrivit sur ses registres pour l'opposer à ceux qui prétendaient décliner la justice des ordinaires. Ajoutons vite que Paul III n'eut pas pour Antoine les mêmes égards que ses trois

(1) Il y a dans cette montagne, près de Saint-Hippolyte (Vosges) (PIGUERRE, *Hist. de Fr.*, liv. II, chap. VI), tant de mines d'argent, de bronze et de plomb, que nulle part, en toute l'Allemagne, il ne s'en trouve tant ensemble, ni de meilleur revenu..., de façon qu'il n'y a lieu qui ne soit creusé et fureté jusqu'aux entrailles de la terre. Et après avoir bien creusé, ils trouvèrent plusieurs grands puits et anciennes cavernes, où les anciens avaient cherché des métaux et fait des minières bien profondes... En cette vallée des Vosges, toute stérile qu'elle est, il y a tant de métaux de plusieurs sortes, mines de bronze, de plomb, de métal argentin, duquel se tirent l'argent, le cuivre, et, en quelques lieux l'argent pur, qu'on y voit jusqu'à *douze forges* à métal où l'on ne cesse de travailler, cuire, fondre, laver et purger les métaux, et depuis quelques années que ces mines sont mises en état, on y a bâti douze cents maisons et on tient pour certain que depuis vingt ans, on a bien tiré chaque année, de ces mines, six mille cinq cents marcs d'argent... »

prédécesseurs : il lui refusa la nomination aux Bénéfices de ses Etats.

Antoine et sa femme assistèrent à la fameuse entrevue dite du camp du Drap-d'Or, entre François Iᵉʳ et Henri VIII, d'Angleterre. Le duc favorisa même par des intrigues le roi de France, au moment où celui-ci briguait le sceptre de l'empire allemand ; mais, en 1524, il sut garder la neutralité, lors de la fameuse bataille de Pavie, où son frère François, comte de Lambesq, périt à côté du roi, fait prisonnier quelques instants auparavant.

Comme ses prédécesseurs, Antoine était un prince très pieux. Dès 1511, il avait publié contre les blasphémateurs une pénalité des plus rigoureuses (1). Peu favorable à la liberté, à l'émancipation du peuple, sur la demande des Etats-Généraux (2), il remit en vigueur un édit de Charles II défendant aux prévôts et aux mayeurs d'accorder des lettres de bourgeoisie aux sujets des seigneurs qui ne prendraient pas l'engagement de rester soumis à la juridiction de ces derniers. (DIGOT, t. IV, p. 35) (3).

(1) ...On devait appliquer, pour la quatrième fois, l'amende et la prison, pour l'insolvable ; pour la cinquième fois, le carcan ; la sixième, le pilori, avec la lèvre supérieure coupée, de manière à mettre les dents à découvert ; la septième, à avoir la lèvre inférieure retranchée ; la huitième, à avoir la langue coupée... (DUMONT, t. II, p. 13.)

(2) Ces Etats donnèrent lieu aux deux ordonnances du 13 décembre 1519, rendues par le duc Antoine, lesquelles réglèrent les juridictions et défendirent les instances en cour de Rome et la publication des bulles, sans l'autorisation du duc ; ce n'est que depuis les Etats de 1529 (13, 15 et 16 décembre), qu'il a été dressé minute signée des jugements. (NOEL, Coll., t. III, p. 928.)

(3) On jugera de la morgue et de la brutalité des seigneurs de l'époque par l'anecdote suivante :

En 1524, Claude de Vaudémont, sire de Pesche, se trouvant à Bar dans une hôtellerie, était descendu à la cuisine où, en attendant le dîner, il faisait à deux jeunes filles l'honneur de les agacer. Trois jeunes gens sortent d'une chambre et traversent la cuisine sans saluer autrement qu'en disant : Dieu vous garde ! — Qui sont ces grosses bêtes ? Ils sont bien sauvages de ne pas saluer des gens de bien, s'écrie le noble seigneur. — A ces mots, les jeunes gens se retournent, demandant qui

Or, on était à la veille du soulèvement des Rustauds. Déjà, grondait en Allemagne l'orage de la Réformation. On attaquait partout les abus du clergé, dont l'ignorance était si grande que la langue latine n'était pas comprise par les curés (1).

les appelés grosses bêtes. Ah! vilain, veux-tu savoir qui c'est? dit le sieur de Pesche, saisissant un grand couteau, et courant sus à Nicolas Sequin, l'un d'eux, il le met en fuite, se fait apporter son épée et le poursuit à travers l'église Saint-Antoine, et l'atteint dans une maison bourgeoise, où il pénètre après lui. En vain le malheureux demande grâce à deux genoux ; le dédaigneux spadassin le transperce froidement pour lui apprendre la politesse. Ce meurtre révoltant n'en est pas moins gracié avant jugement. (Dumont, *Just. crim*, t. II, pp. 343-344.)

(1) L'évêque de Toul, Hugues des Hasards, fut obligé de joindre une traduction française au texte des statuts synodaux qu'il publia en 1515...
« Nous cognoissons estre beaucoup de clercs non lettrez qui viennent aux ordres et ne savent que ils demandent, ne quel office ils veullent avoir, qui est une ignorance moult honteuse et moult vitupérable. Et pour ce, nous commandons que doresnavant on y mette remède, que les curés le dient à leurs parrochiens qui seront ordinandes. Autrement on esborgnera par rigoureuse discipline. (Digot.)

— Ce clergé ignorant, inspirait peu de respect aux paroissiens. Ainsi, à Ancerviller, les habitants s'appuyaient irrespectueusement contre l'autel pendant les vêpres et y déposaient leurs chapeaux. Les femmes, pendant les processions, se mêlaient au clergé et troublaient les cérémonies. En 1515, des habitants d'Auzecourt éteignaient les cierges, quand ils en avaient la fantaisie, et le curé, sous leurs menaces, n'osait s'y opposer. A Châtel-sur-Moselle, le bourgeois Mangin Grandmaire, était condamné à une amende de six francs, pour avoir engagé à prix d'argent, son domestique à se présenter à l'offrande avec un costume ridicule. A Boudignécourt les paysans firent un Dieu de bois qu'ils placèrent sur un tonneau ; puis ils se rendirent en procession près de lui et le questionnèrent sur les choses futures. (Digot, t. IV, pp. 40-41, d'après Dumont.)

— D'autre part, la corruption des mœurs envahissait les églises et les monastères. Citons quelques exemples :

Le 20 juillet, l'abbé de Saint-Martin se rompit le corps, en tombant d'une échelle, par laquelle il se rendait sur un grenier près d'une jeune paysanne qu'il aimait.

A Metz, en 1524, une jeune femme et son mari s'engagèrent à livrer une jeune fille, à un moine de Saint-Martin qui ne put payer sur le champ le prix convenu; elle fut ramenée et vendue à Jean Bidars, chanoine de la cathédrale. Ce honteux commerce fut découvert. La justice en fit arrêter les auteurs, et le 28 juillet 1524, l'homme et la

Depuis longtemps « en Allemagne, des clameurs s'étaient élevées contre les exigences de la chancellerie papale, soit pour s'approprier les bénéfices germaniques, par des *grâces d'expectative*, de *réserve* et de *provision* qui s'accordaient à Rome, soit par le prélèvement des annates, droits de pallium, de bulle, de confirmation ou de décime des revenus, sous prétexte de guerre contre le Turc. De 1450 à 1512, les registres des diètes sont remplis de tous ces griefs auxquels la vente des indulgences vint prêter une nouvelle force. (SAINT-MAURIS, p. 317.)

Dans notre pays, le trafic des dignités ecclésiastiques, dont certains membres de la famille ducale lorraine faisaient impudemment étalage, soulevait de dégoût le cœur des bourgeois plus éclairés que leurs ancêtres. Tout, au reste, concourait à précipiter un mouvement anti-religieux. Ainsi, en 1522, éclata une maladie pestilentielle qui, en moins de deux mois, enleva à Toul plus de 350 personnes. Les chanoines, alarmés, se retirèrent à Void, abandonnant le service de la cathédrale à quelques chapelains, au grand scandale du peuple. Les bourgeois les plus riches de la ville imitèrent leur exemple. — L'intempérie des saisons se mit également de la partie. Dès le 10 novembre 1522, une gelée d'une intensité extraordinaire fit périr les semailles. Au printemps les eaux augmentèrent au point d'inonder toute la province, ce qui amena une disette prolongée. En 1524, un tremblement de terre qui se fit sentir dans tout le duché, mais principalement dans les Vosges, renversa quantité de maisons, sous les ruines desquelles furent ensevelis nombre de malheureux. L'année suivante, la gelée perdit les vignes, au mois de juillet. Chez un peuple ignorant, accessible à toute espèce de superstition, confirmé d'ailleurs

femme furent mis au carcan, sur la place du Champ-à-Seille. Ils étaient tous deux coiffés d'une mitre, en laquelle estoient en peinture, le chanoine, le moine avec l'homme, la femme et la fille. (VIVILLE, t. II, pp. 30-31. BÉGIN, *Hist. de Lorr.*, t. II.)

dans ses craintes religieuses par un clergé habile à en profiter, ces désastres eurent un effet déplorable. Des prédicateurs terminaient leurs instructions par l'image du monde prêt à s'éteindre. Des astrologues vendaient un almanach (?) annonçant que tout devait finir avec l'année 1524. Le trouble était universel. On fit des prières publiques et de grands dons aux églises : on ne vit qu'avec crainte s'achever l'année fatale. (BEXON, BÉGIN.)

La Réformation. — *La guerre des Rustauds* (1). — Nous avons vu (première partie) combien lente et pénible fut la conversion de l'Allemagne, des Saxons surtout, au christianisme orthodoxe, romain.

Plus tard, la lutte entre le sacerdoce et l'empire attesta de nouveau la répulsion des Germains pour la suprématie de Rome catholique. Bientôt le spectacle de la Suisse républicaine libre et prospère, à côté de l'Allemagne monarchique, pauvre, misérable et opprimée par la noblesse et le clergé, sema partout des germes de mécontentement, inspira des tendances insurrectionnelles. L'acte, audacieux pour l'époque, de Luther, l'héritier, pour ne pas dire le disciple de Jean Huss brûlé, de Luther, déchirant la bulle du pape, détermina l'explosion.

La révolution se propagea en Allemagne avec la rapidité d'un incendie, franchit le Rhin et s'avança vers l'Alsace et la Lorraine, portant inscrits sur son drapeau les *douze* fameux articles dont nous allons parler, articles que trois siècles plus tard le peuple français résuma par les trois mots de la devise républicaine : *Liberté, Égalité, Fraternité.*

Circonstance digne de remarque (WEIL, *Guerre des Paysans*, pp. 68-69), à mesure que les douze articles s'appro-

(1) Rustaud, du latin *rusticus*, campagnard. — On appelait aussi parfois les insurgés de 1525 *bourres* (prononciation en patois *lorrain allemand*), et *burres* (prononciation en patois allemand *alsacien*), du mot *Bauer*, paysan.

chent des provinces limitrophes de la France, ils gagnent en énergie et en précision.

Voici les douze articles des paysans alsaciens et lorrains :

1° L'Évangile doit être prêché selon la vérité et non selon l'intérêt des seigneurs et des prêtres (1).

(1) L'article I*er*, rédigé par les paysans d'Outre-Rhin, fait connaître l'esprit démocratico-religieux, qui animait les initiateurs du mouvement insurrectionnel.

ART. 1er. — D'abord voici notre humble requête, notre volonté et notre opinion. — Nous exigeons qu'à l'avenir chaque commune ait le droit de choisir son pasteur (I, *Timoth.*, 3), et de le destituer, s'il ne se conduit pas convenablement (*Tit.* I). Ce pasteur nous prêchera l'évangile purement et clairement, sans y ajouter aucune ordonnance d'invention humaine (*Actes* 14). Car si on nous annonce la vraie foi, nous aurons occasion de demander à Dieu de nous accorder sa grâce, afin qu'il nous confirme dans cette foi vivante (*Deuteron.*, 17 ; *Exode*, 31). Autrement nous resterons des hommes de chair et de sang, ce qui nous serait très dommageable (*Deuteron.*, 10 ; *Jean*, 6), car l'Ecriture nous enseigne que nous n'arrivons à Dieu que par la vraie foi ; et que sa miséricorde peut nous rendre seule bienheureux (*Gal.*, I). Donc nous avons besoin des pasteurs que nous demandons, et notre requête est fondée sur l'Ecriture. (Voir *Hist. de la guerre des Paysans*, par DE BUISSIÈRE, t. I, p. 125.)

Nous transcrivons ici deux fragments caractéristiques de la polémique de l'époque.

— « Qu'est-ce que les douze articles, disent certains aristocrates ? — C'est, répond Hippler, un être qui, en temps de disette, se nourrit de racines et d'herbes sauvages, mais qui, excité par la faim inassouvie, dévore des princes, surtout des évêques et des bourgeois engraissés. Cet être s'appelle *liberté*. Il est déjà très vieux, mais plus il vieillit, chose miraculeuse, plus il gagne en force et en saveur, absolument comme le vin. Cet être, enfin, peut tomber malade, mais jamais il ne meurt. Parfois il quitte son pays natal, pour faire des excursions en pays étranger ; mais, tôt ou tard, il revient plus fort, plus jeune et plus vigoureux que jamais. Allez dire aux comtes que cet animal voyage en ce moment en Allemagne, et que présentement, il broute dans la vallée du Schumpergrund. Voilà ce que c'est que les douze articles. (WEIL, p. 144).

— ... A peine, dit un prédicateur du temps, le soleil fait éclore le printemps, que la chenille, se pavanant de son état futur de papillon, vient manger en fleur les fruits du paysan. Si nous voulons planter et mener à bonne fin l'arbre de la liberté, il faut d'abord l'écheniller, puis

2° Nous ne payerons plus de dîme, ni grande ni petite.

3° L'intérêt sur les terres sera réduit à 5 pour cent.

4° Toutes les eaux doivent être libres. (Droit de pêche à tous.)

5° Les forêts reviendront à la commune.

6° Le gibier sera libre.

7° Il n'y aura plus de serfs.

8° Nous élirons nous-mêmes nos autorités. Nous prendrons comme souverain celui que bon nous semblera.

9° Nous serons jugés par nos pairs.

10° Nos baillis seront élus et déposés par nous.

11° Nous ne payerons plus de droit mortuaire. (Todfall.)

12° Toutes les terres communales que nos seigneurs se sont appropriées, rentreront à la commune. (A. WEIL, pp. 68-69. Note.)

Ce programme était de nature à gagner partout des partisans à la cause des Rustauds, et c'est ce qui arriva (1). Aussi le *Chroniqueur messin* n'hésite-t-il pas à dire que si le duc Antoine (c'est-à-dire la force répressive) ne se fût présenté

en élaguer les branches pourries de l'aristocratie, et enfin, en couper les brindilles du peuple qui poussent trop vite et s'élancent en l'air sans porter de fruits. (P. 72.)

— Constatons que l'insurrection aurait certainement été victorieuse, si les Rustauds avaient eu un chef militaire aguerri, et si le fanatisme de la légitimité de leur cause ne leur avait pas fait croire que l'ange Gabriel combattrait pour eux et détruirait les ennemis. Mais il faut remarquer combien leurs programmes ou demandes sont conformes aux réformes adoptées en France en 1789. Aussi, s'ils eussent vaincu, notre première révolution eût été devancée de deux cent soixante ans. Cependant ils maintenaient la noblesse en diminuant ses priviléges (NOEL, *Coll.*, t. III, suppl.). Mais pourquoi insulte-t-on encore à leur mémoire? A la vérité ils étaient hérétiques. Ils intimidèrent la noblesse lorraine, et il se trouvait bien parmi eux, dix mille Lorrains recrutés jusque dans Blâmont, Dieuze, Vic, etc., etc. (*Ibid.*)

(1) Les faits qui suivent sont empruntés à l'intéressant ouvrage de H. Lepage. (*Documents inédits sur la guerre des Rustauds.* Nancy. Wiéner, 1861. *Doc. sur l'Hist. de Lorr.*, t. VI.)

en personne dans les Vosges « tout le pays ou la plus pairt se fussent tournés devers iceulx bourres et fussent esté de leur alliance, car il leur sembloit que leurs articles et oppinions estoient raisonnables et qu'ilz estoient souvent taillez, maingiez et rongés sans cause ».

« Iceulx bourres, se faisoient aimer de tous ceulx par où ilz passoient pour plusieurs raisons. Premier, ilz avoient en eux si grant discrétion, qu'ilz se fussent avant détournes d'une lieue, que par eulx eust esté gasté ung champ de blé, ni aultre semence ; ilz ne prenoient rien de personne sans paier forsque sur l'église, espécialement sur les abbayes mal réformées, car à ceulx là menoient la guerre et prenoient la pluspart de leurs biens pour se nourrir et en despartir aux poures gens..., disant que iceulx biens estoient les biens des poures et que telz gens (les moines et les abbés) ne devoient avoir que leur vivre et leur vestir tout simplement. Et s'ilz véoient qu'ilz fussent trop de moines en ung couvent mal réformé... ilz les expulsoient et bouttoient dehors...

« Ilz avoient encore une autre manière de faire, de quoy ilz se faisoient aimer, car tous mairchants et tous passants, ilz ne leur ostoient rien du leur, s'ils n'estoient de guerre ; et avec ce les conduisoient s'ilz en avoient besoing. Et davantaige deffendoient à tout mairchant et aultre de payer passeport, pont ni passaige, ni aultres malletottes, ni gabelles, sinon qu'il feust deu selon Dieu et raison, et que ce fust pour l'entretenement des ponts, de la chaussée, de la muraille, et pour la défense et gairde desdits ponts et passaiges, et non pour le plaisir du seigneur... »

« S'il est vray que leurs faictz ensuissent leurs parroles, et que la fin soit telle comme il se monstre à l'accommencement, il n'y auroit que bien ; mais, pour ces choses et plusieurs aultres, on se doubtoit très fort en Metz, et faisoit on grant gait (guet) de nuit et de jour, tant aux portes que sur la muraille... »

De la déposition de plusieurs témoins dans l'enquête qui

fut faite après la compression de l'insurrection, il résulte que les Rustauds ne forçaient personne à se joindre à eux, qu'on restait même libre de les quitter après un premier enrôlement (1).

Avant leur agression armée (BEAUPRÉ, *Recherches hist.*), les Rustauds avaient excité, par des émissaires en Lorraine, une fermentation qui, chaque jour, allait croissant (2). Dans un grand nombre de villages, surtout dans le bailliage d'Allemagne, en communauté de langue avec les Luthériens, ceux-ci étaient attendus comme des libérateurs (3); déjà même quatre cents paysans (*serfs*, dit D. CALMET) des environs de Dieuze avaient quitté leurs foyers pour aller les rejoindre. Il en était de même pour nombre d'habitants des comtés de Nassau, Salm, Bitche, Deux-Ponts, etc. (p. 225) (4).

(1) Déposition de Schleck, bolangier et Hanns le pelletier, de Hombourg, et de Acker Hanns, de Steynsel. (*Doc. Lorr.*, pp. 76 et 225.)

(2) Volcyr assure qu'ils « furent entraînés par leurs mayeurs qui avaient desjà hanté et conversé les dicts Luthériens » ce qui fut en partie confirmé par l'enquête. Mais ces pauvres insurgés étaient sans armes, sans organisation; aussi Acker Hanns, de Steynsel, qui était allé à Herbessheim de son plein gré, après avoir « demouré avec les paysans environ deux jours, quant il vit le pouvre estat desdis paysans, retourna en sa maison, comme il soubstient par son serement. » (LEPAGE, p. 225.)

(3) La citation suivante donne une idée comment le mouvement éclata et de quelle manière il fut dirigé... « Les paysans des environs de Morhange demeurèrent ensemble environ trois jours; mais ilz ne fissent personnes riens, sinon seulement aux gens d'église qui les rançonnoient; l'un payoit iij florins et l'autre iiij... Le maire de Morhange et un de ses concitoyens, apportèrent aux habitants assemblés hors de la ville « ung double des douze articles desdis paysans, lequel double fut lict tout hastement devant eulx, et après, les cappitainnes leurs demandèrent qui sont ceux qui sont délibérés de ayder à soustenir lesdis douze articles qui lève ung dois de la main. La plus grande partie le levèrent desdis paysans. » (*Doc. lorr.*, t. VI, pp. 3-4-5.)

(4) Reinhard, comte de Bitche, vint annoncer à Antoine que, sur six mille sujets, il ne comptait plus guère que six de son côté, et que presque tous ses paysans avaient couru grossir l'armée des Rustauds. Louis, duc de Deux-Ponts, qui s'était mis en marche avec un corps de cavalerie pour joindre l'armée d'Antoine, apprit en route le soulèvement de ses

En effet, depuis deux ans (VOLCYR, liv. I, ch. II), les frontières de la Lorraine étaient inquiétées par des Luthériens des États voisins qui, à plusieurs reprises, avaient essayé d'y pénétrer à main armée pour y *planter leur religion*. A Metz, la Réformation comptait de nombreux adhérents dans la bourgeoisie et des amis secrets parmi les magistrats de la cité. (pp. 132 à 146.)

En Lorraine même, le clergé séculier inférieur, composé de curés et de vicaires à portion congrue (strictement nécessaire pour vivre) (1), se montrait généralement favorable aux nouvelles doctrines ; et elles avaient encore bien des adhérents parmi les moines mendiants et dans les monastères mal rentés. L'ordre des Augustins, auquel Luther avait appartenu, lui fournit aussi dans l'origine de nombreux et ardents prédicateurs. (*Ibid.*, pp. 141-42.)

Enfin, électrisés par ce mot magique de liberté (SAINT-MAURIS, p. 322), on vit, en Alsace, les paysans du Sundgau catholique se joindre aux bandes incendiaires de Gorbert de Molsheim... (2).

sujets, et dut rétrograder pour les contenir par sa présence. Pareille situation dans les terres des seigneurs de Linange, de Salm et de Nassau.

« Bientôt (LEPAGE, *Doc. lorr.*, p. XII) des soulèvements plus ou moins généraux eurent lieu dans les châtellenies de Dieuze et Marimont, Hombourg et Saint-Avold, ainsi que dans les prévôtés de Boulay, Puttelange, Forbach, Morhange et Sarreguemines. L'insurrection avait également trouvé des adhérents sur d'autres points de la Lorraine ; dans la vallée de Lièpvre, à Saint-Hippolyte et à Sainte-Marie-aux-Mines. Trois cents *serfs* du comté de Dabo s'étaient aussi joints à une bande qu'on nommait l'armée des Tondus, et les châteaux de Grevenstein et de Lindenbrown, appartenant à Emich de Linange, avaient été incendiés ».

(1) On laissait au curé une part (de dîme) « convenable », appelée dans le droit canon, *portionem congruam*, ou portion congrue, expression que la mesquinerie des décimateurs finit par rendre synonyme de traitement chétif et misérable. (CLOUET.)

(2) Transcrivons ici un fragment du récit de D. Calmet, sur l'insurrection. — On est étonné de voir quelle petite place occupe dans les trois énormes in-folio de cet auteur, cet épisode si important de l'histoire du

Le pape, en face de ce danger, s'était joint au duc Antoine pour opposer une barrière au flot montant du protestantisme. Il nomma commissaire apostolique Théodore de Saint-Chamond, et inquisiteurs dans les diocèses de Metz et de Verdun Jean Savin et Christophe d'Anchery. L'évêque de Toul, Hector d'Ailly, tint à Nancy une assemblée du clergé de son diocèse, indiqua les précautions à prendre pour éviter le prosélytisme luthérien, et exigea que les ecclésiastiques présents signassent une profession de foi (orthodoxe). Le clergé, qui d'habitude était fort parcimonieux quand il s'agissait de

peuple. — Une troupe d'environ quatre mille Luthériens avoit déjà passé la montagne et s'étoit retranchée dans les bois près de Sarreguemines. D'un autre côté quelques Lorrains des environs de Dieuze, ayant été interrogés s'ils étoient résolus de vivre et mourir en l'obéissance du bon prince Antoine, pour la défense de la religion catholique, s'assemblèrent au nombre d'environ quatre cents dans une prairie près de la ville de Dieuze ; ayant délibéré entre eux, ils répondirent que si on vouloit leur permettre de mener leur bétail pâturer dans les jeunes bois et leur accorder les douze articles que les Allemands de delà le Rhin avoient publiés, ils consentiroient, non autrement, de vivre sous l'obéissance du Duc, qu'ils reconnaissoient véritablement être le meilleur et le plus doux de tous les princes.

En même temps plus de quatre cents serfs de la châtellenie de Dieuze allèrent se joindre aux Luthériens, retranchés près de Sarreguemines ; plusieurs autres des comtés de Nassau, de Saarbrück, de Salm, de Bitche et de Deux-Ponts, qui étoient chancelants dans la foy et avoient commencé à goûter les erreurs de Luther, y allèrent aussi, mais revinrent ensuite dans leurs maisons. Quelques-uns furent pris et menez, les uns à Nancy et les autres à Vic.

Antoine, étant arrivé à Vic, apprit que plusieurs de ses sujets, qui s'étoient joints aux Luthériens, avoient été dans la disposition de revenir à lui, la corde au col, pour lui demander pardon de leur légèreté ; mais qu'ils en avoient été retenus par certaines milices des prévôtez qui leur avoient enlevé leur bétail ; ce qui les avoit irrités plus qu'auparavant et les avoit portez à se fortifier dans une abbaye nommée Herbesshem, située dans les bois, où ils étaient bien munis, bien armez et en grand nombre. On fit venir les bannières de Dompaire, de Châtenoy et quelques autres qu'on accusoit d'avoir pris ce bétail et on les renvoya dans leurs villages (pp. 1154-55.) En effet, pour citer un exemple, les vingt-cinq habitants du Val de Halbingen dirent qu'ils ont perdu ijci (235) pièces de rouges bêtes, lesquelles sont esté menées à Puttelange pour les gendarmes. (*Doc. lorr.*, pp. 86-87.)

verser de l'argent, se montra très libéral. Les chanoines de Toul donnèrent une somme de neuf mille francs, puis firent fondre des reliquaires et des statuettes ; ce qui leur permit d'envoyer encore à Antoine trois cent quatre-vingts marcs d'argent... Les habitants de Saint-Nicolas offrirent, à titre d'emprunt, des sommes assez considérables, avec lesquelles on paya notamment les lansquenets gueldrois. Les habitants de Toul se rachetèrent du service militaire, auquel ils étaient tenus, en versant cinq cents francs. Les doyennés ecclésiastiques du diocèse de Toul formèrent une somme de près de sept mille francs. Le concile de l'archidiacre de Toul versa cent florins ; le chapitre de la cathédrale envoya deux cent vingt-deux marcs et demi once de vaisselle d'argent, et quatre cent cinquante pour les habitants de ses terres. Le chapitre de Saint-Dié donna deux mille francs (1). Enfin les États du duché accordèrent, en juillet, un premier aide de six blancs à lever sur chaque conduit ou ménage, et, au mois de janvier 1527, ils votèrent un second aide destiné à couvrir les frais de guerre qui n'avaient pas encore été intégralement acquittés.

Avec ces sommes, Antoine leva une armée (2) formée d'a-

(1) Bournon met en doute ces libéralités. « Quant fut seu par la province de Lorraine, que lesdits Bourres n'avoient envie d'en demeurer là, mais bien de cheminer en la Duché, fut grande rameur et ne cessoient moiniaux et prêtres de dire qu'estoit de toute nécessité que fussent faites grandes levées d'argent, à telle fin que lesdits Bourres fussent mis en désarroi et qu'estoit cause de Dieu et de religion ; par quoi Monseigneur fit demander aux susdits de l'église que fissent deniers à telle fin que disoient être en nécessité ; mais advint, ce n'en douterez, que les susdits ne voulurent payer, mais bien disoient que n'estoit cause de religion, mais de pillerie et que ce ne les regardoit pas. » (P. 49.)

(2) Il est peu d'exemples (BEAUPRÉ) d'une armée levée, fournie et approvisionnée de vivres en aussi peu de temps que celle du duc Antoine, composée de quatre mille cavaliers et de deux mille fantassins, suivant Volcyr, et de cinq mille selon un autre écrivain. L'armée lorraine était pourvue de canons qui manquaient aux Rustauds ; de plus elle avait d'excellents chefs et des soldats aguerris ; ce qui n'exis-

venturiers et qui se composait des corps de cavalerie albanaise et stradiote faisant partie des troupes que le comte de Guise avait amenées de Champagne ; — de bandes de piétons allemands, conduites par le comte de Vaudémont ; — d'un corps de douze cents arquebusiers italiens ; — de quelques compagnies de lansquenets (1) envoyés par Charles, duc de Gueldres, oncle d'Antoine ; — des troupes du duché d'Anjou et du comté de Maine ; — d'Italiens, d'Espagnols, d'aventuriers français et lorrains ; — des gentilshommes du Luxembourg ; — des compagnons de guerre pris à la solde du duc, et qu'on trouve désignés sous le nom d'emspennichnetz, empennigtes, empennis, etc.; — enfin, des bannières ou milices des prévôtés du duché de Lorraine, et de la compagnie des archers ou arquebusiers de la garde d'Antoine. (LEPAGE, t. VI, p. 20.)

« C'étaient, dit le vicomte de Bussières (*la Guerre des Paysans*, t. II, p. 146) (2), de terribles soldats, pillards et bri-

---

tait pas dans le camp opposé. Ce fut l'artillerie qui assura la victoire au duc Antoine. (CHEVRIER.)

(1) Les lansquenets ou bandes noires étaient des mercenaires recrutés, surtout en Allemagne, dans les duchés de Gueldres et en Westphalie. Ils avaient un étendard mi-partie blanc et noir. C'étaient des hommes indisciplinés. Leurs armes étaient la pique et la hallebarde. Brantôme prétend qu'un lansquenet, repoussé par Saint-Pierre du Paradis, n'avait pu avoir accès en enfer, parce que sa turbulence y faisait peur. (*A. L.*, an. 1871, p. 240, note.)

(2) Comme spécimen de la manière des dévotieux d'écrire l'histoire, nous transcrivons un fragment caractéristique du récit de cet auteur (t. II, p. 159). « ...La justice de Dieu en avait décidé autrement. Cette justice, souvent lente à frapper, éclate quelquefois d'une manière terrible, encore dans la vie présente. De même que l'Eternel a fait ordonner autrefois aux Hébreux de massacrer sans pitié les peuples idolâtres qui les entouraient, afin de les maintenir eux-mêmes dans la pureté de la foi, de même il permit en cette occasion que, par un malentendu fatal, et malgré la volonté des chefs de l'armée, un châtiment épouvantable tombât sur ces hommes qui violaient tous les commandements de Dieu sous prétexte de liberté chrétienne, qui, tout en invoquant l'Evangile, déchiraient follement la robe sans couture de Jésus-Christ, qui foulaient aux pieds, dans les espèces consacrées, le verbe devenu chair pour le salut de l'humanité. Contrairement à la

gands ; mais vu l'urgence, il fallait prendre ce qu'on trouvait... » Ajoutons que le 23 décembre 1523, Antoine avait publié un édit défendant de « prescher ne tenir sermon, parole ne devis quelconque, publiquement ne à part, des faits et œuvres de Martin Luther, de livrer les livres, papiers hérétiques, d'arrêter tout individu qui prêcheroit les nouvelles doctrines... »

Cependant l'opposition des mécontents ne s'attaquait pas à l'autorité ducale. Ainsi, les Lorrains des environs de Dieuze, à qui on demanda s'ils étaient résolus de vivre et de mourir sous l'obéissance du duc Antoine, répondirent affirmativement et avec de plus ou moins acceptables réserves. (BEXON.) (Voir note, pp. 713 et suiv.)

D'autre part, le chef des Luthériens et des paysans révoltés écrivit à Antoine qu'on n'en voulait ni à la Lorraine, ni à sa personne. L'unique but poursuivi, c'était de garantir la liberté des nouveaux évangélistes ; rien n'était plus facile qu'une entente mutuelle. — Le Duc, déterminé à tirer l'épée, eut recours à de faux-fuyants, et demanda dans quel but avaient été commis les excès dont les Luthériens avaient souillé leur cause, en Allemagne. Pour intimider ses sujets par un acte de rigueur..., il fit juger et décapiter à Nancy

---

stipulation, quelques-uns des Rustauds se mirent à crier à la sortie de la ville (Saverne) : vive Luther ! et portèrent ainsi au plus haut point l'irritation des lansquenets, *déjà furieux de ce qu'on ne leur eût pas accordé le pillage* de Saverne (t. II, p. 159). (Suit le récit du massacre.) « Les coupables habitants de Saverne, traîtres à Dieu et à leur légitime seigneur, sont enveloppés dans l'effroyable châtiment des hôtes qu'ils ont *volontairement* (?) accueillis ; leurs maisons sont envahies, ravagées, et les lansquenets sont tellement acharnés au pillage, qu'on ne peut les en arracher (p. 161). (On sait que l'une des portes de Saverne fut ouverte traîtreusement aux Rustauds par un notable de garde, partisan des réformés...)

— On se demande si l'écrivain ultramontain attribuerait aujourd'hui à l'intervention de la Providence la domination d'un fanatique de Luther sur le pays même, théâtre de la guerre et de la défaite des Rustauds.

l'officier lorrain qui avait osé plaider devant lui la cause du schisme (1). (Bégin, t. II, pp. 17-18.)

Antoine inaugura la campagne en marchant sur Vic, puis sur Dieuze, où divers contingents vinrent le rejoindre ; ce qui porta ses troupes à quinze ou seize mille hommes. Il allait se diriger sur Herbitzheim, où les paysans avaient fait des abattis pour se protéger, quand il apprit qu'ils s'étaient dispersés. Les soldats du Duc qui étaient restés aux environs de Sarreguemines, profitèrent du désarroi des Bourres pour les rançonner et vendre chèrement aux Rustauds, faits prisonniers, une liberté bien précaire.

Volcyr assure qu'il aurait été facile de détruire les paysans à Herbessheim, où ils étaient en petit nombre, mais que la Providence (pauvre Providence !) permit qu'ils abandonnassent ce poste pour se rendre à Saverne, afin que, réunis à d'autres bandes de la même faction, leur défaite fût plus grande et plus entière. (*Hist. de Metz*, t. II, pp. 157-58.)

Antoine se dirigea de Dieuze sur Sarrebourg ; là ce *bon duc prononça la confiscation des biens de ses sujets rebelles*. Plusieurs officiers furent d'avis qu'il fallait se borner à surveiller les défilés des Vosges, et laisser au temps et à la fatigue le soin de disperser les Rustauds. C'était la voix de la raison et de l'humanité qui s'exprimait par leur bouche. On objecta qu'on ne possédait pas les ressources nécessaires pour solder longtemps l'armée si péniblement recrutée, et, sur l'avis favorable d'Antoine, on résolut d'envahir le territoire alsacien.

(1) Digot (t. IV, p. 47), pour justifier Antoine, dit que cet officier, chargé par le duc de s'informer exactement des mouvements et des projets des Rustauds, avait présenté un rapport mensonger, en affirmant que ceux-ci, loin de songer à apporter le fer et le feu dans notre pays, n'avaient pour but que d'assurer à leurs coreligionnaires la liberté de conscience. (Ce qui était parfaitement vrai.) Antoine, irrité de la mauvaise foi de son envoyé, le fit juger et décapiter le 14 juin suivant (après la répression de l'insurrection sanglante : ce qui aurait dû le porter à l'indulgence).

En ce moment, le chef des paysans, Gerber, fit remettre au duc une lettre proposant un armistice pendant lequel on pourrait poser les bases d'une pacification. Pour toute réponse, le *bon* duc envoya, comme nous l'avons déjà dit, le messager en prison à Sarrebourg, et marcha en avant sur Saverne déjà occupé par les paysans. Près du village de Loupestein, on se trouva en présence des Rustauds. Ceux-ci rangèrent vite en cercle leurs chariots pour se défendre derrière leur *wagenbourg* (madriers percés de trous par lesquels on tirait sans être vu). L'artillerie lorraine foudroya vite ces frêles remparts. Les paysans, cependant, se défendirent avec énergie. Le duc de Guise, pour hâter la victoire, fit mettre le feu aux chariots. Les Rustauds, forcés dans leurs retranchements par l'incendie, se retirèrent à Loupestein et se battirent vaillamment dans ce bourg *catholique*, qui n'était pas fortifié. Guise, sans sommation préalable, mit le feu aux quatre coins de la localité qu'il cerna entièrement, afin de n'en laisser échapper personne. Les maisons, toutes en bois, furent vite en flammes ; tout ce qui s'y trouvait fut brûlé et anéanti. Ceux qui essayaient de se sauver furent assassinés par les lansquenets italiens du Duc. (WEIL, p. 246.) On évalue à cinq ou six mille le nombre des morts. (DIGOT, t. IV, p. 57.) Les habitants de Loupestein, catholiques comme leur bourreau, de Guise, furent ensevelis avec les Luthériens sous les ruines de leurs maisons. On ne fit aucun quartier. (CHEVRIER, t. IV, pp. 93-94.)

Cette terrible et sauvage exécution abattit le courage des défenseurs de Saverne. Gerber demanda à traiter. On convint que les Rustauds désarmés livreraient cent otages, et se retireraient en paix, sans plus faire mention de Luther (1).

(1) La guerre des Rustauds a été le sujet de beaucoup de légendes populaires en Lorraine. On a longtemps montré sur un rocher, près de Saverne, l'empreinte du fer à cheval du duc de Lorraine, auquel son maître, lancé à la poursuite des ennemis, aurait fait faire un saut prodigieux. (D'HAUSSONVILLE, t. I, p. 39, note.)

Le lendemain, en vertu de la convention, à peine quelques paysans (Weil) eurent-ils franchi la porte de Saverne qu'un lansquenet, mettant la main sur un Rustaud, essaya de lui prendre sa montre. — « Va-t-en, Schandluder (canaille), lui dit le soldat laboureur, dans son langage grossier. » — « Il a crié : Vive le gentil *Luther !* clama le soudard ; ce sont des hérétiques : il faut les tuer. »

Ce fut le signal de l'attaque. Les paysans se voyant trahis, rebroussèrent chemin et rentrèrent dans la ville pour y reprendre des armes ; mais les lansquenets, les suivant de près, les assommèrent à coups de lances et de crosses. Bientôt les troupes du comte de Salm et du seigneur de Richardménil, qui occupaient la ville, se joignirent aux assassins du dehors, et firent un carnage sans exemple dans l'histoire hideuse des cruautés humaines. Les rues de Saverne étaient tellement inondées de sang qu'on ne put y marcher durant trois jours.

Plus de seize mille hommes, femmes et enfants furent massacrés. Les maisons sans exception se virent livrées au pillage, même celles des nobles et des serviteurs de l'évêque. Toutes les femmes, de l'aveu même de l'historien Rappolstein, qui exalta cette victoire, furent enlevées, traînées au camp, violées en présence de leurs maris et parents qui, à leur tour, furent égorgés quelque temps après. Les femmes ne furent renvoyées dans la ville que quand cet horrible ramassis de canailles, abrutis par le sang et la crapule, tombèrent ivres-morts sur la place. Les ducs de Guise et de Vaudémont, présents à ces horreurs, cherchèrent de mauvais prétextes pour s'excuser. Ils parvinrent cependant à empêcher la destruction entière de la ville, à laquelle leurs soudards avaient destiné le sort de Lupfstein (pp. 247, 48 et 249).

L'acharnement au pillage des lansquenets était tel, qu'ils refusèrent de sortir des maisons pour aller repousser un corps de six mille paysans qui se montra près de Saverne, au moment même du sac de la ville.

Les Lorrains s'emparèrent enfin du château dans lequel on saisit Gerber, Pierre de Molsheim et quelques centaines de paysans. Gerber fut immédiatement traduit devant une commission militaire qui, après lui avoir fait subir un court interrogatoire, le condamna à être pendu (1).

Après ces sinistres exploits, on engagea vainement Antoine à retourner dans ses Etats. L'armée victorieuse quitta Saverne, traversa Wasselone et s'approcha de Molsheim, dont les habitants refusèrent l'entrée aux soudards catholiques. Le *bon* duc, irrité, déclara qu'il allait traiter Molsheim en ville prise d'assaut, si on ne versait pas immédiatement une somme qu'il fixa. L'or apaisa incontinent ce prince *genéreux et humain*, et on se remit en route. L'avant-garde catholique, commandée par Nicolas de Ludres, avait gagné les environs du village de Scherweiler, près de Schelestadt, quand on apprit que les Rustauds n'étaient pas loin, et disposés à fermer le passage à l'armée papiste. En effet, les paysans s'étaient formés en bataille en arrière de Scherweiler, le front couvert par une ligne de chariots qui devaient opposer un obstacle infranchissable aux charges de la cavalerie. Quant aux ailes, elles se trouvaient protégées par des vignobles d'un accès très difficile. Les Rustauds se hâtèrent d'occuper le village par des détachements nombreux. Enfin, dix ou douze fauconneaux et environ cent trente arquebuses complétaient leurs moyens de défense.

De Ludres fit prier Antoine d'accélérer sa marche. La chaleur était accablante ; aussi nombre de lansquenets,

(1) Thierriat flétrit l'acte déloyal d'Antoine : « Capitulation faicte en guerre est de droict des gens, et le souverain ne doit donner l'exemple d'y faillir. Monseigneur fut par trop faible et devoit éconduire ceux qui donnèrent ce conseil de rigueur; car ne pouvoit-on se dissimuler que les dits de Saverne n'estoient venus à parlementer qu'autant que leur fût promis pour eux et leur chef vie et bagues sauves : furent cependant passez à fil d'espée et Gerber pendu ; dont on fit grand murmure, et ce fut déshonneur à Monseigneur, car quinze mille Luthériens périrent, dit-on, dans cette fatale journée. »

chargés d'armes pesantes, restèrent en arrière, en sorte qu'en abordant l'ennemi, l'armée lorraine lui était numériquement bien inférieure.

Il était plus de six heures du soir quand, après un conseil de guerre, les soldats catholiques, réconfortés par du pain et du vin en abondance, attaquèrent et enlevèrent le village de Scherwiller. L'artillerie ennemie, servie par des canonniers ignorants, ne causa presqu'aucun dommage aux assaillants que protégeait une batterie placée sur un mamelon, et qui démonta vite la plupart des fauconneaux des Luthériens. Bientôt on fit une brèche dans le rempart des chariots et on aborda les paysans. Ceux-ci se défendirent vaillamment ; mais l'arrivée de nouvelles troupes lorraines les déterminèrent à lâcher pied et à profiter de la nuit qui tombait pour gagner les bois. Cette retraite imprudente leur coûta plus de monde que l'action elle-même. La cavalerie légère et les Albanais s'élancèrent à leur poursuite et en firent une grande et inhumaine tuerie, dit la *Chronique de Metz*. On en trouva sur le champ de bataille des tas d'une toise de haut. Douze mille hommes (1) demeurèrent sur place, sans compter les blessés qui périrent en se traînant à droite et à gauche pendant la nuit (2). On voyait encore au commencement de ce siècle les ossements de ces malheureux entassés dans les champs.

(1) Selon D. Calmet (*Hist. de Lorr.*), le nombre des massacrés fut de dix-huit mille. Le *Chroniqueur de Sigersheim* compte même jusque vingt mille.

Pour excuser le meurtre de Gerber, on allègue qu'Antoine ne l'avait point compris dans la capitulation, et que le chef des Rustauds avait mandé par écrit aux paysans disséminés en Alsace que bientôt il irait se mettre à leur tête. Interrogé si ces lettres interceptées étaient bien de lui, Gerber déclara qu'il ne savait pas écrire; s'il les avait dictées, il répondit: Dieu en jugera. — On le pendit à un arbre. (BEXON, p. 199.)

(2) On remarqua, comme une particularité qui avoit beaucoup contribué au gain de la bataille, que les Luthériens chargeoient debout et restoient tout entiers exposés, au lieu que les Lansquenets, chargeant à genoux et les Lombards ventre à terre se déroboient ainsi aux coups de l'ennemi. (BEXON, p. 199.)

L'armée victorieuse coucha au milieu des morts. Les princes se retirèrent sous quelques arbres (1).

Dès le lendemain, l'armée victorieuse se mit en marche, pour revenir en Lorraine, malgré les remontrances du marquis de Bade qui demandait un arrêt de trois jours sur le lieu du combat. Antoine redoutait une attaque de la part des Alsaciens, irrités par l'indiscipline de l'armée catholique, et

---

Weil confirme ce fait, et donne à la guerre des Rustauds un épilogue en contradiction avec la version généralement adoptée :

« Après le désastre de Scherwiller (p. 252), les paysans près de Kœstenholz, au nombre de six mille, attaqués par trente mille soldats ? qui les avaient cernés, étaient debout sur une éminence ; les Italiens et les Albanais, couchés à genoux, tiraient de bas en haut, sans presque être vus. Après un combat d'une heure, les paysans couchés les uns sur les autres, les vivants sur les morts, n'avaient pas bougé d'un pouce et l'armée lorraine comptait près de trois mille morts. Enfin les Lorrains, voyant le courage et la résolution des paysans allemands, sachant, du reste, que ces derniers, bien que réduits à mille hommes, étaient prêts à vendre cher leur vie, suspendirent le combat, et les mille braves, à l'abri de la nuit, purent se retirer dans une forêt. Le duc de Guise... fit décapiter, à la lueur des flambeaux, trois cents prisonniers, puis leva le camp la nuit même, et se hâta de gagner les Vosges. S'il avait tardé jusqu'à sept heures du matin, lui et toute son armée auraient péri. Le lendemain une horde de sept mille paysans se joignit aux mille braves de Scherwiller pour le poursuivre ; mais les paysans n'avaient point de cavalerie et le Duc fuyait au pas de course... »

(1) Antoine lui-même passa la nuit à cheval sous un poirier et ne trouva, paraît-il, qu'un œuf à manger, sans doute parce que c'était un samedi et qu'il ne tint pas à manger de la viande. (CASTEX, *Seigneurie de Tanviller*, p. 72, note.) Les vivres étaient restés fort en arrière avec les bagages et le commissaire apostolique ; ce dernier, en réjouissance de cette belle victoire, fit apprêter le plus gros saumon qu'on eût jamais pêché dans le Rhin (*Ibid.*). Ce sang-froid cruel, inhumain, qui fait massacrer des prisonniers et porte à observer l'abstinence de chair, peint parfaitement l'esprit étroit, cagot, de l'époque. — Dom Calmet, supputant le nombre des victimes de la guerre, dit : On compte que, tant dans la ville de Saverne qu'à Loupstein et aux environs, il mourut de 28 à 30 mille paysans luthériens (t. II, p. 1168). La *Chronique d'Alsace* par Bernard Herzog, bailli de Wœrdt, bon catholique, chronique imprimée à Strasbourg, en 1592, dit que le duc fit massacrer vingt mille paysans qui avaient déposé les armes, et enlever les jolies femmes. (NOEL, *Cat. rais.*, t. III, 1853, p. 31.)

furieux à la vue d'un grand nombre de voitures chargées de butin enlevé au pays.

Un détachement alla occuper la petite ville de Saint-Hippolyte, dont le curé, Wolfgang Schuh, d'accord avec ses paroissiens, avait aboli le culte des images, le carême et la messe. Le 5 janvier 1525, Schuh, dans une longue lettre au duc Antoine, avait exposé sa foi. Les Lorrains, en arrivant, arrêtèrent ce malheureux et le conduisirent à Nancy, où on lui fit son procès. Il fut condamné au feu et supplicié avec l'assentiment formel du *bon* duc. Quant aux habitants, ils durent payer cinq cents francs d'amende, et s'engager à perpétuité, en temps de vendange, à fournir trois chevaux chargés de raisin, c'est-à-dire douze charrées de vin blanc de leur crû, de plein bouge, chaque charrée de vingt-quatre mesures, rachetable pour mille francs d'or. (DUMONT, t. II, p. 107) (1).

Ce fut le commencement de l'odieuse répression qui eut lieu dans la Lorraine allemande.

(1) Articles sous lesquels le duc Antoine a accordé pardon aux habitants de Saint-Hippolyte de la faute qu'ils avaient commise en prenant les armes et s'alliant avec les paysans luthériens.

« ... Premièrement, pour recognoissance de leur dicte offence envers Dieu, feront une belle procession générale, en laquelle les jeunes enfans au-dessoub de l'aage de douze ans iront nudz piedz et testes descouvertes et deschevelées, et les autres habitans dudit Saint-Hypolite tous testes nues, et quatre des principaulx de la justice et conseil de ladicte ville porteront chacun ung cierge allumé en la main durant ladicte procession, après laquelle se fera ung sermon par quelque homme d'église qui remonstrera au peuple *la détestable secte luthériane*, ad ce de divertir ledit peuple d'y aucunement adhérer, ains se conformer aux ordonnances de nostre mère saincte Église, que nostre dit souverain seigneur entend estre entretenues et observées comme du passé, et ce sur peine de punition de corps et de biens à l'encontre de ceulx qui yroient au contraire.

« Item, promecteront... que doresnavant ilz ne porteront aulcun baston de deffence ny harnois, réservé quelque dague, et que ceulx qui seront trouvez les portant sans congé de nostredit souverain seigneur ou de ses commis, confisqueront corps et biens...

« Item... que aucuns, au contempt et mespris des ordonnances de

Antoine, de retour à Nancy, alla faire avec la duchesse un pèlerinage à Saint-Nicolas-de-Port, où il fonda une messe quotidienne que l'on annonçait par seize coups de cloche, pour indiquer que le Duc était resté seize heures à cheval, le jour de la victoire de Scherwiller (1). On licencia les troupes ; les lansquenets furent congédiés, après avoir reçu une double paie (2).

La Répression. — La tranquillité une fois rétablie, An-

nostre mère saincte Eglise, par suggestion diabolique, n'ont faict par cy devant difficulté de menger chair les vendredis et autres jours prohibés et deffendus, au grand destriment de notre foie catholicque, leur est ordonné et deffendu expressément... de s'abstenir de telles insolences... » (Pp. 235-36 et suiv.)

(1) Lepage, s'appuyant sur la pièce officielle suivante, met en doute cette version, et reporte au souvenir de la bataille d'Aguadel la fondation dont il est question. Il est possible qu'en 1525, Antoine ait renouvelé l'acte pieux de 1511.

« Mondict seigneur, pour la singulière et fervente dévocion qu'il a au glorieux corps sainct confesseur et amy de Dieu, monsieur sainct Nicolas, son bon avocat et patron, a présentement et nouvellement fondé et institué une messe cothidianne, estre dicte et célébrée perpétuellement à l'aultel de l'ymaige dudict monsieur sainct Nicolas, à l'honneur et révérence de luy, afin qu'il soit intercesseur envers Dieu le tout puissant pour le salut et remède de l'âme de lui et de ses prédécesseurs. Laquelle mondict seigneur entent estre dicte et célébrée entre les xj et xij heures, en manière qu'elle soit achevée et finie environ le midy. *Et pour à icelle appeler et convocquer le peuple, il soit sonné de la plus grosse cloche de la dicte église, seze cops* assez attraict et distinctz l'un de l'autre, nompas à branle... Comme toutes les choses dessus appèrent et sont bien au loing déclairées ez lettres de mondict seigneur, données à Nancey le pénultième jour de novembre mil V° et unze... » (*Doc. lorr.*, t. VI., p. XIII.)

(2) Ce furent les paysans d'Alsace qui payèrent, en définitive, les frais de cette guerre. Rançonnés et pillés par les soldats lorrains, il fallait encore que, chacun d'eux versât à l'évêque de Strasbourg six florins de dommages-intérêts. La régence d'Ensisheim les soumit à des amendes et à des corvées pour aider à reconstruire les châteaux et les couvents démolis. (AUFSCHLAGER. *Descrip. hist. et topog. de l'Alsace*, t. I, p. 243.)

Chevrier dit au sujet de la guerre des Rustauds... Le duc de Lorraine après avoir gagné deux batailles, se vit obligé de retourner dans sa capitale, et n'emporta pour prix de ses victoires qu'un bref du pape et une lettre de Clément Morot. (T. IV, p. 103.)

Beaupré porte un jugement tout différent : Une campagne de vingt jours au plus préserva la Lorraine de l'invasion des croisés protestants, détruisit à ceux-ci plus de trente-six mille hommes, refoula sur le Rhin le luthéranisme, et sauva la religion catholique en France. (*Recherches sur l'Imprimerie*, p. 142.)

toine chargea Claude d'Einville, dit de Valhey, prévôt des maréchaux, de parcourir les châtellenies de Dieuze, d'Isming, de Marimont et de Sarreguemines, pour faire exécuter les paysans qui s'étaient le plus compromis dans la levée de boucliers des Rustauds. (LEPAGE, t. VI, p. 8.) C'étaient les habitants qui avaient été trouvés « porteurs d'offices, émoteurs, chefs et principaux des paysans ». Déjà, les autorités locales avaient infligé à divers la peine de mort. C'est ainsi que périt Michiel Kastmazcht, de Kuttingen, que Stiffe Mathis, de Bettborn « prins par les officiers de Fenestranges, à cause de la haulte justice dudit lieu, car il avoit fait beaucoup d'oultraiges et menasses (à ladicte commanderie de saint Jehan de Bassel); lesquels officiers l'ont mis par devant justice au lieu dudit Fenestranges et lui ont fait trenchier la teste (p. 227). » Un autre habitant du même Bettborn « appelé Peter Srubles, qu'est usé beaucops de grosses parroles et menasses; pour ce les officiers de Fenestranges l'ont mis devant la justice et a esté condampné avoir la teste tranchiez; ainsi l'ont-ils fait faire (p. 228). »

En même temps que Claude d'Einville, deux commissaires, Jean d'Helmstatt, capitaine de Hombourg, et Jacob Bermrynger, prévôt de Château-Salins (1), reçurent l'ordre

(1) Les lignes suivantes, empruntées à la page 8 du rapport, donnent un spécimen sur la manière de procéder adoptée par Bermringer et d'Helmstatt :

« Item, ont esté remonstrés ausdis paysans de Kierperg et Gueberstoff tout ce qu'a esté nécessité par nostre souverain seigneur, présens les officiers de Dieuze, selon les articles décfairées et ordonnées de nostredit seigneur ; lesquelz paysans doyent entendre que *tous leurs biens, meubles et héritages présens sont confisqués* à la volunté de nostre dit seigneur, et que lesdis paysans ne distribues aucuns desdis biens en nulles manières quelxconques, sinon seulement pour leurs vivres, et incontinent apporter tous leurs bastons (armes de tous genres) à chastellain de Dieuze, lequel, a esté ordonné de rédiger les dits bâtons par escript et les mettre en lieu seure pour en rendre compte. Touttes foys, si lesdis paysans vouloient estre bons et obéyssans subgectz, qu'ilz pourroynt aller quérir et demander leur grâce devers notredit seigneur. Et cela fait, nous souscriptz leur avons donnés terme ung mois. Sur quoy les dispaysans ont ditz et répondus que jamais n'avoient cure de faire aucunes choses contre nostredit seigneur ; mais le maire Niclaus, de la court de Mersperg ; Adam Keissler, de Guermanges; Ditsch de Kuttingen, et This, le tixerant, dudit lieu, les avoient menassiés et leurs donnèrent grosses craindres et grosses paroles, disant s'ilz ne venoient après eux, qui boutteroient le feug en leur maison. Néantmoins, confessèrent d'avoir offensé contre leurdit seigneur, suppliant très humblement à nous leur pardonner et donner terme de sercher grâce envers leurdit

de se rendre dans le bailliage d'Allemagne (1) pour faire comparaître devant eux les prévôts, maires et habitants, de procéder à l'interrogatoire de chacun d'eux, et de s'enquérir de ce qu'étaient devenus les absents (fugitifs ou tués) (2).

seigneur ; lesquelz demandèrent terme ainsi de faire dedens ledit mois, comme dit es ce que leurs avons octroyés ; par ainsi que tous leurs dis biens ne soyent distribués, comme dessus est déclairés ; et tous ainsi l'ont ilz promis de faire... (Pp. 8 et 9 du Rapport.)

Bermringer reçut du duc une rente de 80 francs, sur la châtellenie de Dieuze, en indemnité de cent bêtes à cornes qui lui avaient été enlevées ; le château et la terre de Marimont furent donnés à Hans Brubach, le capitaine de Sarreguemines que les Rustauds avaient fait prisonnier et qu'ils renvoyèrent à Antoine, après la capitulation conclue au lendemain du sac de Saverne.

(1) La Lorraine allemande, selon Alix, en 1594, comprenait, outre les portions soumises à l'enquête, Siersberg, Merzig, Schambourg, Vaudrevange, Belrain, Fauquemont, Ritters-Ostern et du Sargau. L'enquête des deux commissaires ne s'est donc étendue que sur la moitié de la Lorraine allemande. On ignore quelle part ont pris au mouvement les districts que nous venons de citer.

(2) On sait ce que vaut, comme expression de la vérité, ce genre d'enquête faite par des ennemis déclarés, par les adversaires militants de la veille, tels que Bermringer, par exemple. Seuls alors les accusateurs, les trembleurs, devenus arrogants, ont le verbe haut. Ouvertement, parfois en face, mais le plus souvent à l'ombre, par des dénonciations anonymes, mensongères, grossissant des vétilles, ils accablent leurs adversaires qui, eux, ne peuvent avoir qu'un souci : se dérober au châtiment annoncé, imminent, par des tergiversations, et — pour les faibles — par des palinodies.

Pour juger à sa juste valeur cette enquête catholique contre les partisans des Rustauds, il faut lire un travail semblable fait, en 1852, dans le département de la Meurthe, par la *Commission mixte* de Bonaparte. Ce factum, parfaitement conservé aux archives de la Monnaie, présente comme des démagogues, des anarchistes, les citoyens les plus honorables, d'anciens représentants du peuple, des avocats, des avoués, des médecins, des négociants, etc., les La Flize, Viox, Ancelon, Louis, Antoine, etc., coupables, aux yeux des réactionnaires, d'avoir aimé, d'avoir cherché à défendre la République, la Constitution, la Loi.

Or, en 1525, la fureur des catholiques orthodoxes, du clergé, etc., devait être féroce contre les renégats du vieux dogme, qui avaient osé toucher ou laissé toucher aux objets du culte, et même aux propriétés des oints du seigneur.

Ces considérations doivent être appliquées largement au rapport fait,

Parmi les nombreux individus interrogés par les commissaires, on n'en voit aucun se plaindre (et pour cause) des vexations exercées contre lui par son seigneur ou par les officiers du souverain. Les griefs allégués par quelques-uns,

en 1525, rapport dont voici quelques extraits, complétant nos diverses citations empruntées à ce document.

De l'ensemble de l'enquête de Jean de Helmstatt et de J. Bermringer, il résulte que les Rustauds lorrains ne se sont portés à aucun acte de violence ou de brutalité contre les personnes. L'arrestation du « cappitainne » Jean Brubach, relâché à Saverne, était une espèce de fait de guerre. Ils se sont bornés à exécuter, plus ou moins complètement, l'engagement pris par serment par les « cappitainnes » choisis par eux, entre autres le passaigier Hanns, de *Rymelingen*, Peter Sulf, le siegler (le tuilier), Jacob, siegler (id.), de *Schorpach*, Schlousler Hans, Nickel, maire de *Lore* (p. 142), Petter Hallen, Utz, mareschal de *Herbessheim*, Antoine, pelletier de *Bliederstroff* (*Grosbliederstroff*), et autres. Ces engagements consistaient à « ayder à soustenir les drois des paysans,... à deffaire et rompre les monastère, abbés, abbesses, prieurs et autres gens d'église, lesquelz menoient ung mauvais trayn pour le présent... » (pp. 152-153). Le rapport mentionne, entre autres, les curés de *Bermeringen*, d'*Ebersingen*, de *Ramsspach*, les couvents de *Mormoustier*, de *Herbessheim*, de *Notre-Dame-de-la-Traitre* (*Graffenthal*), dont on démolit les murs, *Altorff*, *Hassloch*, *Lixingen*, *Hesse*, *Obersteygen*, *Rentlingen*, et plusieurs autres, où les Bourres mangèrent la chair, burent le vin et enlevèrent les bestiaux des propriétaires.

D'autres mobiles que la politique et la religion paraissent avoir inspiré certains Rustauds. Ainsi « Wagueners Henrich, de *Nellingen* », ayant dit au lieutenant d'*Amanges* (Insming) « que c'estoit mal fait de « ainsi pillier les curés de Ebersingen et de Bermringen, ledit lieute-« nant luy respondit qu'il ne savoit qui disoit, car c'estoient *deux* « *mauvais garsons*, et qu'*estient estez exécuteurs d'un testament du* « *curé de Tennechen*, et *luy aviez prins son argent* sans rendre compte, « lequel argent debvoit appartenir audit lieutenant... » (p. 47).

Quelques témoins seulement parlent d'une pression qu'auraient exercée sur eux certains émissaires des insurgés. Ainsi « George, le cordonnier, Fouss Adam, Jacques et Hanns, tixerant, de *Herbessheim*, disent par sermens, *en présence de la communaulté*, qu'il est vrai que Endres et Lentz, tous deux de *Ackin* (Achen), un villaige qu'est au conte de Bisch, lesquelz sont venus au lieu de Herbessheim, leur requérant de venir avec eulx... Utz, lequel *est en présent en prison à Salbrich*... bachit la cloche et fit assembler la communaulté... (p. 142) ...A *Diedyngen*... un homme appelé le Schwops de *Wyntryngen*, et ung homme de *Acken* ont emmené les habitants qui craignaient « leurs parroles et leurs menasses » (p. 152). — (Voir pp. 734-

pour excuser leur conduite, n'ont pour objet que des taxes sur la vente du vin, des amendes pour contraventions dans les bois, des corvées pour l'entretien des propriétés d'autrui, et la pêche dans les étangs, dans la châtellenie de Dieuze.

735, la note concernant *Bliesbrücken* et les environs pour pareille action de Kipper Nickel d'*Obredkellebach* (*Obergailbach*, etc.).

Les Rustauds lorrains se réunirent sur différents points, mais surtout à *Herbessheim* d'où ils allèrent à *Dymeringen* et de là à *Saverne*. La contrainte dut être peu forte puisque, à chaque page, les témoins déclarent être revenus chez eux, en grande partie de Herbessheim, puis de Saverne. Dans cette ville on relève dans l'enquête 50 morts désignés nominativement.

La répression fut cruelle. On fit nombre d'exécutions capitales. Le compte du domaine (p. 230) mentionne entre autres versements... « Plus fait encore despense (le chastellain) de la somme de cinquante-neuf francs cinq gros deux deniers qu'il a fournys et payé pour despence faicte au lieu de Dieuze et autre part par le sieur de Walhey, prévost des mareschal, en faisant faire *l'exécution de partie desdis prisonniers, tant au lieu de Dieuze qu'au lieu de Gemunde* » (Sarreguemines). — Mentionnons entre autres Hanns Hurneckel (de Mormoustiers), homme audit seigneur de Bitsch, lequel a esté pendu à ung arbre (p. 183). — Christeman (de Herbesseim) a esté prins par les emsspeninknechts. Mort. — Citons aussi Peter Srubles (de Besporn), pendu (p. 228).

On confisqua les biens des absents. — Mathis Wagnaire, de *Geberstroff*, a été à « Herbessheim d'où il a retourné dans sa maison. Lequel Mathis *ses biens sont estés confisqués à monseigneur le duc*, et a donné la confiscation à maistre Nicolas Mengin, secrétaire, comme il appert par mandement dudit seigneur, cy rendu. Ledit Mengin n'est encore composé... » (pp. 7-8).

Nombre de villages et d'individus compromis ont transigé, soit avec les soldats mercenaires qui les avaient pris, soit avec leurs seigneurs particuliers. Les chiffres versés sont considérables pour l'époque et témoignent que le mouvement comptait nombre de bourgeois notables... Ainsi nous lisons, page 131 :

Rumelfingen, hommes à Caspar de Raville... « et ont été pugny, pour ce qu'ils ont habandonné leurs biens et ont payé d'amende par eulx composés avec leur seigneur pour la somme de xxvj florins d'or... » ; semblablement disent les hommes dudit *Wechingen* qui sont audit Henry Guldingen, lesquelz ont payé d'amende cinquante florins d'or, et *ont délivré leurs bastons* et ont fait serement de non jamais porter bastons, sinon seulement *ung petit coustel pour taillier leur pain* (p. 111).

Parfois les inculpés osèrent décliner la juridiction ducale pour invo-

Les paysans, soulevés, avaient respecté les châteaux et leurs habitants. En revanche, ils s'en étaient pris aux presbytères, aux prieurés et aux abbayes, mangeant ce qu'ils pouvaient y trouver, buvant surtout jusqu'à la dernière

quer celle de leur seigneur, probablement moins rigoureuse... « Et d'avantaige aucuns (de *Morhange*) disoient, quand ilz auroient bien mérités d'estre pugnys, se seroit affaire à monseigneur le Ringraff, comme leur seigneur, et non pas à monseigneur le duc... » (P. 5.)

On ne s'était pas contenté de rançonner les malheureux vaincus ; on leur enleva encore leurs bestiaux... « Disent lesdis paysans (de la ville d'*Albe* (Sarralbe) que monseigneur de Chastelbreheim leurs a prins xxviij pièces de rouges bestes; demoysel Henry et Jehan Bayer, frères, leurs ont prins aussy autres xxviij pièces de rouges bestes, lesquelles derrenières xxviij pièces lesdis paysans les ont rachaptées pour la somme de vingt-huict florins d'or. Et disent encores qu'ilz ont payé à leur seigneur, pour une amende, cent florins d'or. » (P. 134.)

... « Disent encore lesdis (de *Ramsspach*) qu'ilz ont payé xxvij florins ès mains de Georges Wentz, de Guemunde, pour achapter leurs bestes rousses... » (P. 140.) etc., etc.

— On invoquait contre certains inculpés des griefs dérisoires. Ainsi Magdalène « vesve de Matarn », de Mormostier (pp. 183-184), était accusée d'avoir « brullé ung ymaige de Nostre-Dame ». L'inculpée dit « il est bien vray qu'il est environ xviij ans que son feu maryt faisoit ung petit ymaige de bois pour faire jouer les enffans, lequel ymaige a esté gecté parmy la maison, et sa derrenière chambrelière l'a, au dernier, gecté au feu ; mais que s'estoit ung ymaige de Nostre-Dame, dite que non. Aussi disent lesdis officiers que n'en scèvent rien au vray, mais qu'il y a aucune femme dudit Mormostier qui a boutté hors les nouvelles ; laquelle femme est assez bien légière de la langue, comme ils disent ; et ne scèvent autres choses de ladicte Magdalène, qu'elle est assez bien malaisié et aucunesfois de mauvaise parolle et ligière langue de ladicte affaire ; mais ce sont parrolles de femme, comme y veulent dire. *Néantmoins, l'officier de nostre souverain seigneur ait mis la main à tous les biens de ladicte Magdalène. Sur ce, nous avons priés ledit officier de donner quelque chose pour elle vivre, jusques autre ordonnance de nostredit souverain seigneur.*

— Un autre grief invoqué c'est d'avoir « mangé chair en caresme, même les chefs de l'office de Mormoustier ».

Endres, prévost de Monseigneur de Strasbourg, malade depuis six semaines, par le conseil des médecins « a mangier des œufz et gelines (poules). Le prévost à seigneur de Ribalpierre dit par son serement qu'il a aussy esté mallade bien fort et a mangier d'ung girbolot de veaul à Wassleim, et non fait en mal prisier en rien comme rien. Mais les officiers aucuns disent que luy ont remonstrez cy devant que c'estoit

goutte le vin conservé par les curés et par les religieux (1). Plusieurs s'accusent d'avoir « mangié une fois en quaresme de la chair au lieu de Wisslein », ou deux ou trois fois « du fromaige en Karesme... », « des œufs et gelines » étant malade... « d'un giboulot de veaul à Wassleim », etc. Beaucoup s'excusent en disant qu'ils étaient allés à Herbitzheim uniquement pour voir le capitaine Brubach, de Sarreguemines, prisonnier des insurgés ; d'autres prétendent avoir cédé aux menaces de certains rebelles ; quelques-uns rejettent leur *folie* sur l'incitation des administrateurs locaux, tels que Siedmonts Hans, capitaine de treize villages, Nickel, maire de Lore (qui mourut en exil), le capitaine de Grosbliederstroff (2), Anthoine, pelletier, Kipper Nickel, maire d'Obergailbach (village appartenant au comte de Bitche), etc...

mal fait d'avoir mangier de la chair, luy respondit que ce n'estoit point mal fait, Dieu ne l'avoit point deffendu de non mangier chair. Aussy ledis prévost... a esté à Sauverne par commandement de la communalté, et a eschapper dudit lieu en sa maison... » (Pp. 211-212.)

...« Hiressels Hanss, le jouue, homme à monseigneur de Strabourg, dépose par son serement qu'il a esté à Sauverne (d'où il s'est échapé). Dit qu'il a esté à la bande de la bande des princes, et a mangier de la chair en karesme, mais c'estoit par fault d'autres vivres, comme il dit... » (P. 213.)

— Les conclusions pour ce document manquent. On ignore le nombre des victimes et la nature de la peine infligée ; ce qui reste certain c'est l'exécution capitale d'Antoine de Grosbliederstorff et autres, longtemps après les victoires du *bon* duc.

(1) Ce furent Mathis et Jehan, chartiers et serviteurs au chastel de Frawenbourg, appartenant aux sieurs de Rechicourt, et Klein Hanss, de Nonkirchen, et l'hoste dudit Frawenbourg, qui sont cause de la pillerie de l'abbaye Nostre-Dame de Lestraicte, dit Grevental (p. 95, note). Là, divers « firent gros oultraiges et prindrent bœufs, vaches, veaulx et tous les biens meubles que pouvoyent avoir » (p. 95). — Ce fait se produisit partout dans les couvents et dans quelques cures opulentes.

(2) Dans l'*Annuaire* de 1863, H. Lepage (*Inv. des Arch. de la Meurthe*) a publié les lignes suivantes : « Mect encore en depense (domaine et gruerie de Sarreguemines) xxiij libvres V^s que Monsieur de Welhey (de Walhey), prévôt des maréchaux et ses gens avec aultres sourvenans ont despendu *lorsqu'il fit faire l'exécution* des malfaicteurs estant lors audit Guemynde (Sarreguemines)... « Ledit chastellain mect en despence xix livres viij s. iiij d. pour despens fait en prison par

En faisant le relevé des insurgés lorrains, village par village, dit H. Lepage, je ne suis pas arrivé au chiffre de douze cents, pour les offices ou prévôtés de Morhange, Dieuze, Hombourg, Saint-Avold, Puttelange, Sarreguemines, Boulay, Forbach, Marmoutier, Saareck, la ville de Sarrebourg et la seigneurie de Deux-Ponts, qui paraissent avoir fourni les plus forts contingents. Si on ajoute les non-comparants, on arrive à quinze ou dix-huit cents. De ce nombre, les uns allèrent seulement jusqu'à Diemeringen ou Herbitzheim, la majeure partie jusqu'à Saverne ; mais la plupart s'en retournèrent avant la venue des troupes lorraines. Une soixantaine périt dans cette dernière ville, et deux ou trois (??) à Scherviller ; plusieurs, redoutant la punition qui les attendait, se réfugièrent à Strasbourg ; enfin, plus de trois cents, désignés nominativement, animés de la même crainte, *demeurèrent par delà*, suivant l'expression des commissaires, doutant, avec raison, de la magnanimité du *bon* duc Antoine. Ces exilés plus ou moins volontaires étaient très probablement les citoyens les plus compromis, les habitants les plus actifs et les plus intelligents du pays. Le duc, en effet, accorda à René, comte de Deux-Ponts, seigneur de Bitche (1) et de

ung cappitaine, le pelletier de Bliederstroff, qui y a esté depuis le jour de la Pentechoste jusques à mardy après la saincte Lucie... « Item, ledict chastelain mect encore en despence de deux prisonniers, que monsieur le bailly d'Allesnai, que a heu amené audit Guemunde, assavoir Nocentius qui fut pendu avec le dessus dit cappitaine et ung aultre nommé Iost, qui fust relâché pour ce qu'il s'avoit bien conduyct... »

(1) « Permission de Monseigneur le duc Antoine à René, comte de Deux-Ponts, seigneur de Bitche, de chastoyer ses subjectz qui avoient adhéré au party des paysans luthériens. »
Voici le texte de cet acte étrange, inique... « Comme une *grande partie* des subjectz de nos haulx et autres hommes et vassaulx, du costé de nostre bailiage d'Alemaigne et d'alentour se soient, de leurs téméraires, mauvaises et iniques voulentés, sans occasion, élevez contre nous et ladicte noblesse, et adhérez aux assemblées sédicieuses des paysans rebelles et désobéyssans, estans en grand nombre contre nous, dont, par plusieurs foiz, en une sepmaine, Dieu le créateur nous a donné victoire. A l'occasion desquelz forfais, monopoles et séditions, lesdits subgectz de nosdits haulx hommes et vassaulx, comme rebelles criminels de lèze

Lichtemberg, à Philippe de Harenges... (1) etc., la liberté « de chastier et punir pour ceste fois leurs subjects qui ont adhéré au party dés paysans luthériens contre mon dit seigneur » (2). (*Trésor des Chartes. Layette, fiefs du duché de Lorraine, n° 69.*)

souveraine et désobéyssans à nous leur souverain seigneur, ont encourrus et méritez envers nous pugnition corporelle et criminelle, et dont il nous loyt et appartient et non à autres en faire la pugnition. Comme « nostre très cher et féal cousin René, conte de Deux Ponts, seigneur de Bitsch et Liechtemberg » dont les sujets ont en grand nombre pris part à la rebellion,... tandis que lui « s'est trouvé en propre personne en armes avec nous contre lesdits paysans »..., nous lui avons accordé le droit « ...de les pugnir, chastier et en faire ainsi qu'en tel cas appartiendra, à son bon point et plaisir, et tout ainsi que nous ferions et eussions faict..., en réservant à nous, s'il excédoit ladicte pugnition et correction, le regard et la tauxation pour en faire à nostre bon plesir... » (P. 231-32.)

(1) Permission de Monseigneur le duc Antoine à « Phelippe de Harenges, en considération de ses services, de chastoyer ses subjectz qui avoient adhéré au party des paysans luthériens ». (P. 233, note.)

...« De notre grâce spéciale, luy avons donné et donnons par cesdites présentes les amendes, confiscations et compositions, en quoy sesdits subjetz sont encheuz envers nous, comme dit est, d'avoir adhérez ausdits paysans rebelles, pour par luy, ainsi que nous meismes comme seigneur souverain ferions et faire pourrions et eussions fait faire par noz officier et commis si ne luy eussions fait ce présent don, le tout à appliequer à son profit, pourvu qu'il n'en prendra ne exigera point plus que eussions fait et faisons sur autres villaiges de semblable affaire, en réservant à nous le taux, si plus en exigeoit et prenoit ; en retenant à nous semblablement la pugnition du crime si aucuns desdits subjectz estoient trouvéz avoir esté *porteurs d'offices, esmoteurs, chefz et principaulx desdits paysans*. Et sont cy les lieux et villaiges où sont demeurans sesdits hommes que luy avons ainsi donné, assavoir : les hommes nommés les *urlebecher (urheber)* promoteurs, demeurans on village d'*Amange (Insming)*, en nostre office de Morssperg. Item, ceulx de *Rimgern* ou *Rimgertal*. Item, *Rode* auprès de Morhanges et *Haranges* (localité voisine, aujourd'hui inconnue). Sy donnons en mandement (...à tous qu'il appartiendra) qu'ils souffrent et laissent ledit Philippe joyr et user plainement et paisiblement (de ce droit concédé). Car tel est nostre plesir... » (Pp. 233-34-35.)

(2) Lepage ne cite que le seul acte de clémence suivant, émané de la générosité d'Antoine :

Remission pour ung luthérien hérétique du vau de Liepvre. — Antoine, etc... L'umble supplicacion et requeste des femme, enffans, parens et amys du grant Hannezo. de Liepvre, à présent détenu en noz prisons de

Contre le commun des partisans des Rustauds, on se borna à prononcer des confiscations, l'amende (1), *l'enlèvement des bâtons*, c'est-à-dire de leurs armes. On ne leur permit que l'usage d'un *petit couteau* pour couper le pain.

Sainct-Diey, avons receue, contenant que darnièrement, peu avant la journée de Zaverne, ledit Hannezo, comme mal conseillé et séduit par aucuns tenans la faulce perverse secte et séductive doctrine des Luthériens, de sa volunté désordonnée se sont condescendu et adéré à leur mauvaise entreprinse, tant des habitants du val de Liepvre que d'autres paysans leurs voisins, lesquelz, par conspiration et d'un commun accord, *entrèrent par force ou prioré dudit Liepvre, rompant les huisses, les livres et fenestres de l'église d'ycellui prioré*, y faisans et portans de *gros et merveilleux dommaiges* ; auquel lieu survindrent *les femmes et enfans* du *villaige, buvant et mangeant* ce que les deux chappeteliers qui auparavant s'en estoient fuyz, y avoient laissé de leur provision, comme *vin, chair, pain et autres vivres*, pillèrent et *emportèrent tous les blefz, foings, pailles et avoines et autres biens* y estans. Et davantaige, fut ledit Hannezo incité par un nommé Jacquest de Lusse, de sonner la cloche affin de faire assembler le peuple dudit lieu pour jurer et faire serement à eulx. Oultre plus que ledit Hannezo feit dès lors le serement aux paysans luthériens, et jura certains articles qui lui furent mis en avant, c'est assavoir d'*estre ennemys aux prebtres et de courrirent sur eulx*, pareillement *aux seigneurs* et de ne point *payer de dismes*, et que *les rivières, les chasses et les bois demouroient commungs*, et autres choses plus au loing contenues et déclerées ésdits articles...

... Nous ont lesdits remonstrans très humblement fait supplier que, actendu et considéré la ligèreté dudit grant Hannezo, et que par l'enhortement des dessusdits ses compaignons, il a fait et commis lesdites folles entreprinses et cas dessusdits, en considération mesmement que, pour iceulx, il a tenu prison à Sainct-Diey sont plus de quatre moys, *les jambes au cept, en grande misère et pouvreté* et de sa femme et petis enffans qui n'ont de quoy vivre ; aussy qu'il ne fut jamais actaint ne convaincu d'aucun vilain cas, blasme ne reprouche... Savoir faisons que nous, inclinans à ladicte prière et requeste, avons... remys, quicté et pardonné. Ainsi signé Anthoine... » .... Donné en nostre ville de Nancey, le 25e jour de décembre, l'an mil Ve vingt-cinq.

(1) « Les hommes de Wechingen et de Sarreinsmingen qui sont à Henry Guldingen ont payé l'amende de cinquante florins d'or, et ont délivré leurs bastons (ferrés et surmontés d'une espèce de lame tranchante), et ont fait serement de ne jamais porter bastons, sinon seulement un petit coustel pour tailler leur pain (pp. 111-130).

Ce même Henry Guldingen, a laissé aller de prison un des porteurs

Quelques-uns furent emprisonnés, bannis (et exécutés) ; d'autres, subissant les lois de la guerre, furent cruellement rançonnés par les lansquenets, Albanais, ou autres mercenaires à la solde du duc (1). La plupart des villages s'empressèrent, en masse, de demander grâce, de renier *leurs folies*,

d'enseignes qui a payé quinze florins d'or et qui est encore à Sarinsmingen (p. 95'.

Nombre de villages avaient plusieurs seigneurs. Ainsi Bliesbrücken, endroit natal de l'auteur, avait quatre seigneurs (de Raville, Créhanges, Carpen et Wappon), plus Henri Güldingen et Harranges. Coun était alors maire de la localité qui dépendait du comté de Bitche. Deux hommes, Niclaus et Fridich ont *demouré par delà*. Ce dernier (Fridrich), à l'instigation de Kipper Nickel, d'Obergailbach, a entraîné les habitants d'Happkirchen à Rohrbach. Neuf habitants d'Obergailbach, y compris le maire Figels Nikel, ont *demouré par delà*. — Wieswiller et Wœlflingen, appartenaient au comte de Nassowe, de Bitche, George de la Leye, Barnart de Carppen, Henri Guldingen et Niclaus Gentersperger. *Quinze ont demouré par delà*. — Ryennem (Reinheim), *tous les habitants au nombre de quatorze qui sont allés à Sauverne, sont demourez par delà*. — D'Ebersingen, *deux*, de Gerchem (Guersheim, à l'abbesse de Herbitzheim), *dix hommes ont demouré par delà*.

On peut juger par ces indications sommaires, pour quelques villages avoisinant Brucken (Bliesbrücken), combien fut vif le mouvement dans la vallée de la Blies et de la Sarre.

(1) Les seigneurs eux-mêmes imposaient de dures amendes pécuniaires qu'on était incapable de payer. Ainsi « l'officier du souverain de Mormostier a demandé aux quatre prévost de Wietterberg la somme de six cens florins d'or pour l'amende ; mais ilz n'ont encore riens composés pource qu'ilz ne sçauroient payer ladicte somme, et sont totalement destruytz, tant de leurs chevalx, bestialles et meubles et n'ont aultres choses que les y pouvres biens qui sont aux champs comme leurs vivres, comme ilz disent. » (P. 220.)

A la page 20 du rapport, au sujet du village *Gynderstorff*, nous lisons :

...« Les dessusdis aviez desjà composés à madame l'abbesse de Wargaville, comme leur seigneur et maîtresse, selon le contenu dès plais annalz et franchises ; et doit ung chacun payer la somme de soixante livres et trois angevinnes, et fait ladicte livre dix sept gros deux deniers ; et doyent être lesdits subgectz à la bonne et male grâce de ladicte dame abbesse, ainsi qu'il est contenu èsdis annalz plais ; et a reprins les dessusdis en nouvel serement, et sont tenus de payer pas termine, en deux ans s'ilz ne peullent avoir meilleure grâce de ladicte abbesse...»

comme ils le disaient eux-mêmes (la terreur aidant), et de jurer fidélité pour l'avenir...

Antoine indemnisa les habitants qui avaient eu des dommages à supporter, accorda des terres et des pensions aux gentilshommes qui l'avaient accompagné dans son expédition, et gratifia de lettres de noblesse certains serviteurs plus obscurs. Dans tous ses États, on frappa rigoureusement les partisans de la Réformation pendant tout son règne et ceux de ses successeurs. Ainsi, pour citer quelques exemples, en 1536, Jean Gillot et Julien Camus, de Fresne-sur-Apence, furent mis à l'amende pour avoir dit que les images d'église n'étaient que des *torchons de bois* (1). En 1539 (ordon-

(1) Ce fut seulement au commencement de 1546 que les habitants d'Épinal (alors une ville de commerce et d'industrie dont les habitants avaient de fréquents rapports avec les contrées voisines, et dont plusieurs embrassèrent les nouvelles doctrines) se laissèrent entraîner à des actes d'outrages envers la religion catholique et commencèrent à se réunir en conciliabules. La *Chronique* de Bailly fait mention de la mutilation des images de saint Côme et de saint Damien, de l'aveu des auteurs de cet outrage; mais elle ne fait pas connaître si une punition leur fut infligée. Pendant la même année, Jean Vanney, drapier, qui avait tenu un conciliabule dans sa maison, à la porte de La Fontaine, fut mis en prison, au pain et à l'eau, et après avoir fait amende honorable à la porte de l'église, ainsi que Jean Ballay et Antoine Chevillot, porte-enseigne, père de l'un des auteurs de la mutilation des images de saint Côme et de saint Damien; ils furent tous trois admis à se confesser et à communier, ce que, dit Bailly, ils n'avaient pas fait à Pâques. En 1560, Jean, comte de Salm, demandait à M. Douche (d'Ourches) sa permission pour les Protestants de Badonviller, d'entrer à Épinal pour leur commerce, à la condition de n'y pas dogmatiser et de n'y faire aucun scandale. Il y a apparence de croire que cette permission ne fut pas accordée. Le bailly d'Ourches montrait beaucoup de zèle contre les Protestants; il se faisait signaler les bourgeois qui omettaient de faire leurs Pâques. Quelques années plus tard, un édit exila les Protestants de la Lorraine. Épinal y perdit plusieurs de ses principaux commerçants et industriels, tels que les Geminet, les Chodey, etc., qui se réfugièrent à Sainte-Marie-aux-Mines. Les biens qu'ils n'avaient pu vendre furent confisqués. On peut admettre que le protestantisme n'eut de prosélytes que dans cette partie de la population qui entretenait des rapports avec les contrées envahies par la réforme, et qu'il n'en rencontra pas dans les classes inférieures. (*Docum. de l'Hist. des Vosges*, t. II, pp. 134-35, note.)

nance du 13 octobre), un procès fut intenté à des Réformés de Saint-Mihiel qui avaient mal parlé des sacrements. En 1545, plusieurs inculpés s'étaient enfuis, mais d'autres languissaient encore en prison. Jacques Chobard, maître d'école dans cette ville, dénoncé comme hérétique par trois prêtres avec lesquels il avait soutenu une discussion sur les sacrements, ayant refusé de se rétracter, fut brûlé vif, après plus de trois mois de détention. On dit aussi, qu'en 1543, plusieurs Luthériens furent brûlés à Mirecourt. (CRESPIN, fol. 161. CUVIER, p. 11) (1).

Peu rassuré pour l'avenir par ses victoires en Alsace, Antoine contracta à Saint-Avold, le 13 mars 1526, pour dix ans, une alliance contre un retour offensif des Luthériens, avec Richard, archevêque de Trèves, et Louis, prince palatin (2).

(1) Malgré les précautions prises pour élever devant l'hérésie une barrière infranchissable, le luthéranisme se glissa dans quelques lieux, grâce aux négociants en contact avec le dehors. Les Etats-Généraux réunis à Nancy, en 1539, demandèrent de nouvelles mesures coercitives. Le 13 octobre de cette année, parut un édit qui défendait, « que d'huy et avant, nul, de quel état et conditions il fust, ne tinst en public, ou privé aucun propos de ceulx que Martin Luther, ses sequaces et adhérents ont escrits et publié... et ceci à peine *de mort par le feu* et de la confiscation des biens ou aultre punition comme il seroit advisé. » — On interdisait également d'acheter ou de posséder des livres hérétiques, de tenir des propos contre la religion, et tout colloque sur la foi non autorisé par l'évêque. Les hôteliers devaient dénoncer les délinquants étrangers ou indigènes. Défense, même sans mauvaise intention, de répéter les discours hétérodoxes entendus, etc. (ROGÉVILLE.)

Grâce à ces mesures prohibitives, la typographie disparut de la Lorraine. On peut fixer (BEAUPRÉ, vers l'an 1530 la chute de celle de Saint-Nicolas-de-Port, où on trouve, en 1525, Jérôme Jacob ; Saint-Dié n'existait plus. — Cependant Antoine encourageait les arts. Ainsi, en 1527, il accorda à Mansuy, tailleur d'ymaiges, la somme de vingt francs en considération de ce qu'il a toujours par cy devant besoingné à l'édifice de la maison de mon dit seigneur à Nancey..., payant ces dit xx fr., jusques à bon plaisir de mondit seigneur aux termes de Sainct Jehan et Noël pour moitié. (*Compt. du Rec. gén. de Lorr.* pour l'année 1527-28. LEPAGE.

(2) Voici le texte de ce traité... Nous... faisons connoitre par cette lettre qu'en l'année 1525, les paysans, oubliant leur honneur, leur foi,

Quant aux roturiers, on exploita le succès des armes du duc pour restreindre leurs franchises... « La guerre de 1525, dit l'abbé Hanauer, amena presque partout la suppression des vieux rôtules ; les seigneurs, qui, depuis longtemps, ne tenaient plus aucun compte des anciens privilèges de leurs vassaux, mirent à profit la victoire de Scherwiller. Il ne fut plus question du droit de chasse et de pêche que le comte de Hanau avait accordé à ses fermiers... Les habitants d'Angviller, dans la châtellenie de Dieuze, n'osèrent revendiquer leurs droits d'usage, quand ils furent appelés devant les commissaires lorrains envoyés par le duc, dans le Westrich. » (L. Benoit. *Inst. comm. du Westrich. A. L.*, t. XVI.)

C'est par suite de cette cruelle répression et la disparition, l'exil des citoyens les plus actifs, les plus intelligents, que la Lorraine allemande est devenue une seconde Bretagne, quant au fanatisme catholique.

Antoine, en arrêtant l'expansion en Lorraine des Rustauds, fut regardé par les Catholiques « comme un père qui venait de sauver ses enfants ». Il reçut les félicitations de divers souverains et, en particulier, de Clément VII, qui donna un jubilé aux Lorrains. (Bexon.) C'était une manière comme une autre de manifester sa joie et de récompenser les vainqueurs avec économie. (Bégin, t. II, p. 23.)

leur serment et leurs devoirs, se sont révoltés contre leurs seigneurs, et, dans plusieurs endroits, *avec vol, incendie, rapt et effusion de sang*, de la manière la plus tyrannique : ce qui est prouvé par mille faits malheureusement trop éclatants.

La foi chrétienne l'exige, et nous aurons tous plus de pouvoir et de dignité, parce que ce n'est que par *la grâce du Tout-Puissant* que les révoltés ont été si fortement punis dans le passé ; mais il est à remarquer que cette mauvaise herbe n'est pas détruite, que le feu couve sous la cendre et peut d'un moment à l'autre se rallumer plus fort que jamais. Pour arrêter cette révolte, pour protéger nos principautés, nos sujets et alliés et nos biens de vieille tradition, pour la gloire de Dieu et sur la demande de la sainte Église romaine et pour la conservation de nos États, nous nous sommes unis amicalement comme membres et parents de l'Église...

Cependant il fallait payer les frais de l'expédition sanglante contre les Rustauds. Les dons du clergé et de plusieurs particuliers étaient insuffisants. Les États (les trois ordres) réunis votèrent, en janvier 1526, « une somme de trois francs, monnaie courante, en lesdits pays de Lorraine et de Bar, pour chaque ménage et conduit, à prendre... sur tous les demeurants en lesdits Duchés, tant sur les subjets des gens d'Eglise que des fiefs et arrière-fiefs ». (ROGÉVILLE, t. II, p. 144.)

Les contributions payées alors (*A. L.*, 2e année) se montaient à 3 francs, 3 gros par ménage.

Au mois de mai 1535 et en 1538, les États durent voter de nouveau un aide extraordinaire de 3 francs par conduit, dont une portion était destinée à mettre les places frontières en état de défense, et plus tard pour amener la paix chez ses voisins (1).

Les députés se firent délivrer des lettres de non-préjudice.

Enfin, en 1540, ils furent appelés à voter un troisième aide extraordinaire de trois francs barrois par conduit, pour payer la dot d'une fille du duc (cent mille francs d'or et des pierreries pour vingt mille francs). Jamais les prédécesseurs d'Antoine n'avaient versé pareil chiffre en dot à leurs enfants.

Au moment où toute l'Europe se trouvait engagée dans la querelle entre François Ier et Charles V, Antoine, en diplomate avisé, maintint une stricte neutralité et éloigna ainsi la guerre de la Lorraine. Cette habile protection de ses frontières lui valut les bénédictions de son peuple. La ville de Metz, charmée de cette sage conduite, se mit sous sa garde et lui donna le titre de comte de la ville, titre perdu par les ducs de Lorraine, depuis Mathieu.

(1) Hugo (p. 210), donne une variante : « Les Etats, dans une assemblée du 18 septembre 1538, ordonnèrent à chaque ménage, tant de nobles que de gens d'Eglise et roturiers, de fournir trois francs au duc pour la conquête de la province de Gueldres qui lui était échue par héritage. »

L'église de Toul lui livra son château de Void et l'évêque celui de Liverdun (1). Antoine ne sortit de cette louable réserve qu'au moment où Soliman, à la tête des Turcs, vint attaquer l'empire allemand. Alors les troupes lorraines (2), dont on ignore exactement le nombre, se joignirent à celles de l'Allemagne, et le duc permit qu'on levât dans ses États le subside appelé *Landsfried* (3), destiné aux frais de cette guerre.

En 1534 (LEPAGE, *Inst. milit.*, p. 178), Antoine eut à combattre « plusieurs gallans, maulvois garsons, vacabonds et caïmans qui s'étaient retirés dans le Barrois, notamment autour de la ville de Bar, détroussant les passants sur les grands chemins, s'efforçant de les tuer et perpétrant beaucoup d'aultres maux et cas énormes, de sorte que personne n'osoit plus fréquenter les foires et marchés. Il les fit traquer par un prévôt des maréchaux ».

Après l'expédition contre les Turcs, François Ier et Charles V, grâce aux efforts d'Antoine, conclurent à Nice, une trève de dix ans, à partir du 18 juin 1538. A son retour, les

---

(1) Déjà, en 1525, à la mort du comte de Mœrs, décédé sans héritiers mâles, le cardinal Jean de Lorraine, frère d'Antoine, évêque de Metz, avait investi le duc des comtés de Bouquenom et de Saarwerden qui revenaient à son évêché. Antoine, d'un autre côté, transigea, en 1530, avec son frère Claude, duc de Guise, au sujet de la succession paternelle. Celui-ci eut les terres de René II situées en France et la baronie d'Ancerville, dans le Barrois. Disons, en passant, qu'Antoine permit, le 15 août 1530, à Claude de Beauvau, de faire la recherche de mines d'argent dans sa terre de Mongneville. (GUÉRARD, p. 47.)

(2) L'ancienne maréchaussée avait été supprimée en 1738, et remplacée par une autre en uniforme, à l'instar de celle de France. (LEPAGE, *Inst. mil.*, p. 184.) — Un auteur assure qu'Antoine fournit cent hommes d'armes allemands, cent quatre hommes d'armes, lorrains d'origine, et soixante-neuf autres soldats.

(3) Il fut ordonné (B. PICARD, p. 624), en 1542, qu'on lèverait un décime sur tous les bénéfices de Lorraine et des Trois-Evêchés, pour continuer la guerre contre le Turc, et que les sujets de l'Evêché payeraient le Landsfried comme il avait été réglé à la diète de Ratisbonne, en 1549.

Lorrains lui firent partout des ovations aux cris de : Vive le prince de la paix ! Vive le bon duc Antoine !

Sa femme et son fils furent associés à cet élan des populations, heureuses de pouvoir récolter en sûreté le fruit de leurs sueurs (1); mais bientôt la mort de la duchesse vint contrister le duc et ses sujets (2).

Antoine eut d'autres sujets d'amertume. François Ier éleva des prétentions sur le Barrois mouvant, et Charles V, qui traversait la France pour aller punir la révolte des Gantois, refusa de lui restituer le duché de Gueldres, patrimoine de sa mère.

En 1540, une élévation extraordinaire de la température vint frapper l'imagination des Lorrains. La moisson se fit quinze jours avant la Saint-Jean (24 juin) et on vendangea au mois d'août. On eut pleine année. Le blé ne valut que neuf gros, et la quarte de vin huit deniers seulement. Les autres denrées se trouvèrent à l'équipolent. La chaleur et la sécheresse furent telles que la Moselle devint verte et putride.

Le peuple, ignorant et fanatisé, et par là livré au merveil-

---

(1) A Metz, on alluma en réjouissance un monstrueux feu de joie; on sonna la grosse cloche, la Mutte, à grande volée, en même temps que celles de la cité, de ses bourgs, des collèges, des abbayes et des autres églises. On tira le canon, etc. Le vacarme fut tel que les habitants de plusieurs villages effrayés et croyant la ville prise, allèrent coucher dans les bois. (*Chronique*, p. 830.)

(2) Claudine Boussard, femme de chambre de Renée, épouse d'Antoine, accusée faussement d'avoir empoisonné la duchesse, fût arrêtée sur des clameurs nullement justifiées, puis mise en liberté. Le souverain, craignant d'être actionné par elle en dommages-et-intérêts, à raison de cette poursuite mal fondée, obtint de la victime et de plusieurs membres de sa famille une renonciation formelle à cet égard. (L. LALLEMAND, *A. L.*, t. VII, pp. 124-25.) Dumont (t. II, p. 147) dit à ce sujet: L'histoire est muette sur l'événement grave dont le secret demeurera sans doute éternellement enseveli. On rendit à l'accusée ses biens qui avaient été confisqués. Elle possédait, entre autres choses, la seigneurie vouée du village de Condé, aujourd'hui Custines. (*A. L.*, t. II, p. 179, note.)

leux, attribuait ce phénomène aux sorciers (1). On en voyait partout. Le nombre de ces pauvres hallucinés semblait augmenter avec la rigueur des exécutions. En peu d'années une

(1) Comment le peuple aurait-il résisté aux démentis que les éléments mêmes infligeaient à ses pasteurs. Ainsi, en 1517 (*Chronique*, p. 710), pendant qu'on promenait, selon la coutume, la statue de saint Georges, par un beau temps exceptionnel, il s'éleva un grand vent et la pluie « trespersa » les membres de la procession. La veille de Saint-Marc, tout fut gelé et le jour même tout fut abîmé, bien qu'on sonnât les cloches pendant toute la nuit au point d'assourdir le peuple « et aussi que plusieurs personnes estoient en dévotion, priant Dieu qu'il gardois les biens de la terre, et continuoient leurs processions..; mais Dieu fut inexorable et la gelée fut renforcée. Tout fut consommé et expédié et ne demouroit de verdure ny que après le feu. Pourquoy tout fut chier et mesmement fut le blef remonté de prix: de quoy les pouvres gens furent si très étonnés que c'était pitié. Car les plusieurs qui devoient plus qu'ilz n'avoient vaillant et qui cuidoient bien payer, si le temps fust venu bien à point et que n'avoient alors ny pain, ny argent, ces pouvres gens se trouvoient si très espouventés et non sans cause que, le lundi après la Sainct-Marc, il en vint plus de deux mille en Metz, pour sçavoir devers ceux à qui ils devoient et de qui ils tenoient leur héritaige, s'ilz les vouldroient encore aider, ou si non leur estoit force d'aller briber ou de aller en d'aultres pays cerchier leurs adventures et plouroient la plus part de ces gens ici que c'estoit pitié. Encor ne fut pas tout; car en ceste année fut force aux pouvres gens de tuer ou vendre partie de leur bestail de quoi ilz se devoient nourrir comme vaiches, brebis, chièvres et moutons, et tout par deffault d'herbaiges et d'aultres fourraiges pour les entretenir. En mai on avoit moult grand nécessité d'eau; et disoit le peuple que si Dieu n'y mettoit remède, l'eaue cousteroit plus que le vin, c'est-à-dire que alors y avoit si grant nécessité de pluye que tout se séchoit et se brusloit aux champs. Il estoit *grand chierté partout, et plus encore en Lorraine* qu'en Metz et y vendoit on la quairte de blef 18 ou 20 sols... Et... les bonnes gens avoient ilz grant meschief de le mouldre (le blef) par deffault d'yaue d'eau), car alors une nef ne fut point allée en huit jours de Metz à Trièves, tellement estoient les rivières courtes. Et en la campaigne tout fut gaisté, et s'enfuyoient partie des poures gens de villaige de tous costés, eulx, leurs femmes et leurs enffant, là où chescun pouvoit mieulx se saulver (p. 712).
Au mois d'aoust qu'il deust faire chaud et sec, et que chascun désiroit le biou temps, pour mettre les biens à l'hostel, il n'estoit causy point ung jour sans pleuvoir. Et tellement estoit le temps à la pluye que les poures gens avoient grant meschief à lever les bledz, les avoines et autres biens et en y eûlt assés et la plupart des germés et mal courés. Dieu en soit béni et loué; car ceste année fust en touttes ses saisons

grande quantité d'arrêts furent rendus en Lorraine pour crime de sorcellerie, bien qu'Antoine, en 1529, eût fait défense *de procéder légèrement à la recherche des sorciers et de les saisir, à moins qu'il n'y ait partie formelle*, c'est-à-dire un dénonciateur.

Le mariage du fils aîné d'Antoine avec Christine de Danemarck, nièce de Charles V, veuve d'un prince italien, avait pour but essentiel le retour aux princes lorrains du duché de Gueldres et Zutphen, usurpé par l'Empereur. Celui-ci se montra sourd aux réclamations du Duc, pendant que François I⁰ʳ, irrité de cette union, contesta à Antoine la souveraineté de la mouvance du Barrois, et réclama l'hommage pour le Clermontois, la principauté de Commercy et celle de Neufchâteau. Le Duc, pour avoir la paix, dut transiger et abandonner au Roi la ville de Stenay, qu'une garnison française occupa jusqu'à la paix de Crespy. Les deux monarques rivaux firent preuve, chacun, d'un égal manque de justice et de bonne foi.

Le peuple, naïf et crédule, fêta, à Thionville, à Metz, à Pont-à-Mousson et à Nancy, les nouveaux époux, en se promettant monts et merveilles de l'alliance de l'héritier présomptif avec le chef de l'Empire. Antoine parcourut avec eux les principales parties de son duché. Partout on fit aux visiteurs de riches présents. Le chapitre de Toul, par exemple, offrit au jeune couple trois cents écus au soleil, et la municipalité leur en donna deux cents avec dix pièces d'un vin exquis. (THIERRY, t. II, pp. 88-89.)

Pendant la campagne sur les frontières de la Lorraine (1542), où la France, après de brillants succès, éprouva quel-

contraires... l'an fut en ceste année persécuté de guerre, de mortalité et famine (p. 712-13) ; aussi (VIVILLE, p. 199), vers 1526, la ruine des campagnes étoit si grande que des fermes d'un revenu de cent florins n'en produisoient que quatre-vingts... » Notons que le clergé possédait le tiers des biens-fonds.

— Des maladies pestilentielles affligèrent Metz en 1507, 1517 et 1518. (BÉGIN, *Hist. Scien.*, p. 376.)

ques revers, Antoine conclut avec Ferdinand Ier, roi des Romains et frère de Charles V, le traité célèbre de Nuremberg, qui rappelle les prétentions et obligations respectives de l'Empire et de la Lorraine. Ce duché y est qualifié *souveraineté libre et indépendante, exempte de toute juridiction de l'Empire*, auquel seulement est dû l'hommage de quelques fiefs qui en relèvent, comme celui du comté de Remiremont, de la ville d'Yve, inféodée pour y battre monnaie, de la qualité de Marchis et de quelques droits qui en dépendent (1), ainsi qu'il est établi par les *formules d'hommages*, et, en particulier, par celui de René à l'empereur Maximilien. L'Empire prit sous sa protection la Lorraine, et le Duc, à son tour, consentit à fournir à la Chambre Impériale, pour subsides, les deux tiers de la taxe d'un Electeur (2).

On a regardé ce traité comme le fruit d'une profonde politique ; ce ne fut que celui d'une prévoyante sagesse. Il était superflu de déclarer indépendant un Etat dont, depuis Gérard d'Alsace, aucun prince n'avait fait hommage ; le traité ne pouvait être, tout au plus, que la confirmation d'une indépendance bien établie.

Malade, sentant le poids de l'âge, Antoine se fit néanmoins porter en Flandres, dans l'espérance d'amener de nouveau une entente entre Charles V et François Ier, ces deux fiers

---

(1) Le vrai motif d'Antoine, en séparant aussi nettement ses Etats de l'Empire, où le droit de succession féminine est en vigueur, était d'établir solidement dans sa Maison la *loi salique* que le testament de René y avait introduite (*sic*), et qu'Antoine regardait avec raison, comme la plus propre à en soutenir la gloire et la tranquilité. (BÉGIN, t. II, p. 30.) — Cette explication est plus ou moins admissible, car on a fortement contesté et même nié énergiquement l'existence du testament de René, comme nous le verrons au règne de Charles IV.

(2) Les duchés de Lorraine et de Bar ne contenaient alors que 53,637 conduits imposables ; ce chiffre, multiplié par six, moyenne convenable pour le XVIe siècle, donne 321,822 habitants. En ajoutant les clergés séculier et régulier, la noblesse et les indigents, on arrive à peine à 400,000 âmes (DIGOT, t. IV, p. 107), formant le total de la population à la fin du règne d'Antoine.

rivaux dont l'antagonisme bouleversait depuis si longtemps l'Europe. Arrivé à Valenciennes, le vieux Duc ne trouva que l'Empereur qui ne lui accorda qu'une « sensibilité stérile ».

A son retour, le Duc assembla les États (Noblesse et Clergé, mais non le Tiers) à Nancy, au mois d'avril, afin de leur faire voter la levée « de gens de pied et de chevaulx, pour mettre ès lieux les plus convenables », pendant les mois de mai, juin, juillet, août et septembre, afin de protéger la neutralité de la Lorraine. Pour entretenir « lesdicts soulards, devoit être levée sur les sujets du domaine et ceux des prélats, comtes, barons et la chevalerie, la somme de neuf gros par chascun desdits quatre mois ». Cette précaution fut fort sage, comme nous le verrons plus loin.

Toujours rempli de l'espérance de procurer la paix à l'Europe, et quoique sentant ses forces décliner de jour en jour, Antoine, au printemps suivant, se mit en route pour aller trouver le roi de France ; mais une affection de la vessie l'arrêta à Bar-le-Duc, où il mourut, le 14 juin 1544, après avoir recommandé à ses enfants la religion, la justice et la paix. Sa mort fut un deuil pour tous ses sujets. (BEXON, pp. 205-206.)

Le duc Antoine, fort soucieux du soin de sa santé, combla de faveurs, plus ou moins méritées, son médecin, le docteur Bartolomeo Castel San Nazar (1), qui fut un véritable tyran pour les sujets que lui soumit le prince (2).

(1) C'est le duc Antoine (NOEL, Coll. lor., p. 927) qui le premier fit des gentilshommes et des barons. M. de Gellenoncourt est, croyons-nous, le plus ancien gentilhomme et baron *par lettres*. Ce n'est donc que depuis ce prince qu'il y a une ancienne et nouvelle Chevalerie dont la position sociale a été réglée par la Coutume de Lorraine, sous Charles III. Les gentilshommes par lettres, alliés à l'ancienne chevalerie, pouvaient être reçus aux assises. — Ce fut encore le duc Antoine qui, en 1521, constata « que Saint-Nicolas est un des principaux lieux et mieux peuplés de ses pays et où il y a plus grand nombre et multitude de gens de métiers et qui se mêlent et occupent à faire drap ». (MUNIER-JOLAIN, p. 202.)

(2) Rien n'est pire que la tyrannie locale, a dit excellemment Babeau,

TROIS-ÉVÊCHÉS. — METZ. — *Le Protestantisme dans la Cité.* — Deux catégories d'hommes se trouvaient naturellement disposées à accueillir favorablement le protestantisme :

un de nos écrivains, au sujet de San Nazar. (*Le Village au moyen âge*, t. III, p. 123.) Personne ne peut s'y dérober, parce que chacun est connu du maître. Si le caractère du seigneur est vicié par l'oisiveté, la cupidité ou l'ignorance, si son tempérament est violent, les « vilains » en souffrent à tous les instants.

Tel fut le maître de Morley, dans le Barrois mouvant, aujourd'hui simple commune du département de la Meuse, canton de Montiers-sur-Saulx, le docteur Bartolomeo Castel San Nazar, médecin du duc Antoine. Dès son arrivée en Lorraine, il s'attira les bonnes grâces de la mère de la femme du vainqueur des Rustauds. Cette dernière le maria, et le duc Antoine, qui était « dans l'estat d'ung homme qui, pour saulver son corps bailleroit à son médecin son sang et ung membre... (*Bibl. nat., Coll. lorr.*, Morley, t. II, p. 154) céda aux nouveaux époux les aides ordinaires et générales de la seigneurie de Morley, à rachat de 9,000 fr., l'affouage dans les bois dudit lieu, et dix-huit arpens pour leurs forges. » La Chambre des comptes, stupéfaite de cette libéralité pour un étranger sans antécédents, refusa l'entérinement, et ne s'exécuta que sur la menace pour ses membres d'être relevés de leur serment.

Bartolomeo fut un seigneur cupide et méchant.

De temps immémorial les habitants de Morley jouissaient du droit d'aller ramasser *le bois mort et le mort bois* dans la forêt ; la communauté dut, pour en conserver l'exercice, fournir chaque année un porc et deux agneaux ; la paisson de la forêt fut amodiée 300 fr. barrois ; les portions de bois qui, de fondation, étaient réservées au curé, au prévôt et au gruyer, furent confisquées au profit du seigneur, qui ne laissa au prévôt que les « houppières » (racines d'arbres ou ételles), abandonnées jusque-là aux habitants.

En 1540, les habitants, ameutés par un certain Nicolas Prignot, ayant refusé de se rendre dans les prés seigneuriaux pour y faire la corvée de la faulx, et de payer les trois blancs qui les exemptaient de cette charge, Bartoloméo fit *pendre le « chef du mouvement »* et taxer les laboureurs au double de l'amende.

Plus tard, Charles III attaqua la donation, et fut condamné par le parlement de Paris (11 mars 1570) aux dépens, à la restitution des coupes de bois et débouté de toute revendication ultérieure... Enfin, le 11 novembre 1573, le Parlement, revenant sur l'arrêt de 1570, ordonna la restitution au Duc de la valeur des coupes de bois faites en dehors des termes de la donation, ce qui causa une longue enquête, terminée, en 1576, par le paiement d'une indemnité de 60,000 fr. (*Archives de la Meuse*, B. 204. A. L., an. 1887, pp. 5 à 35.)

les bourgeois des villes, assez éclairés pour juger l'état de honteuse dégradation morale et intellectuelle de l'Eglise et des ordres monastiques, l'objet particulier de l'agression et des censures du luthéranisme; et le peuple des campagnes, généralement affranchi de la servitude du moyen âge, mais non moins misérable que par le passé, soumis, par les conditions mêmes de son affranchissement, à des redevances onéreuses, à d'humiliantes et pénibles corvées. (BEAUPRÉ.)

Nous avons vu, dans la guerre des Rustauds, l'action exercée sur les paysans lorrains allemands par les doctrines de liberté et d'égalité que prêchaient les novateurs. Si la non-connaissance de l'allemand, langue parlée par les Luthériens, enraya, empêcha la propagande dans la lorraine romande, les édits sévères de l'autorité surtout paralysèrent l'expansion des doctrines nouvelles dans les villes de Verdun et de Toul; mais le protestantisme trouva dans Metz et son territoire un plus facile accès. L'état populaire et la liberté y régnaient; aussi les Messins, quoique agités par diverses factions, furent-ils bientôt entraînés par l'exemple des villes de Bâle, de Genève, de Strasbourg, auxquelles ils étaient liés par l'uniformité du gouvernement, par les relations commerciales et l'amour de la liberté.

Au reste, les actes mêmes du clergé poussaient au dédain, à la révolte, une population éclairée. Que penser, d'ailleurs (BÉGIN, t. II, p. 35) d'un ordre religieux à la tête duquel on voit un prélat (Jean de Lorraine)(1), nommé coadjuteur à l'âge de *trois* ans, résigner plus tard l'évêché de Metz à un neveu qui n'en a que *cinq*, conserver à la fois trois archevêchés, six évêchés, six abbayes; les céder, les racheter, les revendre tour à tour, piller les églises, les monastères, et abandonner les soins administratifs à des agents subalternes pour courir d'ambassade en ambassade, ou vivre avec éclat à la cour de Rome (1)? Tel fut l'homme auquel demeurèrent

(1) Jean de Lorraine, cinquième fils de René II, déjà en possession de l'évêché de Metz, fut élu évêque de Toul à dix-neuf ans, sur les instances

presque toujours soumis, sous le règne d'Antoine, les évêchés de Metz, Toul et Verdun.

Cependant à Metz la Réformation, au début, dut surmonter de sérieux obstacles. Les magistrats s'opposèrent d'abord

et la protection du duc Antoine. Les papes Léon X, Clément VII et Paul III lui donnèrent successivement le chapeau de cardinal, les évêchés de Luçon et de Verdun, les archevêchés de Narbonne, de Reims, de Valence, de Lyon. d'Alby, de Macon, de Die, d'Agen et Nantes, et le dotèrent de la commande des abbayes de Gorze, de Fécamps, de Chiny, de Saint-Ouen, de Saint-Mansuy et de Marmoutiers. En 1518, Léon X l'institua légat du Saint-Siège, dans la Lorraine et les Trois-Évêchés, et deux ans plus tard, François Ier, roi de France, le nomma son ambassadeur à Rome. (THIERRY, t. II, p. 76.) — D. Calmet (t. II, p. 1126) raconte, en ces termes, l'accaparement des évêchés lorrains par les descendants de René II. — Henri de Lorraine, évêque de Metz, devenu vieux se choisit pour coadjuteur un cardinal, homme de mérite...; mais René II commença à donner ses soins, pour faire nommer coadjuteur de Toul, ce même Jean, déjà évêque de Metz ; mais sa mort fit évanouir ces desseins (p. 1230). Antoine reprit les négociations et y réussit. (Jean eut une foule de dignités). En reconnaissance, il engagea à Antoine, du consentement du chapitre de Metz, les villes de Ramberviller, Moyen, Baccarat pour la somme de cent vingt-quatre mille écus, dont il avait besoin pour faire le voyage de Rome, où il demeura de 1521 à 1550 (et où il mourut à table, le 18 mai 1550, selon la *Chronique de Metz*, p. 865). — En 1527, il donna à Antoine l'investiture du comté de Saarverden, fief masculin de l'évêché de Metz. Son neveu, Nicolas de Lorraine, lui succéda à Metz. Il lui engagea également, pour cent dix-huit mille francs, la terre d'Hattonchâteau avec ses dépendances composées de vingt-deux villages qui appartenaient à l'évêché de Verdun. (ROUSSEL, pp. 382-83.)

Metz était en quelque sorte un fief d'Antoine. — Quand, en 1523, dans un moment de détresse financière, il accompagna sa femme, désireuse de visiter la ville, la cité fit de splendides cadeaux. Lisons le curieux récit de ce voyage, par F. des Robert. (A. L., an. 1879, pp. 333 et suiv.)

A Sainte-Barbe, le duc prit congé de sa femme et de sa suite, prétextant l'importance de son escorte, et craignant, malgré les supplications et les assurances contraires des seigneurs messins, de porter ombrage à la fière cité, en entrant dans ses murs. Mais il promit à ses hôtes de venir bientôt les revoir, et, avant de s'éloigner, il recommanda à sa femme de se montrer aux Messins en vraie duchesse « sans rien cacher, ni de ses atours, ni de ses bonnes grâces ». La bonne duchesse obéit en tous points à son mari, sortit de son chariot, et monta sur une haquenée, découverte et décolletée jusques en bas (pp. 323-24).

Le 9 juin 1523, à son entrée à la cathédrale, « la plupart des chanoines vinrent se prosterner devant la princesse lorraine et l'embrassèrent.

aux prédications ; on chassa les premiers hérétiques; mais, dès 1519, « beaucoup de bourgeois (1), hommes et femmes étoient infectés de ceste secte et ne parloit-on que de ceste Lutherie. Aussi afficha-t-on à l'angle du Palais une grande lettre en allemand qui parloit des faicts de M. Luther, hérétique. Tellement que pour certin faicts plusieurs prestres, grands clercs, furent mis en prison, Abria, Jean Vedaste, cordeliers et autres ». (CUVIER, page 41, note.)

On alla plus loin. Deux huchements, du 10 novembre 1522

Les cloches de la cathédrale sonnèrent à toute volées et les orgues jouèrent « que c'étoit belle chose à voir et plaisante à ouyr ».

(Constatons ici que sous Antoine furent introduits les trompettes et clairons. Le duc sonnait de la trompe de chasse.) Renée de Bourbon dont nous avons lieu d'admirer l'appétit alla collationner au monastère de Sainte-Glossinde (pp. 333-34).

Philippe de Vigneulles fait remarquer la parcimonie de la duchesse et prétend qu'elle ne donna rien à Sainte-Barbe ni ailleurs. Selon l'aristocratique chroniqueur, les soldoyeurs messins qui lui avaient servi d'escorte ne reçurent aucune gratification, non plus qu'aucun de ceux qui avaient fait quelques présents (p. 339).

Cependant la ville de Metz avait fait don au duc Antoine de quatre cuves de vin, et de soixante (60) quartes d'avoine qu'on avait fait porter à Moulins. La Duchesse « reçut deux cowes (cuves) de vin et quarante quairtes d'avoine ; *item*, luy fut encore donnée une belle couppe d'argent doré et bien gentiment faite, vallant cent livres ; *item*, une riche pointe de diamant, mise en ung anneaul d'or... valant deux cents écus au soleil; le fils reçut un cheval, et la mère des chanoines un anneaul avec une pierre d'éméraude; le fils reçut une jolie bourse garnie de quarante florins de Metz (*Chronique*) ». — Ajoutons encore que les bijoux de la duchesse étaient de très grande valeur. Antoine déclara avoir acheté pendant son mariage pour plus de deux cent mille écus d'or au soleil de joyaux (p. 337, note).

(1) Les Chroniques mentionnent Nicole et Philippe Dex, de l'aristocratie messine, Pierre Toussaint, chanoine du Grand-Moustier, moult biaux jeune homme qui fut privé de ses bénéfices; son ami et condisciple Didier Abria, curé de Saint-Gorgon, jeté en prison ; Jean Rougier, dit Brennon, curé de Sainte-Croix, scientifique personne ; Claude Dieudonné, célestin de Metz, et son ami Corneille Agrippa, alors aux gages de la Cité (comme orateur), resté catholique, mais grand admirateur de Luther qu'il appelait l'hérétique invaincu: Jacques le libraire et Guérard, receveur de Sainte-Glossinde. (*Les Réformés de la Lorraine et du Pays Messin*, par O. CUVIER, p. 4, note.)

et du 21 octobre 1524 « défendent de croire et de ne tenir autre loi que celle des prédécesseurs, sous peine de confiscation de corps et de biens » (p. 5).

Bientôt, en face de l'expansion rapide des nouvelles doctrines, on eut recours aux moyens de la plus odieuse, plus brutale et plus inhumaine violence. Qu'on en juge.

Jean Chatelain, moine augustin et docteur en théologie, qui a chanté Scarpone et la *Chronique de Metz* (l'abbé Mathieu), après avoir prêché avec un succès prodigieux à Bar et à Vic, vint à Metz, où vite il gagna « les bonnes grâces du peuple, réconfortant les pauvres gens et censurant les vices du clergé ». Attiré traîtreusement hors du territoire de la cité, il fut arrêté près de Gorze, enfermé pendant sept mois dans un cachot du château épiscopal de Nomeny, conduit à Vic, dégradé de la prêtrise, par un concile de docteurs et d'abbés, juges et parties dans leur cause (Dumont), et brûlé vif. Chatelain périt courageusement, en s'écriant : « Dieu me soit en aide ! » (1524) (*Id.*, p. 152).

A la nouvelle de cette exécution, une sédition éclata dans Metz. Les révoltés, les armes à la main, fondent sur une procession de chanoines et sur le maître-échevin, pillent plusieurs maisons et forcent les prisons épiscopales. Mais bientôt il se produit une réaction, et les magistrats, de nouveau maîtres du pouvoir, ordonnent un grand nombre d'exécutions.

Leur colère s'abat sur Jean Leclerc, cardeur de laine, originaire de Meaux, déjà fustigé et marqué d'un fer rouge au front, par sentence du Parlement de Paris. Leclerc avait rompu au cimetière Saint-Louis, à Metz, des idoles, comme il disait. Pour ce fait, il fut condamné à mort. A l'heure du supplice, le bourreau, muni d'une *liquenoise*, rougie au feu, lui arracha le nez, et lui traça deux ou trois cercles autour de la tête, en représailles du bris du nez et de la couronne de la Vierge. D'un coup de hache, il lui abattit la main droite, puis mit le feu au bûcher. Pendant que les flammes le dévoraient, Leclerc priait et chantait le *Miserere.* C'était le samedi, 29 juillet 1525.

Jacques le libraire, qui l'avait accompagné au cimetière, subit le supplice de la *Cheuppe,* égoût bourbeux, situé à Champ-à-Seille, dans lequel on plongeait à plusieurs reprises le patient attaché à une estrapade. Il fut ensuite essorillé et banni. A ce sujet, Agrippa (1) écrivit à J. Rougier : « Saluez les oreilles de Jacques le libraire. »

Malgré ces exécutions barbares, un chanoine, deux curés et quelques magistrats embrassèrent le protestantisme. L'inquisiteur agit contre le chanoine ; le fiscal de l'évêque requit la confiscation, et ses livres, qui comprenaient les œuvres de Tertullien et d'Erasme furent livrés aux flammes. Ces rigueurs impuissantes ne servirent qu'à hâter les progrès de la religion nouvelle, car l'esprit de l'homme, mûri par l'expérience des siècles, renverse toutes les barrières qu'on ose opposer à sa marche. (BÉGIN, t. II, p. 16.)

En effet, l'hérésie, paralysée un instant, se propage ; les Luthériens, bannis de France, se réfugient à Metz ; les moines apostasient, les religieuses se marient ; les plaintes du clergé, ses synodes et ses mandements deviennent de jour en jour plus inutiles.

En 1538 (D. CALMET), on noya trois prédicateurs anabaptistes ; l'un abjura, fut marqué d'un M et banni ; les deux autres périrent dans l'eau.

(1) Corneille Agrippa (BEXON, p. 230) était orateur de la ville de Metz, en 1518. La cité républicaine entretenait depuis de longues années des avocats chargés de plaider, à toute occasion et en tous lieux, ses droits et prérogatives trop souvent attaqués par la mauvaise foi et la cupidité. Agrippa sortit de cette ville, persécuté pour avoir combattu l'opinion, reçue en ce temps-là, que sainte Anne avait eu trois maris, et pour avoir protégé une paysanne accusée de sorcellerie. Il passa pour grand sorcier lui-même. En chaque siècle la sottise et le fanatisme ont inventé des noms odieux pour proscrire le savoir et la raison.

Notons ici (MUNIER-JOLAIN, p. 3) que les actes de l'état civil commencèrent à être tenus d'une façon obligatoire à partir de l'an 1539, époque où ils furent exigés par une ordonnance du roi François Ier. Les curés furent les seuls officiers de l'état-civil jusqu'en 1789.

« En 1541, deux Dominicains apostats osèrent annoncer ouvertement les erreurs de Luther ; ceux des Messins qui les avaient adoptées, ayant appris que la diète de Ratisbonne avait promulgué une décision favorable aux Luthériens, prièrent les magistrats d'autoriser le libre exercice de la nouvelle religion. » (DIGOT, t. IV, p. 73.)

Farel, ministre fougueux, novateur hardi, prédicant spirituel, qui était déjà venu à Metz, en 1525, avec Tossani, chanoine de la cathédrale, se présenta de nouveau appuyé des troupes protestantes d'un partisan allemand, le comte de Furstemberg, et de l'influence que donnait, en 1542, à Gaspard de Heu, son titre de maître-échevin. La chaleur des disputes religieuses devint vite extrême. Pendant que quelques ministres entraînaient à leurs prédications une partie du peuple messin, Farel déclama avec non moins de succès à Montigny, où il s'était rendu au sortir du cimetière des Jacobins de Metz (1). Il y avait prêché, malgré les Jacobins et les Treize, et était allé porter sa parole ardente jusque dans le palais épiscopal. De Montigny, Farel alla à Gorze, où il demeura jusqu'en 1543. Un jour, un Cordelier ayant soutenu en chaire que Marie avait enfanté sans cesser d'être vierge, Farel interrompit le prédicateur en déclarant fausse son assertion. Le Cordelier insiste ; Farel réplique avec véhémence ; le moine crie à l'anathème ; les femmes, indignées, se jettent sur Farel et l'entraînent par les cheveux et la barbe hors de l'église.

Cependant, par un traité conclu à Pont-à-Mousson, entre les princes d'Allemagne, le duc de Lorraine et les Messins, il fut arrêté que les Luthériens auraient désormais un temple à Metz. A la suite de cet indice de tolérance, ils étaient pleins

(1) Le 9 juillet 1542 (*Chronique*, p. 861), les moines jacobins pour empêcher Guillaume Farel de prêcher « se prindrent à sonner les cloches de toutte leur puissance, pour empescher la parolle de Dieu. Ils firent abattre le lendemain la chaire de pierre antique dans laquelle Farel avoit prêché ».

de sécurité, lorsque huit jours plus tard, Claude de Guise, animé par le cardinal de Lorraine, vint attaquer à l'improviste le bourg de Gorze, boulevard des religionnaires en Lorraine. Farel se sauva dans une charretée de lépreux dont il avait pris l'habit et les marques, le visage enfariné et portant des cliquettes à la main. Presque tous les autres Luthériens furent égorgés ou périrent, en se précipitant des croisées du château. Peu après, les soldats de Guise eurent le même sort. Cernés par la garnison de Thionville, qu'ils avaient attirée en faisant des courses du côté des Pays-Bas et de la Bourgogne, ils furent forcés, malgré la plus vigoureuse résistance, et taillés en pièces. Les Français revinrent de nouveau devant Gorze et usèrent de représailles envers leurs ennemis. Ils furent suivis des Lorrains qui, ne trouvant plus rien à piller, vu que la ville, l'abbaye et les églises étaient entièrement dévastées, y mirent le feu ; seule l'église du monastère fut épargnée.

A compter du mois d'octobre 1543 (1) jusqu'en 1552, le

(1) Citons comme trait des habitudes de l'époque le fait suivant. — En 1543, les Messins, au nombre de douze cents, sous les ordres de Nicolas de Gournai, prirent les armes et vinrent mettre le siège devant Châtel-Saint-Blaise, défendu par un capitaine et quinze *marengycois*. Cette intrépide garnison ne se laissa intimider ni par le nombre des assaillants ni par le feu de l'artillerie. Les Messins furent forcés par une grande pluie, à se retirer, à abandonner leurs retranchements et leurs bombardes, et sans y laisser de sentinelles. Le commandant s'empressa de s'emparer des pièces. Le lendemain, à leur retour, les Messins s'étonnent de ne plus retrouver leurs bombardes. Ils s'indignent de la félonie des Lorrains, et, dans un procès-verbal, les magistrats les déclarent trompeurs, pour avoir en trahison, mal-à-propos, furtivement et contre les lois, enlevé des armes qui n'étaient pas défendues. Une nouvelle attaque force enfin la garnison de capituler. Elle sort avec les honneurs de la guerre.

Ces actions, peu importantes, étaient alors très fréquentes. Ainsi, en octobre 1514, Philippe Schluchterer, un bandit, mit le feu en cinq ou six villages des environs de Metz, emmenant bœufs, vaches, chevaux, brebis, avec quelques prisonniers et continua ses déprédations. (*Chron.*, p. 691.) Après d'autres méfaits, incendie de villages, etc , il fut mis au ban de l'Empire, en 1518 ; mais il ne cessa de piller, incendier, voler

temple des Luthériens de Metz fut fermé, et les nouvelles opinions ne trouvèrent aucun refuge dans la cité. Le fanatisme et l'intolérance y régnèrent en maîtres. On vit un nommé Hennesienne souffleter l'abbé de Saint-Éloi devant le portail de la cathédrale, et le président de justice s'interposer pour exiger la punition du coupable. (Bégin, t. II, pp. 33-34-35.)

Charles V vint à Metz au mois de janvier 1541. On lui fit une réception magnifique. (*Chronique*, p. 852.) Charmé de cet accueil, le monarque dit « d'une bonne affection : Je jure ce que m'avez dict, assavoir que je entretiendrai la cité de Mets en tous ses privilèges, franchises et libertez et ne permettrai, pendant mon séjour en icelle, que aulcun des miens y fasse chose au dommaige de la dicte cité ny de ses habitants. Et ainsi je vous le jure et promets ».

Le froid était intense, ce qui fit écrire à la *Chronique* en vers :

> Le vent de bise souffloit fort
> L'Empereur se hastoit très fort
> Les gris moines tous mal fourez
> Ils avoient la goutte au nez...

C'est sans doute au froid qu'il faut attribuer la brièveté de l'allocution que Jean Baudoche, doyen du chapitre, prononça lorsque l'empereur se présenta dans la cathédrale : « Vous soyés le bienvenu, sire. » Charles ne put s'empêcher de murmurer à l'oreille de son aumônier : « Voilà bien peu d'entendement. » Le monarque examina avec beaucoup de soin les fortifications et l'artillerie. Comme il soupçonnait que tôt ou tard la France tournerait ses efforts contre la grande cité, il recommanda aux bourgeois de se tenir sur leurs gardes et d'avoir l'œil également ouvert sur les apôtres du luthéranisme. (Digot.)

On lui fit don d'une « couppe d'argent doré, fasçon d'Allemaigne, pesant six marcs et quatre onces, pleine de florins

pendant toute cette année. Enfin il vendit la paix aux Messins à beaux deniers comptants.

de Metz (et y en avoit quinze cents), de cent quartes d'avoine, de trois queues de blanc vin du pays de Metz, de trois queues de vin clairet, de six poinsons de vin, assavoir : trois de clairet, deux de blanc vin de Beaulne et l'autre poinson de blanc vin d'Arbois ». (*Chr.*, p. 854.)

On fit encore des dons de vin et d'argent à seize illustrations, courtisans, etc. On gratifia l'ambassadeur du roi d'Angleterre de deux queues de vin et de vingt-quatre quartes d'avoine. (*Id.*, p. 857.)

Charles V, en 1543, au mois de septembre, envoya Charles Boyzot, jurisconsulte, un de ses conseillers, pour extirper l'hérésie à Metz. Ce commissaire, d'accord avec les membres du Conseil, rédigea une ordonnance en neuf articles, dont voici les plus significatifs : — Défense, sous peine de confiscation de corps et de biens, de prêcher la religion réformée ; — bannissement des ministres coupables ; — défense de manger gras les jours d'abstinence, sous peine de dix ans de bannissement. — Ces prescriptions furent rigoureusement appliquées. Une femme, accusée d'avoir mal parlé de la messe et du pape, et condamnée à être noyée (1548), vit changer cette sentence. On lui coupa la langue et on la chassa de Metz. (THIRION, *Hist. du Protestant. à Metz*, etc., pp. 95 et suiv.)

Le 6 juin 1544, Charles V revint une seconde fois à Metz. Cette fois, il agit en despote au sein d'une république dont les dernières libertés tombaient une à une sous la verge impériale. Il garda les clefs de la ville et jugea en dernier ressort les criminels. Le monarque revint une troisième fois en la cité, avant d'en faire le siège, et trois fois ce furent de nouvelles dépenses, de nouvelles contributions à payer. L'Empereur, il est vrai, institua des foires franches, qualifia les Messins de vicaires nés de l'empire, comme l'avait fait Maximilien, en 1498, leur permit de se gouverner d'après leurs propres lois, jura de les affranchir désormais de toute contribution, etc. Hélas ! c'étaient des leurres séduisants, dont nombre de Messins furent trop longtemps dupes !

Toul. — Successivement, Charles V et François Ier extorquèrent aux Toulois de fortes sommes (deux mille florins d'or). (Thiéry, t. II, p. 78.) Fatale conséquence de la position d'une faible cité, entourée de princes puissants qui, sous le masque d'une protection le plus souvent sans effet, la rançonnaient impitoyablement, à l'envi les uns des autres.

En 1522, la peste qui ravageait la Lorraine et le Barrois, enleva, en moins de deux mois, trois cent cinquante personnes à Toul, qui alors comptait cinq mille habitants. Les chanoines de la cathédrale désertèrent lâchement la cité (1), et allèrent s'enfermer dans leur château de Void, où ils séjournèrent pendant toute la durée du fléau. Cet oubli de leurs devoirs fortifia la vieille inimitié des bourgeois contre eux.

Après la peste survint, vers 1524, une stérilité si fâcheuse, que les pauvres, réduits à ne manger que des cadavres, mouraient en grand nombre à la campagne. (Benoit, p. 614.) En même temps, une maladie épidémique sévit avec tant de fureur à Toul, que le quart de la population succomba en moins de trois mois. Le maître-échevin fit fermer les portes de la ville, après la cessation du fléau, pour empêcher les pauvres du dehors, exténués de misère, d'y rapporter les germes de la contagion, et leur fit distribuer du pain aux barrières. Les chanoines, dans cette circonstance, se signalèrent par leurs aumônes.

---

(1) Ils étaient seigneurs de plus de vingt villages. Dans le cours des XVe et XVIe siècles ils ne se contentaient plus du produit de leurs prébendes qui dépassaient cependant quatre mille livres de notre monnaie. « Tel était le désordre du diocèse (Benoit, p. 624) où l'ignorance triomphoit, dans la plupart des ministres de l'Eglise. L'histoire ne fait pas scrupule d'en attribuer la faute aux chanoines qui, peu contents du revenu de leurs prébendes, le grossissoient par des voies si injustes et si opposées à l'ancienne discipline. On voyoit dans ces temps fâcheux, un chanoine posséder sept ou huit cures, s'engraisser des aumônes des fidèles et n'en laisser que les miettes à des prêtres ignorants. »

Dans le cours des années 1528 et 1529, nouveaux fléaux. La peste, ou toute autre maladie contagieuse, porta derechef la désolation dans la ville; une grande partie des habitants s'enfuirent loin de ses murs. (Thiéry, t. II, p. 85.) Il ne resta que ceux qui ne pouvoient trouver d'azile ailleurs. Mais nonobstant les ravages horribles que ce fléau faisoit dans le païs, on y levoit le Landsfried. L'évêque et le chapitre payoient par mois cent vingt florins pour l'entretien des troupes qu'ils devoient fournir contre le Turc. La ville fut taxée à dix cavaliers et à trente hommes de pied. (Benoit, p. 620.)

Vers 1544, nouvelle levée du Landsfried. L'évêque de Toul fut taxé à quinze cents et la ville à deux mille florins pour chaque trois mois; ce chiffre fut réduit de moitié.

La tranquillité, qui régnait dans les duchés de Lorraine et de Bar, faillit être troublée en 1533. Voici à quel propos : Le chapitre de Toul entretenait dans le château de Vicherey une petite garnison, composée sans doute d'aventuriers, qui firent des courses dans le comté de Vaudémont et y commirent des dégâts estimés à six mille francs barrois. Le duc Antoine se rendit à Vézelise, fit procéder à une enquête sur cette affaire et invita les chanoines à payer immédiatement l'indemnité. Leur peu d'empressement à s'exécuter amena une déclaration de guerre. (Digot.)

L'invasion du protestantisme détermina le cardinal Jean, qui, vers 1542, rentra pour la troisième fois en possession du siège de Toul (1), à envoyer dans le diocèse un inquisi-

---

(1) Hugues des Hasards, l'un de ses prédécesseurs (Chevrier), publia en 1515, en latin des statuts synodaux qu'aucun des prêtres du diocèse ne put entendre à cause de leur ignorance en cette langue « pourquoy il mettoit sous chaque article le roumant », c'est-à-dire le français. La disposition suivante y figurait : « Nous défendons que doresnavant, telles gens, soit hommes ou femmes, ne soient si hardies d'entreprendre du charge de médecine ou faire acte de cirurgie en nos cité et évesché, sous peine d'excommunication et d'aultre amende arbitraire, jusqu'au temps qu'ils seront examinez ou approuvé et admis par nous ou nostre

teur. Celui-ci « fit mettre en prison tous ceux qui étoient convaincus d'hérésie, et n'épargna ni les scandaleux, ni les pêcheurs publics, et dont la sévérité rendit sages les libertins, dissipateurs, les hérétiques, et procura la tranquillité aux honnêtes gens ». (BENOIT, p. 625.)

D'Hocédy fut nommé évêque de Toul, en 1543. Lors de son arrivée dans la cité, aucun membre de la magistrature bourgeoise, ni même du chapitre, ne se présenta à la porte pour le recevoir. Le prélat, à cheval et sans suite, se rendit à la cathédrale pour y prêter le serment d'usage. Les refus des honneurs ordinaires, en pareille circonstance, venaient de ce que les chanoines et les bourgeois considéraient comme un affront, de la part du cardinal, de leur avoir donné son secrétaire pour évêque, tandis que depuis de longues années ils n'avaient eu pour prélats que *des hommes sortis des familles princières* ou revêtus, avant leur promotion, de dignités éminentes. La vanité blessée du chapitre et de la bourgeoisie fut cause d'une profonde mésintelligence entre eux et l'évêque, pendant toute la durée de l'épiscopat de ce dernier. (THIÉRY, t. II, pp. 92-93.)

Le passage, en 1544, des armées française, allemande et espagnole dans le pays toulois, y amena des épidémies et la famine. Les habitants de la campagne, et beaucoup de ceux des villes ne vivaient que de racines, d'herbes et d'arbres qui leur causaient des maladies dangereuses et incurables. Comme le fléau étendait de plus en plus ses ravages, les chanoines de la cathédrale, suivant leur prudente habitude, s'enfuirent assez loin pour ne pas être exposés aux attaques de l'épidémie. (*Ibid.*, p. 95.)

VERDUN. — Pour la guerre des Rustauds, Jean de Lorraine, évêque de Metz et de Verdun, parvint à lever dans

official estre idoynes et suffisans pour faire leur entreprinse. (*Charmes*, par RENAULD.) Au folio xlj v° on lit : « Nous deffendons que on ne amesne à Nous, ne à nos commis, aulcuns effans pour avoir tonsure, s'ils n'ont sept ans complets.. »

cette ville un corps de troupes qu'il envoya au duc Antoine, et à amasser une somme de vingt mille francs barrois qu'il apporta lui-même.

Pendant son administration, le concordat germanique fut établi dans le diocèse de Verdun par plusieurs bulles du pape Léon X, qui, néanmoins, eut soin de déclarer que le diocèse *n'était pas de nation allemande*. Son successeur, Paul III, l'introduisit dans la cathédrale de Toul, sous l'épiscopat de Toussaint d'Hocédy.

Le comte de Furstemberg, partisan protestant allemand, installé à Gorze, s'empara du château de Woinville, situé entre ce bourg et Saint-Mihiel, le pilla, le brûla, fit prisonniers plusieurs prêtres et ne les relâcha qu'après avoir obtenu d'énormes rançons. Il prit ensuite le château de Beauzey, propriété du chapitre de Verdun, et répandit au loin la terreur. Le duc de Guise, à la tête d'un corps de Français, mit un terme à ces succès éphémères.

Malgré les prohibitions, les doctrines de Luther s'infiltrèrent partout, sur tous les points de la Lorraine. La meilleure preuve qu'on puisse donner de cette vérité, ce sont les religionnaires de marque qui, vers 1513, avaient fui le pays pour échapper à la réaction catholique. En effet, alors il y avait un certain nombre de protestants lorrains, réfugiés à Sainte-Marie-aux-Mines, à Strasbourg, à Lausanne. Là, se trouvaient, de 1546 à 1550, Claude Lelièvre, de Liverdun, jadis chanoine, Sansonnet, de Saint-Mihiel, plus divers autres inconnus, originaires de Bar, d'Épinal, de Vaudémont, de Nancy et d'ailleurs ; enfin, à Genève, on remarque, de Haraucourt, Baptiste du Châtelet, François Perrin, imprimeur, et quarante-quatre autres qui sont admis à l'habitation dans cette ville, de 1530 à 1559. (CUVIER, pp. 11-12.)

Justice. — Nous avons signalé, dans le cours du récit, les actes juridiques qui furent édictés sous le règne d'Antoine. Citons cependant le fait suivant que nous empruntons aux

Coupures; il donnera une idée de l'état des esprits et du confort des basses classes à cette époque.

Jean Blin. — « En l'an 1513 fut grand débat entre Monseigneur et Monsieur l'Evêque de Toul, à l'occasion de certaine femme du nommé Jean Blin, du village de Saint-Dizier (incorporé depuis dans la ville de Nancy). Le susdit Jean Blin étant tombé en léprerie, avoit, ainsi qu'estoit d'usage, été conduit en maladrerie, où il demeura environ huit mois. Jeanne, sa femme, pendant ce temps, avoit pris un nouveau mari, et Monsieur l'Evêque en vouloit dire qu'auroit dû, ladite Jeanne, avoir d'icelui permission. La chose portée aux Assises du lundi de février, fut dit et jugé par MM. de la Chevalerie, que Jeanne étoit bien et duement mariée en secondes noces, parce qu'icelle prouvoit qu'avant qu'elle eust pris autre mari, elle avoit délivré à Jean Blin, en sa maladrerie, un linceuil blanc (1), deux chaises de bois, un pot de fer, une aiguière d'étain et un petit chaudron, tandis que, de par la loi, on ne devoit fournir que ledit linceuil, tous autres ustencilles de ménage n'étant qu'à sa volonté. Ledit Jean Blin formoit la prétention d'avoir part en maison et jardin qu'il avoit acqueté pendant son union avec Jeanne; mais il fut décidé à cet égard : que

---

(1) A cette époque, les toiles et linges venaient de Champagne. L'industrie de tissage n'existait dans les Vosges qu'à l'état rudimentaire et pour les besoins locaux. Ce n'était pas à Nancy, mais à Saint-Nicolas qu'on demandait les articles étrangers. (RENAUD, *Cout.*, p. 41.)

— Le cas de Jean Blin, et les citations suivantes prouvent que, sous le rapport des mœurs, on pratiquait des idées fort larges.

— A Souilly, en 1491, Simonin de Moheron, pour force par lui faite à Mariette Turpain, telle qu'elle cria *hahaye*, en fut quitte pour soixante sous dont encore le seigneur lui fit remise.

— En 1452, J. Joly, charpentier à Vignot, *compose* pour dix francs pour forcement de demoiselle Jacquemette Richier, par son fils. (DUMONT, pp. 247-48.)

Alors régnait ce préjugé que les enfants des condamnés pour crime devaient être réputés procréés de sang improbe, méchant, héritiers du crime de leur père, poursuivants et insecteurs de sa témérité et audace. (*Id.*, t. II, p. 259.)

ladreux conduit en ladrerie, à l'assistance de son Pasteur, avec porteur de croix, de torches des morts et au son de la cloche tintante, étoit réputé mort et mis en terre ; partant, que sa femme, veuve et relicte, avoit droit à tout bien qu'elle auroit eu, si celui-ci fût mort dans son lit... » (Suivent les plaidoiries.)

Le *bon* duc Antoine (Dumont, t. II, p. 790) ordonna, en 1534 et en 1541, de dépouiller les Egyptiens, et d'arrêter ceux soupçonnés de crimes. Ce fut encore lui qui, à l'imitation de François I*er* « le père des véneurs », publia les premières ordonnances prohibitives au sujet de la chasse.

Jusqu'alors, dans les Vosges, et généralement dans toutes les parties boisées ou montagneuses, chaque habitant ayant le droit de bourgeoisie avait le droit de chasse. Gérardmer était de ce nombre et conserva longtemps ce privilège. En 1545, 1561, 1566, 1590 et 1607, ce droit, attaqué avec obstination, leur fut confirmé, sans autre condition, que d'attacher la tête et les pattes de chaque bête tuée à la porte de leur église. A Gondrecourt, la prohibition amena un braconnage effréné. En 1504, les habitants de Vouthon furent pris en masse, chassant, conduits par leur curé. (Dumont, t. I, pp. 206-207.)

En 1516, en la prévôté de Bar, Robert Vincent, de Villey-le-Sec, fut condamné à dix-huit jours de prison et soixante francs d'amende, pour avoir pris un marcassin à l'aide d'un lac de pied (1). (*Id.*, t. I, p. 207.)

---

(1) Pour faciliter les plaisirs de la chasse aux privilégiés, on joignit aux chiens les oiseaux. La fauconnerie, au moyen âge, constituait un art très important... C'était une opération très grave que de surveiller les nids d'éperviers, afin de pouvoir saisir les petits en temps utile. Le dressage opéré et la mue terminée, ces oiseaux acquéraient une grande valeur: on les envoyait en présent aux rois et aux princes étrangers. Les comptes annuels du domaine font le dénombrement des *oiseaux de poing* de chaque gruerie avec autant de soin que lorsqu'il s'agit des ameublements précieux des maisons ducales, ou de l'artillerie des châteaux-forts. (Guyot, *Forêts lorr.*, pp. 216-17.»

Le 7 juin 1528, Antoine rendit une ordonnance concernant la chasse, portant peine de deux cents francs d'amende pour la première fois, quatre cents pour la seconde, et à l'arbitraire du juge pour la troisième. Les insolvables encouraient le fouet sous la custode (à l'intérieur de la prison), et, en cas de récidive, le fouet ordinaire, avec bannissement perpétuel... On ne tint pas compte de cette défense.

En 1540, nouvelle ordonnance fixant l'amende à quatre francs contre les gens du tiers état. Les nobles et privilégiés perdaient les chevaux et armes dont ils étaient trouvés se servant au moment de la prise. (DUMONT, t. I, p. 207.)

A Metz, on trouve mention, au XVIe siècle, de l'oreille coupée aux récidivistes pour délits de chasse.

Au nombre des corvées figurent celle de chasse, consistant le plus souvent dans l'entretien des haies, l'assistance aux battues et le transport des filets. Une autre charge, incombant surtout aux couvents et autres maisons religieuses, c'était l'obligation d'héberger les meutes et les valets de chiens, les *braconniers* du duc, par exemple. — Ce droit de chiennerie donna lieu à des abus; aussi fut-il fréquemment aboli ou tout au moins réglementé étroitement. (GUYOT, p. 217.)

— Nous trouvons dans le *Livre des Enquereurs de Toul* (LEPAGE, A. L., t. VIII, p. 203) les indications suivantes sur la température et les récoltes à cette époque.

1532. Grant foison de vin et bled. — 1538. Le pot de vin ne valloit qu'ung denier. — 1542. Chier temps vient de blez et vins. En traymois assez chier dont le blez se vandoit a troy fr. et demy le bichet et le vins a deulx gros la carte. Et je pry a Dieu qu'il lui plaise de ranvoier le temps à venir bon marchier de tout marchadie (p. 203).

1543. En icelle année, l'on mourut de la peste dès le commencement jusques à la fin, où la plus part de la cité estoient fugitifz.

1544. Il faissoit grand chier temps pour lors, car le bichet de blefz, mesure de Toul, valloit V frans et demy, et la queue de vin valloit lx frans (p. 204).

De 1544 à 1546. — François Ier.

Femme : CHRISTINE DE DANEMARCK (1).

SOUVERAINS ET PRÉLATS LORRAINS CONTEMPORAINS

ROI de France.	EMPEREUR d'Allemagne.	ÉVÊQUES		
		de Metz.	de Toul.	de Verdun.
FRANÇOIS Ier.	CHARLES-QUINT	NICOLAS de Lorraine.	TOUSSAINT d'HOCÉOY.	JEAN de Lorraine

SOMMAIRE. — Charles V attaque et prend Commercy et Ligny. — Paix de Crespy. — Désordres commis par les Impériaux dans notre pays. — Les Lorrains les repoussent. — Entrée du duc à Nancy — Il succombe à une série d'attaques d'apoplexie. — Le premier des ducs, il eut une oraison funèbre.

Notes. — État social de 1500 à 1550. — Fléaux qui s'abattent sur le pays. — Commerce. — Verre exporté. — Produit des mines — Vins et bois exportés. — Littérateurs et historiens. — Mystères représentés. — Imprimeries à Metz, etc. — Édifices construits.

Filleul du roi de France, avec les trois fils duquel il avait été élevé, neveu de l'Empereur par sa femme, le duc François Ier, bien qu'âgé seulement de vingt-sept ans, conçut l'espoir de faire cesser, par sa médiation, les hostilités entre François Ier et Charles V. Il y avait un intérêt direct, vu qu'une partie de ses États était le théâtre de la guerre. Le duc de Guise avait fait entrer une garnison française à Commercy, pendant qu'une autre alla occuper Ligny. Charles V, sous prétexte de représailles, fit attaquer les deux villes. Commercy ne tarda pas à se rendre. Les Impériaux y commirent de grands désordres. Les halles furent incendiées, les tours du château démantelées, le pont de pierres démoli, et quantité de maisons saccagées et détruites. Ligny subit le même sort. Sa garnison, faite prisonnière, fut conduite,

(1) Cette princesse, qui avait épousé en secondes noces, en 1541, François, revêtu du titre de duc de Bar, avait adopté pour devise: *Me sine, cuncta ruunt*, indiquant par là qu'elle espérait rétablir sa famille sur le trône de Danemarck. (D. CALMET, t. II, *Explic. des monnoyes*, XXVII).

partie en Flandres, où elle resta jusqu'en 1547, partie en Allemagne. Quant à la ville, on l'abandonna au pillage.

A la nouvelle de ces succès, Charles V quitta Metz et se présenta devant Toul, dont les magistrats lui apportèrent les clefs. L'évêque, à la tête de son clergé, vint recevoir l'Empereur, pour le conduire au palais épiscopal ; ce qui n'empêcha pas un corps d'armée de commettre bien des excès dans le temporel des évêchés de Metz et de Toul, et dans les duchés de Lorraine et de Bar, malgré leur neutralité bien connue.

Heureusement pour notre pays, Charles V pénétra en Champagne et fit le siège de Saint-Dizier. C'est là que François offrit son intervention en faveur de la paix. Une maladie l'empêcha d'aller trouver le roi de France.

La fatigue des parties belligérantes amena bientôt la paix de Crespy, près de Laon. La Lorraine obtint la restitution de Stenay, dont on rasa les fortifications.

Notre pays, maltraité par les Impériaux avant leur entrée en Champagne, le fut encore à leur retour, quand l'Empereur eut licencié une partie de son armée. Une bande de cinq mille lansquenets forma le projet de piller le bourg de Saint-Nicolas. Heureusement on avait formé en Lorraine les petits corps de troupes pour lesquels on avait voté des subsides, en avril 1543. Ces soldats, guidés par la noblesse du pays, forcèrent les lansquenets à évacuer vite la Lorraine(1). Comme

(1) Vers la même époque (1546) (LEPAGE, *Inst. mil.*, pp. 187-88), pour repousser des bandes de pillards et de détrousseurs qui menaçaient le bailliage d'Allemagne, on dut recourir, comme l'avait fait le duc Antoine, à « bon nombre d'*emspennicks*.., mercenaires allemands bien montés, armés et accoustrés d'un cheval et harnais, à chacun desquels estoit alloué par an, quarante francs, douze quartes de blé et vingt d'avoine, et qui devoient marcher sous les ordres de l'officier de leur résidence dès qu'ils étoient appelés » (pp. 187-88). Ajoutons que « les gens de pied, souldars et lansquenets » étaient groupés par enseignes, équivalant probablement à nos compagnies actuelles commandées par un capitaine. Chacune d'elles avait un petit drapeau qui variait de couleur et sans doute aussi de forme. Ces troupes étaient salariées.

on craignait que ces soudards, pour la plupart luthériens, n'eussent fait des prosélytes dans la province, on renouvela les édits de 1523 et de 1539 contre les Protestants.

Le nouveau duc profita de la paix pour faire son entrée solennelle à Nancy. A la porte Saint-Nicolas, il trouva les trois ordres, venus à sa rencontre, et qui reçurent le serment ordinaire prêté par ses prédécesseurs.

Peu de jours après, François tomba dangereusement malade. Ses deux médecins ordinaires, Symphorien Champier et Nicolas Lepois, se firent assister de plusieurs docteurs célèbres qu'on appela de France, de Strasbourg et de Fribourg. On consulta même, par lettres, les médecins de Dijon, de Paris et de Londres. Rien ne put sauver le jeune duc, qui succomba, croit-on, à une série d'attaques d'apoplexie.

A sa mort, dit ironiquement Chevrier (t. IV, p. 139), son frère Nicolas, évêque de Metz, ressentit une si vive douleur qu'il ne manqua pas un jour de faire ses quatre repas à côté du catafalque.— François est le premier duc de Lorraine dont on ait prononcé l'oraison funèbre. Chevrier ajoute que les personnes qui aiment à s'instruire apprendront par le récit du bénédictin, auteur du panégyrique, que le prince avoit des gants riches, des bas cramoisis et des souliers de velours blanc (1); ce qui était un luxe inouï pour l'époque.

ÉTAT SOCIAL PENDANT LA PREMIÈRE MOITIÉ DU XVIe SIÈCLE. — Les privilèges de la noblesse et du clergé ne subirent aucune diminution pendant cette période. Le peuple de la campagne resta à peu près dans le *statu quo*, dans le pays romand ; quant à la partie de la Lorraine allemande qui avait pris part au mouvement des Rustauds, l'émancipation

---

(1) Ce prince (THIERRIAT) fut enterré avec la magnificence de ses prédécesseurs au trône. « Sa camisole était toute reluisante de broderies, ses gants étaient riches en pierreries, ses bas étaient de velours cramoisi, ses souliers en velours blanc, et sa pompe funèbre eut tout l'éclat que déployèrent toujours les princes de la Maison de Lorraine. »

subit un grand mouvement de recul ; en général, on rétrograda partout, plutôt que de marcher en avant. Au reste, même avant la levée de boucliers des paysans, Antoine avait défendu de recevoir les ruraux dans les villes, sans le consentement des seigneurs. Cette prohibition arrêta, ou du moins paralysa l'essor des communes urbaines, petites ou grandes.

Les fléaux dont nous avons parlé plus haut, la *peste* et la *disette*, joignirent leurs effets désastreux à cette cause politique. La peste orientale ou d'autres contagions avaient sévi en 1504, 1505, 1507, 1508, 1522, 1524, etc. (1) ; aussi, en 1538, ne comptait-on, en Lorraine, que 28,631 conduits, et dans le Barrois 25,006 ; ce qui, en ajoutant le clergé régulier et séculier, donne à peine quatre cent mille âmes de population pour les deux duchés.

Le commerce, grâce à la tranquillité qui régnait et à l'absence des guerres privées, prit quelque extension. On exportait surtout le verre. Le duc Antoine trouva en Italie des Lorrains qui vendaient de l'azur (pour la peinture), venant des mines de Valderfange (Vaudrevange) dans le bailliage d'Allemagne. Les mines du val de Liepvre offraient de la galène, du plomb et du métal argentin, desquels on retirait, par la fonte, de l'argent, du plomb noir et du cuivre. De 1528 à 1558, on tira de ces lieux, selon le biographe Sébastien Munster, écrivain du XVIIIe siècle, six mille cinq cents marcs d'argent. Dans dix ans, à partir de 1535, le Duc préleva sur le produit de ces mines, évalué à environ 212,500 francs barrois, tous frais déduits, un revenu de 21,250 francs 1 gros et

(1) On essaya de réagir contre l'impression fâcheuse que l'extension du fléau exerçait sur les esprits. A Metz, en 1508, les magistrats permirent « pour la récréation des citoyens, de juer (jouer) aux queilles (quilles) et à plusieurs autres jeux ; et incontinent fut à chascune porte dressé deux ou trois jeux de queilles, là où se trouvoient plusieurs gens pour passer leur temps ». (*Chron.*, p. 655.) A Nancy, les Quatre-de-Ville firent, en 1522, délivrer un bichet de blé à deux *tabourins* pour avoir réjoui le peuple pendant la mortalité. (DIGOT.)

15 deniers barrois, formant le dixième. Les exploitations de la Croix, dans le val de Saint-Dié, fournirent à la monnaie de Nancy 9,680 marcs d'argent, donnant au prince (de 1532 à 1539) une somme de 43,908 francs barrois, sur un produit de 439,080 francs barrois. Il existait alors, près de Lusse, des mines de plomb et de cuivre, des gisements des mêmes métaux près d'Anozel, et, enfin, une mine de cuivre à proximité de Fraize.

Outre les céréales dont la Lorraine faisait un grand commerce, par Metz surtout, la Moselle, la Meurthe et la Meuse servaient de voies de communication pour le trafic des bois (1) et surtout pour celui des vins renommés que la Lorraine et le Barrois produisaient, dans les XVe et XVIe siècles. Les environs de Bar, de Pagny et plusieurs autres cantons, avaient une réputation méritée. Cependant les vins de Champagne, de Bourgogne et d'Alsace faisaient, en Lorraine même, une concurrence redoutable aux vins du cru ; aussi, quand la

---

(1) Au XVIe siècle déjà on employait la planche de sapin pour la menuiserie dans les cantons de la plaine, de préférence au chêne, pour certains meubles et pour le plancher des appartements, par exemple. Elle se payait de 0,15 à 0,90 centimes de notre monnaie, suivant les lieux et les dimensions. Le plus souvent la longueur n'est que de dix pieds ; mais on trouve aussi des planches de douze et de quatorze pieds. Cependant les transports, même par eau, n'étaient pas faciles au moyen âge ; jusqu'au XVIIe siècle, les péages sur les rivières étaient fort nombreux, à cause du morcellement considérable des seigneuries qui partageaient le pays : chacun avait sa petite douane, son *passage* qui formait le plus souvent le plus clair de son revenu. A l'exemple des seigneurs, le duc lui-même percevait le *haut conduit* à la sortie et à l'entrée de son domaine. Il serait difficile d'énumérer exactement tous les péages qui se succédaient ainsi sur nos grandes rivières : pour *la Meurthe*, nous mentionnerons Denœuvre, Raon-l'Etape et Rosières ; pour *la Moselle*, Remiremont, Docelles, Bainville et Gondreville : au moins ce sont ceux que relatent les comptes des receveurs généraux. Si l'on calcule les quantités de bois auxquelles correspond la redevance du passage de Bainville, en 1570, et si l'on admet dix pour cent pour le bénéfice de l'amodiateur, on trouve qu'il passait annuellement sur la Moselle environ trente-six mille planches, et sept cent cinquante sapins en grume ou en charpente. (GUYOT. *Les forêts lorraines*, p. 78, A. L.)

récolte locale était remarquable comme qualité et quantité, on prohibait l'entrée des vins étrangers, sous peine « de payer vingt sous tournois pour chascune queue » introduite en fraude. (D. Calmet.)

La cervoise aussi était assujettie à un impôt, et la bière ne tarda pas à subir les atteintes du fisc.

Les LETTRES et les ARTS, sans être très florissants, ne se trouvaient cependant pas délaissés. Dans les noms qui vont suivre figurent certains écrivains dont nous avons parlé au chapitre *Chroniqueurs et Généalogistes.* — On compte Gauthier d'Andernach, André Lucana, Anuce Foës, Saint-Aubin, Lallemand, Symphorien Champier, Antoine ou Nicolas Lepois, pour la médecine ; — Claude Cantiuncula, Félix L'Escut, Henri Corneille Agrippa, pour l'éloquence ; — Voleyr, le polygraphe ; - Herculanus, Richard de Vassebourg, pour l'histoire ; — Laurent Pilladius, Edmond du Boulay, Didier Orient, pour la poésie ; — Jacques Demange, Pierre Michel, Musculus, pour la controverse ; - Ligier Richier, Paul Gaget, Renconnaulx, pour les beaux-arts. Tous acquirent, chacun dans son genre, une réputation dont le temps, pour la plupart d'entre eux, a terni l'éclat, mais qu'ils méritèrent sans doute à l'époque où ils vécurent. Tous, ils concoururent à répandre l'instruction au milieu d'un peuple encore en proie aux barbaries du moyen âge. (Bégin, t. II, p. 42.)

Aux joûtes, aux tournois, qui devenaient de plus en plus rares, succédèrent d'autres divertissements d'un genre plus paisible et dont la religion faisait les frais. On continua à représenter des *Mystères* qui attiraient une foule immense. La *Patience de Job,* le *Sacrifice d'Abraham,* la *Vie de saint Clément,* l'*Apocalypse,* le *Miracle de saint Michel,* le *Jeu de sainte Barbe,* le *Miracle de saint Nicolas de Bar,* l'*Histoire de la sainte Hostie,* le *Jeu de la reine Esther,* le *Mystère de la fausse langue,* etc., étaient des pièces jouées à Metz et à Nancy sur des tréteaux, devant certaines églises, ou même à l'intérieur de ces édifices. Leur longueur différait autant que le nombre des figurants. Tantôt elles ne duraient que quelques heures ; tantôt elles se divisaient en plusieurs journées. Les personnes lettrées ne dédaignaient pas d'y prendre des rôles. Un jour, à Metz, un cordelier fit une telle impression que « eussiez ouï crier et braire à haulte voix miséricorde, et que c'était pitié d'ouïr le peuple ». (En 1512, à Nancy, on joua le *Mystère de la Résurrection*.)

La TYPOGRAPHIE, au commencement du XVIe siècle, alimentée par les disputes religieuses, jouit en Lorraine d'une activité remarquable. Gaspard Hochfeder et les deux Palier imprimaient à Metz des ouvrages d'une exécution soignée. A Saint-Nicolas-de-Port, qu'il faut placer au premier rang, la *Nancéide* sortit (1518) des presses de Pierre Jacobi, prêtre, qui avait en même temps un atelier à Toul. Saint-Dié (où ont été frappées les plus anciennes monnaies ducales de Lorraine), possède la deuxième place pour les établissements typographiques. (BEAUPRÉ, p. 64, texte et note.) La guerre des Rustauds arrêta ces brillants débuts (1). A côté de ces imprimeurs, tous gens fort érudits, il en existait d'autres, dont les presses clandestines étaient entretenues par les Luthériens d'Allemagne. De ce nombre, furent maître Jacques, Jean d'Arras et Odinet Basset.

Comme ARCHITECTURE, quelques travaux s'exécutèrent à Metz, à Toul et dans diverses autres localités. On acheva le chœur, on construisit le jubé, on posa une grande partie des vitraux de la cathédrale de Metz. Les magnifiques vitraux

(1) Il est un fait constant dont la cause est inconnue, mais que je crois impossible d'expliquer autrement que par les rigueurs ou tout ou moins le mauvais vouloir du Gouvernement ducal, mis en défiance contre la presse : — c'est que la typographie lorraine, qui s'était signalée au commencement du XVe siècle par des ouvrages d'une exécution remarquable, n'a plus rien produit, pour ainsi dire, dans l'intervalle de 1519 à 1545, c'est-à-dire, dans les années qui précédèrent et suivirent cette guerre de religion qu'on appelle la guerre des Rustauds. (BEAUPRÉ, pp. 11-12.)

de l'abbaye d'Autrey furent cuits dans une verrerie près de ce monastère. Ce fut Claude Stevenay, abbé de l'établissement, qui les peignit, vers 1536. Baudoche fonda, en 1516, l'élégante église Sainte-Barbe, récemment démolie. Hugues des Hasards, évêque de Toul, éleva à Blénod, sa patrie, une église sur le modèle de sa cathédrale. Richier, élève de Michel-Ange, exécuta ce superbe sépulcre qu'on admire à Saint-Mihiel ; en un mot, notre province parut s'animer au soleil inspirateur qui éclairait alors l'Italie.

La musique fut cultivée (avec fruit). Le duc Antoine sonnait de la trompe, et son fils, François, amateur passionné de la littérature et des beaux-arts, faisait sa société d'antiquaires, de savants, de poètes, et attirait près de lui des professeurs de luth, de harpe et de hautbois.

De 1545 à 1608. — Charles III (1).

Femme : CLAUDE DE FRANCE.

SOUVERAINS ET PRÉLATS LORRAINS CONTEMPORAINS.

ROIS de France.	EMPEREURS d'Allemagne.	ÉVÊQUES		
		de Metz.	de Toul.	de Verdun.
HENRI II.	CHARLES V.	JEAN de Lorraine	JEAN de Lorraine	WARI de Dommartin.
		NICOLAS de Lorraine.	TOUSSAINT d'HOCÉDY.	JEAN de Lorraine.
FRANÇOIS II.	FERDINAND I*.	CHARLES de Lorraine.	JACQUES de NEVERS.	NICOLAS de Lorraine.
CHARLES IX.	MAXIMILIEN II.	ROBERT de Lenoncourt.	PIERRE du CHATELET.	NICOLAS PSAUME.
HENRI III.	RODOLPHE II.	FRANÇOIS de Beaucaire.	CHARLES de Lorraine, dit le Cardinal de Vaudémont.	NICOLAS BOUSMARD.
HENRI IV.		LOUIS de Lorraine.	THÉODORIC THIRIET	CHARLES de Lorraine.
		CHARLES II de Lorraine.	CHRISTOPHE DE LA VALLÉE.	NICOLAS BOUCHER.

(1) La devise de ce prince, emblème de ses aspirations ambitieuses, était : *Durat et adhuc spes avorum*. En 1545 il avait également pour devise : un rocher fendu en neuf endroits, avec ces mots : *Ex glacie cristallus evasit*. Puis un aigle.

SOMMAIRE. — Charles III. — Christine de Danemarck et le prince Nicolas, régents par le vote des Etats. — Henri II, roi de France, défend de fortifier La Mothe. — Edit contre le Protestantisme. — Ligue du roi de France avec les Electeurs allemands. — Causes qui favorisent l'entreprise de Henri II sur les Trois-Evêchés. — Occupation de Toul par les Français. — Charles III enlevé et conduit à la cour de France. — Prise de Gorze par Montmorency. — L'évêque de Metz conspire en faveur des Français. — Des traîtres livrent Metz. — Serment à Henri II, prêté par la nouvelle administration municipale. — Rebuté à Strasbourg, le roi de France prend Damviller et entre à Verdun. — Charles V. — Le marquis de Brandebourg bat le duc d'Aumale près de Lupcourt et passe à l'Empereur. — Henri II fortifie Metz, Toul et Verdun. — Charles V vient pour assiéger Metz. — Siège de cette ville. — Guise et les maladies forcent les Impériaux à la retraite. — Désordres affreux à Metz. — Dévastations des campagnes. — Détestable administration du gouverneur de Gonnor. — Révolution communale opérée par l'évêque. — Sage administration du gouverneur de la Vieilleville. — Conjuration et supplice des Cordeliers. — Citadelle à Metz. — Siège et prise de Thionville. — Cette ville peuplée de Messins et de Français. — Tristes résultats de de cette campagne. — Diverses impositions votées par les Etats, en Lorraine. — Mariage de Charles III avec Claude de France. — Il ajourne son entrée solennelle à Nancy, dans des vues despotiques. — Donation à l'ex-régent Nicolas de Lorraine. — Charles III à Remiremont — Entrée à Nancy et prestation du serment constitutionnel. — Doléances de la noblesse — Charles III favorisé par l'Empereur. — Il obtient la garde (platonique) de Toul. — Révocation des aliénations domaniales opérées par les régents.

Protestantisme. — Il se répand en Lorraine, — à Pont-à-Mousson, — à Saint-Nicolas, — à Mattaincourt. — Répression dans ces localités. — Fuite de Des Masures. — Supplice du Florentin. — Saint-Mihiel réclame la liberté religieuse. — La Chevalerie imite cet exemple. — Obry Duchâtelet. — Jean IX, comte de Salm. — Le Luthéranisme dans le val de Senones, — à Fénétranges. — Charles III ne néglige rien pour arrêter l'expansion de la Réforme.

Metz. — Extension du Luthéranisme dans cette ville. — Temples protestants à Metz. — Librairies protestantes. — Effets de la Saint-Barthélemy, à Metz.

Toul. — Le Protestantisme s'implante à Toul. — Efforts du clergé pour l'enrayer. - Excès des Luthériens. — Riposte des Catholiques. — Charles IX arrête les progrès des religionnaires.

Verdun. — La cité est asservie, grâce aux évêques. — Inquisiteur à Verdun.

Guerres de religion. — L'armée luthérienne en Lorraine. — Baccarat. — Dieulouard. — Les Protestants messins essayent de rétablir la République. — Charles III prête trente mille écus au cardinal de Lorraine. — Ravages du duc d'Aumale en Lorraine. — Charles IX, en Lorraine. — Après Jarnac, persécution contre les Protestants messins. — Les religionnaires allemands prennent Vicherey. — Dégâts en Lorraine. — Edit de Charles III contre le Protestantisme et pour la réformation des abbayes. — Il s'empare de Bitche, passé au protestantisme. — Réforme judiciaire. — Droit civil. — Abolition des Coutumes (grandes et petites). — Le parlement de Saint-Mihiel substitué aux Grands-Jours. — Essai d'unification des mesures. - Création de l'université de Pont-à-Mousson. — Port d'armes défendu aux Mussipontains. — Libéralité pécuniaire du clergé pour la répression de la Réformation. — Acquisition de diverses seigneuries.

La Ligue. — Aspirations de Charles III au trône de France. — Conciliabule guisard à Nancy. — On y organise la Ligue catholique. — Les Ligueurs, maîtres de Verdun. — Henri III se déclare chef de la Ligue. — Ordonnances sévères pour extirper le protestantisme de la Lorraine. — Vote, pour six ans, de fortes impositions par les Etats Généraux. — Guerre de Sedan. — Le Duc lève des troupes pour défendre la Lorraine menacée. — Les Protestants maîtres de Sarrebourg. — Les vaincus de Vimory et d'Alsau ravagent la Lorraine. — Odieuse expédition de Montbéliard. — Massacre des Guises à Blois. — Charles III entre en campagne. — Les Etats votent des sommes énormes. — Siège de Jametz. — Pourparlers en faveur du mariage du futur duc Henri II avec Mademoiselle de Bouillon. — Jametz se rend enfin. — Nouveaux subsides votés par les Etats. — Charles emprunte encore à divers. — Assassinat de Henri III. — Le Duc envoie son fils à Paris avec des troupes. — Toul ouvre ses portes à Charles. — Marsal pris par les Messins. — Précautions prescrites aux Lorrains contre les surprises. — Impôt jeté sur le comté de Vaudémont. — Le maréchal d'Aumont dans le Barrois. Victoire de Charles III en Alsace sur les Allemands. — Il est candidat au trône de France. — Nouveaux impôts votés par les Etats. — Escarmouches entre Lorrains et Messins. — Marsal repris. — Dévastations dans la banlieue de Metz. — Trêve non ratifiée par Henri IV. — Troupes lorraines envoyées à Paris. — Nouveaux impôts votés. — Mademoiselle de Bouillon épouse Turenne qui prend Stenay. — Guerre en Champagne. — Défaite de Beaumont. — Dun, pris aux Lorrains. — Nouvelles impositions votées par les Etats Généraux. — Don pécuniaire du clergé. — Convention avec Henri IV. — Prise de Stenay. — Charles III, candidat au trône fleurdelysé. — Ses titres. — Trois réunions d'États (1593) votent des subsides. — Traité de Folembray. — Résultats de la folle ambition de Charles III. — Continuation de votes de subsides par les Etats Généraux. — Plusieurs sessions. — Précautions indispensables contre les soudards licenciés. — Nouvelles précautions et rigueurs contre les Calvinistes. — Livres proscrits.

Administration de Charles III. — Le Duc défend de porter des armes. — Il recherche la main de Catherine de Bourbon. — Mariage étrange. — Mort de la duchesse Catherine. — Henri IV à Metz et à Nancy. — Le futur duc Henri II épouse Marguerite de Gonzague. — Cour de Charles III. — Principales réformes opérées. — Agrandissements de Nancy. — Mort du Duc. — Jugement sur son règne.

Législation. — Duels prohibés. — Mesures prises pour écarter les abus chez le clergé. — Police des vivres. — Règlements pour les mendiants et vagabonds. — Edit contre les blasphémateurs. — Lois pour la voirie.

ÉTAT SOCIAL. — *Institutions politiques et administratives.* — Extension du pouvoir ducal. — Prodigalité de Charles III. — Actes d'absolutisme — Roturiers au gouvernement. — Lettres de noblesse vendues. — Nobles, Clergé et Tiers Etat, aux Etats Généraux. — Représentants du Tiers peu connus. — Organisation des Etats. — Vote par ordre. — Doléances des Etats contre la Magistrature. — Tribunal des Assises. — Il supplée parfois les Etats. — Le pouvoir ducal lui devient supérieur. — Parlement de Saint-Mihiel. — Tribunaux consulaires. — Délits conservés au jugement des prévôts. — Les principaux droits seigneuriaux. — Haute, moyenne et basse justice. — Torture. — Instruments de torture.

Plaids annaux. — Réforme du clergé. — Monastères. — Haut clergé. — Synodes. — Intolérance. — Institutions militaires. — Troupes régulières. — Milices. — Fêtes publiques. — Population de certaines villes. — Commerce. — Sel — Verre. — Papier. Mines. — Charles III, protecteur des sciences, lettres et arts. — Illustrations en tous genres. — Ecoles. — Savants et artistes.

Sorcellerie. — Sorciers. — Haute-Justice. — Sabbat. — Exécutions à Metz. — Enfant mis à mort comme sorcier. — Claudon Hartier. — Le curé de Vomécourt.

Agriculture. — Vaine pâture. — Assolements. — Troupeaux. — Pommes de terre. — Vignes.

Notes. — Devises de Charles III — Adhérents au protestantisme. — Toul rançonné. — Le cardinal de Lorraine gagne Toul aux Français. — Droits et privilèges des Toulois. — Toul désarmé. — Fanatisme religieux. — Trahison qui livre Metz. — Armes dans les arsenaux de Metz. — Souveraineté de la France. — Familles des Paraiges. — Le temporel de l'Evêché indépendant. — Détresse dans Metz pendant le siège. — Etat lamentable des soldats ennemis. — Les Impériaux, au lendemain du siège. — Devise orgueilleuse de l'Autriche.— Réponse des Messins.— Peste à Metz (1556).— Résultats de l'ambition de la maison d'Autriche. — Guise écarté pour le traité de Câteau-Cambrésis. — Habillements de soie défendus aux bourgeois. — Juifs à Metz. — Don de joyeux avènement pour Charles III. — Deux entrées solennelles à Nancy. — L'évêque de Toul vend les droits régaliens à Charles III. — Grand hiver de 1564. — Garde-du-Corps de Charles III. — Protestants à Metz. — Baptême protestant donné à la fille de Pierre de Deuilly. — L'évêque d'Hocédy impopulaire. — Protestants persécutés à Verdun. — Calviniste brûlé à Ligny. — Traitres pendus. — Observance obligatoire des jours fériés et de l'abstinence de gras. — Sévérités contre les filles publiques. — Femmes dans les camps. — Divers arrêts et condamnations. — Mariage géminé. — Les habitants de Lagney changeant de femmes. — Règlement pour les droits de souveraineté sur le Barrois. — Justice dans le duché. — Première école de médecine. — Convention avec le cardinal de Lorraine. — Discussion sur le mot Pont-à-Mousson. — Dépenses personnelles de Charles III. — Le cardinal de Vaudémont. — Femme et maîtresse de Charles III. — Le cardinal de Lorraine. — Tristes résultats de la prétendue neutralité de Charles III. — Premiers régiments d'infanterie. — Levées d'hommes. — Phalsbourg. — Mesures prescrites contre l'ennemi. — Ennemis ivres exterminés. — Contagion à Toul, en 1587. — Somme due au Duc par le roi Henri III. — Sommes levées par Charles III. en 1589. — Crime imputé à Henri IV par les Ligueurs. — Fortifications de Nancy. — Condamnations pour vente frauduleuse de sel. — Traitres exécutés. — Titres de Charles III au trône. — Femmes de Philippe II — Etat déplorable du clergé de Toul. — Levée d'hommes pour la guerre. — Capitulation de Jametz et Protestants. — Henri, fils de Charles III, proposé pour roi. — Philippe II achète les députés. — Charles III voit réduire le chiffre accordé par Henri IV. — Jolly, curé meusien condamné pour un libelle. — Mariage de Henri II avec Catherine de Bourbon. — Discussions religieuses à la Malgrange. — Miracle à rebours. — Prohibition à la suite du décès de Catherine de Bourbon. — Henri IV et les verriers. — Etablissements des enfants de Charles III. — Sobriété du Duc. — Jean IX, comte de Salm. — Presse de misérables faite pour les fortifications de Nancy. — Bizarrerie des coutumes de Marsal et de Sainte-Marie. — Résumé des Coutumes. — Procureur et Prévôt à la Chambre de Ville. — Réforme du calendrier. — Les trois Bailliages pour la Justice. — Sur les funérailles de Charles III. — Bulle in Cœna domini. — Edits : — pour les hôteliers. — sur la chasse. — Libertés d'Etain. — Finance pour lettres de noblesse. — Anoblis. — Pouvoir des Ducs presque absolu dans le Barrois. — Députés du Tiers conviés aux cérémonies. — Pouvoir des Etats Généraux. — Juridiction des nobles pour crimes. — Exemples de crimes punis. — Droit du plus fort toujours en vigueur. — La Torture. — Grésillons. — Echelle. — Tortillons. — Estrapade. — La Branlure. — Brodequins. — Frontal. — Jarretière. — Droit d'entrée à Nancy. — Maires élus par corruption. — Moines débauchés. — Bâtards légitimés. — Réglementations pour observances religieuses. — Mont-de-Piété à Nancy. — Musique militaire. — Sel en Lorraine. — Vers de Henri Humbert (aveugle). — Auteur et livre brûlés. — Privilèges de l'Université de Pont-à-Mousson. — Barnabistes exorciseurs en Lorraine. — Nicolas Remy. — Procès de la dame Claudon d'Amvey. — Sorcières de Toul. — Veuve de Jean Gaudel torturée. — Le curé de Nancy laisse tomber des hosties. — Dominique Cordier. — Possédés. — Procès contre des rats. — Procès du père Claudon. — Catherine de Lorraine. — Défrichements opérés. — Costume d'un pauvre.

Charles III n'avait guère que deux ans à la mort de son père. Sa mère, Christine de Danemarck, se vit disputer la régence par Nicolas, évêque de Metz, frère du défunt, sur le point de quitter l'état ecclésiastique pour prendre les titres de comte de Vaudémont et de marquis de Nomeny.

La question fut portée devant une assemblée composée de clercs et de nobles, réunie au château de Deneuvre (6 août

1545). On y décida que Christine et Nicolas exerceraient conjointement les fonctions de régents.

Les États (les trois ordres, cette fois), réunis à Neufchâteau, le 5 novembre suivant, ratifièrent à l'unanimité cet arrangement. Dans la prévision d'une prochaine rupture du traité de Crespy, ils votèrent un aide extraordinaire destiné à permettre de réparer et d'augmenter les fortifications des villes lorraines, dans lesquelles les habitants de la campagne devaient, en cas de danger, se réfugier avec ce qu'ils avaient de plus précieux.

Henri II, roi de France, mécontent de ces précautions, manda la régente à Joinville où il se trouvait, et l'invita à suspendre les travaux des fortifications de La Mothe (en Barrois). La duchesse dut s'incliner. Au même moment, les Messins envoyèrent au monarque une députation. Le roi eut « grand plaisir d'entendre la bonne volonté, en laquelle les Messins continuoient en son endroict, et leur promit de respecter *leurs franchises ainsi que l'avoient fait ses prédécesseurs* ». On verra comment il faussa sa promesse (1).

Un autre danger qui agitait tous les pays environnants, le Luthéranisme, menaçait également la Lorraine. Les régents publièrent, dès leur avènement, une ordonnance interdisant de prêcher ou de laisser prêcher la réforme, soit en public, soit en secret, de vendre ou d'acheter des livres luthériens.

La cause du Protestantisme, enrayée par ces mesures, en Lorraine, subit peu après, en Allemagne même, un échec écrasant. Charles V, vainqueur à Mühlberg, avait fait prisonniers les chefs de la Réformation et établi un gouverne-

---

(1) Le commencement de 1545, fut fatal à tout le pays messin. Outre les subsides que les commissaires de l'Empereur (Charles V) y levèrent, il y eut une si grande disette, que les peuples de la campagne ne firent que languir, réduits à ne vivre que de racines d'herbes et de fruits, ce qui causa d'affreuses maladies. Pour comble de malheur, Charles renvoya dans nos contrées un gros corps de troupes espagnoles qui achevèrent de tout perdre. (*Hist. de Metz*, t. III, p. 25.)

ment despotique. Les Luthériens, aux abois, se tournèrent vers la France et implorèrent l'assistance du *Fils aîné de l'Eglise*, « pour résister aux pratiques de l'Empereur, employées à faire tomber leur chère patrie en *une bestiale, insupportable et perpétuelle servitude*, comme il a fait en Espagne et ailleurs... » (*Traité de Fontainebleau*, ratifié à *Chambord*, 15 janvier 1551.) Henri II, qui persécutait les schismatiques dans ses Etats, prêta une oreille favorable à ceux d'Allemagne. Les princes luthériens, les électeurs de Saxe, de Brandebourg, le duc de Mecklembourg, le landgrave de Hesse, etc., avaient formé, en 1551, une ligue dans laquelle, sur leurs sollicitations, entra le roi de France, comme protecteur des franchises et des libertés des électeurs, princes et Etats d'Allemagne (1). L'un des articles du traité s'exprimait ainsi : « On trouverait aussi bon que ledit seigneur roi s'impatronisât le plus tôt qu'il pourroit des villes qui appartiennent d'ancienneté à l'Empire et qui sont de langue française, savoir : Cambray, Toul, en Lorraine, Metz et Verdun et autres semblables, et qu'il les gardât comme vicaire de l'Empire, auquel titre nous sommes prêts à le promouvoir, en réservant audit Saint-Empire les droits qu'il peut avoir sur lesdits de Metz... » (*Rev. d'Austr.*, t. VI, p. 229.)

Par une coïncidence étrange, les régents de Lorraine venaient d'imposer un subside extraordinaire sur les sujets de l'évêque et du chapitre de Toul, et Charles-Quint, de son côté, n'avait tenu aucun compte des réclamations faites par les citains (2). De là, le désir des parties lésées de se tourner

(1) Quoiqu'un grand nombre de Messins eussent embrassé le luthéranisme qui se recrutait surtout parmi les vignerons et les marchands, ils refusèrent d'entrer dans la ligue de Smalcade. Ajoutons qu'alors un chanoine, deux curés et quelques magistrats venaient d'adopter les doctrines nouvelles.

(2) Vers cette époque, Toul se débattait depuis longtemps entre deux fléaux : la peste et le fisc. La peste dura tout l'été de 1522 ; le fisc fut représenté par Charles V qui fit demander deux mille florins aux bour-

vers le roi de France qui, au reste, en 1547, avait accordé avec empressement aux Toulois de nouvelles lettres de garde. D'autre part, les Messins furent exaspérés par les « exactions de l'Empereur, surtout par la demande, au mépris de la Charte du 16 février 1521, de trente-cinq mille florins pour leur part de contribution, quand déjà la ville était épuisée, ruinée... » (VIVILLE) (1). En effet, la peste qui, de 1545 à 1547, avait ravagé la Lorraine et la France, s'était abattue également (1551-1552) sur le pays messin. Ces diverses circonstances concouraient ainsi à favoriser les desseins de Henri II sur les villes libres. Enfin (D. CALMET), « tout le monde le sçait que le cardinal de Lenoncourt contribua beaucoup à faire tomber Metz entre les mains du roy, par l'entremise des principaux de la Ville que ce prélat sçut gagner » (2). (T. III, p. 42.) Les évêques

geois comme « don de joyeux avènement », et par le roi François Ier qui, ne voulant pas céder le pas à son rival, réclama deux mille florins d'or pour « le droit de garde et de protection... » Les malheureux bourgeois durent payer à l'orient comme à l'occident. — Depuis la visite de Charles V, les Toulois ne virent plus « l'Empereur », mais ils durent longtemps encore lui fournir des subsides. L'évêque et la ville furent bientôt invités à payer le fameux « Landsfried » pour faire la guerre aux Turcs... En 1545 « il y eut grande disette... Les peuples de la campagne languissaient sans pouvoir mourir et ne vivoient que de racines, d'herbes et d'arbres (BENOIT, p. 654 et suiv.) qui leur causoient des maladies dangereuses et incurables ». (PINOD., pp. 3-9.)

(1) Charles-Quint avait exploité durement la cité, malgré sa détresse. En 1531, elle était si endettée que le receveur de l'Empereur dut lui réclamer 975 florins imposés pour la guerre contre les Turcs, et que les administrateurs des écoles et de l'hôpital de Strasbourg, à qui les magistrats de Metz avaient emprunté 2,100 florins à 5 %, menacèrent de poursuivre la ville, en cas de non-paiement... » (BÉGIN, *Sciences et Lettres*, p. 179.)

(2) Ce prélat était devenu facilement populaire puisqu'il « y avait bien soixante-trois ans que Metz n'avait vu d'évêque résidant, lorsque Robert de Lenoncourt y fit son entrée, le 8 juillet 1551 ». (D. CALM., t. III, p. 41.) La Maison de Lorraine avait tellement usé, abusé, trafiqué du siège de Metz, que les citains furent embarrassés quand l'Empereur leur fit demander le nom de l'évêque en fonction...

Le fanatisme religieux joua un grand rôle dans l'incorporation à la

de Toul et de Verdun surtout, étaient animés des mêmes sentiments : tout conspirait ainsi en faveur du roi de France.

Conquête des Trois-Évêchés. — Le mardi, 12 avril 1552, le roi de France, suivi de sept mille cinq cents hommes, entre dans Toul (1) ; il prend très pacifiquement possession du « protectorat » en lavant les pieds à douze pauvres, le jeudi saint, et donne à chaque apôtre « une robe de drap rouge avec sept écus sols ». (PIMODAN.) Le même jour, Henri s'éloigna, mais sept cents hommes de garnison française restèrent dans la ville, sous les ordres du sieur d'Esclavolles (2). (*Ibid.*)

France des Trois-Evêchés. La *Chronique de Metz*, pour montrer l'intolérance des orthodoxes, croit devoir citer les vétilles suivantes : « En 1552 (fin mars) y avoit audit bourg de Saint-Pierre, quatre ou cinq enseignes d'allemands qui se tenoient là et mangeoient de la chair la grand sepmaine, mesmement le jour du grant vendredi (p. 866). Ils firent grand dommaige audit bourg, car ils rompoient les murailles tout à l'entour, et coupèrent le reste des arbres qui estoient demeurez près des maisons, et arrachèrent des vignes tous les paxels desdites vignes qui estoient toutes ployées jusqu'à Saint-Andreu... Des Français aussi bien mangeoient chair en la grand sepmaine que les Allemands, et y avoit rosty et bouilly audit bourg et tuoient vaches, moutons, et aultres bestes, là où ils pouvoient desrober, qui estoit une grosse pitié à veoir telle insolence » (pp. 868-869).

(1) En janvier 1552 (THIÉRY, t. II, p. 99), le cardinal de Lorraine convoqua en assemblée générale l'évêque (de Toul), les chanoines, les magistrats municipaux et les notables de la cité. Il leur adressa un discours dans lequel il exposa les raisons qui avaient déterminé le Roi à conduire une armée en Allemagne contre Charles V, et termina par prier les membres de l'assemblée de mettre la ville et tout le pays toulois sous la protection et la garde de la France. L'évêque, le chapitre et les bourgeois, qui ne désiraient rien tant que de rentrer sous la domination française, passèrent avec le cardinal un traité où les uns et les autres reconnurent pour toujours le roi de France comme protecteur de la ville et de l'évêché de Toul, et où ils *stipulèrent le maintien des droits, privilèges et franchises* dont ils jouissaient respectivement depuis un temps immémorial... »

(2) Le 29 avril (PIMOD., pp. 16-17), ce nouveau « gouverneur » ayant convoqué les bourgeois, français depuis neuf jours, « leur fit entendre que, quoique le roi ne doutât point de leur fidélité, il les priait néan-

Le roi se dirigea sur Nancy. Le prince Nicolas, régent, et quantité de gentilshommes, allèrent au devant de lui. Le moins de porter leurs armes dans le palais épiscopal... » Mais dès le mois de mai suivant, le Roi, malgré toutes les représentations, exigea un subside considérable ; « la ville fut taxée à deux mille écus sols, l'évêque à douze cents, le chapitre à mille, l'abbé Saint-Mansuy à mille, l'abbé de Saint-Evre à cinq cents, celui de Saint-Léon et le chapitre de Saint-Gengoult à deux cent cinquante chaque », et, non content d'imposer les Toulois, Henri voulut exiger d'eux un nouveau serment. Les bourgeois représentèrent « qu'ils ne pouvaient pas entièrement se soustraire à l'obéissance qu'ils devaient à l'Empire... »

« Le nouveau commandant (Jean DUPASQUIER) se saisit des portes et des clefs de la ville et se fit rendre tous les honneurs et droits appartenant à un gouverneur. En sorte que, quoique notre cité eût toujours été gouvernée par des maîtres-échevins qui tenaient les clefs des portes et qui marchaient par la ville avec quatre massiers ou hallebardiers devant eux, tout cela leur fut ôté pour en orner ledit gouverneur; ce qui fâcha si fort le sieur Jean Boileau, maître-échevin, en ladite année 1552, qu'il quitta la ville de Toul, et s'en alla demeurer au Pont-Saint-Vincent, où il mourut, n'ayant pu souffrir la honte de se voir ainsi privé des honneurs dus à sa charge. (*Mém.*).

Toul fut occupé sous Henri II, mais ne fut, pour être exact, ni conquis, ni réuni. L'administration civile, la justice, les coutumes locales demeurèrent intactes au début ; plus tard seulement, peu à peu, le pouvoir royal modifia les formes anciennes qui déclinèrent avec la suzeraineté vague de l'Empire, sans toutefois disparaître avec elle, et survécurent, s'affaiblissant toujours, jusqu'en 1790 (PIMOD., pp. 20-21.)

Or, selon Thierriat (t. II, pp. 207 à 215), « les bourgeois et habitants de la ville de Toul ont eu de tout temps droit de chasse, de pesche, de bastir en leur logis, et, en ladite ville, des colombiers, fours et pressoirs..., de s'assembler le 23 avril dans leurs paroisses et d'y nommer quarante des plus notables d'entre eux, lesquels, dans l'Hostel de Ville, choisissent six des plus notables pour estre leurs noms envoyés à S. M., et deux d'iceux choisis par elle, l'un pour maistre eschevin et l'autre pour eschevin... » Ils ont « droit de troupeau à part de toutes de bestes qu'ils envoyent vain-pâturer, non seulement sur leur ban et finage, suivant les coutumes et usages des lieux, mais encore sur ceux de Chaudeney, Dompmartin, Gondreville, Villey-Saint-Etienne, Bouveron, Pagney, Ecrouves, Gye et Biquilley... Pour les droits d'octroys la ville a droit de prendre, lever et percevoir... de chacun batteau de bois, fagots et paisseaux..., deux deniers. — Le 1/13e sur chaque mesure d'huile qui se vend, tant dans la ville que sur la banlieue ; — de chaque tonne de harengs, morûe, saulmons, sorets, deux gros ; du cent d'estocfiche, deux gros ; — du cent de sorets, quatre deniers ; — du millier, lorsqu'ils se vendent par le même, deux gros ; — du cent de morfies

monarque entra à Nancy (1) dans la soirée du 14, et, dès le lendemain, fit signifier à Christine qu'à l'avenir Nicolas serait seul régent, que son fils (le futur duc Charles III), auquel il destinait sa fille, la princesse Claude, allait être conduit en

qui fait 52 poignées, deux gros ; — des marchands drapiers et autres façonneurs d'iceux, pour chaque sceau qu'ils sont obligés de faire mettre à leurs draps, un gros ; — des marchands difforains vendant draps en gros, un gros pour chacune pièce, et, en détail, une maille par aulne. — De tous vendeurs de toille, pour chacun cent d'aulnes, cinq blancs. De tous marchands de drap, par chacun an, six gros. De chacun char chargé, entrant dans la ville, deux deniers et la charrette un denier. Pour chacune beste chargée un denier, excepté les moyages et canons des gagnages des gens d'église et bourgeois, les vendanges du ban de Toul et celles qui s'amènent par les chartiers de la Ville.

« Des boulangers de laditte ville, un gros pour trois bichets de blé, et d'un bichet seul, cinq deniers. Un gros de toute charette par chacune trois fois qui amène du pain pour vendre en ladite ville, excepté de Gondreville. Un blanc pour chacune fois de tout forain apportant pain au col pour vendre. Deux deniers pour chacune grosse miche de toute personne vendant pain au marché, et du reste à l'équipolent ; des bouchers, pour chacune beste qui se vend, savoir : du bœuf deux gros, de la vache un gros, du veau un blanc, du mouton et brebis quatre deniers. Du porcq pour saler, un gros ; du porcq pour mettre en pièces, deux blancs. La ville a encore droit de prendre, lever et percevoir, deux gros pour chacune table, escabelle ou autres bancs, sur lesquels on expose quelques denrées, excepté les marchands de draps, cerises et les cordiers.

« Elle (la ville) a encore droit de prendre, lever et percevoir, le huitième pour tous les vins qui se vendent, sauf des vins nouveaux, depuis la Saint-Remy jusques au lendemain de la Saint-Martin neuf heures du matin ; ceux qui se vendent en gros ne doivent rien, mais ceux qui se vendent en détail doivent comme les autres. Le huitième de toutes cervoises, vinaigres, verjus, picquette et autres boissons. Trois gros par queüe lorsque le vin sort de la ville sans estre vendu qui est le *droit de siège*.

« Les deniers patrimoniaux consistent ès choses cy-après spécifiées, sçavoir : un franc neuf gros des maîtres bouchers, cordonniers et pelletiers ; douze francs de chacun boullangers ou paticiers qui se font passer maîtres, tant dans les faubourgs que dans la ville, pour leur chef-d'œuvre, et pour ceux-ci qui ne sont fils de maîtres, et moitié des autres qui sont fils de maître... » (Le surplus des revenus de la ville provenait de la location des maisons, terres, prés, etc., etc.).

(1) En 1552, Nancy, sans y comprendre le bourg ou faubourg Saint-

France pour y être élevé avec les princes de la famille royale, que les Flamands, Allemands et autres sujets de l'Empereur étaient congédiés, que Nancy serait occupé par une garnison composée de moitié de Lorrains, moitié de lansquenets, le tout commandé par des officiers lorrains qui prêteraient serment à Charles III. Vainement la pauvre duchesse essaya-t-elle de revendiquer ses droits de régente et de mère; le monarque, agissant en despote, foulant aux pieds le droit des gens, se montra inflexible. Le 16, tous les nobles lorrains présents à Nancy, durent prêter serment de fidélité à Charles III. Christine, ulcérée, se retira à Blâmont, puis à Strasbourg ; de là elle gagna la Flandre avec ses deux jeunes filles.

Le Roi, laissant à Nancy une garnison de cent gens d'armes et de cinq ou six mille hommes de pied, sous le commandement du maréchal Saint-André, se dirigea sur Metz. L'un de ses généraux, le connétable de Montmorency, l'y avait précédé. Dès son arrivée, il fit attaquer le château de Gorze, défendu par une bande de pillards qui disaient tenir le parti de l'Empereur. On fut obligé d'établir une batterie qui ouvrit une large brèche. Les Français donnèrent l'assaut à la place, s'en emparèrent, et la firent démanteler après avoir passé la garnison au fil de l'épée.

A Metz, l'agitation était extrême. L'évêque, Robert de Lenoncourt, avait gagné à la cause française le maître-échevin et nombre de gentilshommes qui se flattaient, sans doute, d'avoir plus de part au gouvernement sous la domination française qu'au milieu de bourgeois soupçonnés

Dizier, constituant une communauté séparée, avait seulement 834 conduits ou ménages imposables et 72 veuves ; ce qui, en y joignant les moines, les religieuses, les gentilshommes, les personnes attachées au service du prince et les pauvres, formait une population d'environ 6,500 âmes. En 1580, il y avait dans la ville et dans les faubourgs Saint-Nicolas et Saint-Thiébaut, 1,183 conduits et 131 veuves, c'est-à-dire environ dix mille personnes. En 1588, il y avait au moins douze mille âmes .. (D'HAUSSONVILLE.)

(Digot). On avait offert au connétable, sous certaines conditions, des vivres, et aux troupes royales un libre passage. — Vos propositions, riposte le commandant français, sont si peu raisonnables que je ne veux pas même en parler au Roi. Il n'ignore pas votre attachement à l'Empereur, et porte avec lui les clefs des lieux où il veut entrer.

Les Messins, dans cette situation ultra-périlleuse, tinrent une grande réunion à laquelle assistèrent les magistrats vendus au Roi. Les citains jurèrent de se défendre jusqu'à la dernière extrémité. On prescrivit l'adoption des mesures qu'on prenait autrefois en cas de siège ; aussi, quand les Français parurent devant la porte Saint-Thiébaut ou Porte-Rouge, les habitants se hâtèrent de saisir les armes et d'aller occuper les postes qui leur étaient assignés.

Dans ce moment même, une députation de traîtres, entièrement composée d'hommes gagnés par les pensionnaires du Roi, sortit de la ville pour déclarer au connétable qu'il serait reçu à Metz avec une enseigne et les gens de sa maison. La porte une fois ouverte dans ce dessein, quelques gentilshommes français se glissèrent jusqu'au corps de garde et s'en rendirent maîtres, pendant que le connétable faisait entrer dans les rues un gros corps de troupes. Les Messins, chacun dans son poste, attendaient le signal du combat quand on vint leur intimer l'ordre de rentrer vite au logis. Qu'on juge de leur rage et de leur désespoir ! Le capitaine qui commandait à la porte Serpenoise par où les Français opéraient leur entrée en ville, outré de fureur par cette odieuse trahison, lança à la tête du sieur de Tavannes les clefs de la cité qu'il tenait à la main. (CAILLY.)

Cette félonie honteuse fut accomplie le 9 ou 10 avril, et, le

(1) Lisons dans les Mémoires de François de Rabutin (1552) (Paris 1788), le récit de ce guet-apens.

...« Les seigneurs de Metz qui prenoient cette menée tirée de longue main, estre à la totale destruction de leur authorité, y eussent volontiers contredit ; mais ils étoient adonc trop petits compagnons ; car les délices et les richesses les avoient tant aveuglez que n'avoient jamais

18 du même mois, Henri II, fit son entrée solennelle dans la ville (1). Plusieurs habitants se leurraient encore de l'espoir que ce prince n'agissait que comme protecteur de leur liberté, et que le séjour des Français serait de courte durée. Ils furent vite détrompés. Le Roi nomma pour gouverneur de Metz, Arthur de Cossé, parent du connétable, et, en même temps, désarma la bourgeoisie, changea les gardiens des portes, s'empara des vivres, des munitions et de l'artillerie,

pensé à remédier à cet inconvénient. Au contraire, *le même populaire qu'ils mangeoient par exactions*, ne demandoit autre chose que d'eschapper de leurs mains pour obéir à un prince qui les traistât plus humainement ; et ne restoit plus que cest égard de n'estre *plus francs et libres* qui les *détient suspens et doubteux*, prolongeans leur dernière response, par excuse de leurs anciennes confirmations de franchises des premiers empereurs et rois de France, tant que ce général les somma de lui rendre en brief leur finale résolution, aultrement il en feroit approcher le canon, et sentiroient l'aigreur et la puissance d'un si grand roy. Pour conclusion, eux, voyant ceste très forte armée estre proche et sur leurs bras, préparée et en appétit de s'enrichir de leurs thrésors de longtemps accumulés, estant leur cité desemparée et mal pourveue (?), fut moyenné par le sieur de Bordillon avec eux, que M. le connétable et les princes cy-dessus nommez et beaucoup de gentilshommes avec deux enseignes de gens de pied y entreroient ; ce qui passa ainsi. Mais au lieu que les deux enseignes ne devoient estre que de six cents hommes, on les doubla... Eux voyant la queue si longue estant les premiers et principaux entrez, voulurent fermer le pertuis quand ils se trouvèrent les plus foibles ; car ceux qui estoient entrez des premiers, soldats expérimentez, gagnèrent les portes et repoussèrent ceux de la ville, tant que furent toutes ouvertes, et y entra plus gros nombre. Voilà comment ceste puissante cité, ayant régné par temps immémorial en toute haultesse et présomptueux orgueil, fut en peu de temps surprinse et rendue à l'obéissance du roy, le dimanche, jour que nous solemnisons l'entrée de Jésus-Christ en celle de Hiérusalem qui estoit le dixième jour d'avril 1552. »

(1) Celle-ci avait de puissants moyens de défense. D'après un inventaire fait à la fin du XVe siècle, il y avait sur les tours de Metz et dans les magasins de la ville, vingt bombardes, quarante-huit serpentines, deux cent cinq couleuvrines, cent cinquante-quatre arquebuses, cinq mille deux cent soixante livres de poudre, trois mille cent trente livres de salpêtre et douze cent septante livres de soufre. C'était beaucoup pour un temps où l'usage des bouches à feu était encore peu commun. (VIVILLE, p. 188.)

cassa les magistrats dans lesquels il n'avait pas une entière confiance, et en institua de nouveaux. Jacques de Gournai, maître-échevin, pour ne pas prêter serment au Roi, se dépouilla de ses dignités. Les nouveaux titulaires (VIVILLE, t. I, p. 216) jurèrent, le 18 avril, en ces termes, fidélité au roi :

... « Nous, ayant entendu de vous que, pour le bien du Saint-Empire, recouvrement et conservation de ladite liberté, a été, en jours passés, fait et accordé entre vous et les princes de ladite Germanie, ligue offensive et défensive à l'encontre de Charles V, pour les biens de laquelle ligue vous vous êtes acheminé jusqu'en cette ville ; ne voulant défavoriser ladite ligue, nous jurons de ne jamais supporter ledit Empereur, ainsi au contraire, de vous porter toujours honneur, faveur, assistance, suppliant Votre Majesté de nous vouloir prendre en sa protection et en sauvegarde, sans préjudice des droits du Saint-Empire. »

L'évêque qui n'avait favorisé l'entrée des Français à Metz que pour se rendre maître de la ville, revint armé de toute sa puissance et débuta par forcer les archives de la cité d'où il enleva les chartes, les titres qui pouvaient contrarier ses ambitieux desseins. Dès lors il ne garda plus de mesure. Les paraiges sont abolis (1). Le prélat change la forme des

(1) En 1406, les familles des paraiges étaient au nombre de 331 ; en 1440, de 332 ; en 1449, cinq ans après les longues guerres de la Lorraine, il n'en restait plus que 106. Les autres avaient sans doute péri dans les combats. (VIVILLE, p. 184, note.) Après l'occupation de Metz, la plupart des premières familles de la cité, ne pouvant se résoudre à vivre sous une domination qu'elles considéraient comme étrangère, prirent successivement le parti d'émigrer. Il ne resta presqu'aucune personne du paraige. (*Id.*, p. 256.) Or, pendant près de cinq siècles, dix-huit familles patriciennes qui, chacune personnifiaient une vertu ou une qualité, avaient occupé les principales charges de la République. C'était le *courage* des Gournai, l'*honneur* des Raigecourt, la *fermeté* des Groignat, le *désintéressement* des Serrière, l'*affabilité* des Renuat, la *justice* des Barriseys, la *courtoisie* des d'Esche, la *piété* des Louve, etc., qui avaient fourni à l'État des généraux, des administrateurs, et un chef suprême qui, sous le nom modeste de maître-échevin,

élections. Il se fait désigner par chacune des paroisses assemblées deux candidats, entre lesquels il choisit lui-même les Treize (1553). Ces magistrats sont pris dans la classe commune, et ont pour adjoint l'évêque suffragant. (VIVILLE, t. I, p. 238.) Dans un mémoire au Roi l'évêque tint ce peu évangélique langage : « Ils (les Messins) pratiquent ce qu'ils peuvent et pratiqueront toujours ce qu'ils pourront contre le Roi pour retourner en *leur liberté*, et s'il plait audict seigneur remettre mondict sieur le cardinal en ses droits et auctorité dessus dicts, il instituera aultre forme de justice que celle qui est aujourd'hui si mal administrée, et ceux qui voudront contredire, il les mettra hors de la cité, et, par ce moyen, il gouvernera sous l'obéissance du Roi. » (*Pièces manuscrites*, t. IV, p. 239.)

Dès lors s'engagea, entre le cardinal de Lorraine qui remplaça Lenoncourt comme évêque par François de Baucaire et les bourgeois de Metz une lutte ardente près du roi de France. Le prélat intrigua pour se faire reconnaître prince-souverain de la cité. De leur côté, les Messins, déterminés à souffrir mille morts plutôt que de tomber sous la domination de leur évêque et surtout d'un prince lorrain, envoyèrent au Roi une députation à la tête de laquelle fut le maître-échevin. Ils accusèrent l'évêque d'avoir pillé leurs archives pour en faire disparaître les chartes (*Procès-verbal du 23 juin 1556, Preuves manuscrites*) qui attestaient la longue et glorieuse indépendance de leur République. (*Mém. au roi*, 26 novembre 1556.) Henri II mit fin aux débats en se faisant céder par le cardinal (19 décembre 1556) tout le droit de justice, celui du « maître-échevin et des Treize, de forger et battre monnaie, et tous autres droits de souveraineté que le prélat a, prétend et lui peuvent appartenir en la ville et cité de Metz. En récompense de cette donation, le roi prit l'évêque et ses domaines en sa garde et protection... »

avait marché l'égal des ducs de Lorraine, de Luxembourg et de Bar... (*Austrasie*, t. II, pp. 74-75.)

Cependant Henri II et ses successeurs n'usèrent qu'avec une extrême circonspection de ce droit de souveraineté si iniquement acquis (1). Longtemps ils se contentèrent du titre modeste de protecteurs. Ce fut, en 1585 seulement, que Henri III prit celui de souverain seigneur, sans toutefois dépouiller entièrement la ville de ses anciens privilèges qu'elle défendait toujours avec beaucoup de courage et de persévérance contre les entreprises et les agents du Roi. (*Ibid.*, pp. 250-51.)

Les Treize furent supprimés en 1631.

Après la prise de possession de Metz (21 avril), Henri mit son armée en mouvement vers l'Alsace, dans le but de surprendre Strasbourg, où il entretenait quelques intelligences. Le connétable, tout fier de son guet-apens heureux, se vantait d'entrer dans la métropole de l'Alsace « comme dans du beurre ». Les Strasbourgeois, dûment avertis, déclarèrent au monarque qu'ils ne l'accueilleraient qu'avec une escorte de quarante gentilshommes seulement. Celui-ci, après avoir abreuvé dans le Rhin les chevaux de son armée, parcourut la Basse-Alsace, enleva Haguenau, Wissembourg, poursuivit ses conquêtes dans le Luxembourg, prit Rodemach où il laissa quelques troupes pour tenir en bride la garnison de Thionville, fit le siège de Damviller qu'il emporta, et se présenta devant Verdun qui lui ouvrit ses portes, le 12 juin, et le reçut avec les plus grands honneurs.

Cette ville, alors l'une des plus belles des frontières nord-est de la France, avait pour évêque le cardinal de Lorraine. Ce prélat qui jouissait d'une grande popularité, assembla les Etats et le peuple dans son palais. Il leur peignit sous d'affreuses couleurs la conduite arbitraire des magistrats, insi-

(1) Notons avec soin qu'en 1552, en dehors de la ville de Metz, une partie seulement du diocèse fut soumise à la France ; l'autre partie demeura indépendante jusqu'au traité de Westphalie (1648). Vic en était la capitale. L'évêque avait les droits d'un prince temporel. On frappa à Vic des monnaies à l'effigie des prélats jusqu'en 1624.

nuant avec adresse tout ce qui pouvait résulter d'avantageux d'un changement d'administration, et finalement réclama le retour de la juridiction épiscopale, différente de l'ancienne, en ce qu'elle dépendait du Roi.

Le lendemain, on lut au peuple et aux magistrats assemblés les articles de la forme gouvernementale qu'on voulait introduire. Le tout fut accepté par une multitude ignorante dont on avait acheté le suffrage. L'évêque nomma vite les officiers publics. Quant au Roi, il ne demeura que peu de jours à Verdun, dont il confia la défense à Tavannes, commandant une compagnie de gendarmes et douze cents hommes d'infanterie. Le monarque rentra dans le Luxembourg, prit Ivoy, Montmédy, Chimay et quelques autres places de peu d'importance, et retourna en France sur la fin de juillet.

C'est ainsi que, par la *complicité du trône et de l'autel*, tombèrent ces vaillantes républiques lorraines qui, pendant plusieurs siècles, avaient joué un rôle si remarquable. A Metz et à Verdun, plus qu'à Toul, l'occupation française indiquait plus particulièrement qu'une révolution s'était accomplie.

A la nouvelle des succès surprenants de cet étrange « protecteur des villes » et « vicaire du Saint-Empire », Charles-Quint se hâta de conclure la paix avec les princes protestants de l'Allemagne afin d'attaquer ensuite Henri II. Ce traité lui aliéna le cœur des Catholiques messins. Quant aux princes luthériens, ils ne firent pas même mention du roi de France dans leur accommodement. Henri put s'autoriser du silence de ces alliés maladroits pour se croire entièrement dégagé envers eux. Plusieurs poussèrent l'ingratitude et l'ironie jusqu'à le prier de s'en retourner chez lui, puisque la liberté germanique se trouvait assurée. Seul, Albert de Brandebourg protesta contre le traité, mais dans l'unique but de continuer ses rapines, et de se vendre le plus cher possible à l'Empereur ou au Roi, selon les circonstances. Ce marquis de Brandebourg « Prussien d'avant la Prusse » (PIMODAN, p. 23), véritable routier, pille la Lorraine avec un ramassis de reîtres et de lansquenets. Il s'attaque aux monastères, aux bourgs et aux villages, dépouillant les voyageurs et se conduisant comme un voleur de grand chemin. A la fin, il se dirige vers Saint-Nicolas-de-Port qu'il veut, sans doute, abandonner à ses soudards, en guise de paye. Le duc d'Aumale, gouverneur de Toul, se met à la tête de deux compagnies de gendarmes et de cinq cents chevau-légers. Bientôt, près de Lupcourt, s'engage un combat sanglant où les Français, accablés par le nombre, sont vaincus. Deux cents gentilshommes restent sur le terrain ; plusieurs autres, y compris d'Aumale blessé, sont faits prisonniers. Après ce succès, le marquis jette le masque, se déclare pour Charles V, traverse Nancy, où le régent Nicolas lui fait bon accueil pour ne pas l'irriter, chasse la garnison française qui occupe Pont-à-Mousson, et va se joindre aux Impériaux sur le point de commencer le siège de Metz.

Siège de Metz. — En effet, Charles V, à la tête d'une armée composée de 54,000 Allemands, 8,000 Espagnols, 4,800 Italiens, 7,000 pionniers et 154 bouches à feu, rassemblés péniblement, se disposait à faire le siège de Metz.

Le roi de France, incertain sur les desseins de l'ennemi, n'avait rien négligé pour mettre Toul, Metz et Verdun en état de résister aux Impériaux. D'Esclavolles, gouverneur de Toul, rasa les faubourgs de cette ville, incendia l'église abbatiale de Saint-Mansuy, ainsi que la plus grande partie du monastère et démolit l'abbaye Saint-Epvre, parce que ces beaux édifices pouvaient favoriser les approches des assiégeants. De son côté, le commandant de Verdun ne respecta pas davantage les monuments voisins des remparts. L'église Sainte-Croix et l'abbaye de Saint-Paul qui était fermée de murailles et ressemblait à une forteresse, furent détruites jusqu'aux fondements. Mais c'est surtout Metz qui subit alors, en monuments, des pertes irréparables. Cette ville avait une enceinte considérable avec de grands faubourgs, des murailles faibles et sans fortifications, des fossés étroits et de vieilles tours, au lieu de bastions. La cité comptait soixante mille habitants. Le duc de Guise, nommé commandant de la place, fit raser huit faubourgs, sans épargner les monastères (huit abbayes), dix-neuf églises, même celle de Saint-Arnulphe, où plusieurs rois de France étaient enterrés. On pardonna au persécuteur des Protestants des destructions qui, chez tout autre, auraient fait crier au sacrilège et provoqué les foudres de l'Église. Guise, au reste, afin d'éviter le reproche d'impiété, ordonna de transporter dans une église de la ville les vases sacrés et les cendres des rois, avec toute la solennité d'une procession, à la tête de laquelle il marcha tête nue, une torche à la main. On exécuta avec la plus grande célérité différents travaux ; les bouches inutiles se virent obligées de suivre l'exemple de la plupart des bourgeois et de sortir de la place ; on remplit les magasins de munitions de guerre et de vivres ; les moulins furent brûlés, les grains et les fourrages détruits à quelques milles aux environs ; tristes dévastations, conséquence lamentable de l'assassinat de la République ! Comme on voit, les précautions furent admirablement prises ; aussi le duc de Guise écrivit au Roi qu'il pouvait employer son armée hors de la Lorraine, que Metz tiendrait dix mois, bien que la garnison ne comptât que 4,500 hommes d'infanterie, 444 chevaux, 900 gens d'armes et l'élite de la noblesse française.

Cependant Charles V approchait. Le 20 septembre, il avait passé le Rhin à Strasbourg, et bientôt son avant-garde vint camper à Sarrebruck, Forbach et Boulay. « De ce logis, dit Solignac, il partit pour se retirer à Thionville, à cause de quelques indispositions de sa personne » (rhumatisme articulaire). Ce fut le 19 octobre que les premiers détachements ennemis parurent aux portes de Metz. Un mois après, « au vingtième jour de novembre, l'Empereur arriva en son camp, lequel étant venu depuis Thionville en litière, monta à l'approche sur un cheval blanc et visita son armée, laquelle se mit toute en bataille, réservé les seize enseignes de la garde des tranchées ». Grâce à la présence de l'Empereur, le siège, conduit jusqu'alors avec assez de mollesse, prit une grande activité. Charles V parut lui-même à la tranchée pour encourager les troupes. Diverses batteries furent successivement élevées et démontées. Les efforts des assiégeants se dirigèrent surtout contre les tours situées entre la porte Serpenoise et la plate-forme de Sainte-Marie. Des brèches énormes, des mines étendues, des tentatives d'escalade, annonçaient une résolution, d'autant plus énergique qu'on se trouvait au cœur de l'hiver et que, parmi les assiégeants, les vivres devenaient de jour en jour plus rares et les maladies plus nombreuses. Le camp était tantôt inondé de pluies, tantôt couvert de neige (1). De leur côté, les assiégés, hommes, femmes, enfants, vieillards, élevaient chaque jour de nouveaux remparts derrière ceux qui s'écroulaient, et montraient

(1) Dans Metz, les vivres étaient également rares et chers. « En novembre 1552 (*Chronique*, p. 871), se vendoit un œuf un patar ; faute de nourriture on donnoit les chevaux pour trois et deux patars et demi la pièce ; une poule quinze et seize sous ; une handeleure (balai) quatre patars la pièce. Et il y eut si grand chier temps de chair audit mois qu'on vendoit une vache neuf escus, et force fut de manger de la chair de cheval, de chat et de rat. » Durant lesdits sièges communément et le plus souvent on faisoit de biaulx pastés de chair de chevaulx, lardés, acoustrés et mangés, et plusieurs bourgeois en mangeoient...; en Mets y avoit tant de coffres et de mesnaiges des gens de villaiges qui avoient amené leurs biens et fourni plusieurs coffres, et amené bled, vin et avoyne que parmy lesdits sièges tout fut pris par la force des gens d'armes et des soldats. On vendait : la quairte de farine moulue, quarante et trente-cinq sols ; le pain en proportion. La quairte de vin, un sol ; la livre de chair de bœuf sallée, cinq liards aux bourgeois, un sol aux soldats. La livre de lard, deux solz six deniers ; la livre de fromage d'Auvergne, trois florentin cinq solz ; Gérarmé, deux solz six deniers ; de Suisse, deux solz six deniers ; la livre de saumon salé, trois gros ; morue, deux solz ; le hareng soret, huit mailles ; la quarte de sel, deux livres ; la livre d'huile d'olive, quatre solz ; d'amandes et raisins, trois solz ; de figues, deux solz six deniers ; de riz, deux solz ; de pruneaux, six liards. (*Chronique*, p. 875.) Ces détails font connaître les comestibles en usage à l'époque.

autant de vigueur dans la résistance que les ennemis dans l'attaque. « Tous nos soldats, écrit le célèbre Ambroise Paré qui avait été mandé par Guise, cryoient : Alarme, aux armes ! et les voyoit-on sortir de leurs tentes et petites loges, drus comme fourmillons, lorsqu'on découvre leurs fourmillères, pour secourir leurs compagnons qu'on égosilloit comme moutons ».

Enfin, après soixante-cinq jours d'investissement et quarante-cinq de tranchée, Charles V, à la tête d'une armée aguerrie et plus forte de quinze mille hommes que toutes celles mises en campagne jusqu'alors, aidé d'une artillerie formidable qui tira sur Metz quatorze mille coups de canon, fut obligé de s'éloigner d'une ville qu'il s'était flatté de conquérir. Il ne retira, de cette malheureuse expédition, que la honte d'un échec pitoyable et la perte des meilleures troupes de l'Empire. « On voit bien, s'écria-t-il, que la fortune est une courtisane; elle aime les jeunes gens et dédaigne les vieillards » (1).

Lorsque les Français sortirent de la ville pour poursuivre les Impériaux qui se retiraient en bon ordre, la vue du camp ennemi, couvert de malades et de blessés, de morts et de mourants, changea leurs sentiments de bravoure en mouvements de compassion (2).

---

(1) L'époque était passée où l'on prenait l'orgueilleuse devise : A, E, I, O, U, c'est-à-dire : Austriæ Est Imperare Orbi Universo (l'Autriche doit commander au monde entier). Charles V lui-même avait pris pour symbole les colonnes d'Hercule, avec ces mots : *Ultra metas*. Les Messins y firent une allusion ironique par le vers suivant :

Siste viam Metis, hæc tibi mœta datur.

(2) Nous trouvons (VIEILLEVILLE, *Mém.*) des soldats par grands troupeaux, de diverses nations, malades à la mort, qui estoient renversez sur la boue ; d'autres assis sur grosses pierres ayants les jambes dans les fanges, gelées jusqu'aux genoux qu'ils ne pouvoient ravoir, criants miséricorde et nous priant de les achever de tuer. En quoy M. de Guise exerça grandement la charité ; car il en fit porter plus de soixante à l'hôpital pour les faire traiter et guérir ; et, à son exemple, les princes et seigneurs firent le semblable, si bien qu'il en fut tiré

Telle fut l'issue du siège de Metz, l'un des plus célèbres qui aient été formés à cette époque. Guise solennisa, par une procession, un *Te Deum* et des fêtes, la délivrance de la ville. Il fit brûler une grande quantité de livres (1) hérétiques, répandus depuis trente ans dans la cité, et tâcha d'y rétablir le triomphe de la religion orthodoxe et des bonnes mœurs. Sous ce dernier rapport, le relâchement était complet, scandaleux. Une foule de bourgeois opulents, à la veille du siège, s'étaient réfugiés à Strasbourg ou dans d'autres villes. Or, pendant l'absence des maîtres, les domestiques avaient abusé de leur confiance... « Servantes et maignées s'enamouroient d'un soldat, s'accointoient d'un homme d'armes..., recusoient tous les secrets et trésors de leurs maîtres..., pilloient au compte des gens de guerre les vaissellements, linges, vendoient blés, etc., butinant ensemble avec soldats, gens d'armes, dont étoit une souveraine pitié; et voilà comment plusieurs riches bourgeois ont été accoustrés de leurs biens, tandis qu'ils étoient hors, pourquoi plusieurs étoient pauvres méchans, et sont maintenant enrichis et les riches appauvris... »

Une police sévère arrêta vite ces dilapidations. Metz se repeupla au printemps, et les vivres que l'on conservait précieusement dans les magasins, vendus à vil prix, rétablirent l'abondance.

Il fut plus difficile et plus long de réparer les désastres qu'avaient éprouvés les rives de la Moselle et de la Seille. Depuis Pont-à-Mousson jusqu'à Thionville, ce n'étaient que

plus de trois cents de cette horrible misère ; mais à la pluspart, il falloit couper les jambes, car elles étoient mortes et gelées. Dès que les malades et blessés furent guéris, Guise les envoya généreusement à Thionville.

(1) Dans sa relation du siège de Metz, Bertrand de Solignac dit : « M. de Guise fut adverty qu'en plusieurs lieuz de la ville, il y avoit des livres contenant doctrine réprouvée. M. de Guise les feit, sans scandale d'aulcun, tous assembler en un lieu et y mettre le feu, donnant ordre que les habitants eussent pour l'advenir à suyvre un train de meilleure vie qu'auparavant, qu'ils eussent esté receux à la protection du roy (pp. 109-10).

villages incendiés, châteaux en ruines, arbres arrachés, vignes détruites, routes jonchées de chevaux morts, de chariots, de caissons, couvertes d'un matériel nombreux et de plusieurs milliers de cadavres privés de sépulture.

La Lorraine, malgré la neutralité promise par l'Empereur, avait néanmoins éprouvé de grands dégâts. Un corps de soldats allemands, qui se proposait de gagner l'Alsace et la Souabe, traversa notre pays et y vécut à discrétion. Furieux de n'avoir pu entrer à Saint-Dié, les soudards déchargèrent leur colère sur les villages environnants.

Guise, couvert de lauriers, quitta Metz et confia la garde de la cité à un jeune seigneur (de Gonnor), qui y tint garnison avec vingt bataillons d'infanterie et plusieurs corps de cavalerie. Le nouveau gouverneur ne paya point ses troupes, et les soldats se livrèrent à tous les excès de l'indiscipline. « Les habitants furent rançonnés, les boutiques pillées, les campagnes ravagées, les femmes enlevées à leurs maris, les filles arrachées des bras de leurs mères et les religieuses outragées jusqu'au pied des autels. Les officiers en détenaient un grand nombre pour leurs plaisirs, et le commandant donnait lui-même l'exemple de ces ordres....

« Après trois mois d'anarchie, un nouveau gouverneur, le sire de Vieilleville (futur maréchal de France), vint enfin faire régner l'ordre. » (ETIENNE, pp. 189-90.) Il fallut de la sagesse et de la fermeté pour rétablir la discipline parmi des troupes habituées aux plus coupables excès, une justice tempérée par la modération pour se concilier l'esprit des Messins qui, selon Carlois, secrétaire de la Vieilleville « crevoient de rage et de dépit d'être ainsi forcés dans leur publique liberté, pour le recouvrement de laquelle ils eussent, pour ainsi dire hazardé leurs âmes, tant s'en faut qu'il y eussent d'épargné leurs propres vies » (1). Le gouverneur possédait les qualités requises pour subjuguer les esprits et les

(1) On comprend que les citains de Metz devaient regretter leur ancienne indépendance, leur chère République étranglée par la complicité

cœurs. Dans une seule nuit, il fit rendre la liberté aux prisonnières des soldats. On ne voyait par les rues (*Chronique*), que femmes et filles qui se retiroient à course chez leurs pères et maris. Vingt-deux religieuses, d'ancienne noblesse du pays de Lorraine, que les grands de l'armée avoient enlevées des abbayes de Sainte-Glossinde, des Pucelles, etc., se vinrent rendre en leur monastère... » Le gouverneur ôte ensuite à l'évêque la nomination des magistrats, donne des fêtes aux notables, allège le fardeau des charges et contributions, rappelle les Protestants, tolère leur culte et se concilie l'affection du peuple par sa douceur.

Néanmoins des conjurations s'ourdissent (1555). Les pères Cordeliers faillirent livrer Metz aux Impériaux, toujours maîtres de Thionville. Leur gardien avait introduit dans la ville trente officiers, déguisés en moines. Le complot est découvert; les couvents sont fouillés et les projets de l'ennemi connus. Les troupes impériales, fortes de quatre mille hommes qui s'avançent en toute confiance, sont surprises; douze cents soldats sont taillés en pièces. Le corps du principal auteur de la conspiration, mort en prison, subit le

criminelle du trône et de l'autel. « ...A Metz, dit la *Coutume*, les Personnes sont franches, et nulles de servile condition : ainsi le Seigneur ne peut imposer à ses Habitans aucune de ces sortes de Servitudes, ny même exiger d'eux des Corvées ou autres Prestations, à moins qu'il ne soit fondé à l'égard de ces Corvées ou Prestations, en titre ou possession légitime..

« Les Terres sont aussi franches et allodiales dans nôtre Coûtume.

« ... De là vient que le Cens Seigneurial y est prescriptible par 40 ans, et que le dire vulgaire, *nulle Terre sans Seigneur*, n'y signifie rien autre chose, sinon que toute Terre doit être soûmise à la Juridiction dans laquelle elle est située.

« Art. 11. Tous Citoyens et Bourgeois peuvent acquerir et posséder Seigneuries, Fiefs, Francs-aleufs et toutes autres sortes de biens... »

Ces privilèges refusés aux Lorrains (*Coutume*, tit. 5, art. 2 et même aux sujets de l'évêché de Metz (tit. 6, art. 1) avaient fait l'orgueil et la prospérité des citains pendant la durée du gouvernement républicain. (*Cout. gén. de la Ville de Metz et du Pays messin*, pp. 1-2 et suiv.) (METZ, veuve de Brice Antoine, 1730.) Pauvre et noble République! L'aversion des rétrogrades, clercs ou laïques, contre la liberté et la démocratie, remonte, comme on voit, à une date reculée.

supplice de la roue, en présence des autres Cordeliers montés sur une estrade, tenant dans leurs mains des torches allumées. Quelques-uns sont fouettés par la main du bourreau devant leur couvent ; tous sont chassés (1).

Cette conspiration servit de prétexte à la France pour faire bâtir une citadelle. On alla plus loin. Dans le but de dégager les nouvelles fortifications et de construire l'arsenal, les faubourgs furent rasés et deux quartiers de la cité détruits. La plupart des bourgeois et les premières familles de la ville, exaspérés, émigrèrent. Il ne resta, comme nous l'avons déjà dit, presque aucune personne du paraige. Metz perdit ainsi les deux tiers de son étendue et de sa population. Les esprits furent comprimés plus fortement qu'ils ne l'avaient été jusqu'alors ; on établit un ordre nouveau de judicature ; une partie de la monnaie fut décriée, réduite au même taux que celle de France ; des contributions énormes, des servitudes intolérables pesèrent de nouveau sur le peuple ; enfin, le maître-échevin, après avoir été le chef d'une des premières villes de l'Empire, après avoir joui des droits de la souveraineté, ne fut plus qu'un humble officier du Roi. Les députés de la ville, mandés à la Cour, approuvèrent la prise de possession de Henri II, et le nouveau maître-échevin avec ses douze conseillers et les Treize la ratifièrent, au nom de tous les habitants, comme avantageuse au commerce. Pour colorer d'une apparence de raison cette humiliante abdication de dignité patriotique, on allégua qu'il fallait alors une autorité puissante, et même des forces militaires supérieures, afin d'assurer les communications générales, et de repousser les incursions du comte de Mansfeld, gouverneur du Luxembourg, au nom de l'Empereur.

Thionville (2) soigneusement fortifié sous Charles V, pour

(1) En même temps un autre fléau s'abattit sur la Cité. En 1556, la peste fut si terrible à Metz, « que de sept ou huit personnes qui se donnoient le bonsoir, il y en avoit toujours les deux tiers de morts le lendemain ». (D. CALMET, t. III, p. 55.)

(2) Teissier (*Hist. de Thionville*, pp. 108-113) résume en ces termes, les désastres déchaînés alors sur notre pays :

tenir Metz en échec, fut assiégé par Vieilleville, qui s'était engagé à s'emparer de la place en sept jours. Le gouverneur se trouvait sur le point de réaliser sa promesse, quand Guise, après la reprise de Calais, vint lui ravir un succès fort habilement préparé. On attaqua la Tour-aux-Puces, appelé par le peuple Tour-de-Thion. Blaise de Montluc y pénétra le premier ; grâce à cette prise la ville, le lendemain 23 juin, « fut réduicte en l'obéissance du Roy ». Trente mille hommes avaient investi la place qui mit près de quinze cents hommes hors de combat. Dans les rangs français se trouvaient les ducs de Brunswick, Lunebourg, Deux-Ponts, Wurtemberg, et les neveux des archiducs de Mayence et de Trèves. (HUIN, p. 229.)

« Le 24, le commandant et tout ce qu'il y avoit de reste de soldats, ensemble les habitants de tous aiges et sexes, sortirent de la ville à la veue de toute l'armée... Ce délogement estoit fort pitoyable, de voir un nombre infini de vieillards, de femmes, de filles, d'enfants et de soldats blessez et estropiez se retirer de telle façon, et abandonner leurs terres, maisons et propres héritages, et n'y avoit personne qui n'en

Plus de six cents églises dévastées, la ruine d'un grand nombre de villages, une dépopulation telle que les héritages restèrent vacants, les champs demeurés sans culture : voilà les principaux fruits d'une guerre provoquée par les vues ambitieuses de la maison d'Autriche. Le typhus vint encore ajouter de nouveaux malheurs à ceux qui existaient déjà et acheva de jeter le désordre dans la province...
La Lorraine ne fut pas exempte de ces maux. Ainsi, en 1557, un certain baron de Polvillers, gouverneur de Haguenau, prit plaisir à ravager une notable portion du duché. Le 23 septembre, il se présenta devant la ville de Rambervillers, à la tête d'une armée de douze mille hommes, et somma les habitants de lui livrer, dans les vingt-quatre heures, vingt mille livres de Lorraine, trois cents chevaux et des vivres pour ses soldats. L'énormité de cette contribution qu'il leur était impossible de réaliser, jeta les bourgeois dans la consternation. Ils abandonnèrent la ville, en emportant avec eux ce qu'ils avaient de plus précieux. Pollvillers y entra avec ses troupes, la pilla et la saccagea. Il y mit le feu, l'Hôtel-de-Ville fut entièrement brûlé ainsi que plusieurs maisons. (CHARTON, Anciennes guerres lorraines, pp. 208-209.)

fust sœizi de quelque compassion, hormis M. de Guise, ajoute méticuleusement Carloix, car il avoit exercé une plus grande rigueur à ceulx de Calais. » Thionville, devenu français, perdit de la sorte tous ses habitants. On les remplaça par une nouvelle colonie. « Il y avoit alors grande presse pour achepter des maisons à Thionville et s'y habituer... M. de la Vieilleville les vendit à fort bon compte, de sorte qu'en moins de quinze jours, la ville fut repeuplée d'habitants et tous Messins, car quelques Lorrains se présentèrent pour en avoir; mais ils furent refusez. Il y eut aussi quelques artisans, naturels françois, qui y furent reçus; et en eurent meilleur marché que les autres et vinrent y habiter. »

Après le traité, honteux pour la France victorieuse, de Câteau-Cambrésis (1) (1559), Thionville, rendu à l'Allemagne en même temps que deux cents places ou forts, vit reparaître en partie son ancienne population ; cependant beaucoup d'habitants, redoutant l'avenir, refusèrent de rentrer chez eux. Par ce traité, Metz (2), Toul et Verdun restèrent à la

(1) Guise avait déplu à Diane de Poitiers (CHEVRIER, t. IV, pp. 73-74) et ne fut pas chargé de la paix de Câteau-Cambresis, mais Anne de Montmorency. La duchesse douairière de Lorraine, y joua le rôle de médiatrice, malgré la France, et bien que l'Espagne ne l'en eût pas priée... Par cette paix, les villes de Toul, Metz et Verdun cessèrent d'être impériales et furent soumises à la France... Les citoyens perdirent leurs droits, les magistrats municipaux leurs privilèges ; les évêques furent les seuls qui conservèrent un reste de splendeur, parce qu'ils ne faisoient pas partie du clergé français ; ils tinrent de l'Empire, au moins par les décorations.

(2) *Les Juifs à Metz.* — La conquête de la ville par les Français y ramena les Juifs pour aider les militaires à recevoir de l'argent des diverses provinces du royaume. La persécution de Philippe-Auguste qui ordonna d'expulser de France tous les Juifs, avait atteint ceux de Metz, qu'on dépouilla de tout ce qu'ils possédaient. Ils durent quitter leur demeure de Jurue qui devint la propriété d'une famille puissante. Une église fut élevée au centre de leur quartier. Les Juifs restèrent éloignés de Metz pendant près de cent ans. Rentrés dans la ville au XIVe siècle, ils vivaient séparés, habitant le *Champel* et la *Grève*. Un incendie ayant dévoré, en 1321, vingt-deux maisons, on attribua stupidement le sinistre aux Juifs qui durent prendre la fuite. On en brûla plusieurs

France ; le duc de Lorraine obtint la restitution de plusieurs places, entre autres de Stenay.

AVÉNEMENT DE CHARLES III AU POUVOIR. — Pendant que ces évènements avaient lieu à Metz et aux environs, Charles grandissait en France et le prince Nicolas administrait la Lorraine (1). Le besoin d'argent força le régent à réunir les Etats-Généraux (mars 1553) pour leur demander un don gratuit qui paraît avoir été accordé sans difficulté, mais se trouva insuffisant. Nicolas, pour se créer des ressources, établit le droit *d'entrée* et *d'issue foraine*, qui était un véri-

qui avaient cru pouvoir rester à Metz. Le crime de ces infortunés était de passer pour lépreux ou mussels. Les Israélites à la suite de cette exécution inique, restèrent éloignés de Metz pendant deux cents ans. — En 1556, le gouverneur des Trois-Evêchés autorisa deux Juifs à rester à Metz pendant une année ; le délai expiré, l'administration municipale, leur intima l'ordre de quitter la ville ; mais le maréchal de la Vieilleville (*Ordonn. du 6 août 1557*) permit à quatre familles israélites, Isaac, Mardoché, Miché et Gerson de s'établir à Metz, sous certaines redevances en argent (200 écus une fois payés, et une rente perpétuelle) ; en outre, suivant les anciennes coutumes de la ville, ils avaient à payer un denier quand ils mettaient les pieds hors de la ville ou quand ils y rentraient. De plus ils devaient assister une fois par mois aux prédications dans les églises de Metz, ne point habiter les principaux quartiers de la ville, et ne prêter qu'au taux d'un denier par semaine au plus. Quarante années ne s'étaient pas écoulées que les descendants de ces quatre familles formaient vingt-cinq ménages qui eurent à lutter contre le mauvais vouloir de l'autorité. Le 6 février 1574, M. de Théval, commandant à Metz, leur enjoignit de sortir de la cité, dans deux mois. Ils résistèrent avec succès, et, le 24 mai 1602, Henri IV, se trouvant à Metz, prit sous *sa protection spéciale* les vingt-quatre familles comptant alors cent vingt personnes. — En 1614 le nombre des ménages parvint à cinquante-huit. Par ordonnance du 7 avril 1604, d'Arquierre, commandant, permit aux Juifs de Metz de prêter sur gages à seize pour cent. Le duc d'Epernon, gouverneur, leur abandonna, le long de la Moselle, plusieurs petites maisonnettes de campement, près du retranchement de Guise, au Rhin-port. Son fils, le duc de Lavalette, étendit, en 1624, ce terrain abandonné jusqu'à l'église Saint-Ferroy. (Voir J. WORMS, *Hist. de la ville de Metz* (1849), pp. 288-289.)

(1) L'ex-évêque régent, défendit (décembre 1556) aux bourgeois, à leurs fils et leurs artisans et gens méchaniques, de s'habiller et de souffrir que leurs femmes et filles s'habillassent d'étoffes de soie. (DURIVAL, t. I, pp. 36-39.)

table impôt douanier. Dans une seconde session (1558), les États votèrent un aide extraordinaire de six francs barrois par conduit. Dans « des articles et griefs » ils demandèrent, avec plus ou moins de succès, un arrêt aux entreprises envahissantes du procureur-général.

Le mariage de Charles III avec Claude de France, seconde fille de Henri II, eut lieu, en janvier 1559. La princesse reçut une dot de cent mille écus d'or au soleil, et obtint de son mari pour douaire une rente de trente mille livres. Peu après, arriva la mort de Henri II, blessé dans un tournoi.

Charles III assista au sacre de son beau-frère François, puis vint à Nancy, et, tout imbu d'idées absolutistes, refusa d'y faire une entrée solennelle, afin de ne pas prêter le serment que l'on avait exigé de ses prédécesseurs (1559) (1). Pareille conduite en 1560 ; ce ne fut que le 18 mai 1562, après le refus des États de voter un subside quelconque, qu'il se résigna à remplir son devoir constitutionnel ; encore eut-il soin de déposer une protestation entre les mains d'un notaire, « sur « l'espèce de violence à laquelle il cédoit » (2).

---

(1) Noël (*Catal. rais.*, t. III, pp. 932-32) assure que Charles III fit deux entrées et prêta deux fois le serment de respecter les libertés publiques. La première fois ce fut en octobre 1559, huit mois après son mariage. Dans l'hiver de 1561, les chevaliers décidèrent qu'ils refuseraient les aides, attendu que le Duc ne tenait pas son serment, et Charles III fut obligé de faire une seconde entrée et de prêter un second serment, le 18 mai 1562.

En 1559 (Digot, t. III, p. 175-76), Charles III refusa de faire une entrée solennelle à Nancy, pour ne pas prêter le serment exigé de ses prédécesseurs. Les gentilshommes furent irrités, mais non les bourgeois et les paysans.

(2) Elisée d'Haraucourt (*Mém.*, p. 125) mentionne, en ces termes, le don de joyeux avènement exigé par Charles III : « J'étois à Strasbourg où mon père m'avait envoié pour apprendre la langue allemande, lorsqu'on eut avis que le duc Charles retournoit en Lorraine ; on me fit sortir de Strasbourg au mois de septembre, et je me trouvai à son arrivée à Bar où il fut mis dans son hôtel... On répartit à Nancy dans l'assemblée des Etats (octobre) une somme de cinquante mille francs pour son joïeux avènement... »

Élevé à la cour de France où, depuis longtemps, grâce aux légistes, le Roi marchait vers la monarchie pure et sans contrôle (c'est-à-dire le despotisme), Charles voulut introduire en Lorraine les formes françaises. — Il dut y renoncer devant l'opposition formidable de la noblesse ; néanmoins sa politique demeura une politique d'absolutisme. (Pimodan, pp. 45-46.) Mécontent des concessions qu'on lui demandait, le Duc, vers 1560, quitta ses États pour retourner en France. Avant son départ, il avait fait son entrée à Remiremont, où, les mains étendues sur les châsses de Saint-Amé et de Saint-Romaric, il jura de respecter les privilèges du chapitre. De là, il alla visiter Saint-Dié.

Le gouvernement de la Lorraine fut de nouveau confié à sa mère, Christine de Danemarck. Quant à l'ex-régent, le prince Nicolas, il reçut en présent cent mille francs barrois. On érigea en sa considération Chaligny « en comté princier et le plus seigneurial du duché de Lorraine », et on y annexa le bourg de Pont-Saint-Vincent. Le cardinal de Lorraine, à son tour, donna à Nicolas la seigneurie de Nomeny que l'Empereur Maximilien II érigea en marquisat (1567).

Dans la session des États (décembre 1563), la chevalerie, toujours méfiante, demanda et obtint une nouvelle confirmation de ses prérogatives. Pendant celle d'août 1569, les nobles se plaignirent vivement « d'attentats contre leurs privilèges... pour retardement de l'exécution d'aucunes sentences données par ceux de la chevalerie (tribunal des Assises), et évocation de leurs causes au conseil (du prince) ou devant des juges désignés, sans les renvoyer pardevant leurs juges ordinaires ». Le Duc dut faire fléchir ses idées absolutistes. Plus tard, en 1578, il se vit contraint, par des remontrances pressantes, d'interdire au procureur-général d'emprisonner à l'avenir les maires ou sujets de MM. de l'ancienne Chevalerie.

Quoique marié à une princesse française, et bien qu'il eût forcé une seconde fois l'abbesse de Remiremont à lui prêter hommage, comme suzerain, Charles était en bons termes avec l'empereur d'Allemagne. En effet, celui-ci lui donna, en 1567, l'investiture de Pont-à-Mousson, Blâmont, des seigneuries de Clermont en Argonne et d'Hattonchâtel, d'Yve, et le privilège d'y frapper monnaie, reconnut que le Duc avait la garde de la ville de Toul (1), le droit de sauf-conduit et juridiction sur les grands chemins de Lorraine, celui de connaitre des duels qui avaient lieu entre le Rhin et la Meuse, et enfin qu'il *était légitime propriétaire des enfants de prêtres* nés dans le duché. (DIGOT, t. IV. p. 182.)

Charles maria ses deux sœurs à des princes allemands et leur donna des dots considérables, réalisées, paraît-il, sur les seules ressources du duché. Pour augmenter celles-ci, il avait, à l'exemple de René II, révoqué (1561) les aliénations faites par ses prédécesseurs, sa mère et le prince Nicolas, et supprimé les pensions qu'ils avaient assignées sur les recettes domaniales. Il prescrivit également aux Chambres de comptes de Nancy et de Bar, de rechercher les rentes et droits appartenant au domaine que la négligence ou la bonté de ses prédécesseurs avait permis à divers particuliers d'usurper, et termina d'une manière vraiment *noble et ducale*, par des transactions, les difficultés pendantes de toute nature. Le despotisme qui scellait toutes les lèvres empêcha les spoliés de dénoncer cette banqueroute éhontée. On revint plus tard sur ces actes arbitraires.

Charles porta son attention sur l'exploitation des mines des Vosges et des salines qui formaient la branche la plus

(1) Le 6 mars 1562, l'évêque, sans consulter, ni les bourgeois, ni le chapitre, avait cédé à Charles III tous les droits régaliens, tant sur la ville de Toul que sur toute l'étendue du diocèse. Les parties lésées protestèrent, et, grâce à l'intervention de l'Empereur et même du pape qui d'abord avait ratifié la vente (BENOIT), et même à celle du roi de France, cette inique aliénation fut révoquée. Parmi les droits régaliens de l'évêque figurait celui de pouvoir faire des nobles. (BENOIT. *Preuves*, p. 119.)

— L'année 1564 fut appelée l'année du grand hiver. Les noyers et les vignes furent gelés.

importante de ses revenus, et parvint, par de sages règlements, à en augmenter le produit. Il rétablit en 1563 (d'autres disent que ce fut Christine, sa mère) la saline de Rosières que le manque de bois avait fait abandonner depuis soixante-dix-neuf ans.

LE PROTESTANTISME EN LORRAINE. — La Réformation, refoulée avec les Rustauds auxquels s'étaient joints les paysans révoltés des comtés de Créhange, de Salm, de Deux-Ponts, de Bitche, de Nassau et de la baronnie de Fénétrange, avait reparu dans notre pays avec les reîtres et les lansquenets de Guillaume, comte de Furstemberg, que suivit l'ardent apôtre protestant, Guillaume Farel. Plus tard vinrent les troupes allemandes d'Albert, marquis de Brandebourg. Tous répandirent avec zèle les doctrines nouvelles qui se glissèrent ainsi dans plusieurs districts de la Lorraine et du Barrois. Bientôt on vit, dans quelques lieux du bailliage de Nancy, les paysans refuser de payer aux seigneurs ecclésiastiques les redevances ordinaires. Charles III lui-même, aida, d'une manière inconsciente, à la propagation du Luthéranisme. Ainsi, en 1579, il établit à Pont-à-Mousson quatre foires franches, avec invitation à tous les commerçants, orthodoxes ou non, de les fréquenter, sous la garantie de toute sûreté possible pour les personnes et leurs marchandises. Cette mesure amena quantité d'étrangers dont l'action secrète ranima l'amour des nouveautés. Dès l'année 1560, un moine qui avait prêché le carême à Pont-à-Mousson « avait activement travaillé à répandre les erreurs de Calvin, et séduit plusieurs membres des premières familles de la ville ». On n'avait pas tardé à le bannir *ainsi que ses partisans;* mais ceux-ci avaient obtenu, peu de temps après, l'autorisation de rentrer dans leurs demeures après avoir abjuré l'hérésie. (DIGOT, t. IV, pp. 202-203.)

Ce furent des marchands allemands et français qui déposèrent le germe du protestantisme dans la ville de Saint-Nicolas-de-Port. Peu après, Louis Des Masures, l'auteur du

Chant pastoral, commença à enseigner en secret le calvinisme, et, quand il eut fait un certain nombre de prosélytes, il appela un ministre qui bientôt vit la foule accourir à ses prédications. On donnait le signal de la réunion, en tirant un coup d'arquebuse qui était entendu dans tous les quartiers de la ville. Le mal devint si grand, qu'un jour de fête, en 1562, les habitants laissèrent le curé presque seul dans l'église pour aller entendre le sermon du ministre. Le curé lui-même ne résista pas au torrent, quitta Saint-Nicolas, se maria, et s'établit dans un village du pays voisin. Charles III informé de ces désordres, y remédia promptement, et, sur son commandement, Jean de Savigny se rendit à Saint-Nicolas avec les *arquebusiers à cheval de la garde ducale* (1). A l'approche des soldats, les bourgeois qui se sentaient coupables (?) résolurent de fuir, et plus de soixante familles abandonnèrent leurs maisons avec précipitation ; ce ne fut pas, du reste pour longtemps, car on leur permit de rentrer après une *abjuration* qu'on ne regarda pas comme sincère. Louis Des Masures parvint à gagner Deux-Ponts et devint pasteur à Metz ; mais Jean de Savigny, arrêta un étranger, Florentin, l'épinglier (2), qui, à l'occasion du baptême de sa

(1) La garde du corps se composait alors d'un capitaine, de deux lieutenants, d'un trompette et de trente-huit archers, plus « un archer exempt du hocqueton et hallebarde » dont les gages étaient de deux cent soixante-dix francs. Cette compagnie de gardes coûtait annuellement 25,832 francs, 6 gros. (LEPAGE.) En 1580, Charles eut une garde ordinaire de Suisses de trente hommes. (*Ibid.*) Ces charges obéraient fortement le trésor.

(2) L'histoire des Guises, lorrains d'origine, n'appartient pas absolument à notre sujet ; mais comme dans la suite leur action s'étendra sur notre région, il est bon de connaitre la moralité, la bonne foi de certains membres de cette famille envahissante. On sait combien néfaste fut pour la France leur domination. Précurseurs de M. de Bismarck, admirateurs des Jésuites, ils pratiquaient la double maxime : la force prime le droit ; la fin justifie les moyens. — Les actes suivants, publiés par Michelet et corroborés par H. Martin, peignent, démontrent la mauvaise foi, le caractère cynique des membres de cette famille ambitieuse.

C'était au moment où l'intervention de l'Allemagne pouvait faire

fille à la mode de Genève, fut pendu à un poteau de la halle. (DIGOT.) Deux ans après, périt un ministre languedocien, envoyé de Genève à la demande des habitants de la ville. Arrêté à Lunéville, au moment où il se rendait à Gerbéviller dont le seigneur, Olry Duchâtelet, venait de se convertir, il fut étranglé près de Mont-sur-Meurthe, le 24 mai, par ceux qui le conduisaient à Nancy. (CRESPIN, *fol.* 554.)

Le commerce étendu que faisait la petite ville de Mattaincourt, et les voyages de ses habitants dans les pays protestants, ne tardèrent pas à y introduire le calvinisme; on appelait même Mattaincourt la *Petite Genève* ; toutefois les bourgeois, intimidés par la répression exercée à Pont-à-

---

triompher définitivement chez nous la cause de la Réformation. Coûte que coûte, il fallait neutraliser l'action de Christophe de Wurtemberg dont la réputation d'intégrité et d'honneur était telle que Catherine (de Médicis), après la mort d'Antoine de Bourbon et de François de Guise, lui offrit (1563) la lieutenance du royaume de France.

Les Guises lui donnent rendez-vous à Saverne, et, en février 1531, ils se rendent dans cette ville pour s'entretenir amicalement avec le prince et les théologiens protestants ; ce qui eut lieu en effet. On entama discussions sur discussions. Interpellés sur leur conduite au colloque de Passy, ils ont réponse à tout, donnent des explications désirables, et affirment qu'ils confondront leurs détracteurs. Le cardinal, l'âme de l'intrigue, déclarait « que dans les Trois-Évêchés il ne souffrirait plus de messe », et, devant le théologien Brentz, il ajoute « qu'il laisserait la robe rouge du cardinal pour porter *volontiers* la robe noire ».

François, de son côté, non moins bon comédien que son frère, jurait ses grands dieux, et niait avec d'épouvantables serments de n'avoir jamais fait mourir de protestants. « Au nom de Dieu, mon créateur, et sur le salut de mon âme, je jure, s'écrie-t-il, que je n'ai pas fait mourir un seul homme pour cause de religion !!! »

Les Allemands enchantés pleuraient de joie. « Je suis ravi, dit Christophe, de vous entendre parler ainsi; si vous voulez, j'en ferai part à tous mes amis d'Allemagne. »

Les Guises lui donnèrent la main et jurèrent, foi de princes et sur leur salut, de ne faire le moindre mal aux Réformés, ni publiquement ni secrètement. La comédie était terminée le 18. Les Guises étaient sûrs que ni Christophe, ni ses gendres, les landgraves, ne bougeraient et qu'ils s'opposeraient au recrutement des lansquenets par les protestants français... » Ce qui eut lieu, en effet.

Mousson et à Saint-Nicolas, cachèrent, tant bien que mal, leurs opinions et réussirent à ne pas être inquiétés. (Digot.)

On vit également des Calvinistes à Bar-le-Duc et dans les environs, et on assure qu'ils engagèrent plus d'une discussion avec les ecclésiastiques auxquels ils reprochaient de partager, relativement au baptême, les erreurs des anabaptistes. Une communauté religieuse de Bar, celle des Béguines, se laissa surprendre par les hérétiques, et, quand on eut acquis la certitude que ces filles professaient le calvinisme, *on les força à quitter le pays*. (Digot.)

A Saint-Mihiel, vers 1560, deux cents habitants de la ville et des environs adressent au duc de Lorraine une requête dans laquelle ils demandent la libre prédication de l'Évangile. On y lit les signatures de onze nobles,..., six avocats, de marchands, de gens de métier. (Cuvier, p. 16.)

Quelques chanoines de la collégiale de Munster embrassèrent le luthéranisme et partirent pour l'Allemagne ; enfin, plusieurs Lorrains de divers lieux, prirent le même chemin, afin de se soustraire aux dispositions des ordonnances qui concernaient les Protestants. Mentionnons seulement Wolfgang Musculus, fils d'un tonnelier à Dieuze, qui fut ministre à Strasbourg, mourut professeur de théologie à Berne, et laissa différents écrits fort renommés à cette époque.

Parmi les adeptes de la Réformation, on compta certains membres de l'ancienne chevalerie, notamment Olry Duchatelet, seigneur de Deuilly et de Gerbévillers qui fit baptiser par un ministre, en 1564, sa fille Eve. Ce seigneur ordonna de démolir le prieuré de Deuilly, pour en employer les matériaux à la réparation de sa basse-cour, et ouvrit un prêche auquel il essaya d'attirer les habitants des villages voisins. Les membres de la chevalerie (1) se réunirent, en 1564, et pré-

(1) Parmi ceux-ci figuraient les Duchâtelet, de Haraucourt, de Salles, de Beauvau, d'Armoises, Choiseul, Salm, de Myop, de Maury, de Mazures, etc. (Cuvier, p. 16.) Au sujet de Salm, Michelet, cite le fait suivant qui s'est passé à Nancy. Il s'agit de Dandelot, frère de l'amiral Coligny,

sentèrent à Charles III une pétition dans laquelle ils demandaient qu'il fût permis, à eux et à leurs vassaux, de professer ouvertement leur culte, sans s'exposer à aucune condamnation. Ils ne craignirent pas de laisser entendre que les Suisses et divers princes allemands étaient tout disposés à appuyer cette requête, même par la force. En effet, on vit arriver en Lorraine des députés de la reine de Navarre, du prince de Condé, de l'Électeur palatin, du landgrave de Hesse, du duc de Wurtemberg et du canton de Berne. Tous venaient prier le Duc d'accorder à ses sujets la liberté de conscience et les droits qui en découlent. Charles se contenta d'écrire à ces divers princes qu'il ne s'était jamais mêlé des affaires religieuses de leurs États, et qu'il entendait conserver la faculté de régler chez lui ce qui regardait la religion. Les Chevaliers tinrent, plus ou moins secrètement, en 1566, une assemblée dans le bourg de Foug ; des poursuites criminelles furent dirigées contre ceux qui s'y trouvaient... (DIGOT.)

Jean IX, comte de Salm, avait également embrassé la Réforme. Après diverses contestations, les moines de Senones furent contraints de lui céder cent seize mille arpens de bois, les forges de Framont, des moulins, des fours, des scieries ; les églises paroissiales devinrent communes aux deux cultes, et la moitié des biens ecclésiastiques fut affectée à l'entretien des ministres de la confession d'Augsbourg. A partir de ce moment, le luthéranisme se répandit avec rapi-

huguenot intraitable qui s'est fait aimer par une princesse de Salm, veuve du seigneur d'Assenleville (Haussonville). Celle-ci jure que malgré sa famille, le Duc et les Guises, elle n'aurait d'autre époux que son cher parpaillot. Dandelot arrive à Nancy avec cent cavaliers, les loge au bourg de Saint-Dizier, et demande l'entrée de la ville. On la lui refuse. Dandelot gagne avec son escorte le château de la Dame, l'épouse, et pendant trois jours on y fait la noce, à la grande indignation de la Cour lorraine qui, des fenêtres du palais (ducal) entendait, au delà de la rivière, les cris et la joie des hommes de Dandelot et leurs arquebusades.

La Dame, abandonnant tous ses biens, partit, heureuse et fière, en croupe de son nouvel époux.

dité dans le val de Senones et dans les environs. Il y comptait du reste, un certain nombre d'adhérents depuis l'année 1540, époque à laquelle le rhingrave Jean Philippe avait abandonné l'ancienne religion.

On vit dans ses États des prédicants, dès l'année 1555. A Badonviller, ils tinrent leurs réunions, d'abord dans les jardins, hors de la ville ; ensuite ils s'assemblèrent dans l'enclos de la halle, et finirent par obtenir l'usage de l'église paroissiale, « ayans les heures de service my-partie avec les catholiques, mais ce, par grâce spécialle et soubs les conditions dont ils furent fort mauvais observateurs ; et par succession de temps (ils) se rendirent sy puissants et sy hautains que, lorsque la messe n'étoit pas terminée pour l'heure du prêche, ils entroient dans l'église en tumulte, s'asseyoient sur les autels, défiguroient les images des saincts, comme idolles risibles et y commettoient plusieurs indignitez trop longues à déduire ». A la fin, on ne disait plus la messe à Badonviller qu'à Pâques pour quelques Catholiques. (Cuvier, p. 15.)

Les Rhingraves établirent aussi le protestantisme à Fénétrange et voulurent séculariser les chanoines de la collégiale; mais ces derniers résistèrent avec persévérance et se retirèrent à Donnelay, qui appartenait au temporel de Metz, où ils résidèrent jusqu'en 1682.

Charles employa, tour à tour, les menaces et la persuasion pour détourner les rhingraves de détruire l'ancien culte dans leur petite principauté ; ce fut en vain, et lui-même fut obligé de veiller sur ses propres États où l'hérésie tentait continuellement de faire irruption. (Digot.)

Le Duc ne recula devant aucun moyen pour refouler le protestantisme, au risque d'appauvrir son pays. Ainsi, lors de la publication de l'édit exilant les Protestants de Lorraine, Épinal perdit plusieurs de ses principaux commerçants.

Comme on voit, Charles III préluda aux dragonnades

de Louis XIV, par la conversion des religionnaires de Saint-Nicolas, grâce aux arquebusiers de sa garde. Les lois qu'il édicta contre les réformés et que nous trouverons plus loin, ne le cédaient en rien, par la rigueur, à l'intervention de la force armée.

La Réformation dans les Trois-Évêchés. — *Metz*. — En 1525 (Thirion, p. 43), il y avait environ cinq cents luthériens à Metz, parmi lesquels deux seigneurs de la Cité, les frères Nicole et Philippe Dex. « Leur exemple agit puissamment sur les masses. En effet, dit l'orthodoxe Meurisse (*Hist. de l'hérésie à Metz*), lorsque le maître échevin ou quelque puissant et fameux parmi les Treize sentait le fagot, on ne voyoit que mespris des gens d'église, qu'entreprises sur l'autorité et la juridiction ecclésiastiques, et autres semblables attentats sur la religion catholique. »

Vers 1543 « on passa jusques à un tel point d'aveuglement que l'on fit annoncer aux prosnes, par les paroisses, les presches de ce ministre (Watrin-Dubois), de mesme qu'on a coutume d'y annoncer des indulgences et des processions générales ». (Thirion, 78.)

Paul Ferry dit aussi :.... « l'établissement du nouveau culte fut auparavant signifié par l'ordonnance du magistrat au prône de chaque paroisse. » (XVIe siècle, no 40, t. II, fol. 433.)

La répression, due à l'occupation française, arrêta cet élan; aussi, en 1558 (Bégin, II, p. 73), il n'y avait guère à Metz que cent individus faisant *ouvertement* profession de luthéranisme (1); mais le nombre des sectaires s'accroissait chaque

---

(1) Le protestantisme (Digot, t. IV, p. 187) se montra de rechef à Metz, presque immédiatement après l'arrivée des Français. En 1557, on découvrit une réunion tenue chez un pelletier nommé François, par des bourgeois qui s'étaient retirés autrefois (pendant le siège) à Strasbourg, et qu'on avait laissés revenir chez eux. On en arrêta plusieurs que le gouverneur français fit relâcher, dans la crainte de donner ombrage aux princes allemands avec lesquels son maître entretenait des intelligences. Cette même année, les protestants messins qui étaient luthériens

jour avec rapidité. Villeroche, François Peintre, Jacques Lecoq, Jean Lemaçon, Théodore de Bèze, Pierre de Cologne, Jean Taffin, Jean Garnier d'Avignon, Louis Demasure, tous ministres, tous doués d'une élocution remarquable « parloient à huicts ouverts; ce qu'ils n'avoient encore osé entreprendre jusque-là ». Clervant, noble messin et François d'Ingenheim, maître-échevin, en 1563, sept Treize et quinze échevins, tous réformés, appuyaient l'hérésie de l'immense ascendant que donnaient un caractère inflexible, une grande fortune et des relations sociales étendues. Vieilleville, lui-même, penchait plutôt vers les voies de tolérance que pour l'emploi d'actes de rigueur. Les calvinistes lui durent toutes les libertés dont ils jouirent de 1553 à 1571. Il fut étranger à toutes les mesures de répression prises plus tard (THIRION); aussi voyait-on rentrer à Metz les citoyens que leurs opinions avaient fait exiler. La famille de l'amiral Coligny qui habitait le village de Montois aidait à la propagation du protestantisme.

En 1561, un temple fut élevé à Saint-Privat, localité distante d'une demi-lieue de la ville. Un autre fut érigé au retranchement de Guise. On vendait publiquement des livres entachés d'hérésie, venus de Sedan, de Verdun, ou même imprimés à Metz. On chanta dans les rues de cette ville « et sans aucune repréhension les psaumes de Marot; des peintres exposèrent en leurs boutiques des peintures honteuses et infâmes, en dérision des prêtres, des religieux et des cérémonies de l'Eglise... ». « Quantité de libraires et d'imprimeurs, venus de Genève et d'ailleurs, imprimoient et débitoient toutes sortes de libelles diffamatoires »..... Un grand collège et plusieurs écoles secondaires répandirent l'instruction parmi les nouveaux prosélytes. L'entraînement vers les nouvelles doctrines devint général. « Des prêtres abandonnè-

pour la plupart, changèrent de croyance et adoptèrent la confession calviniste...

rent leur état et se marièrent ; la supérieure et cinq religieuses du monastère de Sainte-Madeleine en sortirent dans le même but... Un ex-carme de Baccarat qui avait pris femme prêchait à Lorry-devant-Metz ; un autre carme, marié comme le précédent, s'était établi à Lorry-devant-le-Pont ; un curé lorrain que le célibat avait également fatigué, faisait des prosélytes à Coin-sur-Seille et y supprimait l'exercice du culte catholique. Dans quelques autres villages, des prêtres et des moines apostats travaillent à anéantir une religion qu'ils avaient longtemps pratiquée... Guillaume Farel, alors âgé de quatre-vingts ans, vint à Metz, en 1565, pour visiter l'église, dont ses prédications avaient jeté les fondements... Les villes du temporel, Vic, Albestroff et Marsal, commencèrent à être envahies par l'hérésie. Pierre Salcide, bailli de l'évêché et gouverneur de Marsal, tâchait d'y accréditer les nouvelles opinions (1)... Les catholiques, réduits au silence, foudroyés par les arguments de leurs adversaires, voyaient avec terreur l'hérésie se propager (par la seule voie de la persuasion) de la ville aux villages des environs. François de Beaucaire-Péguillon, leur évêque, aidé de l'éloquence entraînante de Fremin Capitis, célèbre cordelier du couvent de Senlis, de Bernard Dominici, du jésuite Maldonat, du prédicateur Fournier, de Jean Anetz, de Jacques Tigeon et d'autres encore qui jouissaient alors d'une haute réputation, faisait de vains efforts pour arrêter le torrent des nouvelles idées.

Les orthodoxes eurent alors recours à la force. Déjà, en 1564, le 8 avril, les chefs catholiques supplièrent le roi d'ordonner « que les religieux, prestres et religieuses qui se sont

(1) A son retour du concile de Trente, le cardinal de Lorraine, irrité de l'infidélité de son bailli, le destitua et mit des commandants sûrs à Vic, Moyenvic et Albestroff ; mais Salcide refusa de livrer Marsal où il avait introduit une garnison française, et prit Vic et Albestroff. Le roi de France... arrangea l'affaire ; Vic fut restitué au cardinal, et les sujets de l'Evêché eurent ordre d'abjurer leurs erreurs ou de s'expatrier. (DIGOT, t. IV, pp. 189-90.)

mariez depuis les troubles ayent à retourner à leur pristin estat ou vuyder la dicte ville et le pays messin. » (MEURISSE, p. 252.)

Après la Saint-Barthélemy, les huguenots redoutaient de voir se renouveler à Metz les scènes affreuses des matinées parisiennes : « Ces pauvres brebis de Metz n'attendaient que le couteau des bouchers. » (TH. de BÈZE, *His. des Egl. réformées*, XVI, p. 169). Heureusement, il n'en fut rien. La Saint-Barthélemy, loin de diminuer la propagande protestante, devint au contraire un lugubre signal d'union, de concorde, auquel se rallièrent les huguenots de la France et de l'Empire. Quand, après la réconciliation du duc d'Alençon avec son frère Henri III, la liberté de conscience fut promise aux Protestants, on vit s'élever plusieurs temples dans le pays messin, et le peuple accourir en foule aux leçons des nouveaux prédicants ; mais bientôt la cour révoqua cette permission, et les Protestants se virent obligés de quitter Metz et de rétablir leurs prêches à Montois, à Courcelles et à Silly, bien qu'ils conservassent des assemblées secrètes dans la ville.

TOUL. — Cette ville, qui avait résisté jusqu'en 1552 à tout essai de réforme, ne tarda pas à avoir ses prédicants, ses conventicules, et, par suite, ses troubles et ses désordres, à propos de religion. La garnison de cette ville était composée en partie de protestants, soit allemands, soit français qui répandirent dans la bourgeoisie les doctrines de Luther et Calvin. En 1554, les chanoines de la cathédrale, voyant l'orage se former appelèrent le docteur en Sorbonne, Paillet, qui prêcha avec plus de zèle que de succès. Le Calvinisme faisait de grands progrès chaque jour. Les hérétiques, soutenus par plusieurs officiers de la garnison, ne mettaient pas de bornes à leurs prétentions. L'évêque Toussaint d'Hocédy qui résidait d'habitude à Nancy (1), jugea alors à propos

(1) Lors des grands troubles qui suivirent la réunion à la France, le chapitre fit porter son argenterie à Nancy chez les Cordeliers. Mais Toussaint (l'évêque) « aiant fait dire que ces meubles prétieux seroient

d'assembler dans la cathédrale les chanoines et les bourgeois catholiques pour leur faire jurer de défendre la religion, même au péril de leur vie, et les magistrats, de leur côté, exercèrent une active surveillance. Précautions inutiles qui ne purent conjurer les troubles qu'on redoutait et que le clergé fit naître maladroitement !

Pendant que le Chapitre de la cathédrale opposait son *velo* à la vente par l'évêque d'un bien dont il n'était que l'usufruitier (BÉGIN, t. II, p. 76), les régionnaires, excités par cette dissension intestine, et renforcés par quatre-vingts ou cent soldats, parcoururent, dans la nuit du 15 ou du 18 mars 1562, toutes les rues de la ville, renversèrent et brisèrent les images des saints que, dans ces temps, les catholiques avaient coutume de placer au dessus des portes de leurs maisons, et couvrirent d'immondices et de boue celles qui ornaient le portail de la cathédrale. De là, ils allèrent enfoncer les portes des chanoines, et, poussés par un délire fanatique, odieux, ils outragèrent jusque dans leur lit ces prêtres sans défense. Les catholiques, justement indignés de ces scènes audacieuses, perdent malheureusement toute mesure, et se laissent entraîner eux-mêmes à la plus aveugle fureur. Ils tiennent un conciliabule dans lequel on forme le projet d'égorger sans pitié tous les hérétiques de la ville. Le gouverneur, informé de cette résolution barbare, met la garnison sous les armes et prévient ainsi une Saint-Barthelémy touloise.

Les Protestants, forts de l'appui des soldats réformés, font venir un ministre, enfoncent les portes de l'église Saint-Vast (25 mars), et l'y introduisent. A peine celui-ci a-t-il commencé de prêcher, que les catholiques accourent en foule

plus en sûreté chez lui », on les transporta dans la demeure épiscopale (à Nancy) où quelques jours après fut commis, au préjudice du Chapitre, un vol de quatre-vingts mille francs. Pour cette raison et pour beaucoup d'autres, M. d'Hocédy « n'étoit point aimé de son chapitre, et la ville même ne parut pas avoir eu grande estime pour lui », conclut doucement le P. Benoit. (PINOD., pp. 55-56.)

pour chasser les envahisseurs. Les femmes, vraies furies, brisent les fenêtres de l'église, et, à travers l'ouverture ainsi faite, lancent des bottes de paille enflammée afin de brûler les parpaillots. (THIÉRY, t. II, pp. 115-116.)

Le Chapitre réussit enfin à obtenir du roi un édit contre les Protestants; toutefois cet édit fut révoqué à la suite de la pacification du 19 mars 1563, et, le 6 avril suivant, trois ministres messins vinrent prêcher à Toul, et y firent la cène sur les places publiques. Quelque temps après, Charles IX ordonna de faire sortir les protestants de la ville, et la bourgeoisie catholique s'empressa de transporter elle-même leurs meubles hors des murs de la Cité. Les novateurs se retirèrent dans les jardins des environs où un ministre, envoyé de Metz, vint leur apporter ses consolations. Plus tard, ils reçurent la permission de rentrer chez eux, mais à la condition qu'ils exerceraient leur culte en secret, et qu'ils s'abstiendraient de toutes démarches et de toute parole de nature à blesser les catholiques. En 1569 (18 février), Charles IX révoqua cette tolérance et proscrivit le nouveau culte (1).

VERDUN. — L'évêque Nicolas Psaume (2), homme de ta-

---

(1) « Les maîtres-échevins, justiciers et bourgeois de Toul, dit l'ordonnance royale, nous ayant représenté qu'il avait été ordonné que ladite ville de Toul serait administrée et gouvernée, et demeureroit en même état qu'elle étoit lorsque Henri II la prit sous sa protection, et que malgré ce, depuis quelque temps, il avoit été fait un règlement en ladite ville de Toul, par lequel il fut permis à ceux de la nouvelle religion, demeurant audit Toul, de *s'assembler et d'être enterrés à dix heures du soir ès cimetiers publics*, ce qui troubloit le repos dont jouissoit la Ville. Pour quoi obvier, avons dit et déclaré, que nous n'avons jamais, entendu, comme encore n'entendons, qu'en ladite ville de Toul il se fasse assemblées et exercices de la religion; défendons à tous habitants de Toul de ne plus s'entremettre d'aucun exercice de religion, soit dans la ville ou au dehors, sous peine d'être chassé de ladite ville, nonobstant ledit règlement que nous avons cassé et annulé. Mandons, etc. Le 18 février 1569. Signé, CHARLES. » (*Archives de l'Hôtel-de-Ville*. Privilèges, p. 21.)

(2) Ce prélat employa la force des armes pour contraindre le seigneur d'Ornes, feudataire de l'Evêché, de chasser de son château un ministre qui y prêchait l'hérésie. (ROUSSEL, t. II, p. 20.) — L'évêque Boucher

lent, mais fanatique et despote, était plus dévoué à la cour de Rome qu'aux intérêts temporels de ses sujets. Un de ses premiers soins, en arrivant à l'épiscopat (1548), fut de transgresser ses serments, en cassant les magistrats du peuple, pour les remplacer par des créatures qui lui fussent dévouées. Comme Pierre d'Hocédy l'avait tenté inutilement, il voulut remettre au duc Charles III ses droits régaliens afin de s'en faire un appui. L'empereur Charles-Quint s'y étant opposé, le prélat se jeta entre les bras de Henri II, bien que celui-ci ne laissât aux chefs spirituels des Trois-Évêchés qu'une ombre de pouvoir, et enveloppât dans une subordination commune, et les magistrats, et le clergé.

La terreur qu'inspirait la Réforme devint un auxiliaire heureux pour la France qui, en échange de sa protection, détacha pièce à pièce les libertés et franchises dont la bourgeoisie et l'Eglise des Trois-Évêchés avaient joui jusqu'en 1552. Psaume, que l'établissement d'un inquisiteur à Verdun, des mesures sévères et les secours de son métropolitain

imita l'exemple de Psaume... Quelques ministres hérétiques s'étant introduits secrètement dans Verdun et ayant perverti quelques familles dans ce diocèse, il les en fit chasser, en renouvelant les ordonnances faites sous M. Psaume, pour contraindre tous les sujets de cet évêché de vivre dans la foi et la religion catholique, apostolique et romaine, sous peine de bannissement perpétuel et de confiscation de tous leurs biens. — Après la publication de l'édit de Nantes, en juin 1605, l'évêque de Verdun, le clergé et les magistrats supplièrent Sa Majesté de vouloir déclarer que l'édit de la dernière pacification ne comprenait pas le pays Verdunois, et de les conserver dans les droits de contraindre leurs sujets à vivre dans la foi catholique... Il paraît que les calvinistes ne furent point bannis du ban de Tilly; ils y sont restés dans le village de Bouquemont jusqu'à la révocation de l'édit de Nantes, sans néanmoins y faire les exercices publics de leur religion. (*Ibid.*, p. 47.) — L'évêque Charles de Lorraine... ayant reçu avis que la cour avait expédié un ordre pour envoyer à Verdun la compagnie de Molsier, calviniste, fit assembler les Etats de cette ville qui représentèrent au roi que ses prédécesseurs n'avaient point permis que des officiers ou soldats de la religion prétendue réformée fussent dans cette ville; qu'ainsi ils demandaient la révocation de l'ordre du ministre : ce qui leur fut accordé. (*Ibid.*, p. 34.)

n'affermissaient pas solidement sur son siège, institua, en 1562, le duc de Guise comte, marchis, gardien et protecteur des biens de son évêché, et lui abandonna, en outre, la propriété du château, des terres et de la prévôté de Dieulewart. Deux années plus tard, il conclut avec Charles III un traité fort avantageux à la Lorraine ; enfin, par d'humbles soumissions, il tâcha de s'attirer le protectorat de l'Empire, dans l'espoir de se constituer un parti puissant afin de résister aux vues ambitieuses d'Henri II. Il était trop tard. L'amant de Diane de Poitiers avait pris pied dans les Trois-Évêchés, et les citadelles de Metz et de Verdun, construites à peu près à la même époque, achevèrent de consolider son autorité. Accablés de contributions exigées par l'Allemagne, la France, la Lorraine et la Ligue, les Verdunois, à l'imitation des Messins (1), vendirent leur argenterie, et l'évêque Psaume, autorisé par une bulle du pape, dépouilla de leurs richesses la cathédrale et les églises, et convertit en monnaie le trésor épiscopal. On n'épargna pas les objets du culte, et, entre autres joyaux, un crucifix d'or de cent marcs, ni même les autels en argent massif dont les évêques avaient l'habitude de faire don à la cathédrale lors de leur avènement.

GUERRES DE RELIGION. — Le massacre de Vassy où le duc de Guise fut blessé, la bataille de Dreux où le même capi-

(1) Le cardinal de Lorraine qui avait commencé à vuider le trésor de la cathédrale dès 1561, acheva en 1567…. de la dépouiller. Il ôta même aux autres églises de Metz ce qu'elles avaient de plus précieux pour faire la guerre aux calvinistes. (*Hist. de Metz*, t. III, pp. 91-92.) — En 1567 (D. CALMET, t. III, p. 57), le cardinal de Lorraine fit de très grands emprunts pour aider Charles IX à payer les troupes allemandes. Il engagea ses salines pour la somme de 30,000 écus… La cathédrale vendit la meilleure partie de ses joyaux et reliquaires. On prit entre autres le crucifix d'or, appelé Saint-Honoré, qui pesait près de cent marcs et qui était enrichi de pierreries… On voit par les lettres du cardinal de Lorraine à l'évêque de Verdun, que ni l'un ni l'autre n'avaient épargné leur vaisselle d'argent, ni leurs chapelles, ni l'argenterie de leur église, ni croix, ni calices pour faire de l'argent, et qu'ils avaient fait de très gros emprunts pour le payement des troupes et la défense de la religion. (D. CALMET, t. III, p. 117.)

taine demeura vainqueur, commencèrent cette série de catastrophes qui agitèrent si longtemps la France et l'Europe.

Vers la même époque, les Turcs envahissaient la Hongrie, pendant que les habitants d'Erfurth secouaient l'autorité de l'électeur de Mayence. Les Lorrains apportèrent aux deux partis catholiques le secours de leurs armes. Le comte de Vaudémont, second fils de Charles III, alla secourir l'Électeur pendant que d'autres chevaliers lorrains gagnaient les bords du Danube avec une grande partie de la noblesse allemande.

La ville d'Erfurth ne tarda pas à se rendre, et bientôt les Lorrains repassèrent le Rhin et rentrèrent dans leur pays où une maladie épidémique exerçait d'affreux ravages.

En France, les Calvinistes, sous la conduite du prince de Condé et de l'amiral de Coligny, s'étaient soulevés, en 1562, et avaient sollicité le secours des princes protestants allemands. Ceux-ci répondirent à l'appel qu'on leur faisait. Pour opérer la jonction des réformés français, on demanda à Charles III la permission de traverser la Lorraine. Le duc, dans l'impossibilité de s'y opposer, dut s'incliner. Les calvinistes tentèrent de surprendre Verdun; mais leur entreprise échoua piteusement.

Le gros de l'armée allemande entra en Lorraine du côté de Sarrebourg et vintse loger à Baccarat. Les Protestants y séjournèrent pendant dix jours, et, malgré les efforts des chefs, y vécurent à discrétion, incendièrent plus de trente maisons, et maltraitèrent tellement les bourgeois que ceux-ci furent obligés de s'enfermer dans l'église et dans le couvent des Carmes. Enfin, ils prirent le chemin de la Champagne et délivrèrent ainsi la Lorraine. Ce ne fut pas pour longtemps. Dès l'année 1568, des bandes qui allaient en France ou qui en revenaient, traversèrent notre pays, se saisirent du château de Dieulouard et pillèrent la collégiale Saint-Laurent. (DIGOT, t. IV, pp. 194-95.)

La guerre civile, terminée en 1563, recommença en 1567. Les Calvinistes de France conclurent avec Jean Casimir, second fils de l'Électeur palatin, un traité par lequel celui-ci s'engageait à amener huit mille reîtres et huit mille Suisses, à condition qu'on lui accorderait le gouvernement des villes de Metz, Toul et Verdun, où il devait entretenir des garnisons composées *exclusivement de calvinistes français*. On pensait être agréable, par ce moyen, aux réformés de Metz qui avaient essayé de rétablir la République supprimée par le guet-apens de 1552. A cet effet, ils avaient gagné quelques-uns des principaux officiers français, et, courant aux armes à l'improviste, ils s'étaient saisis des postes, des magistrats et des archives. Ils se trouvaient maîtres de la ville, pillèrent les églises et les monastères, et rançonnèrent durement les moines et les chanoines ; mais ils ne purent s'emparer de la citadelle; ce qui fit échouer misérablement leur entreprise (1).

Charles III défendit à ses sujets de s'enrôler à l'étranger, et exigea qu'ils se tinssent sur le pied de guerre. Il vint en aide aux orthodoxes en prêtant, sur l'hypothèque des salines de Moyenvic et de Marsal, trente mille écus au cardinal de Lorraine, et cent quarante-huit mille trois cent vingt-huit livres et demie tournois à Charles IX qui donna en nantissement les bijoux de la Couronne.

Dans la même année parut, sur les frontières de la Lor-

---

(1) La haine religieuse dans les deux camps était arrivée au paroxysme. Ainsi à Ligny (Meuse) un huguenot ayant refusé d'orner sa maison pour la procession de la Fête-Dieu, la population furieuse l'arrache de chez lui, forme sur la place un énorme bûcher de bois qu'elle prend dans sa propre maison, et le brûle vivant au son des instruments. Telle est, dit-on, l'origine de la musique de Ligny, qui consistait, pour les réjouissances populaires, en un violon, un hautbois, une basse et un tambour. A la fin du siècle dernier, cette musique ne servait plus que dans les cérémonies de mariage. Le violon jouait l'air *pucelles amenons*; le hautbois *cela va sans dire*; la basse *encore ne sait-on*; le tambour battait *c'est toujours un*. Vers 1730, les femmes et les filles de Ligny réclamèrent pour la suppression de la basse ; mais il fut décidé dans une assemblée de notables tenue aux Cordeliers, qu'on suivrait l'ancien usage et que la basse serait conservée. (BÉGIN, t. II, p. 83.)

raine, une armée allemande de onze mille hommes, sous la conduite du prince d'Orange et du duc de Deux-Ponts. Elle venait au secours des huguenots français et menaçait déjà le pays messin lorsque le duc d'Aumale accourut avec le duc de Guise, le marquis de Mayenne, et une armée aussi nombreuse que celle qu'il avait à combattre. D'Aumale défit, près de Saverne, un chef de partisans; mais n'ayant pu arrêter la marche du prince de Deux-Ponts qui pénétra en France par l'Alsace, il ravagea les rives de la Meuse et de la Moselle, renversa les temples que les huguenots avaient élevés dans le pays messin, et infligea à nos provinces plus de maux que l'ennemi n'en avait causés.

Charles IX, pour diriger de plus près l'armée du duc d'Aumale, se rendit avec la reine à Metz, au mois de février (1568), et y demeura pendant plus de six semaines. L'occasion parut favorable aux catholiques pour arracher au monarque des mesures de rigueur contre les religionnaires. Ils rédigèrent un acte d'accusation dont la noblesse et le clergé firent adopter les conclusions. Le roi n'avait pas encore fait connaître sa volonté quand arriva la nouvelle de la victoire de Jarnac (1) sur le prince de Condé (2). Les catholiques, ivres de joie, accourent au son de la Mutte au retranchement de Guise, et, en peu d'heures, démolissent le temple des huguenots. Les ministres s'évadent pendant la nuit par les grilles du rempart, et le roi ne permet à Metz que l'exercice du seul culte catholique. Les écoles protestantes sont fermées, et les religionnaires se voient forcés d'assister à la messe et

---

(1) A cette nouvelle le roi fit sonner en réjouissance la Mutte. Elle sonna si fort qu'elle se fendit, et, comme on avait faussement répandu le bruit de la mort de l'amiral (de Coligny), un chroniqueur dit: « Mutte aima mieux crever que de publier ce mensonge. » (J. Worms. *Hist. de la Ville de Metz*, p 165, note.)

(2) Un savetier protestant de Metz ayant manifesté hautement sa douleur de la perte de cette bataille et de la mort du prince de Condé, Charles IX fit noyer ce malheureux dans la Seille. (Huhn, t. II, p. 14.)

aux prédications (1) des catholiques ; mais ils ne communient pas. (MEURISSE, p. 98.) On pousse le zèle jusqu'à enlever les enfants nouveau-nés des femmes huguenotes, et on les fait baptiser au son des cloches et avec toutes les solennités accoutumées ; enfin, on expulse de la ville les imprimeurs et libraires protestants. Cependant, à force de démarches, les calvinistes obtiennent l'autorisation de conserver un ministre à Courcelles-les-Chaussy, d'y faire les mariages et les baptêmes. Après deux années de persécution, on leur permet de s'assembler à Montois, village beaucoup plus rapproché de Metz que Courcy.

L'administration du maréchal de Retz et du marquis de Piennes, successeurs de Vieilleville, fut loin d'être favorable aux Protestants. D'accord avec les cardinaux de Lorraine et de Guise, ils s'attachèrent à les tourmenter ; mais les religionnaires, soutenus par le duc de Deux-Ponts, le comte de Nassau, le marquis de Bouillon, le chevalier de Clervant, etc., continuaient de se réunir dans les villages, et, même à Metz, d'y prêcher et d'y faire la cène, au risque de se voir arracher leurs enfants, piller leurs maisons, et d'être jetés dans les cachots sans autre forme de procès. (BÉGIN, t. II, pp. 85-86.)

Pendant que ceci se passait à Metz et aux environs, les calvinistes français, pour rejoindre les protestants allemands, avaient pénétré dans le Toulois, saccagé les villages qui se trouvaient sur leur passage, menacé Toul, puis s'étaient dirigés sur Vézelise, dont le commandant, vendu à la cause des religionnaires, avait promis de leur livrer cette petite ville.

La trahison fut découverte, et le coupable, jeté d'abord

---

(1) Le cardinal de Lorraine (D. CALMET, t. III, p. 39), dans un sermon, en 1569, avança devant Charles IX, roi de France, « que les hérétiques étaient plus mauvais que les démons, puisque ceux-ci reconnaissent Jésus-Christ, et que les hérétiques nient sa présence dans l'Eucharistie ».

en prison, fut ensuite pendu, puis écartelé, et ses membres exposés sur les chemins afin de servir d'exemple au public (1).

Ce fut dans les environs de Vézelise qu'eut lieu la jonction des Français et des Allemands. Les deux troupes combinées s'emparèrent de Vicherey, et, après y avoir laissé une forte garnison, entrèrent enfin en France. Cette garnison occupa Bicqueley, fit des courses dans le Toulois et dans plusieurs cantons de la Lorraine. Charles III attaqua ces pillards, prit leur forteresse, et les chassa loin de ses Etats. Bientôt parut une autre troupe de calvinistes qui essaya vainement de s'emparer de Toul.

Les marches et contre-marches des deux armées protestantes causèrent de grandes pertes en Lorraine et irritèrent le peuple au plus haut point ; une troisième visite des Allemands porta l'exaspération générale à son comble.

A la suite de la guerre qui éclata en France, en 1575, le prince de Condé promit à Jean Casimir le gouvernement à vie des Trois-Évêchés et des sommes considérables, en échange du concours de ses forces militaires. L'Électeur leva une armée de reîtres et de lansquenets que devaient renforcer sept mille Suisses et une bande de calvinistes français qui s'organisait à Strasbourg. Les Allemands traversèrent la Lorraine dans toute sa largeur et se dirigèrent vers Charmes.

Les Suisses, que les Français avaient rallié à Moyen, (30 décembre) les rejoignirent le 1er ou le 2 janvier 1576.

---

(1) On se montrait impitoyable pour les traîtres. Ainsi, Jean de Chefvière, pour avoir pratiqué et conduit les ennemis ès pays de Son Altesse, fut pendu à Longwy, en 1592 ; Dortaize et le chanoine Desmoines furent exécutés à Metz, en 1590 ; le premier coupé en quatre quartiers, et le second enterré, vu sa qualité d'homme d'église. En 1593, François Robin, armurier de Son Altesse, fut pendu à Nancy pour ses *intelligences, complots et machinations pernicieuses*. En 1609, Clément Mussenot y fut roué et coupé en quatre quartiers... pour lèse-Majesté.

Aussitôt, ils furent passés en revue « carressez et embrassez » par le prince de Condé, Casimir et leurs lieutenants, « Faute d'argent, il fut baillé (aux Suisses) des souliers et du drap pour les habiller. » Les lansquenets, « suyvant leurs méchantes et maudites coutumes... mirent le feu en plusieurs villages, granges et métairies ». Enfin, le 11 janvier, ils passèrent sur le territoire français.

Mesures législatives. — Charles III ne se borna pas à combattre les Protestants seulement par les armes ; pour arrêter leur propagande, il fit de nombreux règlements (1). Renouvelant un édit rigoureux de la régente Christine, sa mère, il publia, le 12 janvier 1583, une ordonnance enjoignant d'observer strictement le dimanche (2). Cette disposition était dirigée contre plusieurs individus qui professaient secrètement le calvinisme ou le luthéranisme, et que l'on voulait forcer à se déclarer, afin de leur appliquer ensuite les dispositions législatives prononçant leur expulsion. C'est également la crainte de ces deux hérésies qui fit défendre aux magistrats de laisser des inconnus s'établir en Lorraine, et prescrire aux artisans de ne pas recevoir dans leurs ateliers des *compagnons étrangers*, sans une permission expresse du souverain. (Digot, t. IV, p. 186.)

(1) Dans ce nombre figurent des prescriptions pour observer l'abstinence d'aliments gras aux jours prohibés. Ainsi, en 1560, Jacques de Remoyville, hôtelier, fut condamné par le prévôt d'Etain à faire amende honorable, à payer vingt-cinq francs d'amende et à la prison pour avoir *mangé chair aux jours défendus*, tandis qu'à la même audience Nicolas Vernier de Mulotte ne fut condamné qu'à treize francs d'amende pour avoir donné un coup d'épée à un jeune homme de Warcq. (Dumont, p. 294.)

(2) L'ordonnance défend « de faire, pendant les jours fériés, aucunes œuvres serviles et manuelles à peine de 10 fr. d'amende pour la première fois, 15 fr. pour la seconde, 50 fr. pour la troisième, et de peine corporelle pour la quatrième ». Une ordonnance, du 9 septembre 1624, commanda, sous la même peine, d'assister à la messe, et ces prohibitions et ordres furent ravivés dans d'autres édits des 23 juillet 1686, 8 avril 1687, 18 mars et 17 août 1688, 2 mai 1699, etc. (Dumont, t. I, p. 233.)

Déjà, le 14 septembre 1572, presqu'au lendemain de la Saint-Barthélemy, Charles avait défendu, par un édit, d'assister aux réunions non autorisées, « de faire aucun exercice de la nouvelle religion au dedans de la Lorraine, et d'aller hors d'icelle pour ledict exercice ». L'édit promettait une amnistie à ceux qui s'engageraient à obéir, mais enjoignait aux récalcitrants de sortir immédiatement des duchés de Lorraine et de Bar ; il leur laissait cependant la faculté de vendre leurs biens par eux-mêmes ou par procureur dans le délai d'*une année ;* faute de quoi, ces biens devaient être réunis au domaine ducal, ou attribués aux seigneurs hauts-justiciers, selon la condition des personnes. (ROGÉVILLE, t. I, pp. 569-570.)

Pour enlever aux novateurs un de leurs principaux arguments, le duc crut nécessaire de travailler à la réforme des mœurs du clergé et de réprimer les abus régnant dans les monastères. Ces abus étaient criants. Ainsi on vit, en 1564, Jean Durand de Crévic, abbé de Senones, accorder une prébende à une de ses nièces. Les nouveaux chanoines de Saint-Georges à Nancy n'hésitaient pas à donner à leurs confrères des banquets « en tavernes et lieux publicques ».

Charles III (25 septembre 1573) prescrivit « aux gens ecclésiastiques, d'apporter à Messieurs de la chambre des Comptes déclaration, attestée de chacun chapitre ou de personnes publicques, de toutes les rentes et revenus à eux obvenus depuis trente ans, tant d'aquet et aumosnes qu'autrement ».

Le 12 janvier 1583, il promulgua une ordonnance très sévère contre les « femmes et filles mal famez d'incontinence qui fréquentoient les maisons d'aucunes personnes ecclésiastiques, chose qui redonde au scandale public, vitupère de la qualité et condition desdits gens d'Église et opprobre de leur ordre » (1).

(1) En 1600 une nouvelle ordonnance disposait que « toutes filles et femmes vagabondes et autres qui s'abandonnaient et se prostituaient

A ces réglementations, Charles ajoutait la violence pour extirper l'hérésie, même avant l'époque où, jetant le masque, il entra dans la Sainte-Ligue. Le fait suivant atteste cette affirmation peu honorable pour la mémoire de ce prince.

publiquement ou en secret, après informations sommaires et conviction, seraient battues de verges et fouettées par les mains du bourreau, et de suite bannies à perpétuité, et leurs biens acquis et confisqués à qui il appartiendrait. Les femmes et filles qui « auraient abusé de leur corps secrètement et en particulier » devraient être, pour une première faute, punies d'une amende de 25 francs barrois ; pour la seconde, d'une amende deux fois plus forte, et, en cas d'insolvabilité, d'un emprisonnement de quinze jours ; pour la troisième, du bannissement temporaire, et pour la quatrième, de la fustigation et du bannissement à perpétuité. Les personnes convaincues « de produire et prostituer filles et femmes, pouvaient être frappées de châtiments arbitraires, et l'ordonnance menaçait de la strangulation et de la confiscation de leurs biens les individus « qui débauchoient ou vendoient femmes ou filles », et les pères et maris qui prostituaient leurs filles ou leurs épouses. Ces dispositions dirigées moins contre les concubines de certains ecclésiastiques que contre la débauche, en général, devaient être publiées de nouveau, chaque année, le jour du samedi saint. Dans un autre règlement le duc interdit à tout soldat de mener une femme avec lui, à moins qu'elle ne fût son épouse légitime, et prescrivait qu'il y aurait huit femmes publiques et communes dans chaque compagnie ou cornette, équivalant à un faible bataillon. (DIGOT, t. IV, pp. 208-209.)

Citons, d'après Dumont (*Inst. crim.*), quelques condamnations pour infractions aux mœurs.

En 1548, par ordonnance de Saint-Mihiel, Colart de Peronne et Isabelle sa femme, *coquins coquinants*, furent battus de verges pour leur vie débauchée.

En 1559, Guy de la Court, couturier à Toul, pour avoir appelé Dieu poltron, bougre, et la vierge Marie p..., fut mulcté de l'amende honorable, de cent frans et banni pour dix ans. (*Ibid.*, p. 15.) Longtemps auparavant, à Metz (1494), une femme dont la fille était enceinte, ayant répondu pour l'excuser qu'elle était aussi bonne d'avoir un enfant que la Vierge Marie, fut bannie pour cinq ans (p. 12).

En 1572, Mengin Vexels, de Ville, pour avoir adultéré et engrossi deux de ses chambrières, fut condamné par sentence du prévôt de Pont-à-Mousson, confirmé en appel à Saint-Mihiel, à trois ans de bannissement et à la confiscation du tiers de ses biens.

L'année suivante, Jean Lorrain, couturier à Toul, fut, pour le même fait, condamné à faire amende honorable en public. (*Id.*, p. 172.)

En l'an 1559, le meunier d'Awencourt (Vosges), nommé Mongel, ayant violé sa servante, ce que la question lui fit avouer, fut pendu,

Le comté de Bitche, possédé par la maison de Deux-Ponts depuis Thiébaut II, aurait dû rentrer, en 1559, dans l'apanage des ducs de Lorraine, après le décès du dernier comte,

après avoir été exposé au carcan, conformément à la sentence rendue par le maire, les compagnons jurés et échevins de Neufchâteau (p. 175).

Didier Grousille, de Pareid, prévôté d'Etain, pour avoir été nuitamment, par cautelle, en la maison de Colin Husson, et tâché de connaitre charnellement Jacqueline, sa femme, feignant d'être son mari, fut condamné en soixante sous d'amende (1564). (P. 176.)

Martin Thiébaut de la Mothe, pour avoir voulu *efforcer par force* la femme de Humbert Aubri de Liffou, est condamné à cinquante francs d'amende; encore lui fait-on grâce d'une partie.

En 1581, Pasquin Henri et Madeleine, sa belle-sœur, de Moranville, furent condamnés, à Etain, au bannissement perpétuel et à la confiscation de leurs biens pour avoir *conversé impudiquement ensemble*. Un nommé Limousin et sa cousine Limousine, sont encore condamnés, au même lieu, pour la même cause, au carcan et au bannissement (p. 179).

A Toul, en 1578, un orfèvre, Gérard Grunger, coupable d'adultère, fut condamné à faire l'amende honorable la plus circonstanciée, et se vit en outre banni pour dix ans (p. 161).

Par l'ordonnance du 5 avril 1582, Charles III, considérant « le chaste lien du mariage comme le plus digne et plus excellent instrument pour faire reluire, perpétuer et augmenter les *républiques* et cités », édicta la peine de mort, avec confiscation de biens, contre les bigames.

En 1583, Jean Mignon (?), de Thiaucourt, fut pendu en cette ville pour avoir épousé deux femmes.

En 1618, à Etain, Barbe Thomas est exécutée, après avoir subi la question, pour avoir épousé deux maris.

Il en fut de même pour beaucoup d'autres. Néanmoins, en 1606, nous trouvons à Nancy, Jacques Cuny, de Ligny, seulement fouetté et banni pour *mariage géminé*.

En 1591, dans la prévôté de la Marche, Nicolas de Metz, du village de Ville-Saint-Mazelin et sa femme furent poursuivis tous deux pour avoir changé d'époux, chacun de leur côté. La justice, saisie de l'affaire, touchée sans doute d'un si parfait accord, se contenta de leur ordonner de se remettre ensemble, avec défense de revoir leurs seconds maris, sous peine de la hart (pp. 163-64).

En 1598, à Toul, un nommé.... convaincu d'avoir forcé une petite fille, âgée de cinq ans, fut fustigé par carrefours de la ville de Toul, puis conduit hors de la ville et banni pour 61 ans; ledit François Warguitte étant homme marié et âgé de plus de 56 ans. (*Livre des Enquereurs*, par LEPAGE, p. 217.)

Le plus grand acte de bigamie connu, est celui qui eut lieu près de Toul, vers 1610, sous l'épiscopat de Porcelet de Maillane. Les habitants

mort sans enfants mâles. Charles III, conformément à l'usage du pays, laissa le fief à la fille du défunt, qui épousa le comte de Hanau. Celui-ci y établit le luthéranisme. Le Duc furieux, envoya des troupes qui s'emparèrent de Bitche, et ramenèrent les habitants à la religion orthodoxe. Plus tard, saisi de remords, Charles traita (1606) avec la famille dépossédée, et lui versa une somme de cinquante mille écus.

En même temps qu'il luttait contre l'envahissement du protestantisme, Charles soutenait à la cour de France ses droits régaliens sur le duché de Bar. Cette question, pendante depuis 1563, reçut enfin une solution acceptable pour les deux parties intéressées (1).

Nous verrons plus loin les lois et ordonnances les plus importantes promulguées par Charles III. Mentionnons ici les premiers efforts de ce prince, pour donner plus de régularité à l'instruction des procédures, noble tentative qui

du village de Lagney, fatigués de leurs femmes et celles-ci de leurs maris, se proposèrent un échange général qui fut accepté et réalisé à la satisfaction de tous. Que l'on juge du scandale d'un procédé mis à exécution avec une entente cordiale, aussi compromettante pour leurs relations antérieures et encore plus pour celles futures. « Les chanoines, leurs seigneurs, dit le père Benoit Picard, outrés contre leurs sujets, cassèrent cette permutation criante, et châtièrent rigoureusement les coupables. L'ignorance donnait lieu à ces désordres. Les prêtres étoient rares ; ceux qui étoient destinés à desservir les campagnes n'étoient que des mercenaires sans science et peu attachés à leur devoir. Pourquoi alors tant de chanoines en ville s'il manquoit de curés dans les villages ? Messieurs les révérends seigneurs de Lagney n'avoient pas alors le droit de se montrer si sévères. » (*Ibid.*, p. 193.)

(1) On convint « que le duc Charles, pour lui et ses hoirs mâles ou femelles, de ce présent ou autre mariage, pourrait user de tous les droits de régale et souveraineté ès terres du duché de Bar, tenues et mouvantes du Roi et comprises en l'hommage ». Charles IX lui accorda « pareillement que les appellations des sentences données par les juges de Bar en matière criminelle, ou ès causes excédant la somme contenue ès édits que les présidiaux ont accoutumé de connaître, seroient, par appel, jugées à Sens, sinon que ledit seigneur de Lorraine et son procureur d'office fût *en qualité et instance*, car, en ce cas, la seule cour du Parlement en pouvoit connoître. » Henri III confirma cette déclaration qui jusqu'à la Révolution servit de règle pour le Barrois mouvant.

aboutit à soustraire le peuple à l'arbitraire des castes privilégiées.

RÉFORME JUDICIAIRE. — *Coutumes.* — *Parlement.* — Déjà précédemment (SAINT-MAURIS, p. 378), à la justice sommaire des seigneurs et des évêques (1), avait succédé le

(1) D. Calmet (t. II, pp. 1379-80) résume, en ces termes, l'histoire de la justice dans le duché depuis l'introduction de la loi de Beaumont.

« Avant le règne de Charles III, la justice se rendait dans la Lorraine et le Barrois d'une manière assez peu uniforme. D'ordinaire c'étoit le prince ou la noblesse, après avoir ouï sommairement les parties, qui décidoient sur le champ, ce qu'ils jugeoient à propos, et cela sans appel. On connaissoit aussi les *jugements des semblans* qui consistoit à venir consulter, dans la ville voisine, des échevins ou juges assemblez ; et après avoir ouï leurs avis, les consultans s'en retournoient dans le lieu où la querelle était née, et rendoient la justice, suivant le dire des semblans, ainsi nommez, parce que les seigneurs, maires ou prévôts, décidoient en disant, *il a paru aux semblans,* etc. On voit plusieurs jugements de cette forme aux archives.

« Les évêques, les chapitres, les abbés et autres seigneurs ecclésiastiques, avoient d'ordinaire leurs vouez ou avocats qui tenoient leurs assises en certains temps de l'année, et jugeoient sommairement les procès qui survenoient entre leurs sujets, ou du moins commettoient des officiers pour juger en leur place, et se réservoient le droit de prononcer en seconde instance et par appel à leur buffet.

« Le souverain et les seigneurs subalternes, ne pouvant pas eux-mêmes veiller à toutes choses et se trouver partout, pour prendre connaissance des différends qui s'élevoient entre leurs sujets, députoient dans chaque terre ou châtellenie quelques officiers pour juger en leur nom. On nommoit ces officiers différemment, selon les lieux ; ici, Prévôts, là, Capitaines ou Gouverneurs. Ils étoient chefs de leur district, commandoient aux peuples qui leur étoient soumis, soit en paix, soit en guerre, et les jugeoient suivant les coutumes du pays. Au-dessus de ces juges on établit des Baillifs auxquels on rapportoit, en seconde instance, les procès et jugements dont il y avoit appel.... »

Le duc Charles s'étant fait représenter en son conseil les cahiers des différentes coutumes, et les ayant fait diligemment examiner, reconnut qu'elles étaient *obscures, ambiguës* et *équivoques.* C'est pourquoi il fit expédier ses lettres patentes du mois d'août 1571, pour la convocation des trois états de chaque bailliage, afin qu'ils pussent revoir, reformer, corriger et amplifier les dites coutumes, et qu'elles fussent ensuite confirmées et homologuées par l'autorité souveraine. On examina donc et on réforma les coutumes de Saint-Mihiel (NOEL, t. IV, de Bar, de Bassigny et celles de Lorraine. Voici l'ordre dans lequel, chacune des divisions du pays, réalisa sa réduction : La Bresse, 1575 ; Bar-le-Duc,

régime des Coutumes appliquées par des magistrats locaux, au-dessus desquels les baillis prononçaient en seconde instance. Or, dans la Lorraine et le Barrois, les Coutumes variaient à l'infini, selon les lieux. Il y avait les grandes et les petites Coutumes, toutes plus ou moins obscures, ambiguës, confuses et souvent contradictoires entre elles. Charles III résolut de débrouiller cet espèce de chaos... Il s'agissait, dans chaque bailliage, de recueillir, corriger, compléter, puis coordonner ces éléments informes de législation ; il fallait encore diriger les recherches dans un esprit d'ensemble et surmonter les résistances locales qui se présentèrent plus d'une fois. Enfin, après vingt-cinq années de persévérance parut, en 1596, le recueil des Coutumes de Lorraine qui, joint aux Ordonnances publiées par Charles III, a formé le corps de droit lorrain (1).

1579; le Bassigny, 1580; Sainte-Croix, Val de Liepvre et Sainte-Marie, 1586; Nancy, Vosges et Allemagne, 1594; Blâmont, 1596; Saint-Mihiel, 1598; évêché de Metz, 1601; Epinal, 1605; Thionville et Luxembourg français, 1623; Marsal, 1623.

Ces coutumes ne concernaient que le droit civil et non les institutions criminelles. (DUMONT, pp. 55-56.)

(1) Constatons que ce travail fut en grande partie l'œuvre de roturiers. La réforme diminuait la puissance des autorités locales, individuelles, au grand profit du pouvoir central, mais n'améliorait que très peu le sort du peuple. (NOEL, t. VI, note 11, p. 17.)

Dans ses neuf premiers articles, la nouvelle coutume établit qu'il y avait en Lorraine des clercs et des laïques ; les clercs étaient de deux espèces ; les laïques étaient l'ancienne et la nouvelle chevalerie, les anoblis, les roturiers. Quelques-uns de ces derniers étaient francs ; les autres avaient des prisons et les autres des immunités ; les non-francs demeuraient sujets de leurs seigneurs qui avaient le droit de haute, de moyenne et basse justice. Ils possédaient en outre le droit d'avoir des *seps* (prisons), *des arbres penderets* (patibulaires) où ils avaient le privilège de lancer dans l'éternité le paysan qui avait contrevenu à leur volonté, à leurs ordres, ou à leurs caprices; car il n'y avait, en Lorraine, ni code pénal, ni rien qui en pût tenir lieu, si ce n'est, pour les cas ordinaires, les chartes de règlement que plusieurs appellent improprement affranchissements ; et le tout s'exécutait sur le jugement du bailli, créé par le seigneur et non par le peuple. Depuis Charles III, les plaids annaux ne connaissaient plus que des délits champêtres.... Au

Le 8 octobre 1571, la juridiction des Grands Jours de Saint-Mihiel changea de nature par l'érection d'un Parlement institué sur le modèle des Parlements français (1). Ce tribunal ne fut d'abord composé que d'un président, de quatre conseillers, d'un avocat, d'un procureur-général, d'un greffier et de deux huissiers. Pierre du Châtelet, évêque et comte de Toul, chef du conseil du prince, reçut leur serment et procéda à la cérémonie de leur installation. Charles III s'était réservé le pouvoir de présider cette Cour en personne, et il le fit plusieurs fois, sans doute, afin de montrer à ses sujets, qu'entre ses mains se trouvait réuni le triple pouvoir militaire, administratif et judiciaire, c'est-à-dire l'autorité absolue.

Avant la publication des nouvelles Coutumes, avait paru une ordonnance réduisant à celle de Nancy, les diverses mesures à grains usitées, au nombre de trente-trois, dans le duché de Lorraine et les domaines réunis. La plupart d'entre elles furent apportées dans la capitale. Le soin de les examiner et de les réduire fut confié à Balthazar Rinnel, auditeur à la Chambre des Comptes. Le 2 mai 1584, Charles, sur le rapport de ce magistrat, publia l'ordonnance qui supprimait toutes ces mesures locales si gênantes dans les transactions.

moment de la Révolution française, il subsistait encore deux ou trois de ces hautes justices particulières, beaucoup de moyennes et de basses justices. Je pourrais citer des paysans envoyés aux galères pour avoir, dans une année calamiteuse, tendu des pièges au gibier qui ravageait leurs récoltes, et qui ne durent leur délivrance qu'à notre première Révolution.

(1) Un mémoire présenté à Charles III signale, en ces termes, les abus dans l'administration de la justice par les Grands Jours que le *factum* présente comme une innovation ducale, contraire aux anciennes lois et aux libertés du pays... Les auteurs ne se bornèrent pas à dire que la justice n'était ni si bien, ni si dignement administrée que par le passé, mais qu'elle coûtait cinq ou six fois plus cher aux plaideurs, que les juges se faisaient payer l'hypocras (breuvage qui se faisait avec du vin, du sucre, de la canelle, du gingembre, du girofle et différents autres ingrédients), avec grande somptuosité de banquets. (BEAUPRÉ, p. 61.)

L'Université de Pont-à-Mousson. — Une institution destinée à combattre victorieusement le protestantisme, l'Université mussipontaine, fut créée (1572) par Charles III et le cardinal de Lorraine. A cet effet, on ordonna la suppression de la célèbre abbaye de Gorze qui, pendant huit cents ans, avait constamment formé des jeunes hommes, avec un rare dévouement, et s'était acquis la reconnaissance du pays, mais dont la concurrence avec sa jeune sœur, ne pouvait exister. Elle dut donc disparaitre ; ses biens servirent à doter le collège naissant. (DE CIVRY, *Ruines lorr.*, p. 73.) Celui-ci, situé à proximité de Nancy, de Metz, de Toul et de Verdun, dans une localité offrant, à bon marché, toutes les choses nécessaires à la vie, semblait réunir toutes les conditions matérielles nécessaires au but qu'on poursuivait. On donna la direction de l'établissement nouveau à soixante-dix Jésuites, presque tous hommes de mérite, mais animés de l'esprit d'intolérance qui caractérise cette compagnie célèbre. Le pape Grégoire XIII, par une bulle (1572), accorda à la nouvelle Université l'institution canonique. « Des diverses chaires (BÉGIN, t. II, p. 87) tombaient comme une pluie d'or, les germes d'une instruction solide, en même temps que des semences de haine religieuse, d'intolérance sociale, et des anathèmes foudroyants contre les nouveaux sectaires »...

Les cours commencèrent en 1573, mais les bâtiments ne furent ouverts qu'en 1575... Le cardinal de Lorraine voulut confier l'éducation du jeune Charles, fils du Duc, aux Jésuites; le prince fut le premier immatriculé sur le catalogue « des escholiers de l'Université et prit l'habit et la cape d'escolier pensionnaire ». Une foule de condisciples de la plus haute noblesse ne tardèrent pas d'arriver : le fils du comte de Vaudémont, Charles de Guise, le futur cardinal de Retz, etc. (FAVIER) (1). Dans le principe, cette Université ne fut

(1) Voici comment un auteur caractérisait les *alumni* des diverses nations venus à Pont-à-Mousson. Les Anglais élèves, dit Jacques de Vitry (*Hist. occidentale*), sont ivrognes et poltrons ; les Français fiers,

qu'une sorte de collége où s'enseignaient, comme complément des études classiques, la philosophie, la théologie et le droit canonique. Quelques années après sa fondation, on y joignit le droit civil ; enfin, en 1592, la Faculté de médecine commença à se former et à prendre rang dans l'Université. Charles III fit venir tous les savants que sa réputation et son or purent détacher des établissements étrangers ; aussi, les élèves de France, d'Allemagne, des Pays-Bas, et même des contrées plus éloignées, ne tardèrent-ils pas à affluer. Ce concours de gens d'origine et de mœurs différentes, ne manqua pas de donner lieu à quelques désordres. Le Duc, en 1584, publia un édit défendant « à tous manans et habitans la ville du Pont (1), n'estans de profession de porter des des armes, comme semblablement à tous escholiers et estudians en l'Université..., de porter à l'advenir aucunes

mous et efféminés ; les Allemands, furibonds et obscènes dans leurs propos de table ; les Bourguignons, des brutaux et des sots ; les Bretons, légers et inconstants ; les Lombards, avares, méchants et lâches ; les Romains, séditieux, violents, se rangeant le moins ; les Siciliens, tyrans et cruels ; les Brabançons, hommes de sang ; quant aux Flamands, ils sont prodigues, aiment le luxe, la bonne chair et la débauche et ont des mœurs très relâchés. (FAVIER, A. L.. an. 1878, p. 340.) — Comme curiosité historique, notons qu'à cette époque on ne s'était pas encore avisé de penser que la langue française méritât d'être étudiée, ni que cette étude dût entrer dans le plan d'éducation (Ste-Beuve). (FAVIER, p. 386.)

(1) Le nom de cette ville donna lieu à une curieuse discussion. Grégoire de Toulouse et Barclay, tous deux étrangers, soutenaient gravement que l'Université se nommait Ponti-Mussana. Les Jésuites déclaraient qu'on devait l'appeler Mussi-Pontana. Les docteurs des deux partis écrivirent avec chaleur. Un abbé régulier, pour concilier les esprits, avisa, très ingénieusement, que la partie en deçà du pont pouvait bien effectivement être appelée Ponti-Mussana, mais que l'autre devait infailliblement se nommer Mussi-Pontana. (L'abbé BEXON, p. 291.) Ajoutons que la portion de la ville *ante pontem* était de l'évêché de Toul, et l'autre, *post pontem*, de l'évêché de Metz, si bien que dans une de ces parties, on était obligé de chômer les fêtes de plusieurs saints qu'on ne fêtait pas dans l'autre portion de la ville. L'évêché de Metz permettait le gras le samedi ; celui de Toul ne l'ayant pas permis, il s'ensuivait que les habitants de la partie antérieure du pont allaient en grand nombre vivre le samedi dans la partie postérieure. (NOEL, t. V, pp. 117-18.)

armes défensives ou offensives, après que la cloche qui sonnoit ordinairement pour les retraites auroit sonné, à peine, contre les contrevenans, sçavoir : contre les bourgeois, de vingt francs d'amende et de confiscation de leurs armes. et pour lesdits escholiers, d'emprisonnement de leurs personnes et confiscation desdictes armes ».

D'autres édits suivirent, notamment celui interdisant « d'admettre, ni recevoir les escholiers... aux jeux publicques, d'escrimes, jeux de paulmes, danses et aultres telz exercices, pendant le sainct service divin du sainct jour de dimanche et aultres festes solennelles, gardéez et commandées par l'Eglise, à peine d'amende arbitraire et de prison ou aultres plus grands chastois ».

L'Université grandit vite. En 1603 elle avait 1500 élèves, non compris les étudiants en droit et en médecine ; en 1607, 2000 ; en 1614, on était revenu à 1500. A partir de 1635, on vit, d'année en année, diminuer le nombre des écoliers. La consommation en papier était devenue si considérable, qu'on établit une papeterie à peu de distance de Pont-à-Mousson.

Le clergé catholique des deux duchés applaudit à toutes ces mesures et se montra reconnaissant. En 1569, il avait accordé au Duc un don gratuit ; il en fit un nouveau, s'élevant à cinq cent mille francs barrois, et payables en six années, « à cause des frais supportés par ledict duc Charles contre les hérétiques ». Les Etats Généraux avaient également consenti, en 1569, à la levée d'un aide de trois francs sur chaque conduit pendant six ans, et, en 1572, ils accordèrent un aide général pour fournir au Duc les moyens de mettre ses frontières à l'abri d'une invasion.

Charles employa une bonne partie de cet argent à des dépenses utiles à l'Etat (1). C'est ainsi qu'en novembre 1579,

(1) A cette époque la dépense personnelle de Charles III et de sa famille (1580), d'après le compte du trésorier général de Lorraine, se montait à 120,248 fr. 8 gros 6 deniers. La dépense totale du compte se

il acquit Hombourg et Saint-Avold, pour la somme de 288,000 livres tournois, versés à Henri de Guise, qui avait acheté ces seigneuries des mains du grand cardinal de Guise, lorsqu'il administrait l'évêché de Metz(1). Moyennant un cens annuel de 400 francs barrois, les dames de Remiremont lui cédèrent tous les droits et privilèges qu'elles pouvaient avoir sur les montagnes des Vosges et dans la prévôté d'Arches et de Bruyères. Le Duc fit également, avec la gouvernante des Pays-Bas, un arrangement concernant divers lieux possédés par indivis entre le roi d'Espagne et le duc de Lorraine. Par cette transaction, il acquit Arrancy, Emendes, Saint-Pierre, Villers, Rameramont, les châteaux et seigneuries de Bussy, Saussy et quelques autres lieux. Les archiducs renoncèrent à tous leurs droits sur Stenay, Marville, Conflans en Jarnisy, etc. Enfin, en 1581, Charles conclut une ligue offensive et défensive avec les *louables cantons suisses* (restés catholiques).

La Ligue en Lorraine. — Guerres et impositions ruineuses. — De la nombreuse postérité de Henri II et de Catherine de Médicis, la seule duchesse de Lorraine, Claude de France, princesse aimable, chère à son peuple et qui venait de mourir(1574)(2), avait laissé des enfants légitimes.

monte à 1,110,275 fr. 1 gros 4 pitte, et les recettes à 1,031,702 fr., 2 gros, 2 deniers. Ainsi la dépense excédait la recette de 78,512 fr., 10 gros, 13 depitte. (LEPAGE, *A. L.*, tom. IV, p. 136.)

(1) En 1580, Charles de Lorraine, cardinal de Vaudémont, qui obtint le chapeau lorsqu'il était à peine âgé de dix-neuf ans, fut élu évêque de Toul à vingt-et-un ans. En 1583, pour obtenir l'extirpation du luthéranisme, il fit faire une procession de Toul à Saint-Nicolas, et donna cinq cents écus aux pauvres. Nancy se distingua par sa piété et sa libéralité envers les malheureux. Un grand nombre d'églises du diocèse avaient été souillées par les hérétiques qui avaient brûlé les reliques des saints, ouvert les tombeaux, égorgé les curés et violé les femmes qui s'étaient réfugiées dans les églises. (BENOIT, p. 658.)

(2) La duchesse Claude eut, en onze ans, neuf enfants, trois garçons et six filles. Pour ses funérailles, on dépensa en tout huit cent quatre-vingt-six francs, cinq gros, huit deniers. Charles III eut d'une maîtresse qu'il prit après son veuvage, un fils naturel, Charles de Remoncourt, qui plus tard

La mort successive des rois, François II et Charles IX, du duc d'Anjou (d'Alençon), et la quasi-certitude que son fils régnant, Henri III, n'aurait pas d'enfants, détermina, dit le président Hénault (t. I, p. 539), Catherine de Médicis à se livrer au duc de Guise, dans le dessein de faire régner en France le duc de Bar, marquis de Pont, son petit-fils (fils du duc Charles III), au préjudice de la branche de Bourbon. Le Duc se prêta avec empressement à cette idée ; quant au duc de Guise (1), il dissimula avec soin son aspiration personnelle au trône. Le désir d'écarter, par tous les moyens possibles, Henri IV de la royauté, détermina les princes lorrains à donner de l'extension à la Ligue : la défense de la religion était le prétexte, la possession du sceptre et de la couronne, le but.

devint abbé de Gorze, de Saint-Remy, de Lunéville, de Belchamp, prieur de Flavigny et grand prévôt de Saint-Dié. « J'ai vu quelques lettres du bon duc Henry qui montrent que ce prince avait très grande envie de le faire cardinal. Il fut fait primat de Nancy, en 1636, après la mort d'Antoine de Lenoncourt. » (D. CALMET, *Hist. de l'abbaye de Senones*, t. VI, p. 12.)

— Ses plus proches parents (HUIN, p. 192), quoique princes de l'église vivaient publiquement en concubinage. Le cardinal Louis, devenu plus tard prince de Phalsbourg, avait un fils naturel, et eut, d'une Charlotte des Essarts, cinq enfants naturels qui vivaient à la cour et ne faisaient pas mystère de leur origine.

(1) En 1574 mourut le cardinal de Lorraine dont l'abbé Bexon fait la biographie, en ces termes :... « Il va parler contre la pluralité des bénéfices », dit Paul III, en le voiant arriver à Trente (au concile). Il y parla avec éloquence ; éleva le concile au dessus du pape ; censura les désordres de la cour de Rome ; appesantit un joug qu'on a prétendu qu'il trouvoit trop pesant ; foudroia l'hérésie, mais projetta la Ligue, et en jetta, dit-on, les semences funestes. En 1560, il avoit voulu établir l'inquisition en France : le chancelier de l'Hopital s'y opposa. En 1573, il fonda l'Université de Pont-à-Mousson, fit fleurir les sciences et les cultiva. En même temps, il paroissoit à Avignon à la tête des pénitents bleus. Etrange composé de petitesse et de génie ; de sévérité et de licence ; de piété et de politique. Il parut toujours agir pour la religion ; mais ce qu'il faisoit pour elle étoit toujours, par l'évènement, ce qui convenoit le mieux à son ambition (pp. 256-257). — Louis, cardinal de Guise, évêque de Metz, mourut en 1578. Il eut pour successeur son jeune coadjuteur, Charles

En 1584, les Guises se réunirent à Nancy sous prétexte de visiter Charles III, leur parent (1). On tint secrètement une conférence dans la maison du sieur de Bassompierre, située

de Lorraine, alors âgé de douze ans. (*Hist. de Metz.*) Il était fils du duc Charles III, et ne fit son entrée à Metz qu'en 1607.

Cette manière de procéder lui était commune avec tous les membres de sa maison et à nombre de chefs catholiques. Noël (*Collec. lorr.*, t. III, supp.) avec son originalité habituelle dévoile, en ces termes, les mobiles qui inspiraient les adversaires du protestantisme.

« Les hérétiques ne prenaient les biens de personne, mais abolissaient les évêchés, les prieurés et tous les bénéfices ecclésiastiques ; or, ces bénéfices formaient de fait le patrimoine des plus puissants ligueurs. Nicolas, fils du duc Antoine de Lorraine, devenu duc de Mercœur, avait été, dans sa jeunesse, évêque de Metz et de Verdun. Son fils Charles, fut évêque de Verdun. Charles, fils du duc Charles III, fut à douze ans évêque de Metz.

• La Maison de Lorraine n'était pas la seule qui jouissait de semblables privilèges. Odet de Coligny était cardinal à dix-huit ans, archevêque de Toulouse à dix-neuf ans, évêque de Beauvais à vingt ans, titulaire de treize abbayes et de deux prieurés ; mais il se maria, devint calviniste, abandonna toutes ses prélatures et fut excommunié. C'est un bel exemple du sacrifice des intérêts matériels à ses convictions ; les exemples de cette nature sont rares. Ainsi les grandes maisons virent dans la réforme la perte de ces privilèges ecclésiastiques, l'anéantissement de ces revenus considérables qu'elles regardaient comme leur domaine ; c'étaient là les biens qu'elles entendaient défendre et conserver. Ce n'était pas la conviction religieuse qui les faisait agir. Les grands seigneurs, prélats ou non, ou du moins le plus grand nombre, étaient illettrés ; les prélats avaient des valets docteurs qui composaient leurs homélies : c'est à coups d'épée qu'ils ont répondu aux observations des Réformés... » — On sait (BÉGIN) que le cardinal Charles de Guise, étant à l'entrevue de Poissy, donna, en pleine assemblée, un soufflet au célèbre hérétique Théodore de Bèze. — On ne peut (NOEL) méconnaître que les hautes intelligences de ce temps étaient avec les Réformés, et que les guerriers, quelques grands seigneurs et le populaire, les deux extrêmes de l'ordre social, la ce. étaient avec les orthodoxes. On ne doit pas douter que, si la réforme, en France, eût conservé les bénéfices ecclésiastiques comme on l'a fait en Angleterre, elle y aurait eu un succès complet, et maintenant on n'y parlerait pas plus de l'infaillibilité du pape qu'on y parle de l'immortalité du grand Lama. (*Consid. sur la Maison de Lorr.*, pp. 897-898.)

(1) Le Duc était acquis d'avance à leur cause, et il en avait donné des preuves indéniables. Dès le commencement de la lutte (1562), il avait pratiqué sa neutralité de la manière suivante : sans cesse il contrarie les Protestants dans leur marche (à travers ses États) ; ses garnisons leur fer-

à Boudonville, près de Nancy. A cette réunion, assistaient le duc de Lorraine, les représentants du roi d'Espagne, les ducs de Guise, de Mayenne et de Nevers, le cardinal de Guise, etc.

ment les places fortes et passages ; ses guides les empêchent de séjourner ; ses armées les suivent à distance ou les précèdent pour rompre les ponts, mettre en sûreté les vivres et les munitions. Les Catholiques, au contraire, sont avertis, appelés, conduits, logés, nourris, d'étape en étapes, comblés de caresses et de présents. Les Lorrains bravent impunément les défenses de servir à l'étranger, ou bien le Duc autorise les levées en faveur du roi d'Espagne et du roi de France (1567). Bien plus, il n'exige de ces derniers ni rentes, ni pensions constituées, mais il les laisse puiser à discrétion dans les joyaux de la couronne ducale pour payer la retraite des auxiliaires du protestantisme ou de la royauté (années 1568-69-76).

Ainsi, en quatorze années (de 1562 à 1576), sans compter les bandes détachées, les aventuriers et les traînards, vingt-et-une armées régulières, françaises, allemandes ou suisses (fantassins, lansquenets, arquebusiers à cheval, reîtres) traversent la Lorraine.

A ces passages et séjours des étrangers, qu'on ajoute les marches et contre-marches des compagnies lorraines levées pour servir dans le pays même, ou en France, en Belgique, en Allemagne, qu'on ajoute la guerre cardinale, la guerre de Bitche et autres incidents causés par la réforme et la contre-réforme, et on aura une idée des malheurs de la Lorraine *chargée et foulée de soldats*. Malgré leurs promesses, malgré leurs chefs, ces sectaires, ces mercenaires, commettent toutes les violences possibles, aux dépens des gens de village, des gens d'église, des églises surtout. La population diminue partout, dans les villes comme dans les campagnes : Einville, Gondreville, Hagéville, perdent dix-sept conduits ; Lunéville quinze et demi ; Épinal cent soixante-neuf. Enfin, pour comble de misère, la foudre et la grêle (1576) amènent la stérilité, la famine et la peste qui, seule, en un an, tue mille personnes à Saint-Mihiel. Toutes ces ruines constatées par une enquête officielle (1577) prouvent surabondamment le vice de la prétendue neutralité lorraine. (*A. L.*, an. 1865, pp. 178-79).

Dans ce volume figure un mémoire de M. Henry où on lit : « Le caractère du prince lorrain (le Duc), trop beau pour n'être pas surfait, ne saurait expliquer sa politique cauteleuse et contradictoire. Charles se montra d'abord ami du Roi..., et sa neutralité armée, non moins nuisible à la France qu'aux Huguenots, ne fut profitable qu'à la Ligue. Bientôt excité par des fabricants de généalogie, par les Guises et par Philippe II, dans ses ambitieux desseins de reconstituer tout ou partie du royaume d'Austrasie, il participe, en 1585, à la lieutenance générale du royaume, et devient pensionnaire du roi d'Espagne C'est alors que vingt et une armées régulières (on ne compte pas les autres) françaises,

Le duc de Guise prit la parole, peignit sous les plus sombres couleurs la situation du royaume, et déclara qu'à son avis il fallait se hâter d'employer les forces de l'association cathotholique pour remédier au mal. — Tous les assistants applaudirent à ce discours, et on convint de se réunir une seconde fois, le trente-un décembre, dans le château de Joinville. Là, après une mûre délibération, on se décida à signer un traité composé de vingt-deux articles, et stipulant qu'après la mort de Henri III on reconnaîtrait comme roi le cardinal de Bourbon (constatation maladroite qui confirmait les prétentions de Henri IV); que ce prince renouvellerait l'alliance avec l'Espagne, renoncerait à tout rapport avec les Turcs, interdirait, en France, l'exercice du calvinisme et ferait recevoir les canons et décrets du concile de Trente. Philippe II, sous la garantie de Charles III pour partie de la somme, s'engageait personnellement à payer aux confédérés un subside de cinquante mille écus par mois, tant qu'ils resteraient en armes pour obtenir ce qu'ils demandaient.

Le 31 mars 1585, le cardinal de Bourbon publia un manifeste, dans lequel il prenait la qualité de premier prince du sang, donnait le titre de lieutenants-généraux de la Ligue aux ducs de Guise, et désigna, comme associés à cette entreprise fanatique, le pape, l'Empereur, le roi d'Espagne..., les républiques de Gênes et de Lucques, le duc de Florence et le prince d'Ecosse.

Henri de Guise qui avait reçu deux cent mille écus de Charles III (1) pour commencer la guerre, s'était déjà rendu à Châlons-sur-Marne, où il rassemblait une armée de six mille hommes, partie Français, partie Lorrains (un régi-

allemandes, suisses, sillonnent, pillent, dépeuplent la Lorraine, de concert avec la peste et la famine... Ainsi s'explique la devise de Charles III : *durat adhuc spes avorum*, et toute la conduite de ce prince; mais, au demeurant, ces manœuvres aboutissent au réveil de l'esprit national, à la conversion du Béarnais et à sa reconnaissance par tous les prétendants » (pp. 107-8).

ment) (1), avec laquelle il se proposa d'attaquer Metz, Toul et Verdun qui tenaient pour Henri III, mais où les Catholiques fanatiques étaient nombreux. Les ligueurs commencèrent les hostilités par la prise du château de Oimbé, et marchèrent sur Verdun, dont Ludieu était gouverneur. Cet officier fit fermer les portes, et se tint sur ses gardes ; mais le jour de Pâques (19 avril), comme il était à table, on l'avertit précipitamment que les ligueurs venaient de pénétrer dans la ville. Le tocsin appelle aux armes les bourgeois qui se répandent dans les rues et poursuivent les assaillants l'épée dans les reins. Ceux-ci allaient succomber quand le sire de Saintignon, bailli de Verdun, accablé d'infirmités, se fait porter sur une chaise au milieu de la place, harangue le peuple, parle de la religion outragée et fait changer la face des choses. La bourgeoisie ébranlée, prend le parti des ligueurs, et le gouverneur battu, fait prisonnier et délivré par l'intervention du duc de Guise, sort de la ville acquise à la cause de ce dernier.

Cette conquête ne coûta aux ligueurs que trois hommes. Un chanoine périt au milieu du tumulte.

Maizières occupé à la suite de ces succès, Void et Vicherey

(1) La formation des premiers régiments d'infanterie est due à François de Lorraine, duc de Guise, dans les premiers mois de 1561, pendant la tenue des États à Orléans... Charles III, après avoir signé son adhésion formelle à la Ligue, forma des régiments de troupes contre les Protestants. Les régiments d'infanterie se composaient de quatre compagnies de 200 hommes chacune. Il y avait quatre régiments, seize compagnies, et 3,200 hommes.... En 1585, la cavalerie ne comptait que treize compagnies formant un effectif de 650 hommes ; il fut doublé l'année suivante. (LEPAGE, *Inst. milit. en Lorr.*, pp. 196-97)... Afin de se mettre à l'abri des incursions des gens de guerre, les habitants de plusieurs villages avaient demandé, en 1588, et obtenu la permission de les clore de murailles, tours, portes et fossés, ou d'en rétablir les anciennes fortifications (*Ibid.*, p. 210, note). Le Duc ordonna la levée, sur dix conduits dans chaque village, d'un homme ou d'une personne capable, munie d'outils nécessaires pour travailler aux fortifications des dites villes et places fortes (*Ibid.* pp. 210-11). Il fit prendre également une bête à cornes « de chacun vingt conduits ». Enfin il prescrivit de

livrés par les chanoines de la cathédrale, permirent aux ligueurs d'assiéger Toul, qui, après neuf jours d'investissement, grâce à des intelligences avec les Catholiques de la place, leur ouvrit ses portes, bien que la bourgeoisie, fidèle au Roi, ne se fût pas déclarée en leur faveur.

Fier de ces avantages, renforcé par trois mille lansquenets et trois mille reitres, ce qui porta son armée à douze mille hommes, Guise se dirigea sur Metz qu'il espérait surprendre. Malheureusement pour lui, le duc d'Epernon prévenu, avait chassé de la ville les amis de la Ligue; on dut se borner à des courses aux environs de Metz et à la capture de quelques prisonniers.

Henri III, intimidé, chercha à traiter avec ses adversaires et souscrivit à leurs exigences. Par un édit, en date du 7 juillet, on déclara que, désormais il n'y aurait plus en France qu'une seule religion ; que, dans l'espace d'un mois, les ministres protestants sortiraient du royaume, et que les adeptes n'en auraient que six, soit pour les suivre, soit pour rentrer dans le giron de l'Église; que tout hérétique serait exclu des charges publiques, dépouillé de ses titres, de ses dignités, etc.; qu'on retirerait des mains des Huguenots les villes qui leur avaient été cédées ; mais que le duc de Guise conserverait, pour lieux de sûreté, Verdun, Toul, Saint-Dizier, Châlons. Les autres chefs de la Ligue obtinrent aussi, pour leur garantie personnelle, des villes et des troupes. Le duc de Bourbon eut soixante-dix gardes à cheval et trente arquebusiers; le duc de Lorraine, reçut une compagnie d'hommes d'armes, et pour sa garde, dix hommes d'armes et quinze archers ; le cardinal de Guise, trente arquebusiers ; les ducs de Mercœur, de Guise et de Mayenne, trente gardes à cheval. Le Roi approuva tout ce qu'avait fait la Ligue, l'indemnisa de ses frais, promit cent mille écus pour élever à la place de l'ancienne (qui

« cotiser et d'imposer quelques sommes de deniers pour l'entretènement des compagnies de cavalerie et d'infanterie qui lui venoient à secours des Pays-Bas ». (P. 211.)

semble menacer plutôt les bourgeois que l'ennemi), une nouvelle citadelle à Verdun, bref, par un acte inouï de faiblesse, sanctionna les principes subversifs de l'insurrection et de la guerre civile. De ce jour, la Ligue, reconnue comme un pouvoir dans l'Etat, acquit une influence d'autant plus grande, qu'elle parlait au nom de la religion et de l'équité (??) violées. (Bégin, t. II, pp. 95-96.)

Charles III, qui s'était rendu caution pour une somme de cent vingt mille écus dus par le roi de France à des soldats mercenaires, voulut porter le dernier coup aux Protestants de ses Etats. Le 17 décembre 1585, il prescrivit aux Calvinistes et aux Luthériens d'abjurer dans un délai de vingt jours, et d'apporter l'attestation de leur abjuration, sinon de quitter le pays immédiatement, avec défense d'y rentrer, sous les peines les plus sévères. Leurs biens devaient être vendus dans les deux mois qui suivraient leur départ, sous peine d'être saisis par la justice pour en être disposé par son Altesse, selon son bon plaisir. (Rogéville, t. I, p. 570.)

En mars 1586, une nouvelle ordonnance, en même temps qu'elle amnistiait les « relaps et autres, partis à l'étranger, mais revenus repentants et convertis et leur rendait leurs biens », renouvela l'injonction de partir (sévir) contre « ceux qui d'une malice, dureté et désobéissance délibérée, demeurent obstinez en leur hérésie et ne sont retournez en l'Eglise, ny ont abjuré leur erreur suivant les ordonnances ». Le délai pour vendre les biens meubles était réduit à quarante jours. On défendait aux Protestants de contracter aucune dette; trois mois leur étaient accordés pour recouvrer leurs créances; « leurs maisons, terres, héritages et autres choses sortans nature d'immeubles, demeuroient saisis et régis par commissaires, les fruitz et revenuz desquelz néantmoins appartenoient au Duc et aux hauts Justiciers. »

Les dépenses, les dons, prêts, etc., que nous avons signalés plus haut, avaient fort obéré le trésor ducal; de plus, il fallait lever des troupes nombreuses, afin de couvrir les frontières et d'envoyer des secours aux Catholiques français. Les États Généraux qui, au mois d'avril 1585, avaient autorisé la perception d'un aide de deux écus au soleil sur chaque conduit, votèrent, à la fin de l'année (1) et pour *six ans*, un aide de quatre francs barrois par conduit. Le pays dut faire les frais du fanatisme et des visées ambitieuses de Charles III. Une portion des sommes énormes que produisirent ces diverses impositions, furent remises au duc de Guise pour les besoins généraux de la Ligue. (Digot, t. IV, p. 251.)

Une fois pourvu de ressources pécuniaires, le Duc songea à agrandir ses domaines. Sous prétexte qu'il avait à se plaindre du duc de Bouillon, calviniste endurci, et dont la ville de Sedan était regardée avec raison comme un des boulevards du protestantisme de notre pays, Charles III, au nom de la Ligue, résolut de porter la guerre dans cette principauté. L'attaque était prévue : aussi avait-on augmenté les fortifications et la garnison de Jametz, la clef de ce petit État, du côté de la Lorraine.

Bientôt un corps d'armée composé de Français et de Lor-

---

(1) Décembre 1585. Vote (par les États) de la levée d'un million de francs en cinq termes. (Lepage, *Office des duchés de Lorraine*, p. 90.) En 1587, lorsqu'il fallut repousser l'armée du duc de Bouillon qui avait envahi les frontières de la Lorraine, Charles III, essayant d'agir en maître absolu, et sous prétexte de n'avoir pas eu le temps de convoquer les États Généraux, réunit une partie de la noblesse, et se fit autoriser à lever, en manière d'emprunt, deux écus sols sur chaque feu. Les Assises de Nancy, qu'il convoqua quelque temps après, lui accordèrent encore un million de francs pour subvenir aux frais de la guerre; et ses officiers levèrent, sans autorisation quelconque, sur *les anoblis et sujets de ses états, le dixième des grains de leurs gagnages*. Ces levées avaient été faites contre l'ordre de l'ancienne observance ; mais les États, convoqués en mai 1588, se contentèrent de la reconnaissance qui leur en fut donnée, le 27 du même mois, dans des lettres de non-préjudice.... « *Ce nous suppliant*, dit le Duc dans ces lettres, *ne les plus presser de tels octroys, ny levées du dixième des grains, ni de lever aucune ayde,* POUR QUELQUE CAUSE QUE CE SOIT, *sans la convocation des États Généraux.* » (Beaupré, *Essai historique sur la rédaction des principales coutumes et les assemblées d'États de la Lorraine ducale et du Barrois*. Nancy, Grimblot, 1845.)

rains, s'avança du côté de Mouzon et s'empara (février 1586) du bourg de Douzy. Les Protestants de leur côté se rendirent maîtres de Rocroy et, après avoir repris Douzy, firent des courses dans la partie septentrionale du Barrois. Repoussés à leur tour par les Ligueurs, ils virent bientôt Sedan assiégé par les Catholiques. Le duc de Bouillon demanda et obtint une suspension d'armes qu'on prolongea jusqu'en janvier 1588. On avait guerroyé pendant un an, fait des ravages lamentables, sans résultat de part ni d'autre.

Tranquille pour ses Etats, débarrassé de ses ennemis, le duc de Bouillon, avec quatre cents cavaliers et sept ou huit cents arquebusiers, se mit en route pour rejoindre les princes protestants allemands, auxquels Henri IV avait demandé des secours, et qui s'avançaient par la Basse-Alsace. Il traversa le pays messin où il commit des excès, et rallia le fils de l'amiral Coligny qui amenait deux mille combattants. L'armée protestante, forte de vingt-cinq à trente mille hommes, pourvue de plus de dix-neuf pièces de canon, menaçait la Lorraine; malheureusement pour la cause de la Réformation, le duc de Bouillon qu'on considérait comme le fondé de pouvoir du roi de Navarre, n'obtint pas le commandement en chef. On le donna au baron de Dohna, seigneur allemand, homme incapable, et qui ne connaissait pas le pays.

En ce moment l'alarme fut grande parmi les Ligueurs. Le duc de Lorraine leva une armée de huit à dix mille hommes d'infanterie et de deux mille chevaux; le duc de Guise amena un fort contingent que vinrent grossir des mercenaires italiens, allemands et espagnols. Ces troupes réunies formèrent un total de près de vingt mille combattants. Ces forces auraient pu empêcher les Protestants de franchir les Vosges ; mais elles ne se trouvèrent pas concentrées dans le moment propice ; de plus, Charles fut obligé d'en enlever divers détachements afin de garder ses places les plus importantes. Alarmé pour le succès final, le Duc fit proposer aux Huguenots une somme considérable s'ils voulaient repasser le Rhin, ou du moins épargner les terres de ses Etats. Les princes allemands allaient souscrire à cette honteuse proposition, quand leurs alliés français, évoquant les motifs religieux qui leur avaient mis les armes à la main, et rappelant les maux que la Maison de Lorraine n'avait cessé de causer au parti de la Réforme, obtinrent le rejet des offres de Charles III.

Les Protestants entrèrent dans notre pays par la vallée de la Zorn et marchèrent vers Phalsbourg (1), occupé par African de Haussonville avec une partie de l'armée lorraine (2).

(1) Phalsbourg (*A. L.*, an. 1868, p. 16) fut bâti, en 1570, pour servir de refuge aux Luthériens et aux Calvinistes expulsés de France et de Lorraine. La liberté de conscience leur fut accordée dans cette nouvelle ville par l'empereur Maximilien. Le comte palatin, Jean Georges, engloba le château dans les nouvelles fortifications. En 1573, on y comptait déjà deux communautés : allemande et française, luthérienne et calviniste... Le souverain s'étant endetté, vendit à Charles III, en 1584, la ville nouvellement créée avec les villages de Lutzelbourg, Hazelbourg, Hültenhauses, Vilsberg et Mittelbron. Le Duc chercha immédiatement à établir la religion catholique et à expulser de la ville les religionnaires qu'il *avait promis de protéger*. Plusieurs d'entre eux cherchèrent un asile dans une autre ville du comte Palatin, à Bischwiller où les attendaient de nouvelles déceptions. (A. BENOIT, pp. 43-44-45.)

(2) Charles, dès le 18 juillet, avait ordonné à d'Haussonville et à Lenoncourt, expédiés sur la Sarre et la Moselle, de « s'impatroniser d'icelles, empêcher que l'ennemi ne les puisse premier emparer; visiter et rompre gués, ponts, chemins, barques, bateaux, arbres ; lever les fers des moulins, enclumes et soufflets des maréchaux : abattre les foins ; faire entrer en ville, grains, meubles et joyaux ; ce qui n'y pourra entrer sera envoyé ès grandes forêts, montagnes et lieux inaccessibles et détournés, sans toutefois rien précipiter, sinon en l'extrémité. » (*Lettres patentes des 18 et 21 juillet 1587.*)

Dans cette campagne, les Protestants, pris par la famine, *harrassés*, acculés sans cesse, affaiblis par la division des chefs et par l'indiscipline des soldats, friands de vin et de pillage, mirent un mois entier pour traverser la Lorraine, de Saverne à Lifol-le-Grand, marquant leur passage par des ruines affreuses, à Lorquin, à Baccarat, Charmes, Blâmont, Lunéville, Belchamp, Bayon, Haroué, Maizières et Viterne. Les Lorrains furent battus dans plusieurs escarmouches devant Saint-Quirin, Damelevières et La Mothe ; mais ils firent échouer toutes les tentatives des reitres sur les moindres bicoques de la Lorraine, et bravèrent toutes leurs forces à Pont-Saint-Vincent. (*A. L.*, t. XIV, pp. 83-84.)

L'autre partie était à Baccarat, sous les ordres du comte de Salm. Trop faible pour résister, d'Haussonville jeta quelques troupes dans Blâmont, Lunéville, et se retira sur les rives du Madon, où campait l'armée de réserve.

Les ennemis s'emparent de Sarrebourg, arrivent devant Blâmont, dont ils brûlent les faubourgs, après avoir perdu plus de deux cents hommes dans une attaque infructueuse contre le château. Ils prennent ensuite la route de Lunéville et de Gerbéviller, passent la Moselle à Bayon, et viennent présenter la bataille, en vue de Pont-Saint-Vincent, sur la rive du Madon opposée à celle qu'occupait l'armée de la Ligue. Le lendemain, les Allemands traversent cette petite rivière et attaquent avec impétuosité les premiers postes. Les ducs de Lorraine et de Guise se retirent, gagnent la hauteur voisine, et parviennent à éviter un combat périlleux. Ce dernier fait une superbe retraite avec quatre cents chevaux, en présence de l'armée ennemie qui se prépare à l'envelopper ; heureusement pour lui la division des chefs fait ajourner la grande attaque. Les confédérés restent encore trois ou quatre jours dans le voisinage (1), puis se dirigent sur la Champagne. Le duc de Guise les suit et les harcèle continuellement. Le marquis de Pont-à-Mousson, fils aîné de Charles III, l'accompagne avec toute la cavalerie lorraine.

Les Protestants étrangers, arrivés sur les bords de la Loire où ils rejoignirent l'armée royale, furent battus à Vimori et à Aulneau. Par une convention avec les vainqueurs, ils s'engagèrent, le 8 décembre, à ne plus servir contre la France et

(1) Les Allemands et les Suisses, ayant appris que les caves des villages de Maizières et de Viterne étaient remplies de vin y accoururent en foule et s'enivrèrent. Les Lorrains, instruits de ces désordres, surprirent ces pillards. Ils n'eurent pas grand'peine à en tuer ce qu'ils voulurent, à quoy ils ne s'espargnoient point, et en amenèrent infinis prisonniers ; cela n'empescha pas (la friandise du vin faisant oublier le mal survenu et le danger présent) que le lendemain ils ne retournassent en plus grand nombre.

reprirent le chemin de l'Allemagne, par la Lorraine (1), qu'ils ravagèrent pour se venger du marquis de Pont-à-Mousson, qui avait puissamment contribué aux succès obtenus sur la Loire. Ce jeune prince, après avoir accompagné le duc de Guise jusqu'à Genève, afin de purger le territoire français des derniers débris des bandes allemandes que l'espoir du pillage y retenait encore, revint en Lorraine par le comté de Montbéliard, qui avait fourni aux Protestants un contingent considérable. (Bégin., t. II, pp. 97 et suiv.)

Les lieux fortifiés se défendirent ; mais les campagnes furent ravagées, et plus de cent villages ou hameaux dévorés par les flammes. Après cette expédition, les soldats disaient « que même les chats n'estoient pas échappez de leurs mains ». Les envahisseurs enlevèrent le bétail et le mobilier. « Ce qu'ils ne pouvoient emmener, fut rendu inutile ; car, leurs forces ne correspondant pas à leur rapacité, ils furent contraints d'en laisser au païs malgré eux.. ; ils meslèrent tout l'un parmi l'autre, le froment avec l'avoine, l'orge avec les lentilles, les pois avec les vesces ; plusieurs y mettoient du sable et de la chaux ; d'autres faisoient leurs excréments (sauf révérence) dedans le tas des dictes graines.. » (SCOFFIER). Ces abominations que Digot (t. IV, p. 216) essaie, non pas de

---

(1) A cette époque (1587), une contagion furieuse régnait à Toul. Les principaux bourgeois et les chanoines en sortirent, pour se réfugier à Void ou à Vaucouleurs où l'air était moins corrompu que du côté de la Lorraine. Les fureurs d'une guerre impitoyable succédèrent au fléau dont cette ville fut frappée, et, ce que la maladie avait épargné, devint la victime de la population émue et mutinée. (B. Picard, p. 667.) Le cardinal Ch. de Vaudémont qui revenait de Rome et de France succomba sous le fléau. A Remiremont, une partie de la population et la plupart des dames chanoinesses, pour éviter la contagion, se réfugièrent dans des loges en planches construites précipitamment au Prallion et à la ferme de Lorette. Ce ne fut que dans les premiers jours de février 1589 que l'on vit diminuer le fléau, grâce à des mesures de salubrité prises par l'autorité municipale, qui prescrivit d'allumer de grands feux de bois de genévrier dans toutes les rues, de faire un fréquent usage de camphre, et de respirer des eaux odoriférantes. (A. L., t. III, pp. 331-32, note.)

justifier, mais d'expliquer, comme représailles d'actes pareils perpétrés par les Huguenots, furent commises sous le commandement d'un prince que les historiens courtisans ont gratifié du surnom de *Bon*.

L'armée protestante était vaincue, presque détruite ; mais on savait que Henri III supportait impatiemment l'ascendant du duc de Guise et négociait en secret avec le roi de Navarre. Les princes catholiques, pour conjurer ce péril, se réunirent à Nancy, dans les premiers jours de février 1588. Il fut décidé que le duc de Lorraine s'emparerait sur le champ des États du duc de Bouillon, décédé récemment à Genève. On envoya au Roi un mémoire, avec sommation de prendre des mesures efficaces pour détruire l'hérésie. Henri III, blessé au cœur, envoya à Nancy un de ses confidents, afin de chercher quelque accommodement. Bientôt il défendit au duc de Guise de se rendre à Paris. Celui-ci partit de Nancy, le 5 mai, et entra dans la capitale malgré les prescriptions du monarque.

La journée des barricades rendit le duc maître de Paris et de plusieurs provinces. Charles III s'empressa de se déclarer ouvertement en faveur de son parent, et envoya à Guise un contingent de quatre cents lances. Philippe II, enchanté de cette attitude, lui fit offrir un subside mensuel de vingt-cinq mille écus.

On sait que la journée des barricades fut suivie de la convocation des États Généraux à Blois, et bientôt de l'assassinat, par ordre de Henri III, du duc et du cardinal de Guise son frère (fin décembre 1588). Paris, à la nouvelle de ce double crime, se souleva et organisa le Conseil général de l'Union, sous la présidence du duc de Mayenne. La guerre civile s'alluma dans une grande partie de la France.

« Perplexe après la tragédie de Blois (HENRIQUEZ, p. 315), restant aux escoutes comme un vrai rieur, (Charles) laissa tomber la rosée. » Les succès des Ligueurs le déterminèrent à suivre leur fortune ; mais il n'en fit pas moins bonne figure « à Sa Majesté très chrétienne, qu'il a l'honneur de toucher de si près ». Il ne sortit de sa neutralité qu'à la mort de Henri III, pour lequel il avait engagé les pierreries et les plus riches joyaux de la couronne, afin de fournir des secours en argent à ce prince, qui voulait licencier les troupes étrangères, et qui ne trouvait pas dans son trésor le moyen de payer un coursier dont l'expédition eut épargné la journée des barricades et les malheurs qui la suivirent (1).

Charles n'avait pas attendu les résultats de ces divers événements pour entrer en campagne. De ses anciennes troupes licenciées, il avait conservé quatre mille hommes d'infanterie et mille cavaliers. Ces forces étaient insuffisantes. Pour se procurer le moyen de les augmenter, le Duc eut recours à diverses mesures. Il prescrivit aux baillis et aux prévôts d'appliquer avec rigueur les dispositions d'une ordonnance, enjoignant de saisir les biens des hérétiques et des individus qui avaient favorisé le passage des Protestants, et d'emprisonner quiconque prendrait les armes ou marcherait contre la Ligue. Sur sa demande, le pape Sixte-Quint lui permit de lever une décime sur les biens ecclésiastiques. Les Etats Généraux, convoqués à Nancy, s'empressèrent de leur côté, d'accorder : 1° un aide extraordinaire de deux écus soleil sur chaque conduit ; 2° un million de francs barrois, à payer par le clergé et la noblesse; 3° le dixième des grains des *gagnages*, appartenant aux deux premiers ordres (2) ; 4° trois gros par jour de terre labourée de charrue et ensemencée, deux gros par jour de pré, et un gros par jour de vigne ; 5° le dixième des rentes constituées, et, 6° le dixième denier du profit des trafiquants.

Une portion des sommes énormes que produisirent ces

(1) La somme totale de ce qui était dû par sa Majesté (Henri III) à son Altesse (Charles III), tant pour ses pensions, entretènement de sa garde que pour le reste des pensions de feu Madame, de Messeigneurs les marquis et comte de Vaudémont, s'élevait à 1,724,800 livres. (*Doc. lorr.*, t. IX, pp. 40-41.)

(2) Voir la note, p. 839.

diverses impositions fut remise au duc de Guise pour les besoins généraux de la Ligue. Charles, vers le 6 mai 1588, versa, comme caution de Henri III, quatre-vingt-un mille six cent quarante-huit écus d'or, et, le 11 octobre suivant, quarante mille autres écus. Il fit encore parvenir au duc de Guise, bientôt après, une somme d'environ quatre-vingt mille écus, et, avec le reste des aides votés par les Etats, il soudoya des régiments étrangers et se procura les munitions indispensables. (Digot, t. IV, pp. 249-50-51.) Tout cet argent, fruit des sueurs du peuple lorrain, fut enlevé au pays sans profit aucun.

Cependant Charles III, à l'expiration de la trêve consentie avec le duc de Bouillon, se mit en campagne pour conquérir les Etats de ce prince. Quatre mille hommes, commandés par le baron d'Haussonville, assiégèrent Jametz. Le sire de Schelandre, capitaine aussi brave qu'expérimenté, était gouverneur de la place. Puissamment secondé par son frère, il faisait de fréquentes sorties, recevait du dehors des vivres et des troupes fraîches, et profitait habilement des rigueurs de la saison pour accroître ses moyens de défense. Après huit jours de tranchées ouvertes, le baron d'Haussonville commanda l'assaut sur quatre points différents. Les assiégés, ébranlés, reculent d'abord ; mais bientôt, à la voix de leurs chefs, ils reprennent vigueur et repoussent les Lorrains qui perdent beaucoup de monde, lèvent le siège et se retirent vers Stenay, en attendant de nouveaux renforts. La peste régnait à Nancy. Charles, obligé de quitter sa capitale, tint à Pont-à-Mousson une assemblée générale de la noblesse, et lui demanda conseil sur le parti qui restait à prendre. Celle-ci est d'avis de continuer le siège. On lève trois mille hommes de milice bourgeoise, et le 5 mai, on recommence l'attaque de la place. La famine et la peste se font bientôt sentir dans la ville qui n'en persiste pas moins dans son héroïque défense. Une suspension d'armes, dans le but d'amener la paix, par le mariage de Mlle de Bouillon, héritière présomptive du duché, protestante endurcie, avec le marquis de Pont-à-Mousson, n'aboutit à aucun résultat. Les hostilités furent reprises avec vigueur. Le gouverneur, après avoir complètement épuisé ses ressources, se retira dans la citadelle qui ne fut rendue que le 25 juillet 1589. Quant à la ville, elle capitula le 25 décembre 1588. Aux termes de l'acte de reddition, les habitants quittèrent leurs demeures. Ils se refugièrent, les uns à Sedan, les autres à Romagne, à Damviller (1).

A ce moment, la guerre était allumée de toutes parts. Henri III, alarmé des défections qui se produisaient partout, pria Charles III (juin 1589) de lui servir d'intermédiaire pour se rapprocher du duc de Mayenne. Afin d'intéresser le Duc directement à la médiation, il offrit de donner à son fils Henri (futur duc), le commandement des troupes étrangères à la solde de la France, ainsi que le gouvernement viager de Metz, Toul et Verdun, avec promesse de les annexer au duché de Lorraine, s'il ne lui arrivait pas d'héritier légitime. Mayenne refusa, à la satisfaction secrète de Charles, qui avait des visées plus hautes pour lui-même et pour son fils.

Les Etats Généraux, en février 1589, lui accordèrent pour l'entretien de ses troupes, un aide extraordinaire « de six deniers par franc de toutes les marchandises qui se vendraient pendant une année, sauf du sel en détail, des armes, chevaulx, asnes, mulets, légumes, fruicts des arbres, laitage, œufs,

(1) Henri Lepage (*Lettres et Inst. de Charles III, relatives aux aff. de la Ligue*) rectifie et complète cette assertion en ces termes : A l'entrée des Lorrains au château de Jametz, le marquis de Pont accorda une capitulation, suivant un des articles de laquelle les habitants qui consentiraient à embrasser la religion catholique seraient maintenus dans leurs biens ; les autres auraient un délai d'un an pour vendre ce qui leur appartenait. (BUVIGNIER.) Des confiscations nombreuses ne tardèrent pas à être prononcées contre ceux qui ne voulurent pas abjurer, et leurs biens servirent à récompenser les serviteurs du Duc. M. d'Haussonville eut pour sa part les biens du gouverneur et de sa famille, etc. (P. 133, note.)

volaille, agneaux, chevraux, gibier, lard et verre en détail, papier, parchemin, plumes, encre, écritoires et toutes sortes de livres». L'impôt, qui faisait à peu près le dix-septième du prix de vente, fut élevé au dixième à l'égard des vins vendus au détail, et au même taux environ pour la viande de boucherie. Les États réglèrent, en outre, que les roturiers possédant une fortune immobilière de plus de six mille francs barrois, verseraient le dixième de leurs revenus, et que chaque conduit, à l'exception des maisons nobles et franches, serait soumis à une cotisation hebdomadaire de deux gros. (ROGÉVILLE, t. I, p. 597.)

Non content de ces ressources énormes (1), Charles em-

(1) Voici, d'après le compte du trésorier général pour l'année 1589, l'exposé des moyens auxquels Charles III avait été obligé de recourir pour se procurer de l'argent. Cet exposé se trouve dans le chapitre intitulé : « Dépenses extraordinaires provenant des aliénations, engagères, constitutions et autres deniers d'emprunt faits pour le service de S. A., tant en Lorraine que Barrois. »

1° Duché de Lorraine.

Aliénations	20,000
Engagères	225,075
Deniers pris à constitution de rente	247,295
Deniers reçus de Bavière	150,000
Deniers reçus pour vente de grains et autres amodiations, faites pour plusieurs années	50,312
Somme toute recette extraordinaire du duché de Lorraine compris décime du clergé (10,900 fr.)	751,308

2° Duché de Bar.

Engagères	66,429
Deniers pris à constitution de rentes	50,753
Amodiations et ventes de grains	115,110
Somme toute du duché de Bar	243,292
Somme toute des deux duchés	994,594

Il faut ajouter à ce chiffre : 1° les emprunts faits sur les villes et villages de la Lorraine et du Barrois, à trois ou quatre reprises différentes depuis l'an 1567, et dont les rentes se payaient sur les recettes particulières du domaine; 2° les emprunts faits à des individus, non seulement du duché mais encore du dehors; 3° les impositions extraordinaires votées par les États Généraux. En réunissant les sommes produites à l'aide de ces moyens on arriverait à un chiffre énorme. (D. CALMET, t. II, col. 1414. DIGOT, t. IV, p. 231. *Doc. Lorr.*, t. IX, p. 219, note.)

Ainsi, l'abbé Raville de Senones qui avait prêté au duc Charles III la

prunta au comte de Tornielle quarante-six mille écus au soleil, aux époux de Croy cent deux mille francs barrois, et à divers des sommes plus ou moins fortes. En même temps il fit représenter au roi Philippe II que, depuis deux ans, il avait supporté des dépenses qui excédaient de beaucoup ses revenus, et demanda que les subsides, offerts en 1588, fussent payés sans aucune réduction.

Sur ces entrefaites, on apprit (août 1589) que Henri III venait d'être assassiné, et le roi de Navarre, reconnu comme son successeur par les Calvinistes et par ceux des Catholiques auxquels leur tolérance en matière de religion avait fait donner le nom de *politiques*.

Charles prescrivit sur le champ à son fils aîné de marcher sur Paris avec douze cents chevaux et trois mille hommes d'infanterie. Ces troupes, disons-le par anticipation de date, furent battues à Arques. L'escadron commandé par le marquis de Pont-à-Mousson, rompu dès le commencement de l'affaire, fut en partie noyé dans un marais. Les autres Lorrains et les reîtres demeurèrent tranquilles spectateurs du combat, grâce à une mésintelligence avec le duc de Mayenne. (Bégin, t. II, p. 104.)

Pour remplacer ces troupes envoyées à Paris, Charles prit à son service plusieurs régiments de lansquenets. Ces mercenaires, joints à quelques secours du duc de Parme et à quatre mille reîtres qu'on lui envoya, séjournèrent assez longtemps en Lorraine et coûtèrent plus de soixante mille écus.

Avec ces forces réunies, Charles renouvela la tentative, faite vainement au commencement de 1589, pour s'emparer de Toul. Grâce à la défection d'une partie de la garnison,

---

somme de 10.700 francs barrois, en 1587, se vit assigner, en 1593, à lui et à ses successeurs, une rente annuelle et perpétuelle jusqu'à rachapt de quatre muids de sel, à prendre sur les salines de Rosières. L'abbé céda un muids aux religieux pour leur pitance, réservant les trois autres pour sa mense. (D. Calmet, *Senones*, p. 226.)

découragée par la nouvelle de la mort du Roi, et par suite de l'inertie des bourgeois gagnés par l'évêque, la ville accepta une capitulation honorable. Elle reçut M. de Maillane pour gouverneur.

Verdun ne tarda pas à suivre l'exemple de Toul et ouvrit ses portes, à condition que le Duc retirerait ses troupes après la conclusion de la paix, et respecterait les droits de l'Empire, de l'évêque et de la bourgeoisie.

Metz, par suite de l'administration douce et ferme du duc d'Epernon, resta fidèle à Henri IV. Effrayée par les menaces du gouverneur, peu rassurée sur les dispositions des Calvinistes messins, la bourgeoisie catholique fut obligée de céder, et même de payer sa part d'énormes contributions imposées pour subvenir aux frais d'une guerre néfaste ; car si les troupes de Metz ravagèrent les frontières de notre pays, les Lorrains exercèrent souvent de terribles représailles.

C'est vers cette époque, que les Messins s'emparèrent de Marsal par surprise, et grâce à la connivence de quelques soldats. Le 27 avril 1589, vers minuit, ils pénétrèrent dans la ville et se saisirent des postes. Le gouverneur, Fouquet de la Routte, soldat de fortune, fut assassiné par deux militaires, ses ennemis personnels. Les Messins laissèrent une garnison pour garder la place.

La perte de ce poste important jointe à la nouvelle qu'on faisait en Allemagne des levées importantes de troupes destinées à secourir Henri IV, déterminèrent Charles à adopter d'habiles mesures de sûreté. Une ordonnance (21 avril) enjoignait aux paysans, en cas d'alerte, de se retirer avec leurs familles, leurs bestiaux et leurs denrées, dans les lieux qu'on pouvait défendre. Le 4 juin, il écrivit aux baillis de préparer des vivres pour les troupes suisses alliées qui allaient combattre contre la France ; trois jours après, il prescrivit aux baillis de transporter les grains dans les villes et châteaux ; le 3 juillet, il faisait lever trois gros par conduit, probablement sans l'autorisation des Etats, afin de presser les fortifications de Nancy (1), et le lendemain, il jetait sur le comté de Vaudémont une contribution de trois mille francs barrois pour l'entretien de ses troupes. (DIGOT, t. IV, pp. 260-61). Le prix du sel des grands poêles fut porté à 60 francs, et celui des paillons à 5 francs. Au détail, le pot de sel fut fixé à quatorze gros (2).

Les alarmes du Duc se trouvaient justifiées. Le maréchal d'Aumont, commandant pour le roi de Navarre en Champagne, envahit le Barrois mouvant, tenta de s'emparer de Bar-le-Duc par un coup de main, et commit bien des dévastations dans les environs de cette ville (3). A l'approche de

(1) La Ville vieille de Nancy était à l'abri d'un coup de main ; mais les trois faubourgs qui s'élevaient en dehors de ses murs n'avaient pas la moindre fortification. Or, comme Charles mûrissait déjà le dessein qu'il exécuta l'année suivante de fonder une cité nouvelle à côté de l'ancienne, il avait un intérêt majeur à conserver les faubourgs Saint-Nicolas et Saint-Thiébaut qui formaient plusieurs rues destinées à figurer dans la ville projetée. En conséquence, on traça une enceinte provisoire autour des deux faubourgs, et l'on y travailla avec tant d'ardeur qu'elle fut bientôt « en estat de défense contre la plus grande armée et mieux artillée qui l'eust pu assaillir ». (DIGOT, t. IV, pp. 239-40.)

Constatons ici (*A. L.*, an. 1879, p. 79, note) que « la première ville de Nancy est la *Ville vieille*, la ville des anciens Ducs, depuis ses origines jusqu'à Charles III ; elle va des tours de la Craffe, au nord, à la rue de la Pépinière, au sud. La seconde est la *Ville neuve* du grand Charles III. Elle commence à la rue de la Pépinière, au nord, pour se terminer à la porte Saint-Nicolas, au midi.

La troisième est la ville de Stanislas et de Héré. Elle comprend l'emplacement de l'ancienne Esplanade et du potager ducal ; elle s'étend particulièrement de l'extrémité orientale des rues Stanislas et de la Poissonnerie (aujourd'hui Gambetta) jusqu'à la porte Sainte-Catherine, à l'est, et aux rues Girardet et Pierre-Fourrier, au sud.

(2) Cette augmentation porta à faire la contrebande. Pour réprimer ces fraudes, on fit de sévères ordonnances, en 1572, 1590, 1591. (DIGOT.) C'est en vertu de ces prohibitions, qu'en 1593, plusieurs particuliers d'Etain furent condamnés à cent livres d'amende pour avoir été trouvés en possession de sels étrangers ; une femme fut condamnée à la même peine, parce qu'on avait acheté chez elle un peu de sel. (*Inventaire sommaire des Archives de la Meurthe*, p. 152.)

(3) D'Aumont avait noué des intelligences dans la place. Le Duc chargea le fameux Nicolas Remy, le bourreau des sorciers, d'instruire

Charles III avec des troupes, il se retira. Le Duc, libre d'agir à sa guise, se dirigea avec précipitation vers la frontière de l'Alsace, menacée par une armée protestante venue d'Allemagne. Sans laisser à l'ennemi le temps d'envahir la Lorraine, Charles franchit lui-même la montagne, se posta sur la rivière de l'Isle, qui s'enfla par suite du dégel. Nombre de religionnaires furent noyés. Le Duc les attaqua ensuite et n'eut pas beaucoup de peine à les disperser et les obliger à repasser le Rhin précipitamment. Les drapeaux, l'artillerie, les bagages et deux mille cinq cents prisonniers : tels furent les trophées de cette victoire, qui rendit un peu de sécurité à la Lorraine. Les prisonniers, bien armés et bien équipés, lui promirent par serment de servir dans son armée. (*Doc. sur l'Hist. de Lorr.*, t. IX, pp. 268 et suiv.)

Charles III prit également part à la guerre *dite épiscopale*, qui éclata en 1592, après la mort de l'évêque Jean Mandersckerd à Strasbourg, pour la nomination de son successeur. Les adhérents aux doctrines de Luther, se prononcèrent pour Jean George, margrave de Brandebourg, tandis que les chanoines catholiques lui opposèrent Charles de Lorraine, déjà évêque de Metz. L'intervention du Duc coûta à la Lorraine plus de deux cent mille écus. (*A. L.*, an. 1877.)

CHARLES III, CANDIDAT AU TRÔNE DE FRANCE (1). — Les Valois, tous morts sans laisser de descendance, les Bourbons menacés d'un sort pareil, vu que Henri IV n'avait pas d'enfants à attendre de sa femme, Marguerite de Valois,

---

contre les coupables. A la suite de son enquête, un espion, Jean Merle, arrêté à Bar, fut pendu ; un nommé Castel fut écartelé ; deux autres individus, un avocat et un orfèvre, se virent condamnés à des amendes, le premier de sept cents et le second de deux cent cinquante francs. Deux des prévenus parvinrent à s'échapper. (*Doc. sur la Lorr.*, t. IX, p. 212, note.)

(1) Parmi les manuscrits de la bibliothèque publique de Nancy, on remarque un cartulaire qui renferme, entre autres pièces, un manifeste dans lequel Charles III expose ses titres et cherche à faire prévaloir ses droits à la couronne de France. (*A. L.*, t. III, p. 213.)

firent naître chez Charles III les visées les plus ambitieuses. Philippe II, roi d'Espagne (1), il est vrai, posait des prétentions rivales ; mais le duc de Lorraine évoquait sa descendance de Charlemagne et comptait, au pis aller, que son fils Henri, marquis de Pont-à-Mousson, recueillerait l'héritage de son aïeule maternelle. La tentative infructueuse de marier ce fils avec Charlotte de la Mark, duchesse de Bouillon, huguenote fanatique, l'union que, sur les incitations de son père, ce jeune prince contracta plus tard avec Catherine de Bourbon, sœur de Henri IV, calviniste intraitable, prouvent surabondamment que chez Charles III la défense du catholicisme n'était qu'un accessoire, et la conquête du trône le vrai but (2).

Dans le dessein de poursuivre la guerre ruineuse, commencée depuis deux ans, Charles III réunit les États Généraux, au mois de février 1590, pour faire voter les impositions suivantes : 1° un franc barrois par chaque resal de blé moulu dans les villes, six gros par resal moulu dans les campagnes, cinq et quatre gros par resal d'orge moulu dans les villes ou dans les villages ; 2° deux gros par resal d'avoine rendu, soit à la halle, soit ailleurs ; 3° le dixième denier du vin et de la bière vendus à la feuillée ; 4° un droit sur tous les bestiaux exportés, savoir : quatre francs pour

(1) Philippe II avait épousé en troisièmes noces Élisabeth de France, petite-fille de Catherine de Médicis. Les deux infantes, issues de ce mariage, étaient Isabelle-Claire-Eugénie, née en 1566 et mariée en 1599, à Albert, archiduc d'Autriche, et Catherine, née en 1567, mariée, en 1585, à Charles-Emmanuel, duc de Savoie. Philippe II voulait, dit-on, faire passer la couronne de France sur la tête de la première et la marier à l'archiduc Ernest. (D. CALMET, t. II, col. 1428.) D'autre part, la mère de Charles III, Christine de Danemark, était nièce de Charles V, père de Philippe II, époux d'Élisabeth de France ; il était ainsi beau-frère de Charles III.

(2) « Le cardinal de Lorraine a eu l'exclusion de ce qu'il poursuivait près du pape, pour faire *son père roy de France*, et la réponse lui a été faite par un Jésuite nommé il padre Toledo, dont il ne se contente, et la veut avoir par escrit et en sont là-dessus. » (*Dépêche de M. de Maisse au roi*, 8 juin 1591. *Bibl. imp. Mss. Dupont*, vol. CCXLV.)

un bœuf, trois pour une vache, dix-huit gros pour un porc gras, neuf pour un porc maigre et quatre pour une chèvre ou un bouc ; 5° un droit de cinq pour cent sur les draps et toiles d'or et d'argent, sur les étoffes de laine et de soie, venant de l'étranger ; 6° un droit de trois pour cent, sur les toiles fabriquées en Lorraine et exportées ; 7° enfin, un aide de trois francs par conduit.

Une partie de ces sommes fut employée à la solde et à l'entretien des troupes et aux fortifications de quelques villes, particulièrement de Nancy et de la Mothe, dont on voulait faire un boulevard contre la Bourgogne.

Après sa victoire en Alsace, Charles n'avait plus guère d'ennemis à vaincre que les Messins restés fidèles au Roi. Le Duc, comme acte d'hostilité, publia un édit « portant ordre de ne mener vivres, marchandises, ni denrées quelconques à Metz et à Marsal, mesme de n'avoir aucun commerce, intelligence ni fréquentation avec les bourgeois desdicts lieux, ni d'autres places ennemies de Son Altesse ».

Diverses escarmouches inaugurèrent les hostilités. Les Lorrains saccagèrent le village de Lorry. Par représailles, les Royalistes messins assiégèrent et prirent d'assaut Norroy, près de Pont-à-Mousson, passèrent les défenseurs au fil de l'épée, s'emparèrent des meubles relégués à l'église, comme dans un lieu de sûreté, démolirent le clocher et transportèrent à Metz les cloches qu'on donna à l'église Sainte-Croix. Les Messins, vainqueurs dans une nouvelle et rude escarmouche, prirent les châteaux de Goin, de Louvigny et plusieurs autres, notamment celui de Sailly, dont ils massacrèrent la garnison, après lui avoir accordé une capitulation. Ils poussèrent leurs courses jusqu'aux portes de Pont-à-Mousson, et même bien au delà dans la direction de Nancy. Les Lorrains, de leur côté, ne ménagèrent pas le pays messin, en sorte qu'on n'entendait parler que de pillages et d'incendies. Vainqueurs presque partout, les

Royalistes prirent Château-Salins qui, peu après, retomba entre les mains de Charles III.

Le Duc, pour réparer ces échecs, rassembla une armée assez nombreuse et marcha lui-même vers Metz, emporta d'assaut les châteaux de Mardigny et de Louvigny. Les défenseurs de cette dernière place furent pendus aux branches d'un arbre. Les Messins, se tenant enfermés dans leurs murailles, Charles remonta la Seille et parut à l'improviste devant Marsal dont il fit le siège. Par ses ordres, on lâcha les eaux de l'étang de Lindre ; les marais, principale défense de Marsal, furent vite desséchés et on put aborder la place. Après vingt jours d'attaques, la garnison, forte de cinq cents hommes, capitula et se retira à Metz, avec plusieurs bourgeois condamnés au bannissement. Les fortifications de Marsal furent soigneusement réparées.

Peu après, Charles et son fils aîné, de retour en Lorraine, s'approchèrent de Metz où ils avaient des intelligences. Le gouverneur de la ville averti, fit arrêter et décapiter un chanoine de la cathédrale et un gentilhomme, soupçonnés tous deux de trahison. Les Lorrains, maîtres sans coup férir de Moulins, coupèrent les arbres des vergers, élevèrent des retranchements et envoyèrent de tous côtés des détachements qui mirent les campagnes à contribution et enlevèrent les grains et les bestiaux des lieux ouverts. Après quinze jours de déprédations, ils s'éloignèrent, en annonçant qu'ils reviendraient faire la moisson et la vendange.

Cette guerre sauvage, marquée par la destruction des récoltes sur pied, du pillage et de l'incendie de plusieurs villages et de nombreuses censes, devint intolérable aux deux parties. On convint d'une trêve de quinze mois, pendant lesquels on conclurait la paix. Henri IV refusa de ratifier cet arrangement ; mais la paix était devenue tellement indispensable qu'on ne tint aucun compte de cette opposition. (DIGOT.)

Pendant le cours des hostilités, les Protestants de Metz

qui avaient chaudement soutenu le gouverneur, obtinrent la liberté de faire leurs prêches dans la ville même, et de remplir les charges municipales et judiciaires dont on les avait exclus auparavant. Ces droits, concédés au mois de mai 1592, amenèrent, le 24 août suivant, l'élection de huit religionnaires dans le conseil des Treize. Le vieux ferment républicain se réveillait, et, par le vote, protestait contre l'intolérance.

La trêve signée à Metz n'avait pas assuré la sécurité à la Lorraine dont la plupart des voisins étaient protestants ou royalistes ; aussi, à deux reprises différentes, le Duc prescrivit-il aux baillis « de faire transporter dans les villes fermées de murailles, les vins, grains et denrées du plat pays ». Deux corps de lansquenets, levés en Allemagne, pour le service du roi de Navarre, purent saccager, dévaster le temporel de Toul, menacer la ville elle-même, après s'être emparés de deux faubourgs et avoir pillé les villages du Toulois, avant qu'on pût les forcer à s'éloigner. Les Touloises elles-mêmes avaient pris les armes et étaient montées sur les remparts, bien que, peu auparavant, une maladie contagieuse eût affligé la ville (1).

L'impuissance du Duc venait de ce qu'il avait affaibli successivement ses forces, en envoyant un corps de troupes pour escorter jusqu'à Paris le légat Cajetan, puis, en faisant conduire au duc de Mayenne sept compagnies de chevau-légers et quatre compagnies d'arquebusiers, enfin, en expédiant quatre cents cavaliers au duc de Parme.

(1) Toul était alors dans une triste position. « Le malheur des guerres (D. CALMET, t. III, p. 759) et la licence de l'hérésie avaient introduit dans les mœurs une extrême corruption, et une si grande ignorance dans le clergé que l'on a peine à se le figurer. Il y avait disette des prêtres dans le diocèse de Toul qui, comme on le sait, est un des plus vastes du royaume; il n'y en avait pas pour remplir la quatrième partie des paroisses, et la plupart se trouvaient ignorants ou peu réglés. Les instructions, par conséquent, et le bon exemple devenaient rares. Les ordres religieux étaient tombés dans un affreux relâchement.

Ces levées d'hommes et les actions militaires dont nous avons parlé avaient épuisé les ressources de Charles III; aussi fit-il exposer au roi d'Espagne qu'il avait déjà dépensé « deux à trois millions d'or » pour soutenir la cause de l'Union, et il demanda le payement, à date fixe, d'un subside mensuel de quarante mille écus, sous peine d'être forcé de se détacher de la Ligue (1).

En attendant le subside de l'Espagnol, les États Généraux (mars 1591) votèrent un aide extraordinaire de douze cent mille francs barrois pour soudoyer, pendant un an, quatre mille hommes d'infanterie et six cents cavaliers. A cet effet, Charles imposa, le 21 mars, à « toutes personnes, tant ecclésiastiques que séculières, résidentes en villes, bourgz, bourgades, villages..., autant que peut monter leur dépense journalière, comme aussi les chefs d'hostel qui ont accoutumé boire vin en leurs ménages, payeront quatre escus de quatre francs six gros pièce, les concierges et les locataires, les vefves, chefs d'hostels de villages deux escus, les vefves un écu, les taverniers huit escus, les cabaretiers six escus et taverniers des villages trois escus, le tout pour une fois seulement. Étaient exemptés les abaïes, prieurez, églises, collégiales, commanderies, collèges et hospitaulx, comme aussi

(1) Dans les instructions données par Charles III au sieur Voné de Condé, son ambassadeur près de Philippe II (11 janvier 1591), se trouvent ces phrases significatives.... « Pour le bien et le repos du parti catholique de France, il (Charles III) a mis en arrière ses propres affaires, car combien que les villes de Metz et autres *enclavées* et circonvoisines desdits pays, tenans le parti du prince de Béarn lui ayent fait, depuis dix-huit mois en ça et plus, une dure et cruelle guerre, par feu, par sang et toute autre espèces d'inhumanité, si bien que ses subjets et pays en sont quasy dépeuplez et ruinez ... »

« ... Que le roy Henri lui avoit proposé des conditions fort avantageuses pour le séparer de ses ennemis et l'attirer dans son party, et néantmoins qu'il n'y auroit voulu oncques entendre. Que la plupart du peuple français et particulièrement les ecclésiastiques eussent désiré l'élire roy de France, mais qu'il n'accepteroit cette dignité qu'autant que le roy Philippe ne l'a *pour agréable*, vu que sans lui il ne pourroit arriver... »

les chasteaux et maisons de gentilz hommes. » (LEPAGE, p. 222) (1).

Le lourd et inutile sacrifice nouveau était insuffisant ; aussi au mois de juillet suivant, on leva, sans l'assentiment des États, un aide sur le vin. En même temps on fit en Lorraine et en Allemagne des levées d'hommes pour renforcer l'armée. Celle-ci comptait alors cinq régiments d'infanterie, deux régiments de lansquenets, des régiments de gendarmerie et d'arquebusiers à cheval, sans compter la garde ducale, les garnisons des villes et places fortes, etc.

Charles alla lui-même à la tête de son armée rejoindre à Verdun le duc de Mayenne, commandant des Suisses et des Italiens qui s'y étaient concentrés. On conférait dans cette ville sur les intérêts communs, quand, tout à coup, on apprit que le roi de Navarre, à la tête de sa cavalerie, s'avançait pour opérer sa jonction avec les troupes allemandes qu'amenait le vicomte de Turenne. Celui-ci, avec seize mille hommes, avait traversé le bailliage d'Allemagne dépourvu de soldats, et tendait la main au Béarnais.

Les deux armées, royalistes et ligueurs, demeurèrent en présence, pendant six semaines, dans les plaines de Verdun. De part et d'autre, il n'y eut que des escarmouches. Le 24 novembre 1591, Henri IV se porta sur Rouen qu'il avait fait investir depuis treize jours.

A peine la Lorraine était-elle affranchie du péril qui l'avait menacée que Charles vit surgir d'autres difficultés, et fut blessé vivement dans son amour-propre comme guerrier. Voici comment.

Nous avons dit plus haut que le Duc rêvait pour son fils le mariage avec Catherine de la Marck, princesse de Bouillon. Pour ménager le fanatisme calviniste de cette opulente hé-

(1) Dans les griefs présentés par les bourgeois de Nancy, il est dit: qu'ils ont donné six à sept mille francs pour les quatre cloches de Saint-Epvre, et que le guet créé nouvellement au clocher de Saint-Epvre est à leur charge. (CAYON, *Hist. de Nancy*, pp. 128-130.)

ritière, il était allé jusqu'à consentir, par écrit, à tolérer pendant dix ans le culte protestant à Sedan et à Jametz. (*Doc. sur la Lorr.*, t. IX, p. 80.) Catherine, dédaignant le prince lorrain, épousa le vicomte de Turenne, calviniste ardent comme elle. L'habile capitaine signala la première nuit de ses noces par la prise de la ville et du château de Stenay, où certes il n'était pas attendu. Charles, irrité, accourt et prend Villefranche, et, de là, va investir la ville récemment enlevée. Le gouverneur fait une belle défense. Il se trouve secondé par les pluies qui détrempent les terres à un tel point que les travaux des assiégés s'écroulent partout. Le Duc est obligé de se retirer après avoir perdu, devant les murailles de Stenay, de bonnes troupes et le grand veneur de Lorraine, Louis de Lenoncourt, tué à ses côtés par un coup de canon.

Rebutés par la résistance qu'ils rencontrent dans le duché de Bouillon, Charles III et son fils se jettent sur la Champagne où ce dernier emporte successivement Vassy, la Fauche Montéclair et Coiffy, places importantes que leur position rendait très fortes. Le vicomte de Turenne, qui survint tout à coup avec ses reîtres, arrêta ces succès et battit autour des remparts de Beaumont l'armée lorraine, commandée par le maréchal d'Amblize. Sept cents ligueurs, y compris le maréchal, demeurèrent sur place avec leurs drapeaux et leurs canons. Quatre cents lansquenets mirent bas les armes. Turenne, blessé légèrement de deux coups d'épée, profita de sa victoire pour enlever aux Lorrains la ville de Dun.

Charles, pour réparer le désastre de Beaumont, convoqua de nouveau les États Généraux. Déjà, en juillet, ils avaient accordé un aide extraordinaire de six francs par conduit dans les villes et bourgs. Cette fois (12 novembre) ils décidèrent: 1° que pendant l'année 1593 on percevrait tous les mois, sans distinction de cens, une somme de 30 francs sur chaque village qui appartenait au domaine ducal, au clergé et aux gentilshommes ; 2° que cette somme serait levée par les officiers du prince dans ses domaines et par les officiers des vassaux dans les hautes justices ; 3° que les villages et bourgs payeraient trois francs par conduit ; 4° que les *personnes riches acquitteraient un impôt pour chaque domestique qu'elles auraient à leur service* (1).

Le clergé, convaincu de la grandeur du péril que le catholicisme courait en France, ne s'était pas borné à faire les mêmes sacrifices que la noblesse et le tiers; dans l'été de 1592, il avait accordé au Duc un don gratuit de cinq cent mille francs barrois à répartir sur huit années, à condition que le pape approuverait la mesure.

La session était à peine terminée que Charles signa un mandement pour faire marcher les nobles qui fournissaient un corps considérable de bonne cavalerie, et pour opérer la levée « d'un homme en état de porter les armes par chaque vingt conduits » (2). En même temps, il enjoignit aux baillis et aux prévôts d'exécuter avec rigueur une ordonnance « contre

---

(1) Les conventionnels de 1793, dans leurs lois si âprement censurées, se bornaient à reproduire ces prescriptions du *grand* Duc dans leur lutte héroïque contre les Vendéens et l'Europe coalisée.

(2) Ces levées d'hommes avaient déjà été faites auparavant. En 1588, Mirecourt avait dû envoyer à Jametz dix hommes armés et équipés, ainsi qu'un certain nombre de pionniers que la ville entretenait à ses frais pendant toute la durée du siège par le baron de Haussonville. — En 1592, Mirecourt dut fournir également, en quatre jour, trente soldats (ordre du 20 juillet); le 5 août l'ordre était exécuté. En novembre 1592, un ordre du bailli des Vosges prescrivit la levée de pareil nombre d'hommes. (*A. L.*, an. 1877, p. 80.) Ces sommations ont dû s'étendre sur d'autres localités de la Lorraine et du Barrois.

En même temps que des soldats, il fallait fournir de l'argent par *emprunts forcés* dont étaient exempts les nobles et certains officiers, grâce à leurs fonctions. Voici un état de répartition qui existe encore aux archives de Mirecourt. « Roolle de six cents escus sols (valant alors 4 francs 9 gros), à prester à Son Altesse Charles III, par les bourgeois de Mirecourt, en 1589 » (soit 2.850 francs, payables par les seuls bourgeois). Il fallait en outre fournir des hommes. (*Ibid*, p. 79.) Charles III (LEPAGE, *Inst. mil.*, p. 31) fit lever un homme sur dix (9 juillet 1588). Le peuple se prêta avec peine à cette mesure. Cette

les soldatz et gens de guerre destroussant les voiageurs par les champs, et qui, ayant prins chevaulx ou bestail en pasture ou ez logis de leurs hôtes, preignent d'eux argent pour le réachapt ».

Tant de combats, tant de courses dévastatrices avaient réduit le peuple à la plus affreuse misère. La Champagne, le Bassigny, la Lorraine, le Barrois, le Verdunois, le duché de Bouillon, etc., étaient menacés d'une ruine prochaine. Pour prévenir cette calamité, Henri IV et Charles III nommèrent chacun un commissaire qui, à Sainte-Menehould, stipulèrent que désormais gens d'église, laboureurs, fermiers, vignerons, marchands et employés des eaux et forêts ne seraient faits prisonniers de guerre qu'autant qu'on les arrêterait les armes à la main ; que les filles et femmes seraient respectées ; que nul, au-dessous de l'âge de quinze ans, ne pourrait être retenu dans les fers ; que les lieux consacrés conserveraient leurs franchises, etc. Cette convention rendit quelque peu de vie au commerce lorrain, ranima l'agriculture et fut le prélude d'un traité de paix.

Mais, avant cette heureuse solution des questions pendantes, Charles (9 mars 1593) avait adressé aux gentilshommes lorrains et barisiens un mandement les invitant à entrer en campagne ou à payer chacun une somme de trente écus sol. Ensuite il investit Stenay et Dun et s'en rendit maître par capitulation. « La reprise de ces deux places fut le dernier fait d'armes auquel la Ligue ait donné lieu dans notre pays. » (DIGOT, t. IV, p. 283.)

Pendant la suspension des hostilités, les intrigues pour la possession du trône se donnèrent une large carrière. Char-

levée d'un homme sur dix devint régulière au commencement du XVIIe siècle et servit à former ce qu'on appela la milice (p. 39). A Vézelise, et ailleurs, sans doute, la milice était divisée en trois corps : mousquetaires hallebardiers et arquebusiers (p. 42). Les vassaux déjà fatigués du service exigé d'eux, répondirent aux appels avec peu d'empressement, témoin une lettre de Charles III, du 15 février 1592 (p. 16).

les III, sans écarter la candidature de son fils, le marquis de Pont (1), posa nettement la sienne. Il y était encouragé par sa mère, Christine de Danemarck, comme le prouve une lettre saisie par Henri IV, lettre portant en substance ces mots : « Je suis très aise d'entendre l'état de vos affaires, et suis d'avis que passiez outre ; car jamais ne se présentera plus belle occasion de vous mettre le sceptre en la main et la couronne sur la tête. » (Voy. *Mémoires de la Ligue*, t. II, p. 213.)

Charles suivit ce conseil et « passa outre ». Déjà on lui opposait un concurrent. En effet, après une première réunion des princes lorrains à Reims (avril 1593), eut lieu, à Paris, une seconde assemblée dans l'hôtel du légat du pape où les Espagnols proposèrent de décerner la couronne au jeune duc de Guise lorsqu'il aurait épousé l'infante d'Espagne (2),

(1) Dans l'assemblée de Chaumont (*Lettres et instructions de Charles III, relatives à la Ligue*, par H. LEPAGE) et dans celles de la noblesse, — la maison de Lorraine faisait proposer pour roi le marquis de Pont. —(*Mss. Béthune, V. 9103, fol. 77, cité par M. de Bouillé, Hist. des ducs de Guise,* t. III, p. 401.)

« Aucuns de l'Union de ceste province (le Bassigny), dit Cayet, receurent le marquis de Pont pour protecteur, et les habitants de Langres, en ce mesme temps, incitez par le duc de Lorraine de l'assister pour chasser le roi de Navarre, respondirent: Qu'ils l'assisteroient volontiers de leurs vies et biens pour tirer raison de ceux qui avoient massacré leur roy, que Son Altesse de Lorraine estoit obligé de poursuivre, estant son beau-frère, et le marquis de Pont son nepveu. » Sur une autre lettre qui leur fut envoyée pour reconnoistre ledit Sieur marquis de Pont pour roy, ils respondirent : « Nous ne recognoissons que la fleur-de-lys et les princes du sang de nos rois, pour légitimes successeurs de ceste couronne. » (*Chronologie novenaire,* fol. 281.)

Le principe de légitimité ou *propriété des nations en faveur des princes* (NOEL, *Mém. V,* p. 100) et *l'intolérance religieuse, ont ensanglanté toutes les pages de l'histoire.* A peine si, dans l'histoire dite moderne, on peut citer trois guerres qui n'aient point été échauffées par un de ces deux malheureux principes: *la propriété du peuple* ou *l'obligation de prier Dieu d'une manière plutôt que d'une autre.*

(2) Philippe II, pour acheter les Etats Généraux de 1593, fit distribuer aux députés huit mille écus (24.000 livres du temps), dont 3.500 à la

Charles crut que le moment d'agir nettement et ouvertement était arrivé. Il chargea Christophe de Bassompierre, chevalier, baron de Haroué, de présenter de sa part aux États Généraux de France un mémoire en trente-six articles exposant ses titres, articles qu'on peut ramener aux suivants :

1° *Droits dynastiques* Le duc de Lorraine est héritier en ligne droite de Pépin, de Charlemagne, du dernier des Carlovingiens dépossédé par Hugues Capet « à la force des armes, sans convocation publique et consentement des trois États du royaume » (1).

2° *Droits régaliens.* La race de Lorraine, comme Godefroy

Chambre du Clergé, 1.800 à la Chambre de la Noblesse et 2.700 à la Chambre du Tiers État. Cette somme, trop mesquine, invita les députés à favoriser les Guises et les Valois (CROZE). — Ecoutons un autre historien :

« Les États Généraux de 1593 coûtèrent à Philippe II, dont ils avaien trahi l'ambition, 4.048 écus, dont 11.158 au Clergé, 4.720 à la Noblesse et 8.180 au Tiers-État. » (*Procès-verbaux des États Généraux de 1593*, par M. BERNARD. *Préface*, p. LXII.)

(1) Dans le traité de 1576, entre les princes de la maison de Lorraine (NOËL, *Mém.* V, notes, pp. 5-6), ceux-ci « se déclaraient les descendants de Charlemagne, et, en conséquence, les légitimes souverains de la France. Ces prétentions avaient été approuvées par le pape, dans un conseil secret tenu à l'occasion des troubles de la Ligue, où il fut dit : « Que Hugues-Capet, en usurpant la couronne, avait violé par outrecuidance téméraire la bénédiction de Charlemagne ; que, quoi qu'il eût succédé à son administration temporelle, il n'avait point succédé à la bénédiction apostolique dudit Charlemagne ; qu'au contraire, il avait acquis, sur soi et les siens, une malédiction perpétuelle. » La malédiction avait été prononcée par le pape Étienne. Lorsqu'il sacra Pépin et ses fils, il lança l'excommunication contre « quiconque entreprendrait jamais d'élire un roi qui ne descendit pas de ceux que la bonté divine avait daigné exalter, et qui venaient d'être confirmés et consacrés par les mains du bienheureux pontife ».

Si Henri IV eût retardé de quelques jours son entrée à Paris comme vainqueur, on devait publier une lettre encyclique, pour engager les Français à revenir aux véritables principes de légitimité, en prenant pour roi un prince lorrain, vrai descendant de Charlemagne... (*Citation extraite d'un manuscrit de 1746.*) On déclarait ainsi nettement, que le droit de distribuer les couronnes appartenait au pape. Le sceptre se trouvait subordonné à l'encensoir.

de Bouillon, son illustre ancêtre, a toujours combattu les hérétiques et les Turcs. Elle est « saine, nette, impollue et immaculée d'aucune hérésie, sans exception ».

3° *Services et alliances.* Les ducs de Lorraine ont secouru par les armes les rois de France. Ils se sont souvent alliés à la maison royale de France et à plusieurs princes souverains étrangers.

4° *Avantages territoriaux.* L'avènement du duc de Lorraine assurerait un grand avantage à la France et porterait ses limites jusqu'au Rhin ou à peu près, même au-delà ; car, outre son duché, Charles a des droits de propriété sur le duché de Gueldres, de Zutphen, les royaumes de Jérusalem et de Sicile. La France lui doit de grosses sommes d'argent ; il a des prétentions sur un tiers de son territoire. (*A. L.*, t. XIV, p. 133.)

Ce factum, mélange d'avantages réels et de réclamations désagréables pour la France, ne produisit aucun effet sur le plus grand nombre des députés que le Duc n'avait pu toucher par des dons pécuniaires. Charles déçu, désabusé, chercha, en désespoir de cause, à traiter avec le Roi, vu que la Lorraine, pressurée par son ambition démesurée, se trouvait réduite aux abois.

En effet, *trois fois* pendant l'année 1593, les États Généraux lorrains avaient été convoqués pour fournir des subsides. En avril, ils votèrent :

1° Un aide extraordinaire d'un franc barrois à lever tous les mois sur chaque conduit, pendant les trois derniers trimestres de l'année ;

2° La perception de six deniers sur les marchandises vendues et le dixième pot de vin. — En septembre, ils doublèrent l'aide fourni par chaque conduit, mais pour le dernier trimestre seulement. — Enfin, en décembre, ils accordèrent la prolongation des mêmes impôts pendant les quatre premiers mois de 1594.

Le 1ᵉʳ mars 1594, Charles fit demander aux États réunis

la continuation, pendant toute l'année, de l'imposition de 1593 sur les conduits. Les trois ordres, las de tous les lourds et inutiles sacrifices des dernières années, refusèrent et autorisèrent seulement la perception des six deniers par franc et du dixième pot de vin, à condition que cet impôt ne frapperait que les villes et bourgs, et que son produit serait exclusivement consacré aux dépenses des nouvelles fortifications (1).

En même temps qu'il se créait ainsi des ressources, Charles, dans la crainte que la paix ne fût pas signée, enjoignit aux baillis (4 mars 1594) de lever un homme sur vingt dans tous les villages.

Henri IV qui, pour dérouter ses ennemis, s'était fait catholique (2), conclut, au mois de juillet 1594, une trêve avec Charles, trêve qui fut suivie d'un traité de paix, signé à Folembray, en décembre 1595. Par ce traité qui s'étendait au cardinal de Lorraine et aux bourgeois de Toul et de Verdun, la succession de Catherine de Médicis, mère de Claude de France, femme de Charles III, était assurée aux enfants de cette princesse. Henri IV promettait neuf cent mille écus au duc de Lorraine (3), tant pour la dot de la duchesse défunte que

(1) Les Etats cependant (BEAUPRÉ, p. 69, note) montrèrent parfois une opposition virile, notamment en 1594, où ils mirent bas l'aide de six deniers par franc et le dixième pot de vin que les Assises avaient consentie pour quatre mois, et en 1626, où les Assises avaient voté une contribution pour réparation du château de Vaudrevange.

(2) Un auteur moderne très connu dit que sur cent dix-huit évêques et archevêques qu'il y avait en France, cent reconnurent Henri IV, trois ans avant sa conversion. (SAINT-MAURIS, t. II, p. 17, note.)

(3) Le Parlement, réduisant les 900.000 écus à 250.000, n'ignorait pas un fait soigneusement enregistré par Sully, savoir, qu'en dehors des stipulations d'argent le Duc avait reçu l'énorme somme de trois millions sept cent soixante-six mille livres. (SAINT-MAURIS, t. II, p. 26.) Sully, dans ses *Mémoires* (édition de Landres), dit: « Au duc de Lorraine et autres particuliers compris dans son traité, trois millions, sept cent soixante-six mille huit cent vingt-cinq livres. » Telle serait la somme que Charles III aurait reçue de Henri IV pour quitter la Ligue. (D'HAUSSONVILLE, t. I, p. 61.) Ajoutons que son mandataire, Bassompierre,

pour plusieurs dettes qu'il s'obligeait à payer. Le Roi donnait, en outre, les villes de Dun, de Stenay et de Marsal, en échange de Jametz et de quelques autres places. Enfin, Henri s'engageait à confier à l'un des fils du Duc le gouvernement de Toul, de Verdun, etc. Plus tard, quelques-uns de ces articles furent retranchés ou modifiés par le Parlement de Paris qui n'accorda à Charles que 250,000 écus au lieu de 900,000, et annihila les prétentions qu'il pourrait avoir sur la Bretagne, l'Anjou, la Provence, le pays de Blois et de Coucy. Le Duc, frappé d'une espèce d'aveuglement, ne songea même pas à faire révoquer le droit de suzeraineté des rois de France sur le Barrois mouvant, cette source inépuisable de difficultés dans le passé et dans l'avenir. Charles IV, plus tard, suivit ce déplorable exemple.

En résumé (*A. L.*, t. XIV, p. 136), deux bicoques et deux cent cinquante mille francs d'indemnité, pour dix à douze millions de francs de dépenses et de ruines (1), pour des milliers de morts : voilà les résultats apparents de dix années de guerre. (*Intervention de Charles III dans les affaires de la Ligue en Champagne.*)

Après la conclusion officielle de la paix, on vit se reproduire les scènes lamentables du règne du duc Jean. Les soldats que la guerre avait fait vivre et qu'on licencia tout à coup, se mirent à parcourir et à piller les campagnes (2). Le

n'oublia pas ses intérêts personnels et obtint la promesse de la terre de Vaucouleurs, contre le payement de fortes sommes.

(1) On constate (LEPAGE. *Inst. milit.*, p. 227, note) que les dépenses des trésoriers pour les guerres de 1589 à 1594 (seulement), indépendamment de celles d'autres agents de finances, s'élèvent à 6 233.054 francs

(2) Un tout petit nombre parvint à se créer une position honorable, indépendante. Au premier rang de ceux-ci, il faut placer Bourlotte, né à Saint-Mihiel, dont H. Lepage, sous le titre de : *Un soldat de fortune au XVI° siècle*, raconte l'histoire en ces termes :

On était au temps de la Ligue. La Bourlotte s'enrôla sous les drapeaux du roi d'Espagne et des princes de l'Union. Parti comme simple soldat, il devint successivement enseigne, capitaine, lieutenant-colonel et enfin

Duc, pour mettre fin à ces désordres, fut obligé de conserver dans les villes des garnisons plus ou moins fortes qui, sous la conduite des baillis et des procureurs, donnèrent la chasse aux maraudeurs, mais dont l'entretien continua les charges de la guerre. Aussi, sans attendre l'ouverture de la session des États Généraux, ordonna-t-il de lever un franc par conduit, applicable « aux munitions de guerre », et, deux jours après, il enjoignit aux habitants d'Épinal de payer seize cent trente francs barrois à la compagnie d'Italiens qui occupait la ville.

Les États Généraux, malgré une vive répugnance, furent obligés d'accorder un aide extraordinaire qu'on leva pendant six années (du 1er avril 1596 au 31 mars 1602), et qui produisit 2,466,808 fr. 6 deniers barrois (1).

Dans les griefs généraux des États convoqués à Nancy, le 13 mars 1600, on lit à l'article 21 : « Son Altesse est très humblement suppliée qu'il ne soit permis aux gentilshommes qui

---

colonel de douze compagnies de gens de pied. Il avait assisté et pris une part brillante à une foule de batailles d'assauts ou d'escarmouches, soit aux Pays-Bas, soit en France, se trouvant toujours au premier rang pour entraîner ses soldats : aussi pouvait-il montrer sur son corps les marques glorieuses de vingt-deux blessures. Il était devenu, grâce sans doute à la munificence du souverain qu'il avait si vaillamment servi, seigneur de plusieurs terres et fut appelé à des fonctions importantes.

Le duc Charles III qui, *moins peut-être par zèle pour la religion, que dans un but d'ambition pour lui-même ou pour Henri, son fils,* avait pris très ardemment fait et cause pour la Ligue,.. éleva Bourlotte à la dignité de *chevalier* par lettres patentes (honneur qui ne fut guère conféré qu'à trois personnes : 1º Symphorien Champier, 2º Bourlotte, 3º Charles-Hyacinthe Hugo, écuyer, en 1736).

(1) Dans la session du 13 mars 1600, les États, dans leurs griefs généraux, dirent : « Son Altesse est très-humblement suppliée, qu'en mettant à exécution ce que tant de fois Elle a plu promettre, il ne se fera plus désormais aucun ject (levée d'impôts) sur le pays, soit par les baillis ou autres en leurs bailliages, qu'il ne soit préalablement accordé à l'Estat, et que ceux qui se trouveront avoir été faicts sans la convocation, adveu et consentement dudit Estat, soient déclairez nuls, et lesdits baillys ou autres qui en ont receu les deniers condamnés à en faire restitution. (LEPAGE. *Offices des duchés,* p. 91.)

se rendront aux Jésuites qu'ils ne pourront disposer de leur patrimoine et qu'ils (les Jésuites) n'en puissent jouir que de leur vivant. »

Le Tiers-État fait la même supplication que la Noblesse, supplication qui fut renouvelée aux États de 1614. (P. 169.) Les États accordèrent un impôt (continué en avril 1602), de dix à douze gros pour le réachat du domaine. (NOEL, *Mém.*, *V*, 2, notes, p. 148) (1).

En 1602, les États accordent au Duc qu'il se lèvera pendant cinq années six deniers par franc de toutes denrées et marchandises qui se vendront dans les villes, bourgs et villages...; mais... « en seront exemptz les ecclésiastiques et gentilshommes, tant eux que les acheaptans d'eulx, pour les ventes qu'ils feront de leurs nourritures, rentes, creu, concreu et revenues et des grains qu'ils vendront en grenier...; mais, vendans leurs grains hors greniers, l'acheapteur sera chargé d'en acquitter l'ayde ».

Les nobles vivans noblement seront aussi exemptez de ce qu'ils vendront, mais à charge que les acheapteurs seront obligez dudit ayde et tenus de l'acquitter. (LEPAGE et GERMAIN, *Nobiliaire*, p. 21.)

Par une ordonnance du dernier avril 1602, Charles imposa (en conséquence de l'octroi que les États lui en avaient fait, le 15 du même mois) 4 gros par mois sur chaque ménage contribuable dans les villes principales; 3 gros pour les moindres et 2 gros dans les bourgs et villages, outre le huitième pot des vins et bières qui se vendraient en détail ; de

(1) Cet auteur complète ainsi ces indications sommaires : « Dans les États du mois d'avril 1602, cet impôt fut continué; aux États de 1607, il fut accordé, pour six ans dix mois, huit gros par conduit dans les villes ; six gros huit deniers dans les campagnes ; quatre deniers par franc sur la vente des marchandises pour parachèvement des fortifications, réachat du domaine, entretien des garnisons, etc. Ce réachat du domaine tombait sur les *engagères*, espèce d'antichrèse fort en usage alors... » Nous possédons les comptes généraux des aides accordés par ces États à Charles III, dressés en 1606. On y trouve l'emploi d'un million en réachat du domaine... »

plus 1 franc par bœuf, 8 gros par vache, 3 gros par veau et mouton, 2 par brebis et 6 par porc qui se tueraient dans les villes, bourgs et faubourgs, le tout pour cinq années, à commencer au 1er mai suivant, et pour être employé, tant au réachat des domaines engagés, qu'à l'augmentation des fortifications de Nancy ; moyennant quoi, les aides ci-devant octroyés de six deniers par franc et du dixième pot de vin furent abolis ; mais l'imposition des gros *ayant paru exorbitante*, elle fut remise, par Ordonnance du 1er juillet suivant, sur le pied où elle avait été établie en 1600, de douze gros par an dans les villes et de 10 dans les bourgs et villages. Aux États qui furent assemblés le 15 décembre 1602, ces impositions furent supprimées, et on rétablit celle de 6 deniers par franc et du dixième pot de vin, comme en 1596.

Le 25 juillet 1603, on imposa 3 francs d'entrée sur les laines, par balle de 400 livres, à l'exception de celles qui seraient conduites à la foire de Saint-Nicolas.

Le 23 décembre suivant, le Duc mit « une taxe sur toutes les lettres de grâce qui s'obtiendraient pendant cinq années, dont le produit devait être employé à la construction de l'église Primatiale de Nancy, savoir : vingt écus sols par lettre de noblesse ; le quart d'une année sur toutes les pensions qui seraient accordées ; moitié du droit de sceau ordinaire sur les lettres obtenues par les serviteurs et domestiques de la Maison Royale dont ils étaient exempts par l'Ordonnance du 16 août 1581. A l'égard des ecclésiastiques qui obtiendraient des bénéfices, ils ne furent pas taxés, mais seulement invités à donner une somme à leur volonté. »

Le 5 mars 1607, les États octroyèrent 8 gros par conduit cotisable dans les villes et 6 et demi dans les villages par chacun mois avec quatre deniers par franc sur les marchandises, et le quinzième pot de vin à percevoir jusqu'au dernier février 1615, en exceptant, comme de coutume, de ces impositions, les gentilshommes et les ecclésiastiques.

Cependant, comme la plupart des soudards licenciés continuaient à tenir campagne, malgré la chasse que leur faisaient les garnisons, Charles adressa aux baillis une ordonnance dans laquelle se trouvait la disposition suivante.... « Que tous nos subjects résidans tant ès bourgs, bourgades et villages, capables de porter les armes, aient à s'armer, sçavoir : le dixième d'entr'eux duquel vous ferez choix et eslection, d'une bonne arquebuse à mesche, poudre et fourniment bien assortis, et les tenir en sa maison comme aussi les autres habitans, chascun d'un brin d'estoc, prest à s'en servir et marcher aux occasions qui s'offriront... » Les désordres devinrent intolérables au commencement de l'année 1596. Ce n'étaient plus de petites bandes d'aventuriers qui, comme pendant toute l'année 1595 rançonnèrent les laboureurs, mais des troupes nombreuses parcourant la Lorraine et le Barrois pour le vol et le pillage.

Charles, par un édit, ordonna aux baillis de faire armer tous les hommes capables de servir. Grâce à cette mesure vigoureuse, on parvint enfin à purger la province.

Non moins énergiques furent les mesures prises contre les Calvinistes qui reparurent sur plusieurs points du territoire. Le Duc (23 octobre) leur enjoignit d'abjurer « leur secte huit jours après la signification (de l'édit), ou de vuider le pays incontinent ». Les apostats étaient contraints de présenter aux baillis un certificat « des curez et supérieurs des lieux » où ils faisaient leur résidence, avec protestation de ne récidiver.

De son côté, le cardinal de Lorraine, légat apostolique dans les Trois-Évêchés, averti que quelques libraires de Pont-à-Mousson et d'ailleurs vendaient secrètement des livres prohibés, publia un règlement répressif que Charles réédita en 1587, en y ajoutant la punition corporelle et la confiscation desdits livres. On fit défense : 1° aux libraires de mettre aucun volume en vente, sans l'avoir préalablement soumis au recteur de l'Université ; 2° aux typographes de ne rien imprimer sans le consentement et l'approbation du même dignitaire ; le tout sous peine de confiscation et d'une amende de cinquante francs barrois, applicables aux œuvres pies ; en cas de récidive, les coupables devaient être « privés de leurs estats » (1).

Disons, en passant, que l'Université de Pont-à-Mousson était qualifiée de catholique, lorraine et ligueuse (2).

Administration de Charles III. Mariages étranges. — Cependant les hostilités continuaient entre la France et l'Espagne. Le Duc, à trois reprises différentes, en 1595, 1600 et 1603 défendit à ses sujets de servir à l'étranger, et publia une déclaration de neutralité qui fut acceptée par les parties belligérantes. Néanmoins, à partir de 1606, plusieurs régi-

(1) Le règlement fut appliqué à Denis-André Jolly, curé de Croix-sur-Meuse. Celui-ci ayant fait imprimer à Pont-à-Mousson, chez F. Thouvenin, par Fr. Morin, un « libelle anonyme diffamatoire » intitulé : *Lettres à M. Becquet, professeur en Théologie du séminaire de Verdun*, fut condamné à vingt livres d'amende, cinquante livres d'aumône, applicable au pain des prisonniers de la Conciergerie du Palais de cette ville, et de *tenir prison pendant trois ans*. François Morin également, y étant tête nue et à genoux, pour être sévèrement repris et blâmé, d'avoir imprimé sans *Visa* ni *Permission*, se voir condamné à dix livres d'amende avec défense d'imprimer, vendre ni débiter à l'avenir aucuns livres dans les Etats de Sa Majesté. Thouvenin fut admonesté d'être à l'avenir plus circonspect. Tous trois furent condamnés aux frais, et les libelles brûlés par le bourreau. (H. LEPAGE, *La Centaine de Pont-à-Mousson, A. L.*, an. 1880.)

(2) Les mœurs de ses écoliers n'étaient rien moins qu'irréprochables. Le père Abram, en nous apprenant qu'en 1649 on découvrit qu'un étudiant « sortait du collège presque toutes les nuits, à huit heures du soir, par la porte de derrière dont il crochetait la serrure », ne nous dit pas où il allait, mais on peut le supposer. Le même auteur, en parlant d'un Jésuite, confesseur des écoliers, nous dit que « lorsque quelqu'un s'accusait de quelque péché d'impureté, il frémissait d'horreur, et ne pouvait pas comprendre comment, à cet âge si tendre, il pût savoir commettre ces sortes de péchés. Et cependant, ajoute l'historien (RAGOT, t. VIII, p. 91), la plupart des escoliers avaient l'habitude de les commettre sans scrupules ».

Voilà de ces confidences que les Jésuites n'ont pas pardonné au brave et naïf père Abram qui ne croyait pas, du reste, que son journal intime serait connu, traduit et lu par tous. (E. ORY. *Causeries sur Pont-à-Mousson.*)

ments lorrains entrèrent au service de la France et allèrent combattre les débris de la Ligue. (LEPAGE, p. 240.) Charles publia encore, en 1599, un édit défendant « de porter aucunes arquebuses, ni bâtons à feu » et ordonnant « d'appréhender les voleurs, vagabonds et aultres personnes non avouées qui se trouveroient ès pays de son obéissance ».

Charles avait vu s'anéantir toutes ses visées ambitieuses. Le trône de France lui avait échappé et l'héritière du duché de Bouillon était devenue la femme du vicomte de Turenne. Pour s'approcher du trône si âprement convoité, il ne restait au Duc qu'un seul espoir : faire épouser à son fils Henri, Catherine de Bourbon, sœur de Henri IV. Cette princesse, à défaut de descendants légitimes du roi vert-galant (1), héritait de ses droits à la couronne de France. Or, Catherine éprise du comte de Soissons, sans beauté ou autres agréments moraux remarquables, et plus âgée de six années que le marquis du Pont, était une huguenote intraitable, et, de plus, parente des princes lorrains à un degré prohibé. Charles, aveuglé par l'ambition, n'hésita pas à introduire dans sa famille une religionnaire endurcie, et cela au grand scandale des Lorrains si orthodoxes. Vainement Rome fit une opposition formelle ; vainement nul évêque ne voulut consentir à prêter son ministère pour ce mariage (2): le Duc,

---

(1) Or, vers 1598 (PIMODAN, p. 298), Henri IV souffrait déjà d'une infirmité qui, selon le dire de son premier médecin, devait, par la suite, le rendre moins capable d'avoir des enfants. A Monceau, en 1598, le roi faillit mourir, et, grâces à Dieu fut depuis *guary* par une opération admirable.

(2) Voici le récit de ce mariage étrange : « Le dit jour, 30 janvier 1599, au matin, Sa Majesté manda audit sieur duc de Bar, de le venir trouver dans son cabinet ; ce qu'il fit, et Sa Majesté alla prendre Madame sa sœur à son lever, et la mena par la main dans son cabinet où était ledit sieur duc de Bar. Lors Sa Majesté commanda à Monseigneur l'archevêque de Rouen, son frère naturel, fils d'Antoine et de Mlle de la Baraudière, dite la Rouet, de les épouser, de quoy il fit quelques difficultés, voulant que cela se fit à l'Église ; mais Sa Majesté lui commanda de passer outre, disant que sa présence vallait bien une messe. Ledit sieur

fort du consentement de Henri IV, passa outre. Charles de Bourbon, archevêque de Rouen, intimidé par son frère, unit, dans le cabinet du Roi, la princesse Catherine à Henri de Lorraine qui prit dès ce moment le titre de duc de Bar. Le Béarnais promit à sa sœur une dot de trois cent mille écus d'or au soleil, et le futur duc Henri assigna, pour le douaire de Catherine, une rente de soixante mille livres, à prélever sur les revenus du Barrois.

On s'était flatté en Lorraine de convertir la princesse et d'obtenir plus aisément dispense à Rome, lorsque le mariage serait consommé. Il n'en fut rien. Catherine résista aux moyens de conversion employés par Charles III et, allant plus loin, fit prêcher des ministres luthériens au château de la Malgrange, où on l'avait reléguée. C'était la première fois, sous un prince de la Maison de Lorraine, que la Réforme put élever une chaire au cœur du pays. Un bref sévère du pape (1) poussa le duc de Bar à entreprendre *incognito* le voyage de Rome, sous le prétexte du *jubilé* de 1600, mais en réalité afin de faire régulariser son union (2). Le Duc, sous les

archevêque donc obéit… et, ayant son rochet, les espousa par paroles de présent. Ce fait, alla célébrer la messe en la chapelle qui est audit château (Saint-Germain-en-Laye), où Sa Majesté le mena. Ma dite Dame s'en retourna en sa chambre faire ses dévotions et se parer pour estre prête pour le diner. Lequel diner fut servi à la Royale, et fut fait en la grande salle dudit château auquel assistèrent les Princes, Seigneurs, Princesses et Dames qui lors se trouvèrent à la Cour. L'après-diner se passa au bal. Furent coucher les mariés ensemble en la chambre que pour cet effet leur avait été préparée audit château. (*Extrait des manuscrits de Brienne, ancienne collect.*, t. 266, *mariages des rois et autres grands seigneurs*, p. 221.)

(1) Sa Sainteté écrivit un bref à l'évêque de Toul lui ordonnant d'avertir Henri qu'il avait violé les lois de l'Eglise par son mariage qui était nul, et qu'il avait décerné contre ce prince une excommunication. Dans une assemblée de docteurs, sept furent pour le mariage, deux contre. (BENOIT-PICARD.)

(2) En Lorraine, l'opposition à ce mariage avait été des plus vives. On ne pouvait souffrir une hérétique à la Cour; on fut obligé de loger la princesse à la Grange, maison de campagne à une lieue de Nancy. Le nom de ce lieu fut changé en celui de Malgrange, ou Grange-Maudite,

incitations des sommités catholiques, promit d'abandonner Catherine qu'il aimait beaucoup et dont il était tendrement aimé. « Le pape l'autorisa à prendre un confesseur, à communier en secret et à gagner les indulgences, en visitant une fois les églises patriarchales. Henri, qui n'avait plus *d'espérance d'avoir des enfants, désirait que Clément lui ordonnât d'une manière ostensible de se séparer de la princesse* ; mais le Souverain-Pontife refusa prudemment de lui intimer une injonction semblable et le Duc sortit de Rome... sans avoir rien obtenu. (DIGOT., t. IV, p. 309.) Les lettres d'absolution de l'anathème lancé contre lui ne furent accordées que quatre années plus tard, et arrivèrent à Nancy après le décès de Catherine, qui avait succombé à la fièvre causée par une tumeur que son médecin prit pour un commencement de grossesse. Le désir d'avoir une postérité lui fit refuser tout remède dans la crainte de nuire à son enfant. Cette

par la raison que la pestilence, représentée par la princesse, y demeurait et qu'il y recevait les huguenots et même son amant avoué, le comte de Soissons. (Cette allégation est, paraît-il, inexacte.) Tous les ordres religieux prièrent journellement pour obtenir de Dieu la conversion de la princesse; des conférences eurent lieu, à cet effet, en sa présence, entre le R. P. Camelet, jésuite, frère Esprit, capucin, le cardinal de Lorraine, d'une part, et les ministres protestants Corvet et de la Touche, d'autre part. La princesse déclara qu'elle se ferait catholique quand du Plessis Mornay serait pape... Ce mariage de Catherine de Bourbon est le résultat de l'habile politique de Henri IV qui, par ce fait, enlevait à la branche régnante de Lorraine l'estime des Ligueurs et des exaltés catholiques, sans lui faire acquérir la considération des Huguenots, attendu que la princesse n'était point estimée à cause du retentissement de ses intrigues amoureuses. (NOEL, *Collec. III*, vol. *suppl.*, pp. 871-72.) Le grave Digot lui-même mentionne le calembourg suivant prêté à Catherine : — Oui, mais (dans ce mariage avec Henri II) je n'y trouve pas mon compte (comte). Ceci semble être une véritable calomnie, car Catherine aimait son mari, plus jeune qu'elle.

Comme d'habitude, les gens de lettres célébrèrent l'union dans des vers pompeux. Détachons de ces dithyrambes les quatre vers suivants :

> De ce couple sacré, que conjoinct Hyménée
> Des merveilles du siècle en leur fleur sortiront;
> Les douceurs de leurs fruicts *aux peuples serviront*
> Pour préserver leurs biens de la guerre effrénée.

princesse n'emporta dans la tombe, ni l'attachement des Lorrains, ni même celui de son époux, quoiqu'elle fût un rare exemple d'amour conjugal (1).

METZ. — Pendant que ces évènements se passaient en Lorraine, le pays messin, accablé de contributions ruineuses, gémissait sous l'oppression du sieur de Soboles, auquel le duc d'Epernon avait confié l'administration de la province. Les têtes y étaient montées au point que plusieurs bourgeois messins avaient essayé de soustraire leur ville au joug de la France, surtout depuis l'établissement d'une gabelle sur les vins, qui annihilait la branche commerciale la plus productive de la province. Henri IV, informé de cet état de choses, se rendit à Metz (mars 1603), accompagné de la reine et d'une suite nombreuse. On lui fit une réception magnifique. Inscriptions, pavoisements, arcs-de-triomphe, feu d'artifice, tout fut prodigué par les Messins pour se concilier les bonnes grâces du monarque. Aussi le Béarnais écrivit-il à son fidèle Sully : « J'ai été bien ueu et bien receu de ce peuple qui désiroit fort de m'y uoir. » Henri, dont l'avènement au trône avait déjà été si favorable aux Calvinistes messins, chercha à établir la concorde entre les deux cultes dont les fidèles étaient alors à peu près égaux en nombre (VIVILLE), et à supprimer les impôts les plus criants. La citadelle fut reprise à Soboles, les prisons ouvertes, et une infinité d'abus réprimés. Le peuple messin vit naître les premiers beaux jours dont il jouit depuis le siège de Charles V.

(1) Rien n'est plus curieux (NOEL, Mém. I', 2 vol., notes, p. 59) que les Mémoires du temps sur cette duchesse. Le révérend père Fourrier et Alix Leclerc, fondatrice des Refuges, attribuent à leurs ferventes prières l'erreur des médecins et la fin prématurée d'une princesse hérétique dont la présence pouvait attirer sur le pays toutes sortes de malheurs... Ainsi, voilà un miracle négatif, car nous aimons à penser que ces pieux personnages ne priaient pas Dieu d'enlever cette princesse à la terre pour la précipiter dans le gouffre des enfers, mais de la convertir à leur croyance ; ainsi donc ils obtinrent un succès tout opposé à leurs demandes ; ce qui ne les empêcha pas de fort se réjouir de la mort de cette princesse et d'en rendre grâce à Dieu...

Henri IV reçut à Metz un grand nombre de princes étrangers et d'ambassadeurs. Le provincial des Jésuites de Verdun obtint le rétablissement en France de cette société « si fatalement célèbre » (BÉGIN). « Vous n'êtes pas d'avis, disait Henri à ses conseillers, de faire revenir les Jésuites ; mais pouvez-vous garantir ma vie ? Je sais qu'ils en veulent à mes jours, auxquels *ils ont attenté plus d'une fois* ; il ne faut pas les irriter davantage, ni les pousser à des extrémités. Je consens donc à leur rappel, mais bien malgré moi et par nécessité. » Ainsi s'accrut encore le grand nombre des établissements religieux et monastiques qui couvraient de toutes parts la Lorraine et les Trois-Évêchés.

De Metz, le Roi se rendit à Nancy, près de sa sœur, qui souffrait déjà de la maladie dont elle mourut (1). A Toul, il offrit cent mille francs aux chanoines pour l'achat du temporel du chapitre ; ceux-ci refusèrent. Louis XIV, plus tard, s'empara de leurs biens sans indemnité aucune (2).

A l'occasion du décès de Catherine, Charles III fit annoncer par ses baillis... « que personne, de quelque qualité elle soit, pendant le carnaval, et partout l'an du décès de feu Madame, n'ait à paraître, ny à aller en mascarade, même feste, soit parochiale ou de nopces, avec tambours, fifres, violents ou autres semblables instruments, ny danses en public, soit par chansons, à voix ou avec lesdicts instruments, à peine d'emprisonnement ou de peine arbitraire. (*Recueil de Châteaufort*, t. II, p. 118.)

(1) C'est dans ce voyage (1603) que, selon la tradition populaire, Henri IV, apercevant de loin les gentilshommes verriers de la forêt de l'Argonne qui accouraient se ranger sur son passage, au pont de la Biesme, entre Clermond et Sainte-Menehould, demanda ce que c'était que ces gens. Ce sont les souffleurs de bouteilles, répondit le postillon qui conduisait la voiture du roi. Eh bien ! dis-leur de souffler au cul de tes chevaux pour les faire aller plus vite, riposta le roi.

(2) Les vieux chanoines, instruits par l'expérience, habitués aux vicissitudes, craintifs peut-être, voulaient accepter l'offre royale ; les jeunes, avec la présomption de leur âge, avec la confiance d'une possession antérieure à Charlemagne, voulaient rester souverains ; ces derniers, plus nombreux l'emportèrent, et, dit mélancoliquement Benoît, « le traité de Munster conserva à Louis-le-Grand cent mille livres de son aïeul, en lui donnant la souveraineté que les jeunes chanoines n'avaient pas voulu vendre ». (PIMODAN, pp. 286-87.)

Henri, duc de Bar, n'attendit pas deux ans de veuvage pour épouser Marguerite de Gonzague, nièce de la reine Marie de Médicis. Cette princesse apportait une dot de cinq cent mille livres. A son arrivée à Nancy, la milice bourgeoise, forte de neuf cents hommes, était rangée en double haie dans les rues qu'elle devait traverser pour gagner le palais ducal (1).

(1) Les autres enfants de Charles III trouvèrent des établissements avantageux mais peu honorables pour la dignité du Duc.

1° Charles (cardinal de Lorraine) n'avait encore que six ans (D. CALMET, t. III, pp. 68-69) lorsque le pape Grégoire XIII lui accorda l'accès de l'évêché de Metz, après la mort des cardinaux de Lorraine et de Guise. Ce dernier, dit le *cardinal aux bouteilles*, étant décédé en 1578, Charles devint évêque de Metz, comme il entrait à peine dans sa douzième année; il fut mis en possession de l'administration à dix-huit ans. Vers la même époque, il obtint les abbayes de Saint-Victor de Paris, de Gorze, de Beaupré et de Saint-Mihiel. En 1589, Sixte-Quint le créa cardinal-diacre. Grégoire XIV lui assigna le titre de Sainte-Agathe et le déclara légat apostolique dans les évêchés de Metz, Toul et Verdun. Enfin les chanoines de Strasbourg l'élurent évêque du diocèse de ce nom. Charles accueillait avec transport ces honneurs fructueux accordés à son fils. Sa joie fut telle, quand on apporta le bonnet rouge, qu'il fit donner au nonce du pape, messager du Souverain-Pontife, deux chaînes d'or du prix de 2,002 francs 10 gros. Dom Cassien Bidot, dans son journal, parlant de ce prélat doté de tant de bénéfices, dit: « Toutefois tant de crosses ne l'ont pu jamais faire aller droit, ayant esté l'un des plus insoutenables hommes que la terre ait porté. » (P. 26.)

2° Christine fut mariée à Ferdinand Ier, grand-duc de Toscane. Ce mariage fut pénible à contracter. « Retardé par *tant d'exigences si honteuses pour lui, si humiliantes pour Charles III*, il fut célébré à la fin de juin 1589. » (LEPAGE, *Doc. lorr.*, t. IX, p. 149, note.)

3° Antoinette épousa Jean Guillaume, duc de Juliers et de Clèves. On savait que ce prince avait l'esprit dérangé, mais on le croyait moins imbécile et aucunement dangereux. La pauvre princesse fut cruellement détrompée. Lorsqu'elle arriva à la cour de Clèves, Guillaume donnait la chasse aux mouches qui volaient dans son appartement. Il refusa de quitter cette intéressante opération, et se contenta de dire à sa femme: Bonjour, duchesse de Lorraine ! La vertueuse arrivante, fort étonnée (D. CALMET, t. II, pp. 1137-38) « d'une telle réception, se consola un peu par l'accueil que lui firent la noblesse et les peuples de Juliers et de Clèves qui lui rendirent tous les honneurs dus à sa naissance et à sa qualité de souveraine. Comme ils désiraient ardemment que leur duc pût leur donner un héritier légitime, ils engagèrent la princesse à entrer

Après la paix, Charles consacra son activité à l'administration intérieure et déploya à sa cour le luxe d'un puissant souverain. Florentin Thierriat, qui vivait alors, affirme que le Duc entretenait tous les jours au moins trois cents personnes. La dépense (D. Calmet) ne montait pas plus qu'à six sols par tête, d'après l'auteur du Μακαρισμος. Dès lors, il y eut à la cour de Lorraine, outre les deux maréchaux et les deux sénéchaux, un grand-maître de l'artillerie, un grand-maître d'hôtel, un grand-chambellan, etc. Charles avait, en outre, un conseil d'Etat qu'il présidait ou faisait présider, composé de conseillers, maîtres de requêtes et de secrétaires. Comme son père Antoine, il entretenait des ambassadeurs dans la plupart des cours étrangères.

Ce prince était sobre. A la table ducale (*A. L.*, an. 1875), on ne buvait alors qu'une espèce de vin, et la consommation s'élevait à 3 francs et demi (par jour sans doute). En carême (année 1586), la morue, le hareng saur et quelques poissons, composaient, avec la *quiche* et des échaudés, tout le menu de la table ducale. Les réceptions des bourgeois étaient des plus simples. Ainsi, pour l'installation (janvier 1594) de douze bourgeois chargés de « délibérer selon les occurences des affaires », chacun d'eux reçut un biscuit et une rasade de vin rouge. Il y eut, en outre, à discrétion des poires tapées et des damas secs, déposés en deux paniers sur la table des délibérations. (Renauld, *Cout. et us. lois*, pp. 42 et suiv.) (1).

dans le lit de ce prince ; mais toutes les nuits elle était obligée d'appeler à son secours les gardes qui étaient dans l'antichambre pour la tirer des mains du duc qui voulait l'étrangler... » Ce malheureux mourut en 1609 et sa femme ne lui survécut qu'un an.

4° Elisabeth épousa Guillaume II, duc de Bavière, dont elle n'eut pas d'enfants.

5° Catherine devint abbesse de Remiremont.

6° Le comte de Vaudémont, François, troisième fils du duc, épousa Christine, comtesse de Salm.

(1) Dans les comptes de Philippe de Barecourt, maître d'hôtel de Charles III, on lit que, le samedi 1er mars 1586, il a été payé 9 gros

Pour favoriser le commerce, Charles institua, en 1579, quatre foires franches à Pont-à-Mousson, en créa une nouvelle à Saint-Nicolas-de-Port, réduisit, comme nous l'avons déjà dit, à la mesure de Nancy toutes celles à grains des deux duchés, promulgua une ordonnance fixant les mesures de longueur, créa à Nancy un comptoir d'escompte et de prêt, enfin, prescrivit de réparer avec soin « les hauts chemins publics, fortement négligés, depuis quelques années ».

Charles, dont les finances étaient embarrassées, « voulut réduire à 5 p. 100 l'intérêt des contrats fixés à un peu plus de 7 p. 100. Le marquis de Beauveau, les comtes des Armoises et de Salm (1), s'opposèrent vivement à cette

(1 fr. 35), pour quiches et échaudés sur la table du prince qui ce jour-là recevait son fils Henri, marquis de Pont-à-Mousson. (LYONNAIS, t. I, p. 69.) Notons ici ce trait caractéristique de l'époque. Dans les dépenses ordinaires de Charles III, les *parties* d'apothicaire et les mémoires arriérés du même s'élèvent à la somme totale de 18.271 francs 11 gros 8 deniers, en l'année 1600. (DIGOT, t. V, p. 162.)

(1) Jean IX, comte de Salm, est connu dans l'histoire pour son caractère emporté. C'est le type accompli du soudard de l'époque. Ainsi, le feu ayant pris à une aile du palais ducal (A. L., 16ᵉ ann., p. 256) par la faute d'un domestique, Jean le frappa en présence du Duc. Celui-ci l'arrêta et lui dit : Laissez cet homme, il m'a rendu service ; demain j'aurais fait abattre cette aile qui me déplaisait depuis longtemps. (CHEVRIER, t. IV, p. 256.)

Le 4 septembre 1573, ce même comte Jean, en allant à la recherche de ses domestiques, fut heurté dans une allée obscure par un de ses palefreniers qui accourait à son appel. Jean, furieux, le frappa d'un coup de dague si violent que le malheureux alla tomber sous un porche où il expira quelques temps après. Jean prit la fuite, et ne se fiant pas à un sauf-conduit, il ne rentra au conseil où une importante affaire l'appelait, que muni d'une lettre de rémission du Duc.

Le 12 octobre 1575, il attaqua et tua dans les rues de Nancy M. de Gombervaux l'aîné, avec lequel il avait eu une querelle. Les gens de la suite des deux seigneurs avaient dégainé de part et d'autre. Le 16 octobre, Jean et les siens obtinrent de la bonté du Duc une lettre de rémission, fondée sur l'égard dû au devoir d'un homme de la qualité du comte de Salm, quand il est question de la vie, honneur et réputation. (L. BENOIT, *ib.*, pp. 11-12.)

Charles avait un grand faible pour ce triste personnage. Ainsi, par

diminution, invoquant l'autorité des Assises qui ne manqueraient pas de repousser cet acte inique, Salm alla jusqu'à menacer de prendre les armes pour maintenir la foi publique, et Beauveau n'hésita pas à proposer, au nom de la noblesse, de verser dans le trésor ducal la somme que la réduction de l'intérêt devait produire.

Au nombre des principales réformes et innovations dont nous parlerons plus loin, figurent les suivantes :

1° Fixation du commencement de l'année, incertain jusqu'alors. On avait coutume de désigner, à cet effet, tantôt Noël, tantôt Pâques communiant, ou même le 25 mars, (Annonciation de Notre-Dame). Par un édit du 15 novembre 1579, Charles indiqua le 1er janvier, qui, dès lors, devint une date fixe et invariable (1).

2° Ordonnance du 5 avril 1582, frappant les stellionataires de la peine du fouet et du bannissement, avec confiscation du tiers de leurs biens.

3° Tentative, en 1598, de l'érection d'un évêché, soit à Nancy, soit à Saint-Dié. Grâce à l'opposition du cardinal d'Ossat, le projet échoua ; mais une collégiale dont le chef eut le titre de Primat, portant la mitre et la crosse avec quelques-uns des droits épiscopaux, fut érigée (15 mars 1602), par une bulle de Clément VIII.

4° Agrandissement de Nancy. On commença par détruire le faubourg ou village appelé Saint-Dizier. La distribution des terrains se fit sous les ordres de Jean de Salm, gouverneur... On dressa un état d'indemnité pour les propriétaires des terrains, et ils eurent le choix de bâtir.

5° Commencement des fortifications de Nancy-la-Neuve,

---

lettres, il décharge Jean (IX), comte de Salm et Henri d'Anglure, sieur de Melay, et les tient quittes de l'administration et maniement de l'aide générale accordée par les Etats à Son Altesse, en l'année 1569.

(1) Dans l'édit du 22 novembre 1582, Charles ordonna le retranchement de six jours, suivant la réformation de Grégoire XIII; par là, le 9 décembre 1582 dont le lendemain aurait été le 10, fut compté le vingt-unième.

les plus belles qui eussent encore paru. Ces fortifications (D. CALMET, t. II, p. 1388) ont coûté, on l'assure, 1.400,000 mille francs barrois, ainsi qu'il se voit par les registres de ce temps-là. Duplessis (*Hist. de Lorr.*, liv. IV, chap. 32) dit qu'elles coûtèrent trois ou quatre millions d'or. — Pour exécuter ce travail gigantesque, on fit la presse des pauvres. Lepage (*Arch. de Nancy*, II, p. 196) cite « l'achat de menottes pour accoupler les pauvres qu'on fera travailler aux fortifications de Nancy (années 1601, 1602) ». L'année suivante (1603), une ordonnance prescrivit de saisir, partout où ils se trouveraient, les maraudeurs et braconniers, et d'envoyer à Nancy tous ceux qui avaient plus de quatorze ans. Ils devaient travailler pendant six mois aux fortifications de la ville, sous peine, en cas de fuite, d'y être remis pendant six autres mois, et, en cas de récidive, pour une autre année entière. Afin de distinguer ces forçats d'un nouveau genre des autres travailleurs, *ils portaient au cou un collier de fer*. Grâce à cette ordonnance sévère, les communautés se débarrassèrent de tous leurs maraudeurs. L'affluence à Nancy devint si considérable, qu'une déclaration du 4 août spécifia, qu'avant l'envoi dans la capitale, une sentence de condamnation était nécessaire. (DUMONT, t. I, p. 199, 200) (ROGÉVILLE).

6° Création de la Chambre du conseil de ville de Nancy (7 janvier 1594), formée de douze bourgeois dont six sortaient chaque année. En 1598, le nombre des douze conseillers fut réduit à sept (1).

(1) Le procureur général ou son substitut y avaient séance, ainsi que le prévôt. Ils avaient l'exercice de la police, et les appellations de leurs jugements se portaient directement au conseil du prince. Il y avait des cas où la Chambre de ville communiquait les affaires à la communauté. En février 1598, le nombre des conseillers de ville fut réduit à sept, et Nancy fut divisé en quartiers, six en la ville vieille et six en la neuve. « A chacune s'establirent, de deux ans à autres et à rechanger comme ceux du conseil, deux personnes notables et de respect. »

7º Mise en corps des lois civiles, des coutumes diverses, existant en Lorraine (1). (Voir pp. 885 et suiv.)

8º Etablissement à Saint-Mihiel, « par forme de siège permanent, d'un gouvernement souverain, stable et resseant, pour connaitre, décider et mettre à exécution tous les procès et causes desquels cours et connaissance ne pouvaient venir aux Grands Jours, qu'il se réserve de tenir en personne, toutes et quantes fois lui semblera bon ». (Texte de la création du Parlement de Saint-Mihiel.) (*A. L.*, t. V, p. 29.)

La paix qui suivit les guerres de religion (2) assurait aux

---

(1) Entre autres singularités de la coutume de Sainte-Marie, la manière dont se faisait la réparation d'injures était assez remarquable. Celui qui était condamné devait aller quérir un pot de vin et l'apporter devant la justice, en verser dans un verre et le présenter à la partie lésée, lui disant par son nom : N., voilà que je te présente à boire pour l'honneur de Dieu ; si j'ai dit ou proféré quelque parole contre toi et ton honneur, me vouloir pardonner, car je ne sais autrement que tu sois homme de bien.

La coutume de Marsal (art. 21) contenait aussi, en matière d'injures quand elles avaient été proférées par une femme, une disposition non moins singulière. La coupable était exemptée de toute réparation et passible seulement d'une amende et des dépens, si son mari déclarait l'avoir désavouée ou affirmait judiciairement l'avoir battue. A Dieuze, il fallait que l'audience fût le théâtre de la correction maritale ; elle était exercée devant le juge, et le greffier en dressait acte. (BEAUPRÉ, *Nouvelle recherche*, p. 11, note). Selon une pièce (nº 3935. Bibl. de Nancy), datée de 1554, les femmes de Châtel-sur-Moselle jouissaient, pendant un certain temps de l'année, des mêmes droits à l'égard de leurs maris que ceux-ci envers leurs femmes pendant le reste du temps. Cette autorité avait une sanction qui consistait à infliger aux délinquants un bain forcée dans la Moselle, où les maitresses du moment les plongeaient du haut du pont. Nombres de doctes lotharingophiles considèrent cette charte comme une plus ou moins spirituelle plaisanterie. (*A. L.*, ann. 1880, pp. 187-88.)

(2) Les guerres civiles religieuses (CHATEAUBRIAND, *Etud. hist.*, t. IV, p. 318) ont duré trente-neuf ans, ont engendré le massacre de la Saint-Barthélemy, ont versé le sang de plus de deux millions de Français, ont dévoré près de trois millards de notre monnaie actuelle, ont produit la saisie et la vente des biens de l'église et des particuliers, ont fait périr deux rois de mort violente, Henri III et Henri IV, et commencé le procès criminel du premier de ces rois... »

négociants et aux paysans la jouissance du fruit de leur labeur (1). Ces deux branches du travail national prirent vite un développement considérable. La richesse publique ne tarda pas à amener une amélioration sensible dans toutes les classes de la société, chez le peuple surtout ; aussi la reconnaissance publique qui attribuait ces bienfaits, non à sa cause véritable, à la sécurité du lendemain, mais au souverain personnellement, porta-t-elle jusqu'aux nues la vénération pour Charles III. Or, quand la nouvelle de sa maladie se répandit, la consternation fut générale. Le Duc, après avoir réglé quelques affaires d'intérêt et avoir recommandé l'union à ses enfants, tomba (BÉGIN) dans un état comateux, suite probable d'une irritation de l'encéphale, et mourut à l'âge de soixante-cinq ans (2).

Après avoir été embaumé, le corps fut placé dans un cercueil de plomb, enfermé dans un second en bois, garni de velours noir et accompagné d'une inscription. Déposé sur un lit de parade pendant cinq semaines environ, l'effigie en cire du défunt était revêtue d'habits splendides ornés de diamants et joyaux, évalués à cinq cent trente-deux mille écus. (RENAULD) (3).

(1) Charles III était adroit dans tous les exercices du corps, chasseur et joueur passionné. Il savait les langues de l'Europe, l'histoire, les familles, généalogies et raisonnait juste sur toutes choses ; il se connaissait en hommes. (A. L., t. XIV, pp. 73-74.)

(2) Pour refréner la licence des troupes, Charles III prescrivit que le soldat qui déroberait en boutique ou en maison de bourgeois serait pendu et étranglé, genre de mort flétrissant aux yeux de celui-ci qui ne devait mourir que fusillé. En 1592, il mit sur la même ligne tous les autres vols avec menace de la hart, si redoutée des soldats. (DUMONT, t. II, p. 134.)

(3) En Lorraine, on considérait comme un interrègne le temps qui s'écoulait entre la mort d'un duc et son enterrement. On servait à dîner au défunt ; on lui disait la messe comme de son vivant. Une fois le corps au caveau, le hérault d'armes, après avoir dit trois fois : *silence !* annonçait que le duc était mort ; il rompait son bâton et en jetait les morceaux ; ce qui annonçait que sa maison était rompue et que chacun devait se pourvoir. Les dignitaires qui avaient déposé sur la tombe les insignes de leurs charges, lorsqu'ils étaient admis à les continuer,

On fit à Charles des funérailles magnifiques qu'on prolongea du 14 mai 1608, jour du décès, jusqu'au 19 juillet. Elles justifièrent le proverbe lorrain selon lequel les trois plus belles cérémonies en Europe étaient : le couronnement d'un empereur à Francfort, le sacre d'un roi de France à Reims, et l'enterrement d'un duc de Lorraine.

La flatterie des courtisans a gratifié ce prince du titre de *Grand*. On a systématiquement oublié ses tendances absolutistes, les guerres ruineuses que pendant de longues années il fomenta pour escalader le trône de France. S'il servit la cause du peuple par la réforme judiciaire et civile, c'était dans l'unique but d'amoindrir à son profit le pouvoir de la noblesse. Politique myope, il négligea l'occasion unique de régler avantageusement, pour la Lorraine, la question irritante du Barrois mouvant qui avait causé tant de tracas à ses prédécesseurs, et allait fournir à Louis XIII l'occasion d'envahir notre pays. Dévot, au point de n'avoir manqué à la messe qu'une seule fois pendant douze ans, et cela parce qu'une maladie contagieuse régnait dans le lieu où il se trouvait, il n'hésita pas un instant à employer tous les moyens possibles afin de donner à son héritier présomptif pour femme deux huguenotes endurcies, Charlotte de la Marck et Catherine de Bourbon. Le mariage de sa fille Antoinette avec le duc de Clèves est loin de témoigner en faveur de sa perspicacité, de son cœur de père, mais atteste l'ambitieux désir de voir ses enfants porter des couronnes à n'importe quel prix.

avaient droit à reprendre ces insignes et criaient par trois fois : Vive le duc! mais le nouveau duc n'était point proclamé comme intronisé. Après l'enterrement, on quittait les manteaux de deuil, et le duc successeur, accompagné des dignitaires de sa maison, allait hors de la ville dont on fermait les portes. Il se présentait à la porte de la Craffe (René Jean et Nicolas) ou à la porte Saint-Nicolas (Henri II, Charles IV, Léopold, François III); là, le bailli de Nancy lui adressait cette question : Monseigneur, très redouté et souverain seigneur, vous plait-il faire le serment et devoir que vos prédécesseurs ducs de Lorraine ont coutume de prêter?... (NOEL, *Mém.* V, notes, pp. 19-20.)

Nancy, il est vrai, fut agrandie par ses soins; mais peut-on oublier la brutalité déployée dans l'arrestation, l'inique emploi de la force mis en usage pour conduire avec des menottes sur les chantiers, comme ouvriers, les deshérités de l'ordre social, les pauvres et les vagabonds; est-il possible d'applaudir à l'institution de six valets des pauvres, chargés d'empêcher qu'on mendiât à Nancy et d'expulser de la ville les étrangers et les vagabonds ? (*Arch. de Nancy*, t. II, p. 196.) Cependant il fut un souverain remarquable, choisissant avec discernement ses conseillers, et employant, au grand déplaisir des privilégiés, des plébéiens qui offraient des garanties de capacité. Émule, rival de Henri IV, il eut, sous bien des rapports, des points de ressemblance avec le Béarnais. « Tout bon prince qu'il était (Hugo, p. 235), il ne se fit pas un point de conscience de ses promesses et de sa signature. » Ami des arts, il s'attacha à introduire en Lorraine tous les progrès qu'il avait constatés en France. Les querelles et les guerres de religion lui permirent d'étendre le pouvoir ducal et de préparer à ses successeurs le pouvoir absolu.

LÉGISLATION. — Charles III doit être placé au premier rang parmi nos ducs législateurs (1). Au sortir du moyen âge, il essaya de réaliser en Lorraine toutes les améliorations qu'il avait vu introduire en France par les légistes, mais en ayant grand soin, en toute circonstance, « de s'attribuer le plus d'autorité possible ». (Noël, *Mém. IV*, p. 85.) En dehors des réglementations que nous avons signalées dans le cours du récit, citons, parmi ses nombreuses ordonnances, les suivantes :

1° Dès le commencement de son règne, on prohiba d'une manière absolue les duels devenus extrêmement communs. «... Nous n'entendons ni voulons que nulz, comtes et ba-

---

(1) De 1473 à 1626, pendant 165 ans, les Ducs signèrent 2765 lettres de rémission dont 2633 pour homicides.

rons, gentilzhommes et officiers, domestiques ni aultres, de quel estat et condition qu'ils soient, aient à prendre querelle, desbat, ni dire injure l'un à l'autre ès maisons et lieux de nos résidences, sous peine d'estre punis et bannis deux ans de la cour, et privez de leurs estats et offices ; et où ils persisteront à se quereller, et dégainer espées, dagues, couteaux et poignards... nous entendons et voulons iceux *estre assommez et exterminez sur place*... » Charles dut renouveler ces prohibitions en 1586, 1591 et 1603.

2° Ordonnance du 29 août 1588 annulant les lettres contenant des expectatives ou promesses de provision concernant les bénéfices... les abbayes qui viendraient à vaquer, montrant les abus qui résultaient de ces nominations anticipées; tout (alors), jusqu'aux simples cures, était en coadjutorerie. — Que produisait un arrangement aussi pernicieux? Des prêtres ignorants et des ecclésiastiques libertins. En effet, un homme sûr d'un bénéfice qui devait le faire vivre, laissait de côté l'étude utile de la théologie et des bonnes lettres, certain de pâturer un jour avec des ouailles dociles et ne s'inquiétant guère du dogme (CHEVRIER, t. IV, p. 227); des jeunes gens trafiquans les bénéfices avec des valets qui vendaient leur crédit, ou avec des femmes qui abusaient en rougissant de celui qu'elles devaient à leurs charmes. (*Id.*, p. 228) (1).

(1) A la fin d'août 1588, Charles donna une déclaration qui cassait et annulait toutes les expectatives et coadjutories accordées par lui et ses prédécesseurs. (CHEVRIER, pp. 229-30.)

Cette prohibition n'empêcha pas le Duc de permettre la publication de la bulle *In cœna Domini* qui excommuniait tous les souverains et autres qui exigeraient des ecclésiastiques quelque contribution que ce puisse être. (CHEVRIER, t. IV, p. 194.)

Par son ordonnance de 1568, Charles III enjoignit aux tabellions de « faire dresser registres et protocoles de tous les actes, contrats, testaments, codociles et actes qu'ils recevraient et passeraient, de signer et garder lesdits protocoles pour y avoir recours par les parties contractantes et autres ayant intérêts ».

Par un règlement, en date du 2 décembre 1629, après Henri II, Charles IV fixa les honoraires des gardes-notes, tant pour les recherches que pour les copies des pièces et la radiation des contrats.

3° Règlement de 1583, dit de la police des vivres (*Biblioth. d'Épinal*) :

... Défense aux aubergistes de donner autre chose que du bœuf, du mouton, du veau et du porc, et d'exiger un paiement supérieur à la taxe du repas et du coucher qui sera faite par les gouverneurs et baillis des localités, assistés du procureur général et de son substitut, du prévôt et autres qui soient de *bonne expérience, francs et loyaux, aimant leur honneur et conscience, et hors de tout soupçon d'intelligence avec les hôteliers ;* — Défense aux prévôts tenant cabarets d'y recevoir autres que des étrangers ; — Défense de servir plus de trois services aux noces et festins, savoir :

Des villageois et laboureurs, six plats composés de bœuf, mouton et veau ; — Des artisans, six plats de volaille ; — Des marchands, notaires, sergents, maires et échevins de village, huit plats de même ; — Des marchands grossiers, qui ne vendent qu'en détail, six plats composés de même, et trois autres à volonté ; — Des gens tenant grade de noblesse, sans autre office, officiers de justice, avocats, contrôleurs, substituts et autres de qualité semblable, officiers et domestiques en chef des enfants du prince, six plats de même ; — Des nobles ayant office, gens du conseil, des comptes, douze plats, dont six à leur choix.

Chaque plat ne pouvait être doublé, c'est-à-dire qu'on ne pouvait y mettre deux chapons, deux oisons, etc., mais un seul, excepté les poulets et pigeonneaux, dont on pouvait mettre trois ; les pluviers et vanneaux, deux, les alouettes, douze, les grives, six, etc., à peine de deux cents francs d'amende, de cinquante contre les convives non dénonciateurs.

Déclarant néanmoins que l'intention n'est de comprendre,

Ainsi furent véritablement créées les archives du notariat en Lorraine. C'est à Henri II que revient l'honneur de cette utile institution. (H. LEPAGE, *Ar. Lor.*, t. VIII, pp. 228-263.)

en ce règlement des festins et banquets les gentilshommes et gens du conseil privé. (DUMONT, t. I, pp. 228-29.)

Trois ans plus tard, le droit de *mettre la nappe* était accordé à tous les cabaretiers, moyennant dix francs. (*Ibid.*)

Un édit du 15 juin 1591 interdisait à tout rôtisseur, revendeur ou revendeuse de Nancy d'acheter, de plus près que de deux lieues à la ronde, aucun des vivres et choses servant à la nourriture et aliment des personnes, « comme lard en bande, cabrits, cochons, liepvres, lepvraulx, lapins, lapreaux, volailles et aultres sortes de gibier, toute sorte de poisson..., des œufs, du beurre, du fromage, oranges, citrons, grenades, marrons, châtaignes et aultres fruits... ; et aux hosteliers et cabaretiers d'acheter (sur le marché) aucune desdites espèces sus-mentionnées que préalablement les bourgeois n'en fussent fournis, et avant que le panonceau accoutumé à poser en tel cas ne fust enlevé ». (LIONNOIS, pp. 103-104.)

En 1596, Charles, voyant que les officiers de justice, loin d'aider à la répression, s'y étaient rendus indulgents, *voire connivents*, édicta, mais vainement, de plus grandes peines et défendit de servir du gibier (1).

(1) Charles III ne rendit pas moins de huit édits successifs sur l'estat de mettre nappe. Trois ordonnances, en date des 21 août 1560, 22 août 1565 et 6 mars suivant, interdisent formellement aux gens de la ville la fréquentation des hôtelleries et cabarets, à peine de trente francs d'amende pour la première fois, et soixante avec emprisonnement pour la seconde. — L'usage de la table d'hôte s'étant répandu au commencement de son règne, Charles III modifia les taxes de ses prédécesseurs. Les voyageurs à pied devaient payer leur dîner six gros, et leur souper avec coucher neuf gros. Le prix était de neuf et quinze gros pour le voyageur à cheval. Des inspecteurs élus exerçaient une surveillance continuelle sur l'application du tarif, la qualité des vins et des mets. Ils avaient quatre deniers sur « chacune queue et virelin qu'ils marquaient ».

Le 4 février 1596, défense de servir du gibier sous peine de cent écus sols pour la première fois, et, pour la seconde, d'amende arbitraire plus grièvement s'il échet. Toutefois les gentilshommes étrangers et autres personnes respectables pouvaient porter gibier dans les auberges si bon leur semblait. Un ordre prescrivit de taxer trois fois par an les vivres, et d'appendre le tarif dans le lieu le plus apparent, sous peine de

4º Edit du 17 août 1573 ordonnant de chasser tous les mendiants étrangers, et du 6 octobre suivant, prescrivant à chaque communauté de nourrir ses indigents. — Les États (1573) avaient voté une véritable taxe des pauvres. — En 1582, nouvelle ordonnance, obligeant toutes les communautés à nourrir les misérables, pour les empêcher de mendier, attendu que la religion place la charité au premier rang des vertus. (GUÉRARD, p. 55.)

En 1597, on établit à Nancy un impôt forcé sur les bourgeois en faveur des pauvres (1).

5º Edit contre les blasphémateurs (7 mai 1576). On punissait de vingt francs ou d'une prison de vingt jours, pour la première fois, ceux qui blasphémaient « par détestables jurements, le saint nom de Dieu, de la Vierge très-sacrée,

50 francs d'amende pour la première, 100 et 150 pour la seconde et troisième, et d'amende arbitraire pour la quatrième fois.

En 1599, contribution annuelle de 10 francs, et, en 1603, de 20 francs par.. « toutes personnes faisant état de mettre nappe ». L'ordonnance du 24 décembre 1599, tout en défendant la fréquentation du cabaret du lieu de résidence, permettait « d'y aller boire les vins de leurs marchés et adjudications, d'y faire des noces et d'y tenir les assemblées et repas des compagnies et confréries, sous peine de vingt-quatre heures de prison et de soixante sous d'amende pour les convives *vus dans les rues en état d'ivresse* ». (J. RENAUD.)

(1) Déjà le 24 janvier 1595, Charles avait menacé les maraudeurs solvables d'une amende de dix francs pour la première fois, de vingt pour la seconde, et du fouet et du bannissement pour la troisième. Les insolvables étaient punis, la première fois, de quinze jours de prison en *basse fosse au pain et à l'eau;* la seconde fois, de trois semaines de la même peine, et la troisième fois, du fouet et du bannissement perpétuel. Les parents étaient condamnés à fouetter les enfants délinquants, en présence des juges.

Disons en passant, que précédemment (1234) la charte de Mirecourt condamnait les maraudeurs à perdre l'oreille ou à payer cinq sous. (DUMONT.)

Le 23 mars 1616, Henri II publia une ordonnance portant défense à toutes personnes de mendier ni quêter par la ville ou dans les églises, à peine d'être rasées et mises hors de la ville pour la première fois; la seconde fois d'être fouettées sous la custode (en prison), et, à toute personne, de donner l'aumône aux pauvres, sous peine de dix francs d'amende.

des Saints et Saintes du Paradis » ; pour la seconde, de cent francs ou d'un mois de prison pour les insolvables ; pour la troisième fois, exposition en public, tête nue, les mains liées, pendant quatorze heures, assujetti à toutes les injures ou opprobres qu'on voudra faire ; pour la quatrième, bannissement pendant deux ans ; la cinquième fois, la langue percée d'un fer rouge, avec expulsion pendant quatre ans ; la sixième fois, la langue coupée.

6° 12 janvier 1603 (et 1605), ordre aux baillis d'obliger les communautés, roturiers pourvus de brevets de franchise et même les personnes franches, à travailler chaque année, au moins pendant huit jours à la réparation des routes et des chemins qui traversaient leur territoire. Le 22 janvier, il renouvela l'ordre, sous peine d'une amende de deux cents francs, contre les négligents. Les voyageurs furent autorisés à passer sur les héritages voisins des routes impraticables, avec droit aux intéressés de se faire indemniser par les communautés. Enfin, on prescrivit d'élargir et de rectifier les chemins. (Digot, t. IV, pp. 124-125.)

7° Parmi les règlements sur la chasse, citons les suivants : En 1591, défense de chasser dans les récoltes, à peine de cent francs d'amende et d'augmentation de pareille somme à chaque récidive. — En octobre 1606, défense de chasser la nuit avec feu, filets, traîneaux, à tous gibiers, même aux alouettes, à peine de 25 francs d'amende pour la première fois, 50 francs pour la seconde, 100 francs pour la troisième, et 200 francs pour la quatrième fois. — Octobre 1607, défense aux cabaretiers de colporter, vendre et acheter du gibier sous peine de 100 francs, et ce afin d'arrêter une destruction qui menaçait *le prince et ses enfants de la privation d'un plaisir indispensable à leur état.* (Dumont, pp. 209-10.) En 1621, Henri II renouvela la défense de chasser, et porta l'amende à 200 francs pour la première fois, à l'amende arbitraire pour la seconde, puis au bannissement avec confiscation de biens, etc.

Etat social.

EXTENSION DU POUVOIR DUCAL. — Fortement augmenté sous René II, qui personnifia en quelque sorte la patrie luttant contre l'étranger, agrandi encore sous le duc Antoine, proclamé le champion de la religion orthodoxe après ses victoires sur les Rustauds, le pouvoir ducal personnel s'achemina vers son apogée sous Charles III, l'un des plus ardents suppôts de la Ligue. A diverses reprises, en 1587, 1591, 1595 et 1599, ce Duc essaya l'étendue du pouvoir acquis, en faisant lever, *proprio motu*, des impôts, contrairement à la Constitution. (DIGOT.) Les États, consultés après coup, ne purent que ratifier ou opposer, comme en 1600, de respectueuses mais fermes remontrances. Charles III et ses successeurs eurent grand soin de ne pas incorporer à la Lorraine les nouvelles acquisitions faites, afin de les soustraire à l'action des États Généraux. Comme dans le Barrois non mouvant, ils voulurent se réserver une autorité sans contrôle. On sait que dans cette province leur pouvoir était presque absolu. En effet, lors de la rédaction des Coutumes par les États du Barrois, les représentants de Charles III déclarèrent que le texte ne liait pas leur maître, qui pourrait « abroger lesdites coutumes ou parties d'icelles, les interpréter et esclairer à son bon plaisir, comme Prince souverain : la puissance et autorité duquel ils n'entendaient être restreinte, ni limitée, ains demeurer en entier ». (Voir p. 895, note 2.)

Charles III, prince réputé pour son esprit d'ordre, prélevait cependant une part énorme sur les impôts pour ses besoins personnels et ceux de sa famille ; aussi, les États Généraux tentèrent-ils constamment de surveiller les dépenses. (DIGOT, t. IV, p. 102.) Par là, on cherchait à prévenir toute espèce de prodigalité. En effet, en 1587, dans un moment où il allait avoir grand besoin d'argent, le Duc remit à un aventurier cinquante mille francs barrois, pour le prix d'un animal qu'on avait décoré du nom de licorne.

Partout où c'était possible, Charles mit son autorité personnelle à la place de celle de la loi ou des coutumes locales. C'est ainsi qu'à Saint-Nicolas, le 17 août 1570, « aux échevins bourgeois élus annuellement, on substitua des juges portant le même nom, mais choisis à vie par le prince et gagés par lui.... ». De la bourgeoisie, qui le tenait depuis la charte primordiale de la Commune, le pouvoir judiciaire passa donc entre les mains du Duc, à Saint-Nicolas du moins. (MUNIER JOLAIN. *L'ancien régime dans une Bourgeoisie lorraine*, p. 272.)

A Etain, en 1568, Charles III fit enlever au maire les clefs de la ville pour les donner au capitaine prévôt, sa créature personnelle. (*A. L.*, an. 1878) (1).

A Nancy, après plusieurs années de fonctionnement, il réduisit à sept les conseillers municipaux, établis à l'origine par lui-même à douze.

Dès 1591, il publia un édit qui enlevait aux seigneurs plusieurs droits qu'ils s'étaient attribués. Il leur interdisait

---

(1) Les libertés d'Etain (BONABELLE, *Notice sur Etain*) n'étaient pas égales pour tous les habitants. Il y avait deux classes de bourgeois, les *hauts* et les *petits*. Le droit de haute bourgeoisie, concentré dans quarante familles, donnait la faveur de partager tous les honneurs et bénéfices, comme aussi l'obligation de contribuer à toutes les charges et d'élire les administrateurs de la ville qu'on prenait dans son sein. Les petits bourgeois, artisans en partie, n'étaient attachés à la commune que par la protection qu'elle leur donnait, en échange de laquelle ils concouraient à sa défense en cas d'attaque... De nombreux impôts pesaient (1578) sur les bourgeois de la Ville; ainsi il y avait: le *droit de recettes*, pour le prince; la *gabelle* ou *impôt sur le sel* affermé à un des bourgeois; les *aides* levées à la Saint-Remy, après les récoltes; les *droits de justice* pour la garde des portes, au bénéfice de la commune; les *corvées pour la ville et les corvées pour le bailliage*; la *taxe sur les conduits*; la *dîme* levée par les chanoines (4 à 500 livres par an); les *bienvenues*, soit au bailli ou aux princes ou princesses qui, sans *être obligatoires*, étaient cependant fort onéreuses... Nombre de localités des deux duchés, les villes et bourgs surtout, étaient soumis à ces divers impôts.

notamment de créer de nouveaux Hans ou Collèges, Compagnies et Sociétés d'arts et métiers mécaniques. (ROGÉVILLE) (1).

Pour battre en brèche le pouvoir de l'ancienne Chevalerie, Charles admit beaucoup de roturiers à des emplois publics importants ; on en voit entrer au Conseil d'État, au Conseil privé et dans la haute Magistrature. L'un d'eux, Thierry Alix, qui avait débuté comme simple greffier de la Chambre des Comptes, finit même par devenir en quelque sorte premier ministre (2). La plupart de ces roturiers obtinrent pour prix de leurs travaux des lettres de noblesse, puis de gentillesse, et les descendants de quelques-uns furent décorés de titres encore plus éminents. (H. LEP. et L. GERM., *Complém. au nobiliaire de Lorr.*, t. V.) Les nominations dans ce sens commencent à partir de 1592 et se multiplient notablement. Les individus sur lesquels elles portent sont nommés, tantôt conseillers au Conseil d'État, tantôt au Conseil d'État et privé, tantôt seulement au Conseil privé. (LEP., *Offic. des duch. de Lorr. et de Bar*, pp. 48-49.)

(1) Ce sont les gentilshommes verriers, classe d'homme particulière au duché de Lorraine, et dont l'existence a précédé l'an 1400, qui offrirent à l'Europe le premier exemple d'industriels récompensés en monnaie honorifique. C'est du fond de la Lorraine vosgienne que se répandit l'idée, si neuve alors, que travailler de ses mains ne faisait pas nécessairement déroger, et que même certains travaux corporels pouvaient devenir un titre d'anoblissement. (P. GUERRIER DE DUMAST.)

(2) C'est en 1594 que, d'après les ordres du duc Charles III, Thierry Alix, seigneur de Veroncourt, président de la Chambre des Comptes, rédigea son Dénombrement du duché de Lorraine dans lequel, outre ses divisions et subdivisions, il indique les fiefs, les terres appartenant au clergé, celles qui formaient le domaine ducal, et les terres partagées, soit entre les seigneurs et le clergé, soit entre le clergé et le domaine, soit entre le domaine et les possesseurs de fiefs. (H. LEP., *Dictionnaire géographique de la Meurthe*, p. 19.)

D'après ce dénombrement, le duché se composait alors de huit bailliages : de Nancy, Vosge, Allemagne, Vaudémont, Épinal, Châtel-sur-Moselle, Hattonchâtel et Apremont ; de plusieurs villes et châtellenies qui n'étaient de bailliage : Blâmont, Deneuvre, Marsal, Phalsbourg, Sarrebourg, terre de Sarreck, etc. (*Id.*)

Ce Duc ne délivra pas moins de quatre cent vingt-une lettres de noblesse (1). (*Ibid.*, p. 15, note.) Dans ces anoblissements figurent quatre roturiers pour services militaires. (*Ibid.*, p. 336.)

Les nobles ne manquèrent pas de faire entendre de vives protestations. Dans une assemblée des États, vers 1600 (Dumont, *Inst. crim.*, *Arch. de Lorr.*, *États Gén.*, p. 44), il fut exposé qu'au lieu de 138 nobles, existant quarante ans auparavant dans tout le bailliage de Saint-Mihiel, il y avait actuellement, en cette seule ville, cent maisons nobles, d'où

---

(1) René II accorda environ deux lettres de noblesse par année, soit en tout soixante-seize dans 34 ans ; Antoine en octroya à peu près cent de plus que René, dans l'espace de 36 ans. (Lepage et Germain, p. 8.) De 1546 à 1554, on en délivra soixante-dix. Pendant les troubles de la Ligue, on vit quelques aventuriers s'élever aux plus hautes positions et conquérir des titres, témoin Bourlotte. — Charles III fixa la finance des lettres de noblesse au tiers des biens de l'anobli. « Cette règle n'était pas fixe, et, nonobstant ses ordonnances formelles, le souverain n'agissait que suivant son caprice ; les réductions ou modérations variaient de 200 à 3 mille francs. »

Sur soixante-huit anoblis, trois seulement furent obligés de se conformer aux ordonnances. Le tiers de leurs biens produisit 21 mille francs. (*Ibid.*, p. 20.)

D'après le taux dressé en 1581, le droit de sceau pour la lettre de noblesse était comme d'ancienneté de cent livres de tournois ; — pour la déclaration de gentillesse, de douze livres. (Rogéville, t. I, p. 181.)

Sur une remontrance des États, en 1602, le Duc répondit : Il despend de l'authorité souveraine de Son Altesse de déclarer gentilshommes et annoblis ceux qu'elle cognoistra y estre fondé de droict ou de mérite. (*Ibid.*, t. I, p. 21.)

Beaucoup de bourgeois enrichis par l'industrie et le négoce achetaient des domaines d'antiques maisons ruinées ou éteintes, obtenaient par finance ou autrement des lettres de noblesse, et fondaient des familles qui ne tardaient pas à jouer un rôle dans l'État. (Digot, t. IV, p. 121.) Après Digot écoutons de Pimodan (pp. 260-61) :

« La plupart des lettres de noblesse obtenues depuis 1600 furent plus ou moins achetées, le plus souvent par ce qu'il y a de moins noble, des financiers, des traitants, des employés du fisc, d'anciens usuriers. Le jeune homme pauvre, fier et brave, qui savait manier l'épée, n'eut pas le droit d'aspirer à la noblesse ; s'il s'engageait, il arrivait rarement aux grades supérieurs. Ce fut véritablement le point odieux de l'ancien régime... »

il résultait que le reste de la population, *étant fort misérable et vivant d'aumônes*, il n'y avait pas une centaine de bourgeois, et encore fort médiocres, pour subvenir entre eux aux impôts.

A la même époque, les officiers du duc de Luxembourg se plaignaient à leur maître que les habitants aisés de Ligny se prétendaient tous nobles, domestiques du seigneur ou privilégiés. (DUMONT, t. II, p. 134.)

Ce que surtout le Duc chercha à ébranler, c'est le *gouvernement parlementaire* de l'époque, les États Généraux, dont le contrôle irritait ses aspirations autoritaires, despotiques. Et cependant ce corps, dans lequel siégeaient depuis Charles III les représentants du Barrois (1), préserva l'administration ducale des grandes fautes dans lesquelles l'entraîna le gouvernement personnel (2).

ÉTATS GÉNÉRAUX. — CLERGÉ. — Le clergé qui, dans les

(1) Mille privilèges étaient établis en sa faveur. « L'exemption de la Taille ou Subvention, des Ponts-et-Chaussées, du droit de Haut-Conduit, Entré et Issuë-Foraine, de logement des gens de guerre, de Gabelle et Copelles, de contributions aux frais des Procés pour la conservation des Biens communaux, quoique y participans, et du salpêtrage ordonné par Édits, se trouve confirmée en faveur des Gens d'Église par cinq Ordonnances de trois de nos Souverains, dont deux du Duc Antoine, l'une dans une Assemblée des États, du 16 Décembre 1529; l'autre de son autorité, du 25 Novembre 1510; et les dernières du Duc Charles III, du 16 août 1569, et du Duc Charles IV, des 5 Mai et 15 Décembre 1629. (THIBAULT. *Loix et usages*, p. 335.)

(2) Le pouvoir des ducs était à peu près absolu dans le Barrois, au moins dans les cantons du Barrois et du Bassigny situés à l'orient de la Meuse. On pouvait lever les aides sans convoquer les trois ordres. Cependant on les réunissait à des intervalles déterminés. C'est ainsi que les États accordèrent des aides en 1380, 1418, 1420, etc., et ratifièrent en 1419, les articles du traité conclu à l'occasion du mariage de René et d'Isabelle. Les trois ordres du Barrois siégèrent à Pont-à-Mousson, en 1480, à Nancy, en 1509. Le 4 août 1500, ils accordèrent à René un aide de 2 florins par conduit, et, en 1509, au sortir de la session de Nancy, ils votèrent un aide de 30 gros par conduit et obtinrent une lettre de non-préjudice. Quoique réuni aux États de Lorraine depuis Charles III, le Barrois eut des sessions spéciales en 1572, 1603, 1605, 1607, 1614, 1629.

siècles précédents n'avait tenu que le second rang dans les trois ordres, avait fini par obtenir le premier. C'était l'attestation la plus éclatante de la puissance prépondérante qu'il avait acquise (1). Au reste, les principaux membres de cet ordre appartenaient aux premières familles du duché et ne formaient, en quelque sorte, qu'une branche détachée de la noblesse. Fixée définitivement au XVIe siècle, la liste des membres de cet ordre comprenait les titulaires suivants : l'évêque de Toul, le primat de Nancy (1), le prévôt de la collégiale Saint-Georges, le grand prévôt de Saint-Dié, le prévôt de Marienflos, le doyen de la Primatiale, le chancelier du chapitre de Remiremont, les abbés d'Autrey, de Beaupré, Belchamp, Bonfay, Bouzonville, Chaumouzey, Clairlieu, Étival, Freystroff, Longeville, Lunéville, Metloc, Moyenmoutier, Saint-Avold, Saint-Epvre, Saint-Mansuy, Sainte-Marie-aux-Bois, Saint-Martin-les-Metz, Saint-Mathias (près de Trèves), Saint-Sauveur, Senones, Stulzbronn, Tholey et Wadgass ; les prieurs de Breuil, Chatenoy, Flavigny, Lay-Saint-Christophe, Insming, Varangéville et quelques autres.

CHEVALERIE. NOBLESSE. — La liste des membres de l'ancienne chevalerie qui, au moyen-âge, avait compté deux cent quatre-vingt-onze noms différents, et qui se trouvaient qualifiés seuls « d'honorés seigneurs », avait été réduite con-

(1) Le privilège attribué à la noblesse d'occuper certaines charges administratives et judiciaires s'étendait aux fonctions ecclésiastiques. Dès l'année 1449, le pape Nicolas, faisant droit à une demande de l'évêque Louis d'Haraucourt, décida, conformément à ce qui se pratiquait déjà dans beaucoup de chapitres d'Allemagne, que les prébendes de la cathédrale de Toul ne pouvaient être accordées, à l'avenir, qu'à des personnes dont la noblesse « des deux lignées » (paternelle et maternelle) serait authentiquement prouvée, ou qu'ils ne fussent docteurs, soit en théologie, soit en médecine, ou licenciés en l'un ou l'autre droit, ou bacheliers en théologie. Cependant, tout en disposant d'un certain nombre de canonicats en faveur de quelques hommes qui se faisaient remarquer par leur érudition, on ne recevait guère dans les chapitres lorrains que des gentilshommes ou des gens qui avaient la prétention de l'être. (LEPAGE et GERMAIN. Complém. nobil., pp. 60-61.)

sidérablement par les guerres, les émigrations, etc. Après avoir admis, pour combler les vides, les *nobles fiebvés*, les *pairs* ou *pairs fiebvés*, on permit l'accès des États aux principaux officiers du Duc (le maréchal de Lorraine, le receveur général, le grand écuyer), etc. En outre, les anoblis, devenus possesseurs de beaucoup de grands domaines, les quatre cents hauts-justiciers de Lorraine qui n'appartenaient pas aux deux catégories de la chevalerie, forcèrent, dès l'an 1603, plus ou moins fortement leur entrée dans les États, avec voix délibérative. Charles III, par une ordonnance du mois d'avril 1607, concéda les privilèges de Messieurs de l'ancienne Chevalerie et de leurs pairs fiebvez, résidens aux trois bailliages de Lorraine, à ceux des dicts sieurs qui demeuroient dans le bailliage de Sainct-Mihiel et autres terres de l'obéissance de Son Altesse, sauf celles de la Mouvance. Il appela au Conseil d'État de simples anoblis et même des roturiers qu'il éleva ensuite au rang de la noblesse. (D'HAUSSONVILLE.)

Les membres du clergé et de la noblesse que nous venons d'indiquer se trouvaient tous, députés *de droit* aux États : ils étaient libres d'y assister ou non, mais devaient accepter sans protestation les mesures prises sans leur concours (1).

Cependant, déjà le 30 décembre 1585, Charles III avait édicté une ordonnance contre ceux qui usurpaient en leurs noms la particule nobiliaire *de, du, le, la,* et semblables mots qui ne servent qu'à obscurcir la famille dont ils sont sortis ou celle de seigneuries forgées à leur fantaisie. Au

(1) « On peut constater que les Rhingraves de Dauhn et de Kyrbourg figuraient parmi les nobles de l'ancienne chevalerie. Les gentilshommes possesseurs de fiefs situés dans le duché, et les grands officiers de la couronne ducale se trouvaient en l'estat général convoqué à Nancy, au premier jour de mars 1594. Des cinquante-neuf gentilshommes représentant l'ordre de la noblesse, Frédéric, comte sauvage du Rhin et de Salm, grand écuyer de Lorraine, sieur de Neuviller, était le quatrième, et Otto, comte sauvage du Rhin, sieur de Morhanges, le cinquième. » (BENOIT, *A. L.*, t. IX, pp. 110-111.)

mois de décembre 1592, le Duc donna ordre aux baillis de faire la recherche de tous ceux qui n'avaient pas fait entériner leurs lettres de noblesse et acquitté la finance, ou qui avaient dérogé, et de les empêcher de jouir de prérogatives et franchises attachées à l'état de noblesse. (Beaupré, pp. 45-46, note.)

Tiers-État. — On ignore la date précise de l'introduction de la bourgeoisie dans les États. Ils y figurèrent pour la première fois sous Charles II. Mory d'Elvanges affirme qu'ils y étaient admis dès l'année 1425. Noël fixe au règne de René Ier l'appel du Tiers et des prélats. A partir de René Ier et d'Isabelle, ils y vinrent avec assez de régularité ; cependant, selon le doyen de Saint-Thiébaut, René Ier, au mois de février 1437, entra «... au Pont-à-Mousson... avecq plusieurs grands seigneurs, et là fist convoquer et appeler tous les seigneurs spirituelz et temporelz, fievz et arrier-fievz des deux duchiez de Bar et de Lorraine, et lour fist demander qu'ils le volissent aydier à trouver la somme de cent mille salus pour sa rançon ». (D. Calmet.) En 1468, il y eut, au même lieu, une session des États qui semblent n'avoir été composés que de prélats et de gentilshommes. En 1510, Antoine réunit à Nancy « les prélats, hauts hommes, barons, chevaliers et aultres nobles de ses duchez, pays et seigneuries, tenans fiefs et arrière-fiefs », et laissa chez eux les représentants de la bourgeoisie. On voit encore, plus tard, une assemblée des États où l'on n'invita que les prélats et les gentilshommes. Ce fait s'explique par la considération que les sujets seuls des deux premiers ordres devaient supporter l'aide demandé par les Ducs.

On ne connaît ni les bases, ni les principes qui déterminaient la représentation du Tiers. On sait seulement que les quarante-huit villes ou bourgades de Lorraine étaient représentées (1), sans qu'on puisse préciser, en dehors du bailli

(1) Les princes, (Noël, Mém. VI, p. 147) récompensèrent la générosité des communes en donnant aux villes des armes blasonnées, en

et du prévôt, députés de droit, le nombre des délégués. Ceux-ci, croit-on, étaient choisis par le prévôt et les échevins, soit parmi les échevins eux-mêmes, constituant, depuis Charles III, une espèce de conseil municipal, soit parmi les plus notables. Les mayeurs, receveurs de finances, contrôleurs, officiers de salines, président et auditeur de la chambre des comptes, maîtres de requêtes et conseillers du prince figuraient dans le Tiers. Comme on le voit, le Duc avait dans cet ordre ses principales créatures.

Chaque année il y avait une, parfois deux, trois et plus de sessions, selon la gravité des circonstances. Ordinairement, surtout au XVIe siècle, les sessions se tenaient à Nancy, au palais ducal, dans la galerie des Cerfs. Les représentants des deux premiers ordres étant députés de droit, il n'y avait pas pour eux de vérification des pouvoirs ; celle-ci n'avait lieu que pour les représentants du Tiers.

Après la constitution des États, on nommait six présidents : trois ecclésiastiques et trois gentilshommes. Toute proposition émanant, soit du Duc, soit d'un membre des trois ordres, était examinée dans une réunion des membres de chaque ordre, comme aussi le cahier des doléances. On dressait également la liste des griefs contre les officiers du prince, leurs empiètements sur les droits des trois ordres, etc. C'est ainsi qu'on dénonça les trafics que se permettaient les anoblis ; que le Tiers fit de vaines réclamations contre les charges auxquelles Messieurs de la Noblesse le voulaient

les invitant aux noces, aux enterrements, aux baptêmes des membres de la famille ducale, et l'on recevait toujours avec un nouveau plaisir les présents, les souhaits et les prières de ces chères communes. Les bonnes villes étaient celles qui dépendaient nûment des domaines du prince.
— Sous Charles III, Epinal avait quatorze mille habitants. Fourrier écrivait, en 1629, que Mirecourt aurait dans 25 ou 30 ans, de quinze à dix-huit mille âmes. Il existait alors, en Lorraine, 47 villes fermées de murailles, plus Saint-Nicolas qui n'avait pas de fortifications. On comptait alors, en Lorraine, 1648 villages dont quelques-uns bien petits, et dans le Barrois 1300. (Huin.)

assujettir par les nouveaux articles qu'ils avaient mis au cahier des Coutumes du pays.

Les plaintes ou griefs étaient consignés dans un cahier qu'on appelait *résultat de la session*. — Les remontrances des deux premiers ordres, rédigées avec beaucoup de modération et même en termes très obséquieux, étaient adressées directement à Son Altesse, tandis que les doléances du Tiers l'étaient habituellement « *à Messieurs des États* », comme si la bourgeoisie n'eût osé transmettre ses plaintes, ses vœux, que par l'organe de la noblesse et du clergé. Dans un résultat, on trouve même aux griefs du Tiers l'intitulé suivant : « *Messieurs des Estats : Fait très-humbles remontrances la plus pauvre et plus misérable partie de cette assemblée qui s'appelle le Tiers-État.* »

Lorsque le Duc jugeait à propos d'écouter les demandes, il écrivait vis-à-vis de chaque article : *accordé*. Des *ordonnances* réglaient les points qui avaient fait l'objet des remontrances. Parfois le Duc accueillait mal les doléances présentées. C'est ce qui arriva en 1622. « Son Altesse, dit le résultat de la session, est, de la part du Tiers-État, très-humblement suppliée qu'il ne soit de nouveau imposé sur les bledz et moutures, attendu qu'ils sont déjà assez chers, et que c'est la seule nourriture de leur pauvre famille ; même que l'on ne rehausse le prix du sel jà fort hault pour le besoin que chasque maison en a, et que les (sels) étrangers sont deux fois meilleur marché que ceux du pays ; de plus, qu'il luy plaise les maintenir en bonne intelligence avec ses voisins, ainsi que Messeigneurs, ses prédécesseurs, d'heureuse mémoire ont faict… »

Les trois ordres n'avaient chacun qu'une seule voix, quel que fût le nombre de leurs membres : — c'était le vote par *ordre* et non par *tête*.

L'entente de la noblesse et du clergé paralysait entièrement l'action du Tiers.

La puissance législative des États était grande (1) ; cependant aucune loi votée par eux ne pouvait être promulguée sans avoir reçu la sanction ducale.

Souvent ils protestèrent contre les édits qui, sous prétexte de faire revivre des dispositions plus anciennes, portaient des atteintes réelles aux libertés de la Lorraine. — « Que les ordonnances de Son Altesse, disent les États de 1614, ne puissent estre auctorizées de nouveau, sans qu'au préalable elles ayent esté recognues par personnes capables et non suspectes, pour la conservation des privilèges de ses pays qui ont esté par lesdites ordonnances altéréez... Qu'il plaise à Son Altesse déclarer que les ordonnances, faites contre les coustumes, droictz, usages et libertez des trois Estats, ne soient vallables, et que les juges ne pourront estre contraincts à les suivre en jugement, ni dehors, d'autant que c'est une voie pour abolir lesdictz droictz, sans ouyr les parties... Qu'il ne soit permis à aulcun juge de donner sentence contraire aux coustumes générales, sous le prétexte d'interpréter leur sens ; ainsi qu'en ce présent Estat les juges et aultres qui trouveront difficultez aux coustumes les représenteront pour estre éclaircies. »

Ces doléances montrent l'animosité sourde qui, depuis la fin du XIII° siècle, régnait entre les nobles et la magistrature à la dévotion du prince. Les membres de l'ancienne chevalerie ne purent voir sans colère ces nouveaux venus, lettrés, instruits, qui venaient contrôler, ébrécher leurs antiques privilèges. C'est à leur instigation, sans doute, que

(1) Mory d'Elvanges dit avec raison des États Généraux : « En Lorraine les États étaient tout : garants et soutiens des droits du gouvernement et de la nation, ils dirigeaient la conduite du prince, ils assuraient le bonheur des peuples, ils fixaient ce tendre attachement qu'ils eurent toujours pour leurs souverains et que l'histoire, dans ses fastes, a mis au rang des caractères distinctifs du Lorrain. Toutes les affaires importantes étaient soumises à la décision des États : succession, tutelle du duché, lois, privilèges, impôts, tels furent les objets de leurs assemblées, de leurs décisions. »

les États défendirent aux prévôts, mayeurs et autres officiers du Duc, d'accorder des lettres de bourgeoisie aux vassaux des nobles, à moins que les impétrants ne prissent l'engagement formel de rester soumis à la juridiction de leurs seigneurs. On alla plus loin. Dans la session de 1622, les trois ordres consignèrent dans le résultat :.. « Les Sieurs des États supplient très-humblement S. A., de ne donner doresnavant lettres de noblesse qu'à personnes de mérite qui vivront noblement, et non par finances, à plusieurs qui ne serviront que de *foulle* au reste du peuple ; de même, régler le nombre superflu de ceux de la vénerie, faulconnerie, artillerie, monnoye, et telz autres qui, par semblables charges, prétendent franchise.... » Comme contrepoids à cette mesure aristocratique, on prit, dans la session de 1624, une décision en vertu de laquelle les ouvriers, munis d'un certificat de bonne conduite, pouvaient travailler librement de leurs métiers dans toutes les villes de la Lorraine, après toutefois avoir acquitté préalablement le droit d'entrée.

Sans cesse en garde contre les usurpations de l'autorité ducale, les États Généraux, après avoir voté une contribution extraordinaire, outre des lettres de non préjudice, demandaient et obtenaient le droit de nommer les commissaires chargés de surveiller la répartition et la perception de l'impôt nouveau.

Les Assises. Les Grands Jours. — Toujours attentifs à écarter le plus possible le contrôle des États, les Ducs, dans de pressants besoins, avaient recours aux Assises, considérées comme une commission intérimaire des trois ordres, pour faire voter des aides extraordinaires; c'est ce qui eut lieu, notamment en 1587, et surtout en 1624. Cette espèce d'usurpation fut souvent mal accueillie par les intéressés.

« On n'a pas encore entendu (procès-verbal des États de 1626) que lesdicts seigneurs des Assises ayent pouvoir d'accorder aucune contribution ; aussy cela seroit d'une très-grande conséquence si un État ne peut contraindre personne à donner contre sa volonté et consentement, tant moins peuvent faire Messieurs desdictes Assises, n'y ayant point d'apparence que sept ou huit, qui seroient à une Assise (1), puissent disposer de tout le reste du corps ; ils devroient se

(1) Il nous semble utile de reproduire ici l'esquisse sur la justice dans le duché de Lorraine, tracée par Noël. (*Mém. V*, t. II, notes, pp. 53 et suiv.) Cette appréciation, plus ou moins exacte, résume, en tout cas, la matière.

Sous nos premiers ducs, les causes des bourgeois étaient jugées sans le concours d'avocats ou de procureurs, par leurs baillis ou leurs lieutenants, qu'on appelait justiciers, et qui procédaient à peu près comme nos juges de paix actuels. On pouvait interjeter appel de ces jugements, suivant les causes, devant les Assises... ou devant les échevins de Nancy ; on pouvait encore en appeler aux conseils du prince... Ce qu'il faut remarquer, c'est que, sur l'appel, la partie appelante pouvait mettre en cause son premier juge, qui était ainsi obligé de venir devant le magistrat supérieur soutenir son bien-jugé. Quand son jugement n'était pas confirmé, il pouvait être condamné à payer les *épices*; c'est ainsi que l'on appelait les *frais du procès*.

Aux Etats de 1520, il fut réglé, qu'à moins de fautes graves, le justicier ne pourrait être condamné à plus de 5 francs barrois pour les épices mises à sa charge. Charles III, par une ordonnance du 1er juin 1574, règle : « Qu'à l'avenir, nul ne pourra se plaindre du déni de justice, si donc nos juges n'ont manifestement erré en fait ou en droit, et qu'ils aient directement prononcé contre les usages, styles judiciaires ou coutumes du pays, ou donc ils ne soient chargés par les parties plaidantes d'avoir été séduits, subornés et corrompus par présents, familiarités ou parentage, etc., etc. » Mais comme ces expressions donnaient encore une grande facilité aux parties de mettre en cause leur premier juge, il fut dit que, pour le cas où la mise en cause serait trouvée calomnieuse, mal fondée, la partie serait condamnée à une amende et à réparation d'honneur envers la justice outragée..... Nous croyons sans exemple qu'autre part qu'en Lorraine on ait admis en principe la responsabilité du juge, de telle sorte que celui-ci puisse subir une condamnation pour avoir mal jugé.

Le commencement d'une instance, la permission d'amener sa partie adverse devant le juge, s'appelait *asseins*; la sentence en appel, *semblant*; sa mise au rôle, *évangéliser*. Pour diminuer les causes qui se trouvaient dans les attributions des justiciers ordinaires, Charles III, par son ordonnance du 1er avril 1598, établit les *plaids annaux* dans toutes les villes et villages... Cet établissement fort curieux, qui accordait des droits aux habitants et leur assurait une liberté publique, *a subsisté fort longtemps et n'a été détruit en partie que sous Stanislas*; mais la partie qui regardait les amendes et autres revenus, a subsisté jusqu'au

souvenir que S. A., qui est prince souverain, lorsqu'il désire avoir quelque contribution, il ne le faict qu'au préalable il n'aye faict l'honneur à sa noblesse de les appeler et convoquer. »

Le tribunal des Assises perdit de son éclat, à mesure que le pouvoir ducal grandissait. Les empiètements du souverain sur les droits et privilèges de la noblesse refroidirent l'ardeur des anciens et des nouveaux chevaliers. Pendant la dernière partie du règne de Charles III (1) et celui de

moment de la Révolution, et les plaids annaux, au lieu de se tenir dans la quinzaine de la Saint-Remy, se tenaient lors de la fête patronale du lieu. Beaucoup d'avocats au parlement étaient chargés par les seigneurs de tenir les plaids annaux ; on les appelait juges-gardes. L'exercice de ces fonctions leur procurait de fort bons diners, où ils invitaient souvent leurs confrères...

Au criminel, sous nos premiers ducs, les affaires étaient jugées en public par les justiciers du prince ou des seigneurs ; mais aucune exécution ne pouvait avoir lieu sans l'approbation de l'échevinage du bailli de Nancy. Les premiers juges étaient donc obligés d'envoyer toute la procédure à ce bailli ou de venir eux-mêmes expliquer l'affaire ; alors le bailli, ou l'échevin qui le remplaçait, convoquait les autres échevins, et, les bourgeois devaient se réunir à eux. A cette époque, l'hôtel de ville (de Nancy) se trouvait dans la rue derrière Saint-Epvre ; le bailli, ou l'échevin qui le remplaçait, se tenait à la porte du rez-de-chaussée de l'hôtel, et les autres échevins, réunis aux bourgeois, dans la cour d'entrée. On donnait lecture du procès, ou le juge qui avait fait le procès expliquait la cause ; le maître-échevin qui présidait demandait ensuite à l'assemblée ce qu'elle en pensait. Celle-ci jugeait souverainement; elle approuvait la sentence ou l'infirmait en rendant un nouveau jugement, et ce qu'elle avait décidé s'exécutait. Par une ordonnance de Charles III, il fut dit que l'échevinage ne pourrait appliquer une peine plus forte que celle prononcée par les premiers juges ; mais aux États qui furent tenus le 6 août 1569, les seigneurs demandèrent de juger par mûre délibération les criminels qui leur tomberaient sous la main, « après avoir toutefois pris l'avis des maîtres-échevins et échevins de Nancy..., mais sans être tenus de suivre leur avis comme sentence définitive ». Bien qu'à cette demande le duc ait répondu qu'il voulait que les échevins « usent, comme eux et leurs prédécesseurs avaient accoutumé d'user d'ancienneté et auparavant notre tutelle sans autrement innover, etc. ». Nous ne savons comment sont survenus les prodigieux changements dans la procédure criminelle...(NOEL, *Mém. V*, t. II, pp. 53 et suiv.).

(1) Aux États de 1596, Charles III accorda aux intéressés, que ceux

Henri II, la plupart des grands seigneurs montraient beaucoup de répugnance à remplir un devoir devenu onéreux et ingrat. Les États Généraux de 1622 édictèrent une amende de vingt francs barrois contre les gentilshommes qui ne se présenteraient pas à la session des Assises, après l'assignation, et une amende de trente francs contre le bailli qui n'avait pas soin de remplacer les absents. Telle est sans doute la cause qui inspira à Thierriat la tirade si virulente qui figure dans les premières pages de notre travail. (Voir pp. 27 et 28.)

Les Grands Jours du Barrois sont supposés remonter à 951. Déjà battus en brèche par Antoine, ils furent remplacés, en 1571, par Charles III, « qui créa, constitua et establit, par forme de siège permanent et perpétuel, un Jugement Souverain, stable et réséant en la ville de Saint-Mihiel, pour cognoistre, décider et mettre à exécution tous les procès et causes desquelles le cours et cognoissance en pourroient venir auxdicts Grands Jours et, en dernier ressort, sans aucun remède d'appel des arrêts y donnez ». Ce tribunal suprême, que l'on appela indifféremment Cour des Grands Jours, Cour Souveraine et même Parlement, fut composé d'un président, quatre conseillers, un procureur général, un greffier et deux huissiers.

Justice ordinaire. — Jusqu'en 1571 dans le Barrois, et, en 1634, en Lorraine, ce fut la plus haute noblesse qui rendit la

de l'ancienne Chevalerie et les pairs de ceux-ci, c'est-à-dire ceux ayant droit de siéger aux Assises, ne seraient soumis en matière criminelle, à autre juridiction qu'à celle des échevins de Nancy en y ajoutant un nombre égal de gentilshommes de la même qualité (Dumont). Aux Etats de 1607, on accorda au duc le *droit de passer sur les procès* et d'accorder grâce (*id.*, p. 105). Pour les causes ressortissant des tribunaux ecclésiastiques, il y avait d'abord appel au métropolitain à Trèves, ensuite au pape, qui envoyait des délégués, et, de ces délégués au pape lui-même. D. Calmet dit à ce sujet : On sait que les procédures ecclésiastiques sont fort longues ; avant que l'on ait obtenu trois sentences contre une, il faut bien tirer, et souvent, avant la fin, l'argent, la vie ou l'opiniâtreté manquent. (Dumont.)

justice souvent en premier, et toujours en dernier ressort. (ROGÉVILLE, t. I, *Préface*, p. 2.)

Charles III, dans le but de restreindre autant que possible leur juridiction, institua à Saint-Nicolas, Lunéville, Saint-Dié, des tribunaux composés d'un maître-échevin, de deux échevins et d'un greffier, et disposa que les appels de leurs jugements seraient relevés devant le Conseil d'Etat. Un autre tribunal fut créé à Epinal vers la même époque ; le bailli, les quatre gouverneurs et les quarante du Conseil de Ville y siégeaient, et sanctionnaient ou réformaient les sentences rendues par le prévôt et l'échevin.

Par son ordonnance du 12 mars 1598, Charles III proclama la mise à l'enchère du droit de rendre la justice à ses sujets, *pour le prix en être attribué à son profit personnel.* (DUM.)

Les magistrats lorrains avaient de faibles appointements, et percevaient sur les causes un casuel connu sous le nom *d'épices*... En 1600 et 1606, les Etats Généraux demandèrent l'abolition de cette vénalité. (DIGOT, t. V, p. 99.)

Les délits correctionnels restèrent toujours de la compétence des prévôts chargés également de réprimer les crimes commis par les vagabonds, gens sans aveu, bohémiens, mendiants, et par les individus déjà frappés d'une condamnation (1).

(1) Les sentences étaient généralement rigoureuses et l'exécution parfois cruelle, contre les roturiers surtout. On sait que « *ès crimes qui méritent la mort, le vilain sera pendu, le noble décapité*, était la maxime du droit ancien. » Ainsi, en 1602, à Gondreville, l'exécuteur n'ayant pas de coutre pour rompre deux voleurs, se servit d'un coutre de charrue, pesant vingt-quatre livres... En 1593, Guillaume Lallemant, dit le sergent Lacroix, fut roué à Blâmont pour meurtre, larcins, etc. ; par grâce spéciale, le bourreau le poignarda, dès qu'il fut rompu. (DUMONT, t. II, p. 319.)

Le 31 juillet 1571, Charles punit les voleurs du fouet et du bannissement, avec peine de mort contre ceux qui enfreindraient leur ban. Les mêmes peines furent édictées contre les complices et les receleurs (p. 130). Le 8 mars 1588, le même Duc rendit une ordonnance portant la peine de mort contre les voleurs de chevaux, avec recommandation de les juger *de plein et sur-le-champ*. (*Id.*, p. 131.) L'ordonnance du

Le nombre des prévôts était assez considérable. Il y en avait à Nancy, Gondreville, Amance, Château-Salins, Rosières, Einville, Lunéville, Saint-Dié, Mirecourt, Remoncourt, Dompaire, Valfroicourt, Darney, Bruyères, Arches, Charmes, Châtenoy, Saint-Mihiel, Briey, Longwy, Bouconville, Mandres, Foug, Conflans-en-Jarnisy, Longuyon, Etain, Norroy-le-Sec, Sancy, Stenay, Pont-à-Mousson, la Chaussée, Marville, Kœurs, Bar, Louppy, Souilly, Morley, Pierrefitte, Epinal, Vaudémont, Châtel-sur-Moselle, Apremont, Hattonchâtel, Blâmont, Deneuvre, Varenne-aux Montignons, La Marche, La Mothe, Conflans-en-Bassigny, Châtillon-sur-Saône et Gondrecourt.

Au-dessous des juridictions ducales s'étendait, sur toute la Lorraine, l'immense réseau des justices seigneuriales (*haute, moyenne, basse*), qui connaissaient des procès, même en matière criminelle. Cependant la sentence, dans ce dernier cas, ne devenait définitive qu'après l'avis des maîtres-eschevins et eschevins de Nancy. Ceux-ci, avec le procureur général, formaient le tribunal souverain et d'appel du duché dont le jugement ne pouvait plus être soumis qu'au seul conseil du prince. (GUÉRARD.)

Dans le Barrois, la forme de l'administration de la justice était différente et se rapprochait de celle de la France.

Un mot sur les justices seigneuriales et les moyens employés dans la recherche de la vérité, d'après Dumont.

24 janvier 1596 punit de mort le voleur d'abeilles. Celle du 20 août 1627 prononça contre les enfumeurs d'abeilles une amende de 50 francs par ruche ; le double, en cas de récidive ; 200 francs, pour la troisième fois, et pour la quatrième, *punition corporelle arbitraire*.
Le droit du plus fort faisait toujours la loi, même sous Charles III. Ainsi, le maire de Removille ayant fait enterrer un mort trouvé sur son territoire, après avoir vainement attendu le prévôt de Châtenoy, celui-ci, quatre mois après, rencontrant le maire à la foire dudit Châtenoy, le fit jeter en prison et tenir si rudement qu'il en sortit hydropique et en mourut peu de jours après sa sortie, sans qu'aucune compensation lui ait été accordée. (*Arch. de Lorr., Etats-Génér.*, 10.) (DUMONT, t. I, p. 70.)

Haute justice. — Ce droit, comme les deux suivants, appartenait au seigneur et donnait la puissance de coercition, réprimande des délinquants, par la mort, mutilation des membres, fouet et bannissement, marque, pilori (1), échelles, etc. et autres peines semblables.

Ainsi, en 1632, la justice de Gerbéviller condamna à mort, pour *vol de toile*, un nommé Jacquinot, déjà autrefois banni par elle. La Cour de Nancy confirma la sentence, *mais avec observations*.

Moyenne justice. — Elle donnait le droit de coercition, mais n'emportait ni mutilation de membre, ni bannissement, ni amende au-delà de soixante sous.

Basse justice. — C'était la simple justice de police, ne pouvant s'immiscer dans la répression au-delà des amendes de douze à dix-huit sous.

Dans la recherche de la vérité, la haute justice avait recours à différents genres de supplices. Voici quelques mots sur les plus connus.

Torture (2). A Toul, celle-ci paraissait une formalité obligée

---

(1) Le signe patibulaire se composait d'une colonne carrée en bois ou en pierre, avec ou sans bras au bout; il était garni de chaînes et crochets d'un mètre de long pour attacher plusieurs cadavres à la fois. Son élévation était d'environ 25 pieds. En France, le simple haut justicier en avait deux, le châtelain trois, le baron quatre, le comte six, le duc huit. En Lorraine, il ne paraît pas qu'il y en ait eu à plus de quatre piliers; dans les cas de nécessité on y ajoutait les *arbres penderets* dont alors les arbres les plus voisins tenaient lieu. (DUMONT, t. II, pp. 298-99.)

La potence avait pour destination de recevoir le condamné vivant et de lui donner seulement la mort; le signe patibulaire était l'exposition perpétuelle du pendu pour servir d'enseignement au public et d'avertissement aux malfaiteurs... En 1429, les Lorrains trouvèrent trente-deux cadavres au gibet de Metz qu'ils abattirent. (*Id.*, p. 299.)

Quand un seigneur n'avait pas de signe patibulaire il empruntait celui de son voisin. (*Id.*, p. 300.)

(2) Dans un petit livre intitulé : *Pratique civile et criminelle pour les justices intérieures*, Claude Bourgeois, maître-échevin à Nancy, en 1614, dit ce que voici, relativement aux *grésillons* et à l'*échelle:*

Grésillons. « L'accusé ressent de très grandes douleurs, à raison de

en tout état de cause. Elle consistait : 1° en chauffement des pieds arrosés d'huile ; 2° la pendaison dans une cheminée, avec exposition prolongée à la fumée ; 3° la selle hérissée de pointes ; 4° la privation du sommeil pendant soixante heures, etc. Nous en verrons, au reste, des exemples dans les tortures infligées aux sorciers.

Dans les justices ducales, à partir de Charles III, on employa exclusivement les *grésillons*, l'*échelle*, les *tortillons* et l'*estrapade*. Dans les justices particulières, l'arbitraire en maintint quelques autres, comme la *grue*, le *frontal*, le *chapelet*, les *œufs*, les *brodequins*.

Grésillons. Cet instrument se composait de trois lames de fer, se rapprochant à l'aide d'une vis qui, les serrant à volonté, servait à presser violemment le bout des doigts du patient qu'on avait introduits entre les lames jusqu'à la racine des ongles. Pour amener l'aveu, on plaçait en même temps les doigts des pieds, surtout les orteils, dans un pareil étau (1).

l'*exquis* sentiment des dites parties, tant à cause des petits os, la couverture desquels est extrêmement sensible sous l'extrémité des nerfs qui aboutissent aux dites parties. » (P. 217.)

Echelle. « L'accusé souffre de grandes douleurs, tant à cause de l'extension violente de tout le corps qui s'allonge contre nature, que pour diverses parties affligées en cette extension, comme veines, artères, muscles, mais principalement les nerfs et tendons, qui sont, toutes parties douées d'un sentiment *fort exquis*, et conséquemment susceptibles de grandes douleurs. » (P. 216.)

(1) Notons avant tout « qu'il ne suffisait pas que l'accusé déclarât vouloir faire des aveux ; il fallait qu'il fût déjà entré en confession formelle pour qu'on le *mit à délivre* ; alors on le plaçait sur un matelas près d'un bon feu. Quelquefois on ne prononçait la question que pour la forme ; un *retentum* (phrase finale de la sentence) ordonnait que l'accusé ne serait que présenté à la question... En général l'accusé était pris à jeun, ordinairement dix heures après son dernier repas. Parfois on appliquait la question plusieurs et jusque sept fois, sous prétexte que *continuer* n'était pas *réitérer*... (DUMONT, t. I, p. 190.)

Il n'y avait qu'un seul cas d'appel, au Duc ; encore, aux États de 1607, les seigneurs hauts-justiciers protestèrent-ils contre l'appel au buffet du prince.

L'infaillibilité du juge était, en Lorraine, une chose consacrée. A

Echelle. Construite dans la forme ordinaire, mais plus forte et à bâtons anguleux, elle portait à son extrémité un tourniquet en bois comme les haquets des brasseurs. Au moyen du tourniquet, on étendait les membres du patient, puis on lui glissait sous les reins un bois taillé en triangle aigu, ensuite on lui jetait avec violence de l'eau très froide à la figure ou on lui en laissait tomber, goutte à goutte et de fort haut, une certaine quantité sur le creux de l'estomac ou entre les deux épaules. On lâchait subitement le tourniquet que l'on resserrait incontinent plus fort.

Tortillons. C'étaient de petits bâtons d'environ dix centimètres de grosseur qu'on introduisait entre les membres du patient et la corde qui l'attachait à l'échelle. On les retournait autant que possible, en sorte que la chair comprimée ressortait de toutes parts en bourrelets meurtrissants.

Estrapade. A la voûte du cabinet de torture était attachée une poutre, dans laquelle passait une chaîne ou une corde, comme on en emploie pour tirer de l'eau d'un puits. L'accusé, les mains liées derrière le dos, et attaché au crochet fixé au bout de la corde, était enlevé au plafond où il restait suspendu plus ou moins longtemps. S'il refusait d'avouer, on lui liait les deux jambes, auxquelles on accrochait deux poids de trente à quarante kilogrammes chacun. Cette dernière rigueur était appliquée surtout aux malheureux destinés à périr.

La Branlure. Encore en honneur à Remiremont (ainsi que les œufs), elle consistait à laisser retomber brusquement

TOUL l'appel n'existait pas du tout. Les sentences des dix justiciers, présidés par le maître-échevin, étaient souveraines.

A METZ le condamné ne pouvait en appeler au maître-échevin que s'il le rencontrait par hazard, en allant au supplice.

A VERDUN où l'évêché avait habilement conservé les droits régaliens, l'appel était en entier ; des sentences des prévôts du ressort on appelait au *bailli*, et de celui-ci au tribunal du prélat en sa salle épiscopale. (DUMONT, t. I, p. 196.)

le patient qu'on avait suspendu : secousse terrible qui le brisait. Le supplice des *œufs* se faisait en plaçant, tout brûlants, des œufs cuits durs sous les bras, aux aisselles, entre les cuisses, parties qu'on serrait fortement l'une contre l'autre.

Brodequins. On appelait de ce nom quatre planches de chêne, d'environ soixante-six centimètres de haut et percées de trous. On plaçait les jambes nues jusqu'aux genoux entre deux planches, puis on paquetait les quatre aussi serrées que possible à l'aide de cordes. Sept coins de bois étaient successivement enfoncés par le haut, à coups de masse, entre les deux planches du milieu, de manière à comprimer les jambes de plus en plus ; enfin, un huitième était chassé à la hauteur des chevilles. Une vis n'eût pas opéré avec tant de vigueur.

Frontal-Jarretière. On passait autour du front ou des jambes une chaîne, et, à l'aide d'un bout de fer servant de tortillon, la tête ou la jambe étaient serrées tout juste assez pour ne pas être broyées.

Plaids annaux (1). — Ceux-ci furent rendus obligatoires à

(1) Voici le texte de l'ordonnance de Charles III pour la tenue des Plaids annaux.

Du 1er avril 1598. — Aux Baillis de chacune province. — Charles... Très chers et féaux, nous vous mandons que si-tôt la présente reçue, vous fassiez publier aux lieux accoutumés à faire cris publiques ès jours de marchés... qu'à l'avenir, par chacun an, il sera tenu, dans la quinzaine après la Saint-Remy, dans chacune ville et villages de nos domaines, et dans celles de nos vasseaux, de quelle qualité et condition qu'ils soient, par nos officiers ou ceux de nosdits vassaux, un *plaid annal*, auquel seront tenus de comparoître tous les sujets, sans aucune exception, qui y résideront, sous peine de trois francs d'amende par chacun contrevenant, à moins que d'exoine légitime, après avoir été averti le Dimanche auparavant à la sortie de la messe paroissiale, par le Maire ou commis des lieux, de s'y trouver sous ladite peine.

Que dans ledit plaid sera fait l'énumération de tous les sujets et habitants qui doivent y comparaître comme dit est.

Qu'il sera procédé à la création des maires, gens de justice, de même que des bangards, gardes-chasses et de bois ; leur feront prêter le serment au cas requis, en présence et après avoir ouï lesdits habitants et sujets.

Qu'il sera fait aussi l'énumération de tous les droits, cens, rentes et

partir du 1ᵉʳ avril 1598, et devaient avoir lieu dans la quinzaine de la Saint-Remy. L'usage fit tenir les plaids pendant les fêtes patronales des communes. Dans ces réunions des habitants des villes et villages, on procédait, en présence des officiers du prince ou des vassaux, au renouvellement des maires (1), gens de justice, bangards, garde-chasses. On

redevances, leur qualité, sur quoi ils sont hypothéqués, les tenans, confronts, situations et aboutissans, par qui ils sont dus et à quels termes.

Il sera procédé à l'échaquement des amendes, tant celles de mésus qu'autres, conformes à la coutume et ordonnance.

Y feront rendre aux gouverneurs et commis des communautés les comptes de leur gestion, au bas duquel ils feront les règlements qu'ils jugeront nécessaires pour les intérêts de la communauté. Feront aussi de même toutes ordonnances de police qu'il conviendra pour le bien des habitants et communautés, lesquelles ordonnances seront suivies, observées et exécutées par tous les habitants et sujets, de quelque qualité et condition qu'ils soient, sous les peines y portées, et, en outre, d'une amende de cinq francs pour chacune contravention APPLICABLE POUR LE TOUT A NOUS.

Enjoignons à nos Receveurs et Contrôleurs de se trouver aux Plaids pour y recevoir nos droits, cens et revenus. Toutes les amendes, à l'exception de celles de cinq francs, appartiendront par moitié à NOUS et l'autre *à la fabrique* des lieux.

De tout quoi feront ample registre, qu'ils signeront, et feront signer à tous les habitants et sujets présens, après qu'ils en auront donné lecture suffisante à toute l'assemblée. (ROGÉVILLE. pp. 314-15.)

Cette ordonnance a été confirmée par une autre de Charles IV, du 20 juin 1641.

(1) Les mairies étaient généralement le fruit de l'élection où souvent les audacieux l'emportaient. A Pont-à-Mousson, en 1612, un candidat à la place de maître-échevin fit appuyer son discours par quelques amis qui menacèrent de jeter par les fenêtres le téméraire osant répliquer. Il se fit proclamer et se maintint au poste pendant treize ans (DUMONT). Ajoutons qu'en Lorraine il y avait toujours encore des serfs ; ainsi, dans la charte de Fénétrange de 1584, dans l'acte de vente consenti en faveur du prince de Vaudémont, on remarque la phrase suivante: « Tous ces sujets, soit divisés, soit indivisés, sont de *serve condition*, ne s'osent marier, ni, étant mariés, aller prendre résidence hors de la seigneurie d'où ils dépendent, à peine de confiscation de tous les biens qu'ils possèdent, au profit de leur seigneur, excepté ceux de la ville. » On trouve encore à la fin du XVIIᵉ siècle, un état de » sujets et sujettes de la terre de Fénétrange, mariés dans le canton de

faisait l'énumération de tous les droits, cens, rentes et redevances dues sur les propriétés ; on procédait à l'apurement des comptes des communautés, et on faisait les ordonnances de police dont les infractions étaient punies diversement, mais qui emportaient une amende de cinq francs applicable pour le tout au Duc. (ROGÉVILLE, pp. 314-315.)

Beaucoup de seigneurs se réservaient le privilège de nommer le maire (1) et de désigner l'échevin, le procureur d'office et le clerc-juré.

Sarrewerden qui ne sont pas rachetés de la servitude. » *V. Layette Fénétrange*. (BENOIT, *Etudes sur Westrich*.)

(1) Il nous semble à propos de placer ici les droits féodaux les plus généralement usités, antérieurement et postérieurement à l'époque à laquelle nous sommes arrivés.

1º *Chasse.* C'était le droit seigneurial par excellence. Les ducs et gentilshommes l'exerçaient à volonté dans les champs ensemencés, dans les grains et les vignes, au moment de la récolte comme en tout temps dans les bans et finages. Défense au roturier, sous les peines les plus sévères, non seulement de chasser mais même de troubler le gibier.

2º *Cens.* Redevance annuelle, perpétuelle, non rachetable, espèce d'impôt foncier qu'on acquittait en argent, grains, bestiaux, volailles, au profit du seigneur.

3º *Taille (Teloneum) seigneuriale.* Imposition arbitraire due au seigneur. Quand elle était fixe, on disait qu'elle *ne monte ni n'avalle.* *Tonlieu. Quartage. Coupillons* à Metz. Ce droit se percevait sur les grains qui se vendaient dans les foires et marchés. Il s'affermait ordinairement au profit du domaine. (LEPAGE, *Comm.*, art. Pont-à-Mousson, p. 10.) Il subsista jusqu'en 1789.

4º *Subvention* (taille royale, impôt foncier). Sous Léopold et Stanislas, pour une charrue, on payait de 30 à 40 francs. Une demi-charrue acquittait moitié de ce prix. C'est ce qu'on appelait le *pied-certain* ou impôt réel. — Comme chaque charrue occupait de quatre à cinq manœuvres, on fixa le pied-certain pour le manœuvre de 7 à 10 livres.

5º *Redevances sur les ménages et maisons.* Droit établi depuis la loi de Beaumont, distincte de la taille, mais parfois confondu avec le cens.

6º *Capitaineries.* Droit du duc, d'avoir des réserves de chasses, à la distance de deux lieues autour de Nancy, Lunéville, Mirecourt, Sarreguemines, Pont-à-Mousson, Saint-Mihiel et Bar, localités considérées comme villes de sa résidence.

7º *Corvée.* Travail gratuit dû au seigneur pour cultiver ses terres et ses récoltes.

« Le système meurtrier des corvées mettait le pauvre au-dessous de

Dans la plupart des lieux, le mayeur était receveur et

l'animal domestique : le maître qui fait travailler son âne et son cheval le nourrit. Le travail de larmes est mal fait et coûte trois fois plus, comme il a été prouvé par mille exemples.» (DURIVAL.)

Ordinairement les laboureurs devaient une journée de charrue pour chacune des trois saisons.

Les habitants du val de Senones étaient obligés à la corvée dans les trois temps du *soumart*, du *royen* et du *tramois*, c'est-à-dire pour semer les froments ou les seigles au mois d'octobre, pour les orges et avoines au mois de mars, et pour préparer les terres à la semence du froment, vers le mois de juin, moyennant un bichet rez de bled, ou le pain d'un bichet à chaque fois qu'ils viennent à la corvée. *(Senon.*, par D. CALMET, pp. 210-211.)

Ils charroyaient le blé, le foin, le raisin, le bois jusqu'au château. Les manœuvres donnaient une journée pour sarcler, une pour faner, une pour moissonner, une pour vendanger, tantôt plus, tantôt moins. Ces corvées existaient presque partout en Lorraine. — Outre la corvée du seigneur, il y avait celle du souverain. Le travail des ponts-et-chaussées se faisait par les laboureurs, vignerons, artisans, manœuvres et autres classes du peuple, non ecclésiastique, non noble ou non privilégié par des charges et places dont le nombre était devenu fort grand. Le prince faisait fournir les matériaux des ponts, les pierres, bois, fers, etc., et en payait la main-d'œuvre ; mais la conduite et la mise en place se faisaient aux dépens du pays. Il n'y avait pas d'année que le peuple n'y donnât huit, dix, douze et quinze jours, à quatre, dix et douze lieues de son domicile, le laboureur avec ses chevaux et harnais, le vigneron, l'artisan et le manœuvre avec ses bras et ses outils. En outre, il fallait entretenir les chemins particuliers, locaux, de village à village et de traverse. (BILISTEIN, *en 1761.*)

Ost. Obligation pour le vassal de suivre son seigneur à la guerre, personnellement ou par remplaçant, ou de payer une somme pour subvenir aux frais de la guerre. (BEAUPRÉ.)

Droit de chevaulchée. C'est le même que le service d'ost, à cette différence que par ce dernier le vassal était obligé de suivre son seigneur à la guerre publique, et que, tenu du droit de chevaulchée, il fallait encore qu'il montât à cheval pour le défendre dans ses guerres particulières. Il ne semble pas que des contingents de cette nature aient pris part à la bataille de Nancy, sous René II ; mais ils marchèrent avec l'armée d'Antoine, dans son expédition contre les Rustauds. (LEP., *off.*, p. 277.)

8° *Milice.* Obligation du service militaire. Aux nobles, soldats de droit, on joignit, surtout à partir de Charles III et de Henri II, un homme sur vingt, parfois sur dix, pris parmi les villageois. — Il y avait de criants abus dans le tirage au sort. Ainsi, on constate que dans le

gruyer, et avait, conjointement avec l'échevin, l'instruction et le jugement, en première instance, des matières civiles et

canton de Fraimbois, sur 236 conscrits, 38 seulement prirent part à l'opération. (Abb. MATH.)

9° *Foraine. Droit de haut-conduit, de traverse, d'entrée et d'issue.* Imposition sur les voitures entrant, passant sortant des duchés, sur les marchandises, les chevaux, ânes et vins venant de l'étranger.

A ce sujet on lit dans le procès-verbal de l'Assemblée provinciale des Trois-Evêchés et du Clermontois, siégeant à Metz, en 1788 (p. 277), à la veille de la Révolution :

« M. le Baron de Pouilly., dit qu'il existoit dans le Clermontois un droit de *haut-conduit* ou *grand passage*, qui se perçoit sur toutes les marchandises qui s'en exportent ou qui le traversent ; que ce droit est perçu, même sur les grains, à raison de deux sols par sac, malgré les loix qui établissent la libre circulation des grains en exemption de tous droits ; qu'il est de l'intérêt, non seulement du District du Clermontois mais encore de celui de Verdun qui envoie ses grains aux marchés de Sedan et de Charleville, que ce droit soit supprimé... » Plusieurs membres de l'Assemblée font observer, « qu'il existe aussi dans différents endroits de la Province, de pareils droits de péage, de haut-conduit, de travers, de soixantième et autres semblables, qui gênent le commerce et en retardent les opérations... » (p. 279). Supplique au Roi pour supprimer les droits qui gênent la circulation des grains, et notamment celui de deux sols par sac de grains qui se perçoit dans le Clermontois.

10° *Droit de giste.* Obligation de loger le souverain. Elle entraînait presque toujours celle de le défrayer, lui et sa suite ; il n'en coûtait pas peu au pauvre vassal... Ce droit fut converti en redevance pécuniaire lorsque, les hôtelleries devenant moins rares, le souverain et le seigneur féodal, à qui il était dû dans quelques localités, trouvèrent à loger ailleurs que chez leurs vassaux. (BEAUPRÉ.)

11° *Dîmes.* Impôt au profit du clergé. Il se divisait en grosses, menues et vertes. La *grosse dîme* se prélevait sur le blé, l'avoine, l'orge, le vin. Les *menues dîmes* frappaient les pois, les haricots, les fèves, les lentilles, le sainfoin, la luzerne, le chanvre, le lin, etc., les poulains, les veaux, les porcs, les agneaux, la laine, les poulets, etc. Les *vertes* s'étendaient sur les fruits, poires, pommes, noix, etc. (BILISTEIN), sur les choux, cabuts, pommes de terre, tabac.

Elles donnèrent lieu à diverses ordonnances, 26 juin 1563, 27 juin 1567, 15 septembre 1572, 21 juillet 1599, 7 mai 1602, 17 avril 1604, etc. (ROGÉVILLE.)

Assez souvent cinq ou six décimateurs se partageaient inégalement la dîme d'un seul territoire. A Gerbéviller, un quart de la grosse dîme appartenait au prieur de Landécourt, un quart au curé, ce qui faisait la moitié du tout. L'autre moitié se répartissait entre le curé, l'abbé de

des actions réelles sur les laïcs et clercs, à moins qu'il fût question de difficultés « touchant la chose sacrée… »

Beaupré, l'abbé de Senones, le prieur de Landécourt et le curé du village voisin de Haudonville. (Abbé MATH., p. 140) (1).

12° *Dime inféodée.* Dimes cédées par le concile de Latran aux seigneurs. — 150 villages, entre autres Magnières, payaient cette dîme.

13° *Pied fourché.* Droits sur les bestiaux introduits dans certaines villes ; *encavage,* droit sur les vins mis en cave.

14° *Banalité.* Cet impôt pour les *fours, moulins* et *pressoirs,* obligeait de recourir à ceux du seigneur, parfois insuffisants. Ainsi, pour jouir du pressoir, il fallait, à l'occasion, fournir des hommes au maître, afin d'accélérer le travail pour sa propre récolte.

15° *Prélation.* Droit du seigneur de récolter un jour avant les sujets et de rompre le ban, afin d'utiliser les corvées des manants.

16° *Pêche.* Défense de pêcher avec filets ayant d'autres mailles que celles des grueries, sous peine de 100, 200 francs d'amende, tant pour l'acheteur que le vendeur. (Ordonn. de 1597 et 1617.)

17° *Gabelle.* Obligation d'acheter à des prix exorbitants le sel aux greniers du Duc, et après eux, à ceux du Roi. Ce droit donnait lieu à des répressions atroces.

18° Droit de *Charnage* (Dime de). Impôt prélevé sur le croit des animaux avec obligation de fournir le mâle au troupeau communal (taureau, bélier, *verrat,* varet). Dans nombre de lieux, cette obligation pesait sur le curé.

19° *Lods* et *ventes.* Perception par le seigneur d'une partie sur le prix de vente. — (Droits de *langue* et d'*octroi.*) Le premier existait à Badonviller et ailleurs ; le second fut établi, en 1781, au profit du Roi.

20° *Droits de gruerie.* C'était, pour le prince et le seigneur, le droit de régler l'aménagement des coupes, de marquer le bois, de délivrer les portions. De là le dicton : « *Les grueries sont des grugeries.* »

21° *Revêtement* ou *Revêture.* Droit à payer pour être mis en

---

(1) Toute terre cultivée était sujette à la dîme ; elle devait se payer uniformément dans chaque finage, et les particuliers ne pouvaient la délivrer à volonté ; les seigneurs et les ecclésiastiques pouvaient seuls en prescrire l'exemption, parce qu'on présumait que leur possession était fondée sur d'anciens arrangements avec l'Église. Quant aux communautés, elles ne pouvaient prescrire que l'exemption de la menue et la quotité de la grosse qui leur appartenait ; les fruits, non décimables de leur nature, le devenaient quand ils étaient plantés ou semés dans des terres qui avaient payé précédemment la dîme. (Abbé MATHIEU, d'après ROGÉVILLE, p. 199.)

« Nous payons, dit en 1789, le cahier de They-sous-Montfort, la dîme de la laine, la dîme des cochons de lait, du chanvre, des pommes et poires de tous les arbres qui ne sont pas dans les jardins non potagers ; la dîme des pommes de terre, de tous les légumes que nous plantons et semons ; dans les vignes nous payons la dîme du raisin, et le tout se paye à l'onzième. » (*Id.,* pp. 195-96.) — A Oilleville (Vosges), M. le curé, dit le cahier, perçoit une dîme sur tous les poulains des deux genres. Les veaux de même, qui naissent par chaque année, savoir les mâles de chaque espèce, cinq liards, etc. (*Id.,* p. 196.)

Charles établit en différentes villes des sièges pour la con-

possession d'un héritage ou acquérir un bien sur le territoire seigneurial.

22° *Havage*. Droit par le bourreau : 1° de percevoir quelques deniers sur tous ceux qui apportaient des denrées au marché, ou à prélever une quantité déterminée de ces mêmes denrées, par exemple, un œuf sur cent, un balai par charge, une poignée de pois, de haricots. (Cela s'appelait aussi droit de *coupelle*. On prélevait, à Toul surtout, une poignée sur les grains, environ la 32e partie, etc.) Le bourreau marquait à la craie l'épaule ou la hotte de ceux qui s'étaient acquittés. On convertit à la fin ce droit en un abonnement. — 2° *Riflerie*. Droit d'abattre les chevaux hors de service et de blanchir les bêtes mortes. Originairement on payait 2 francs pour les grosses bêtes, et 6 gros pour les autres ; un arrêt de 1772 fixa à 5 francs 6 gros la rétribution dans les villes, et à 3 francs 6 gros dans les villages, pour les grosses bêtes, et pour les petites (brebis, chèvres, chiens, etc.), à 3 francs 6 gros dans les villes, et 2 francs dans les villages. Le propriétaire devait conduire l'animal au lieu désigné pour l'abattre. — 3° *Vidange*. Droit (irrégulier) d'une somme d'argent à percevoir sur chaque fosse d'aisance qu'on vidait.

23° *Droit des noces*. Jusqu'en 1614, les nouveaux mariés de Nancy devaient payer au bourreau un tribut de 9 gros. — Il n'est pas question dans notre pays du droit de *marquette*, *cuissage*, *prélibation*, etc., qui n'existait, paraît-il, que dans quelques districts de la Lorraine allemande.

24° *Colombier* et *Garenne*. Droit du seigneur d'avoir des pigeons et des lapins, dont les dégâts dans les terres des roturiers étaient énormes.

25° *Formariage*. Ce droit, perçu sur les mariages avec les étrangers, a existé dans le Verdunois jusqu'en 1789.

26° *Droit de vente*. Perception de quatre deniers sur toute marchandise vendue.

27° *Han* ou *Maîtrise*. Tribut payé par tout maître admis dans une corporation.

28° *Poids*. Obligation de porter aux balances publiques toute espèce de marchandise dépassant un certain poids.

29° *Tiers denier*. Prélèvement du tiers de la valeur, par le seigneur, sur les bois, fruits champêtres et autres profits communaux, en cas de vente ; en cas de *partage*, prélèvement de *part double*.

30° *Jeangeage*, *cabaret* ou *bouchon*. Droit pour le seigneur de vendre ou faire vendre son vin avant les habitants. Droit payé par les débitants, sur les tonneaux et liquides.

31° *Epaves mobiliers ou immobiliers*. Droit sur les accrues et acquêts d'eaux, biens vacants, terres vagues, trouvaille de trésor, etc.

32° *Déshérence*. Droit d'hériter du sujet sans famille, de l'intestat,

servation des forêts et la répression des délits qui s'y commettaient (1).

Réformes religieuses. — La faveur avec laquelle on accueillait les doctrines de Luther était due à l'abandon de la discipline et aux mœurs relâchées du clergé (2). La plupart

du bâtard sans enfant. Ce droit avait un similaire, le droit d'*aubaine* et même de *confiscation*.

33° *Troupeau à part*. Droit du seigneur d'avoir des terres à part pour ses troupeaux, au lieu de les mêler avec ceux des vassaux dans les confins destinés aux pâturages.

34° *Nouvel entrant*. Perception par le seigneur de moitié du droit payé par tout nouveau venu dans la commune.

35° *Joyeux avènement*. Droit payé à l'arrivée au pouvoir d'un nouveau seigneur.

36° *Rouage. Péage*. Droits perçus pour certains transports par les routes et certains ponts et routes.

37° *Censure. Lettres de cachet*. Droit du souverain de supprimer les écrits gênants, de faire disparaître les écrivains ou sujets trop peu soumis.

38° *Police des vivres et vêtements*. Lois et règlements faits à diverses époques par les ducs, pour les repas et le genre d'étoffe, de vêtements permis aux roturiers. Rogéville (t. II) dit qu'on « défendit aux domestiques, cannes, épées, habillements de soie.... »

A côté de ces droits, il y en avait une infinité d'autres plus ou moins importants, qui variaient de nom presque dans chaque seigneurie particulière. Citons, comme spécimen, le *Ra du Bâton*, droit qu'avait un seigneur (en divers lieux, à Mirecourt, par exemple), ou son représentant, de tuer des poules (gelines), moyennant une rétribution fixe (2 deniers, selon la charte de Mirecourt).

(1) Ce fut sous Charles III qu'on établit les registres des paroisses (l'état civil de l'époque). On en trouve peu antérieurs à 1680. Léopold, en 1701, prescrivit la forme à employer pour ces actes ; le clergé protesta contre la réglementation comme attentatoire à son indépendance ; le Duc dut s'incliner.

(2) Jusqu'à l'introduction du luthéranisme dans les Vosges (GRAV., p. 182), vers la fin du XVIe siècle, les moines jouirent d'une liberté portée jusqu'à l'excès ; ils ne promettaient de vivre en continence qu'autant que la fragilité humaine pouvait le comporter (*Profession de 1506, au monastère de Senones*). On peut juger par cette restriction, du déréglement de leurs mœurs et de la corruption qu'ils entretenaient dans la campagne lorsqu'ils s'y répandaient comme des essaims de frelons. Au XIIIe siècle encore ils admettaient les femmes dans leurs monastères, non pour y vivre en recluses comme autrefois, mais pour y être logées commodément et pour recevoir l'entretien et la nourri-

des anciens ordres monastiques étaient tombés dans le relâchement. La corruption s'était introduite parmi les religieux qui, sans règle et sans subordination, se livrèrent au désordre et violèrent leurs vœux. L'oisiveté et l'ignorance étaient extrêmes. La solitude de la plupart des maisons contribuait à fomenter le dérèglement parmi les religieux inaccessibles à la honte et à la crainte. D'asiles de l'innocence et de sanctuaires de vertus, nombre de monastères étaient devenus des repaires de voleurs et des lieux de dissolution. (D. CALMET.) — Le cardinal Charles de Lorraine entreprit de réformer les maisons de l'ordre de Saint-Benoît. Muni d'un bref du pape, il assembla les supérieurs des différents monastères et fit avec eux des règlements contenant les clauses suivantes : — Tous les religieux coucheront au dor-

ture d'un religieux. La nièce d'un abbé ou d'un prieur traitait avec son oncle, du consentement de la communauté, pour obtenir la même faveur. (Traité fait en 1542, par Jean Durand, abbé de Senones.) Les nièces, parentes ou soi-disant telles de simples moines, traitaient avec le prieur du consentement de l'abbé. (Une ordonnance de Charles III, du 12 janvier 1583, condamne au fouet les femmes et filles notoirement notées et diffamées de paillardise, qui hantaient les maisons des gens d'église et chez lesquelles ils se retiraient pour en abuser...) » (GRAV., p. 241.) Le peuple, familiarisé avec ces usages, devenait oisif et vicieux par imitation ; il recourait dans ses besoins à la *clochette* du monastère, et jamais elle ne sonnait en vain. On eût dit que les moines avaient adopté la devise : débauche et bienfaisance. Mais un vice accolé à une vertu en ternit l'éclat, et ce mélange produit rarement d'heureux effets. Ces aumônes, accordées sans discernement, firent surgir de toutes parts une foule de mendiants, dont la profession consistait à voyager de couvent en couvent, et de mettre à contribution le cultivateur laborieux et surchargé d'impôts.

Ces mœurs, importées dans les Vosges avec les diplômes des empereurs, ne furent réformées en Allemagne que sur la fin du XVIe siècle. Montaigne dit, dans son *Voyage en Bavière*, que les Jésuites provoquèrent ces réformes : « ...les Jésuites qui gouvernent fort en cette contrée, ont mis un grand mouvement ; ce qui les fait haïr du peuple, pour avoir fait forcer les prêtres de chasser les concubines, sous grande peine, et à les en voir plaindre, il semble qu'anciennement cela leur fût si toléré qu'ils en usaient comme de chose légitime, et sont encore (1581) après à faire là-dessus des remontrances à leur duc. »

toir; — nul ne sortira seul du monastère; — le supérieur tiendra les clefs pendant la nuit; — on n'admettra aucune femme dans les lieux réguliers des monastères.

Ces statuts furent très mal observés; ni les soins, ni le crédit du cardinal ne parvinrent à rompre les obstacles. Afin d'introduire la réforme dans son abbaye de Saint-Mihiel, il envoya des gens de son conseil pour la proposer aux religieux. Ceux-ci, avertis de leur arrivée, se mirent en défense et menacèrent de faire feu s'ils s'avançaient. Le cardinal crut qu'il lui serait plus facile de rétablir la discipline dans le prieuré de Notre-Dame de Nancy; mais dans toute la Lorraine et les Trois-Évêchés, il ne se trouvait personne qui eût pratiqué ou même connu la règle de Saint-Benoît. Tel était l'état des religieux au commencement du XVIIe siècle.

Dom Didier de Lacour, né à Monzéville, près de Verdun, fut l'un des réformateurs de l'ordre de Saint-Benoît, et le fondateur des deux célèbres congrégations de Saint-Vanne et de Saint-Maur qui ont rendu de grands services aux lettres. Son zèle véritablement pieux triompha, et de sa première ignorance, et de la haine des moines. Un grand nombre de ceux-ci se retira, et les anciennes observances furent rétablies.

Avec Didier de Lacour parut Pierre Fourrier, célèbre réformateur. On lui offrit trois cures; il choisit la plus pauvre. Ne bornant pas son zèle à ses fonctions de curé, Fourrier, persuadé que l'instruction seule peut former des mœurs chrétiennes, institua une association de femmes dans le dessein d'établir des écoles pour les jeunes filles. Celles-ci, devenues d'utiles religieuses, se répandirent non seulement en Lorraine, mais en France et jusqu'en Amérique.

La réforme des monastères avança vite. Bientôt la plupart de ceux de Saint-Benoît s'étaient réunis en une congrégation où refleurissait la règle qui devait donner à l'érudition des hommes utiles. L'ordre des chanoines fut amélioré par les soins de Pierre Fourrier, plus heureux dans ses efforts que le cardinal de Lorraine. Le pape Grégoire XV confia ensuite le soin de cette œuvre à Jean des Porcelets, évêque de Toul. Celui-ci s'associa Fourrier et le fit investir de l'autorité nécessaire.

Les couvents de Dames se refusèrent à toute réforme, malgré la persévérance de la princesse Catherine, fille de Charles III (1). Parmi ceux qui la repoussèrent avec le plus d'âpreté figurait la plus illustre abbaye de Lorraine, celle de Remiremont, où on ne recevait que des filles de l'âge de huit ans, nées de princes, ducs, barons ou d'ancienne noblesse de père et de mère. Ces aristocratiques religieuses avaient voix au chapitre dès l'âge de seize ans. (ETIENNE, pp. 209 et suiv.)

Non moins corrompus que les membres de la société civile étaient le haut et le bas clergé. « Les prélats (D. CALMET)

---

(1) Au premier rang de ces couvents figurait l'abbaye de Poussay... Bien que renfermant dans son sein des filles nobles alliées aux plus grandes familles du pays, elle ne fut jamais dotée de privilèges et de droits semblables à ceux de Remiremont...

...« Les filles de bonnes maisons ont chacune à Poussay, dit en 1580 M. du Hautoy, un bénéfice pour s'entretenir de 100, 200, 300 écus, qui pire, qui meilleur, et une habitation particulière où elles vivent chacune à part soi. Les filles en nourrice y sont reçues ; il n'y a nulle obligation de virginité si ce n'est aux officiers, comme abbesse, prieure et autres.

« Elles sont vêtues en toute liberté, comme autres demoiselles, sauf un voile blanc sur la tête, et, à l'église, pendant l'office, un grand manteau qu'elles laissent en leurs sièges au chœur.

« Les compagnies sont reçues en toute liberté chez les religieuses qu'on y va rechercher, soit pour les épouser, soit... (C'est ainsi que Charles IV fit connaissance de la belle de Ludres.)

« Celles qui s'en vont peuvent résigner et vendre leurs bénéfices à qui elles veulent, pourvu qu'elles soient de condition requise, car il y a des seigneurs du pays qui s'obligent par serment de témoigner de la race des filles qu'on y présente. Il n'y a pas d'inconvénient à ce qu'une seule religieuse ait trois ou quatre bénéfices.

« Elles font, au demeurant, le service divin comme ailleurs. La plus grande partie y finissent leurs jours et ne veulent changer de condition. » (A. L., an. 1871.) (E. GASPARD, Abbaye et Chapitre de Poussay, pp. 104-105.)

ne paraissaient attentifs qu'à se défendre contre l'hérésie ou contre les usurpateurs de leurs églises. On ne voit plus dans ces grands sièges, comme autrefois, des prélats plus recommandables par l'éclat de leur sainteté, par leur science, par l'innocence de leurs mœurs, que par leur dignité; ce sont, pour l'ordinaire, de grands seigneurs, illustres par leur naissance, recommandables par leurs *meules*, respectables par le rang qu'ils tiennent dans le sacerdoce et dans le monde, mais souvent plus occupés des intérêts temporels de leurs églises que des besoins spirituels de leurs troupeaux, laissant à des suffragants ou à de grands vicaires le gouvernement de leurs diocèses... » (1).

Nous avons vu comment, dans les Trois-Évêchés, inféodés aux Guises, les prélats avaient livré les domaines temporels au roi de France et au duc de Lorraine. Presque chez tous, l'esprit de famille l'emportait sur le devoir de conserver intact le patrimoine du diocèse, de respecter les engagements pris par les prédécesseurs — de sauvegarder l'indépendance, la liberté de leurs ouailles.

Cependant, avant ces actes de félonie politique, plusieurs synodes avaient eu lieu à Trèves pour réprimer les désordres du clergé. Dans l'assemblée du 25 novembre et dans celle de 1549, auxquelles assistèrent les évêques de Toul et de Verdun et des députés de l'évêque de Metz, on avait ordonné — que les prêtres adonnés à l'ivrognerie seraient privés de leur cure et de leurs dignités; — que les ecclésiastiques concubinaires (2) perdraient leur temporel, et que les femmes dont ils

(1) « Jusque sous l'épiscopat de la Vallée (BENOIT, p. 519), on fit dans le diocèse de Toul des quêtes scandaleuses. Les clercs, les chanoines mêmes, ne rougissoient point alors, quoique bien rentés, d'être mendiants. Ils affermoient ces sortes de quêtes à des laïcs qui, revêtus d'aubes et de chappes, portoient des reliques dans les villages et donnoient des bénédictions au peuple qui les paioit grassement par ses aumônes (p. 520). Alors les chanoines, non contents de leurs prébendes, s'attribuoient des autres, s'engraissoient *d'aumônes des fidèles et n'en laissoient que les miettes à des prêtres ignorants.* »

(2) En 1584, le duc de Lorraine légitima « Robert Nicolas et Mar-

abusaient leur seraient enlevées. Les personnes adonnées aux sortilèges furent menacées de la prison. On prit aussi des mesures contre les religieux déserteurs de leurs couvents, contre les prêtres mariés, etc.

Le droit des curés dans l'administration des sacrements fut fixé à douze blancs. Ils recevaient douze deniers pour relever une accouchée ou donner l'extrême-onction ; quatre, pour porter l'eucharistie ; un, pour l'offrande de chaque grande fête de l'année. La cérémonie du mariage était payée huit blancs, à moins qu'il convînt de s'acquitter en viande. Rien ne pouvait être exigé pour les baptêmes ni pour la confession. Enfin, dans ce synode provincial, on prit des mesures contre l'hérésie. On s'occupa de modérer le nombre des fêtes, d'établir de nouvelles écoles, de pourvoir à l'instruction des jeunes chanoines ; malheureusement l'arbre sacerdotal était pourri jusque dans ses racines, et tous ces règlements ne servaient qu'à mettre en évidence l'étendue du mal et l'impuissance des lois pour l'arrêter. (BÉGIN, t. II, pp. 134-35, d'après D. CALMET) (1).

Les réformes, tentées ou introduites, causèrent une véritable

guerite, enffans naturels de Messire Jehan Charillon, jadis trésorier et chanoine de Toul et de Jacqueline Pagel. (*Saint-Germain français*, 18,816, f° 292.)

(1) Cependant, dans la répression des abus, on continua à appliquer avec rigueur les anciennes prescriptions. Ainsi « Comon, greffier, au lieu de Troussey.. accusé et convaincu d'avoir mangé chair et autres viandes prohibées et défendues un jour de samedy, comparut volontairement, lo samedi onze octobre 1578, devant le chapitre, s'humilia, confessa sa faute, protesta vivre cy après selon les ordonnances de Notre Mère Saincte Eglise catholique, apostolique et romaine, a crié merci à Dieu et à mes dits saints de la faute par luy commise. On lui pardonna son péché. Néanmoins le chapitre ordonna qu'il entrerait en *trichard* (prison) du chapitre et demeurerait l'espace de trois jours, trois nuicts, au pain et à l'eau, et après se présenterait à l'église de céans portant un cierge de cire du poids d'une demi-livre, et soub main ferait quelqu'aumosne à sa discrétion. Le tout néantmoins sans note d'infamie et sauf à mesdits sieurs de modifier ci-après ladite peine si bon leur semble. » (GUILL., *Cathéd. de Toul*, pp. 260-61.)

révolution dans l'église de Lorraine: libelles, protestations, insurrection armée, tout fut employé pour y résister, et les conversions obtenues ne furent souvent qu'un replâtrage d'hypocrisie. (*Id.*, p. 136.)

Institutions et habitudes militaires. — Les guerres de religion firent créer chez nous les premiers régiments permanents. Auparavant, le corps de la noblesse, soutenant les milices bourgeoises, les gardes du corps des ducs, comptant en dernier lieu (fin du XVI⁰ siècle), de quarante à quatre-vingts hommes, avaient constitué en Lorraine le noyau de l'armée. Le besoin de lutter contre les Protestants, le désir de se préparer l'accès au trône de France, portèrent Charles III à créer des troupes régulières. Celles-ci se recrutaient particulièrement chez les aventuriers que l'Allemagne et quelques autres pays fournissaient à l'Europe entière. Outre l'infanterie (1) et la cavalerie, divisées en régiments et même en compagnies détachées pour le service des places, il y avait, en Lorraine, un corps spécial et permanent d'artillerie fort renommé. On n'avait pas d'attelage régulier ; mais quand la guerre éclatait, les abbayes, les prieurés, les couvents, les prévôtés et les villes fournissaient au delà de 450 chevaux qui servaient à cet usage. Nancy possédait une immense écurie pour les loger. Vers la fin du règne de Charles III, on créa une espèce de milice mobile, recrutée par deux ou trois

---

(1) Lepage (*Inst. mil.*, p. 131) explique ainsi l'origine du mot *infanterie* :

Dans l'organisation patriarcale des familles féodales, tout ce qui composait l'entourage habituel du seigneur, clients, serviteurs, domestiques étaient appelés dans le pays de langue romane, du nom de *fante*, mot qui a la même racine que *famille* et qui est l'équivalent d'*infant*. C'est ce même entourage qui suivait le baron à la guerre et qui servait à pied autour de lui. De ce mot *fante* que les Italiens ont conservé pour désigner le soldat à pied, ils ont aussi fait *fanteria* et *fantaccino*, que les Français adoptèrent au XVI⁰ siècle. Les écrivains des guerres civiles emploient presque tous le mot *fanterie*. Ce n'est que sous Henri IV que la forme infanterie est fixée. (SUZANNE, *Hist. de l'infant. française*, t. I, p. 14.)

jeunes gens robustes qu'on choisissait dans chaque village. Ces soldats improvisés reçurent des armes, et furent astreints à des réunions périodiques où des officiers expérimentés les formaient aux exercices de la guerre. On organisa, dans les villes surtout, des compagnies d'arquebusiers plus ou moins nombreuses. A Remiremont la bourgeoisie se présentait à la revue réglementaire précédée d'un fifre, d'un hautbois et d'un tambourin. (RICHARD) (1). A Vézelise, la milice était divisée en trois corps: mousquetaires, arquebusiers et hallebardiers. A Nancy, il y avait une compagnie d'arquebusiers, et un corps de milice, fort de neuf cents hommes. Ces troupes bourgeoises faisaient le coup de feu contre l'ennemi. « Quand les reîtres parurent (en 1569) autour de Dieuze, les arquebusiers d'Insming furent mandés pour défendre la tour de Lindre. » (BENOIT, *A. L.*, p. 231.)

Il est à remarquer, qu'en Lorraine comme dans les Trois-Évêchés, depuis les guerres de religion jusqu'à la fin des troubles de la Ligue, tout le monde, nobles, bourgeois et paysans, portait des armes. Rien n'était négligé pour entretenir l'esprit belliqueux. La classe pauvre s'adonnait d'autant plus volontiers à l'état militaire qu'elle jouissait, sous les drapeaux, d'une liberté bien autrement étendue que sous la verge d'un seigneur avide.

Chose étonnante et qui peint le naturel insouciant de nos ancêtres ! Au milieu des dissensions civiles, religieuses, de ces guerres déplorables et ruineuses, surgissaient fréquemment des idées de plaisir. On organisait des fêtes; on quittait les disputes scholastiques pour assister aux courses de chevaux, aux jeux de bateleurs, aux danses, aux représentations théâtrales devenues déjà moins obscènes. Les magistrats eux-mêmes ne dédaignaient pas de se rendre au cabaret « avec manans et autres gens », et l'indulgence publique ne trouvait

(1) Alors la musique militaire (A. JACQUOT) se composait de violons, tambours, tambourins et fifres. (Le cornet à bouquins vint vers 1589.) L'épinette date, croit-on, de 1544 et la guitare de 1607.

pas mauvais qu'on les rapportât le lendemain ivres dans leurs maisons, ou qu'on les surprît avec des jeunes filles « en jeux d'amour fuers de chez eux ».

Charles III, il est vrai, défendit aux prévôts, maires et officiers de justice d'aller en taverne « pour y banqueter à escot particulier, à peine de cent francs d'amende et de privations de leurs offices » ; les habitants étaient soumis aux mêmes interdictions, à moins qu'ils fussent conviés par les forains « aux fêtes, bans, confréries de communaultés ». Ne laisseront toutefois, ajoute le prince législateur, « en les dites fêtes annales se célébrer danses et autres esbattements accoutumés » (1).

(1) Le fragment que voici, emprunté à l'*Histoire de Commercy*, par Dumont (pp. 47-55), donne une idée des us et coutumes de certaines localités. Disons d'abord qu'à Commercy il y avait le château Haut et le château Bas, appartenant à deux seigneurs différents. — On écrit au duc (1615) : Ces seigneurs « battent et oppriment les bourgeois ; le sieur Viriot a donné des coups de bâton à un sujet du château Bas, une autre fois au pâtre commun de la ville, et ses officiers en font autant à son imitation. — Le prévôt Laurent, après avoir injurié à l'audience le procureur fiscal, de la part de Sarrebruche (l'un des deux seigneurs), lui a donné des coups de poing et l'eût tué si le prévôt du château Bas, seul présent, ne l'en eût empêché.

En 1616, un jour Dom Barthélemy, venant au château Bas, eut en rencontre un ivrogne qui blasphémait à son aise, sans qu'on songeât à l'en empêcher. Le fermier des amendes, interpellé sur ce point, répondit que le délinquant s'était abonné pour jurer tant qu'il lui plairait. Le révérend père, outré de semblable raillerie, en fit son rapport en arrivant au château Bas dont le pieux seigneur eut bien de la peine à se contenir à un pareil récit. Le lendemain, à la pointe du jour, espérant que l'ivrogne serait dégrisé, Charles d'Urre, seigneur du château Bas, monta dans son carosse, suivi de quatre sergents et fit empoigner le fermier des amendes et son abonné qui furent jetés chacun dans une prison séparée.

Grand bruit parmi les officiers du château Haut à cette nouvelle. Charles d'Urres, méprisant leurs menaces, leur envoya de sa bourse la portion d'amende qui leur revenait, et, agissant dès lors avec les prisonniers comme s'ils lui appartenaient, il commença par les mettre au pain et à l'eau pendant six jours, ayant soin d'envoyer à la femme de l'ivrogne la valeur de son gain habituel de chaque jour. Après ce temps donné pour la réflexion, il les fit venir devant lui ; là, les deux genoux en

INDUSTRIE. COMMERCE. — La population des deux duchés avait considérablement augmenté sous le règne de Charles III. En 1697, on ne l'estimait pas à moins de 8.419 conduits. Nancy comptait, en 1552, sans le faubourg Saint-Dizier, le clergé (1), la noblesse et la domesticité ducale, 842 familles, 72 veuves et environ 6.500 habitants (2); en 1580,

terre, ils subirent une sévère réprimande et n'obtinrent leur liberté qu'à condition qu'ils iraient se confesser, communier et faire pénitence, ce dont ils justifièrent par certificat.

(1) Il nous paraît intéressant de reproduire ici le fragment suivant de Lyonnois (t. II, pp. 565-66).
Dans l'ordonnance de Charles III pour l'érection de nouvelles paroisses en dehors de Saint-Epvre, nous lisons : ...XVI. La raison requiert que les curés aient honnête portion congrue, pour satisfaire à leur entretien et nourriture, selon que leur état le requiert ; partant elle devra monter à la somme de 400 francs ou environ (ce qui faisait alors un peu plus de 800 francs de France de notre monnaie) pour chaque curé, laquelle se prendra en partie sur les deux tiers de toutes les dixmes tant grosses que menues des finages dudit Nancy, Saint-Dizier et Laxou ; et l'autre partie se prendra sur les paroissiens de chaque paroisse, lesquels seront tenus tous, de quelque état et qualité qu'ils soient, de payer ce qui s'ensuit, savoir : aux quatre bons jours de l'année qui sont Pâques, Pentecôte, Toussaint et Noël, chaque ménage deux gros ; l'homme et la femme, chacun un gros à chacune fête, et les veuves demi-gros ; et ceux qui n'auront jamais été mariés qui recevront leur Créateur à Pâques, ils payeront tous les ans à ladite fête, seulement une fois l'an, chacun un gros que les curés lèveront ou les échevins d'église, ou les feront lever par les marguilliers...; car de droit et de raison les paroissiens sont tenus à la nourriture et entretien de leurs Pasteurs.

(2) En 1570, le droit d'entrée à Nancy était de 12 francs, dont un tiers pour le prince et les deux autres tiers à la ville. L'année suivante, on le porta à 40 francs. (GUÉRARD.)

En 1582, Charles songea à doter Nancy d'un *Mont-de-Piété*. On sait que le premier fut fondé à Pérouse (Etats du Pape) par un pauvre religieux. Les prêts s'y faisaient gratuitement ; aussi les monts furent-ils protégés par les papes Paul Ier, Sixte IV, Innocent VIII, Alexandre VI, Jules II, Léon X et leurs successeurs. Ce dernier défendit, sous peine d'excommunication, de prêcher contre ces établissements, et, par une bulle du 4 mai 1515, accorda des indulgences aux protecteurs. Le concile de Trente, en 1553, les plaça au nombre des œuvres pies et ordonna aux évêques d'en créer dans les principales villes de leurs diocèses. (*A. L.*, t. IX. GUÉRARD.)

Charles III donna, le 21 juillet 1582, des lettres patentes à un

1.183 conduits et demi, soit 7.101 habitants; en 1582, on ne comptait plus que 1.122 conduits et demi ; 1.085, en 1583, et seulement 1.038, en 1589. (LEPAGE, *Arch.*, t. I, p. 40) (1).

israélite, pour l'établissement d'un *Mont-de-Piété* à Nancy...« Et, afin que les pauvres demeurans tant au dict Nancy que dans la ville neuve ne soient contraints, comme ils sont, pour achepter grains et autres alimens pour leurs pauvres enffants et familles, vendre les meubles de leurs maisons, comme d'estaing, de cuyvre, habitz et autres choses à vil prix, lesditz consuls et hébrieulx, outre les aumosnes qu'ils feront aux autres pauvres impotents et mendiants, seront tenus d'establir à ladite ville neufve un lieu seur (sûr) qui se nommera *Mont-de-Piété* pour le temps et espace de 25 ans, et ce, pour soulagement desdits pauvres déclarés et tenus pour vrais pauvres nécessiteux et non autres, auxquels lesdits hébrieulx s'obligeront de prêter argent par petites sommes, lesquelles ils ne pourront refuser sur lesdicts meubles, à raison de deux et demi p. 100 pour six mois, à la fin desquels n'étant iceux meubles racheptez, seront vendus à son de trompe et le résidu, outre la somme principale et les intérêtz, sera fidellement et loyalement restituée auxdits pauvres...» Données le 31e jour du mois de juillet 1597. (GUÉRARD, *A. L.*, t. IX, p. 107.)

Charles III (après Nicolas qui, en 1555-56, avait augmenté le droit de gabelle d'un denier) assujettit, en 1592-96 et 98, à la gabelle à Nancy, les draps, étoffes de soie, fruits de Provence, marrons, oranges, citrons, grenades, câpres, olives, raisins, figues, etc., riz, millet, lard et jambons de Mayence, harengs, morues et autres poissons de mer, frais ou salés. On y soumit également les orfèvres, potiers d'étain, apothicaires, pelletiers, cordonniers, tanneurs, revendeurs de bois de sapin ou de chêne, beurre, fromage ou autres denrées. (LEP., *Arch. de Nancy*, t. II, pp. 51-52.)

(1) En 1551, on comptait à Nancy, un bombardier, six brodeurs, un clochetier, des éperonniers, huit fourbisseurs, deux mailliers ou faiseurs de mailles, deux monnoyers, onze orfèvres, onze pelletiers, un plumassier, un salpêtrier, neuf selliers, un sonnetier, etc. (LEP., *Arch.*, t. I, p. 188.) Charles III, débarrassé des préoccupations politiques, revenu des rêves ambitieux qui lui avaient fait aspirer à la couronne de France, s'appliqua à développer la richesse de sa capitale (LEP.), exemple que suivirent ses successeurs; il encourage par ses libéralités les ouvriers lorrains et il en attire d'autres de tous les pays, pour implanter des industries nouvelles : fabriques de draps fins, serges fines, manufacture et *tisserance* de soie, de fils d'or, d'argent et clinquant, fabrique de cartes, dés et tarets, velours et drap de *soye*, satins et toiles rayés d'or, argent et *soye*, verres à cristal, façon de Venise, taille et gravure en cristal, savon d'Espagne, fabrication de cervelas et *salcissons* à la façon de Milan, etc. (LEP., *Arch. de Nancy.*)

En 1585, il y avait 16 hôteliers; en 1598, 37 hôteliers et taverniers et 38 cabaretiers. En 1603, ils atteignirent le chiffre total de 90. Ce n'est qu'en 1779 que les aubergistes de Nancy s'organisèrent en corporation. (RENAUD, *A. L.*, an. 1874, p. 64.)

La plupart des autres villes lorraines n'étaient pas moins florissantes que la capitale. Epinal comptait quatorze mille habitants; Mirecourt, Saint-Dié, possédaient une forte population. Dans cette dernière ville, la taxe d'arrivée, fixée à 5 francs barrois au milieu du XVIe siècle, fut élevée à 20 francs. Nombre de bourgeois s'étaient enrichis par le commerce et avaient acheté des titres de noblesse…, « se faisant décharger des subventions, tant ordinaires qu'extraordinaires, pendant que le simple peuple en demeure surchargé, sans oser s'en plaindre, de peur d'entrer en procès contre eux, et d'être opprimé par leur puissance et leur crédit ». (BÉGIN, t. II, p. 132) (1).

Le 27 octobre 1556 et plus tard encore, il fut défendu aux nobles de trafiquer. Certains d'entre eux s'étaient faits hôteliers, cabaretiers et marchands. (LEPAGE et GERMAIN, p. 12.) Henri II, il est vrai, permit (13 juin 1622) à certains nobles devenus pauvres, d'être marchands en gros « sans dérogeance », de vendre draps, vaisselle d'or et d'argent, et même autres articles de commerce. (*Id.* p. 12.) Stanislas (octobre 1761) leur permit même d'être marchands de grains.

Alors les foires de Lorraine étaient très florissantes, à

(1) Les relations avec le dehors se multiplièrent; aussi, dès 1553, François d'Auzecourt exerce à Nancy l'office de maître de poste. Par lettres patentes du trois avril 1578, on établit une messagerie à Lunéville, dont on donne l'office à Claude Gesnel ou Geneval, « afin d'être employé audit état, mêmement de pouvoir accommoder en partie de bons chevaux, ceux qui passent et repassent en poste audit lieu ». C'est l'établissement de la poste aux chevaux, au service des particuliers.

Vers 1567 (LYON.) les manœuvres à qui on fournissait les outils gagnaient par jour 8 gros; ils furent ensuite réduits à 6, ce qui fait un peu plus que 20 sous de notre monnaie de Franc. (en 1807).

Pont-à-Mousson, Saint-Nicolas surtout (1), à Mirecourt, à Poussay et dans d'autres localités. On établit à Saint-Nicolas, qui comptait plus de dix mille âmes, des magasins considérables pour recevoir des marchandises, et on y créa un conseil de quatre bons marchands appelés consuls; enfin on institua des peseurs, aulneurs, jaugeurs, etc.

En 1563, Charles III attribua au roi des merciers et à ses commis le regard sur les abus et malversations qui se pourraient commettre « que pour faux poids et balances, que denrées et merceries ».

Saint-Nicolas comptait nombre de changeurs et d'orfèvres. La corporation des drapiers de cette ville s'étendait au loin, à Mirecourt, Charmes, Saint-Dié, Haraucourt, Pulligny, Einville, Lunéville et ailleurs encore. Chacune de ces villes avait ses maîtres, ses compagnons, son lieutenant. Quoique Saint-Dié, en 1600, ait fabriqué plus que Saint-Nicolas, qui a produit 324 pièces de drap (Saint Dié 628, Lunéville 47, Charmes 76), Saint-Nicolas n'en reste pas moins le siège de la grande confrérie. (M. JOLAIN, p. 17.)

(1) Dans le courant de l'année 1602, durant laquelle le duc Charles III avait obtenu que le jubilé se continuât en Lorraine, on vit venir à Saint-Nicolas plus de deux cent mille pèlerins ; six mille prêtres y dirent la messe ; vingt-et-un mille hérétiques y abjurèrent leurs erreurs et deux malheureux qui s'étaient donnés au démon par signature de leur sang firent leur conversion publique. On cite parmi les pèlerins qui, à différentes époques vinrent à Saint-Nicolas, plusieurs grands personnages, parmi lesquels on compte Louis XI, l'empereur Charles IV, les rois Henri II et Charles IX, Catherine de Médicis, Henri III, Henri IV et Marie de Médicis, enfin Louis XIII et le cardinal de Richelieu. (*A. L.*, t. I, pp. 76-77.)
Une croyance quelque peu profane se rattache au pèlerinage de Saint-Nicolas. Les jeunes filles pensent qu'elles seront mariées dans le courant de l'année, si elles ont le bonheur de marcher sur une dalle de l'église qui possède une vertu merveilleuse. (*Ibid.*, p. 79.) — Il existe aux Archives du département, une liasse entière d'attestations de miracles opérés par les mérites de saint Nicolas, et plusieurs cahiers renfermant le récit de ces miracles, parmi lesquels s'en trouvent quelques-uns ayant de l'analogie avec celui fait en faveur de Conon de Réchicourt. (*Id.*, p. 79, note.) (Voir p. 379, note.)

Parmi les branches d'industrie figurait le sel, d'excellente qualité, qu'on exportait (1). Venait ensuite le vin, objet d'un trafic considérable. Pour protéger les crus indigènes, Henri II, le 14 octobre 1623, défendit de vendre les vins exotiques, fort recherchés, plus cher que ceux du pays, à l'exception des vins d'Espagne et muscats. Comme son père, qui avait favorisé les établissements religieux et autres de Nancy et de Vic (2), où on faisait de la bière, Henri II encouragea la fabrication de cette boisson et en concéda le monopole à Claude Martin.

(1) Le quart des 45,000 muids de sel que produisaient en 1585 les salines lorraines, vendus à 40 francs chaque, se consommait par les Lorrains ; les trois autres quarts étaient exportés, suivant le Président Alix, soit dans les Trois-Evêchés, soit dans la haute et basse Alsace, dans la Bourgogne, etc. On fournissait aux Suisses, par traité, beaucoup de sel à un sou la livre annuellement, ce qui leur revenait à 8 livres 12 sols le quintal rendu à Bâle, tonneaux perdus. Cette faveur, qui leur fut maintenue par lettres patentes de 1790, avait été octroyée pour avoir donné des secours pécuniaires à Henri IV, lors de la bataille d'Ivry. La ferme faisait conduire elle-même ses sels à Lunéville ; des dépôts étaient établis, depuis 1780, le long de la route, de trois lieues en trois lieues, et nos paysans voituraient le sel à raison de dix-huit sous le muid, par station. (ANCELON. *Recherches sur les Salines de Château-Salins et Amelécourt*, p. 148.) Ajoutons qu'en 1607, les salines de Lorraine rapportaient 705,285 francs barrois de 8 sous 6 deniers chacun ; toute la recette générale du trésorier général, montait alors à 1,264,854 francs et la dépense à 1,378,539 francs. Au compte de 1699 la recette montait à 1,994,229 francs. (VAUBOURG DES MARETS, pp. 88-83.)

(2) Il nous semble piquant de transcrire ici la citation suivante (*A. L.*, t. XII, p. 136). « Le 22 novembre 1573, il fut ordonné aux bouchers de Vic de ne pas séparer le lard d'avec la chair des porcs qui n'auront plus d'ung poulce de gras, au moindre lieu du dos, et de tenir à l'arrivée de Monseigneur, roi de Pologne (Henri III), qui arriva, le mardi suivant, et des grands seigneurs qui l'accompagnent, qui arrivèrent le jeudi après, leur boucherie fournie de toutes sortes de bonnes chairs qu'ils vendront aux bourgeois à la livre, au prix de la dernière taxe, savoir : 2 soldz le mouton, le bœuf, le veau et le porc, et l'autre chair à 5 blancs ; et aux déforains à la pièce comme ils pourront mieux. Du même instant, ont Messieurs de justice ordonné que les bollengiers feront des pains blancs et de tout à tout, savoir : les blancs du poids de 10 onces pour ung gros, le tout jusqu'à autre permission... »

Le verre formait aussi une branche très fructueuse de nos exportations. « Une bonne partie de l'Europe, dit le président Alix (*Description de la Lorraine*), est servie (fournie de verre) par le transport qui s'en fait ez Pays-Bas et Angleterre, puis de là aux aultres régions plus remotes et esloignées; sans aultrement faire estat d'une quantité et nombre infini de petits et menus verres, les grands miroirs et bassins (1), et toutes aultres façons qui ne se font ailleurs en tout l'univers. »

On coulait aussi des verres de différentes teintes pour la peinture dont on faisait encore une grande consommation, moins pour dresser des vitraux neufs que pour réparer les anciens.

Une industrie également florissante à cette époque était la fabrication du papier. Nicolas Remy (*Choses adrenues en Lorraine*) assure que les moulins à papier (du pays) « estoient l'unique magasin des presses, tant de l'Allemagne que des Pays-Bas ». Charles III (Ordonn. du 27 octobre 1599) dit que « le trafique et commerce du papier qui se façonnoit en ses pays avoit esté de tout temps favorable et célèbre jusqu'à présent... par la bonté et la perfection d'iceluy ».

En effet, les papiers lorrains sont épais, blancs, sonores, souvent d'une pâte assez fine, et on avait découvert le moyen d'imiter heureusement les papiers d'Auvergne, de Hollande et d'Angleterre. Pour favoriser l'industrie on prohiba sévèrement l'exportation des drilles et chiffons (2).

On voyait des imprimeries à Nancy, Saint-Mihiel, Épinal, Pont-à-Mousson (1582), Saint-Dié (3), Saint-Nicolas, Metz,

(1) C'est à Hattigny, près de Blâmont, et à Saint-Quirin que se fabriquaient les miroirs.

(2) Au XVIe et au commencement du XVIIe siècle, il y avait des papeteries à Épinal, Docelle, Arches, Dinozé, Mangonville, Jezainville, Champigneulles, Ville-sur-Saulx (dans le Barrois).

(3) L'imprimerie de Saint-Dié, née en 1500, ne fonctionnait déjà plus en 1510. Le plus ancien monument de typographie de Pont-à-Mousson, date de 1583.

Toul (1609), Verdun (1560), et plus tard à Mirecourt (1616), qui publièrent nombre de livres et même des ouvrages grecs remarquables, comme d'autres, par la beauté de leur exécution (gravures, vignettes, culs de lampe). Metz seul, à la fin du XVIe siècle, possédait autant d'imprimeries que toutes les autres villes de la province réunies ensemble ; noble témoignage des restes de liberté dont jouissait encore cette ancienne cité républicaine. A Saint-Nicolas, l'imprimerie, fonctionnant vers 1559, quitta cette ville vers 1566, pour venir à Nancy où elle dura peu. Elle reparut dans la capitale de la Lorraine, en 1572 et en 1579, et s'y maintint. Trois typographes s'y succédèrent. Charles III dota l'établissement de Jeanne Petit de caractères neufs achetés à Lyon. (BEAUPRÉ, p. 83.) On fabriqua aussi chez nous des cartes à jouer. En résumé, de 1575 à 1625, il sortit des nombreuses imprimeries lorraines une grande quantité de livres de controverse. (DIGOT, t. IV, p. 344.)

La Lorraine, riche en salpêtre, avait des fabriques de poudre et même des manufactures d'armes de guerre et de chasse. Nancy possédait une batterie d'or, de chaudrons, une filerie de fer, une fabrique de savon d'Espagne, une manufacture et une teinturerie de soie (1). En 1604, Harmant l'Abbé, tapissier, demeurant à Bruxelles, reçut 54 francs pour la dépense qu'il avait faite en venant et en retournant de Nancy à Bruxelles « pour traicter à montrer l'art de tapissier ». (A. L., t. III, an. 1883, p. 198.) Mirecourt fabriquait depuis longtemps déjà des dentelles avec des fils de chanvre filés à Épinal et à Châtel-sur-Moselle.

Une branche d'industrie en déclin c'était l'exploitation des

(1) A cette époque il n'y avait pas de couturières ; c'étaient des ouvriers qui confectionnaient les vêtements d'hommes comme ceux de femmes. Dans la charte qu'obtinrent, en 1594, les couturiers et tailleurs d'habits de Nancy, un article porte qu'ils ne pourront à l'avenir travailler pour hommes et femmes ensemblement, et qu'en se faisant recevoir dans la maîtrise, ils devront faire « choix et option du sexe pour lequel ils auront affection de travailler ». (A. L., 2e année.)

mines devenues stériles, depuis celles produisant des métaux jusqu'à la mine d'azur de Vaudrevange.

SCIENCES. LETTRES. ARTS. — Bégin, d'accord avec la majeure partie des historiens lorrains, qui exaltent à l'envi Charles III, le *Grand*, transcrit le panégyrique suivant fait par un des admirateurs à outrance de ce duc (t. II, p. 120 et suiv.).

Charles III donnait aux sciences et aux arts toutes les heures que le gouvernement ne lui demandait pas. Sous ses auspices, Hippocrate trouva le meilleur de ses éditeurs dans la personne du célèbre Foës, et Adrien Lallemand fut un des plus judicieux commentateurs du vieillard de Cos. Charles donna des disciples à Euclide et un traducteur à Vitruve (1). Son goût pour les antiquités donna naissance au traité d'Antoine Lepoix, sur les médailles ; son estime pour les mathématiques fit germer les heureuses dispositions de Jean Lhoste. Avec les Barklai, les Guinet, les Charpentier, les Grégoire, il était jurisconsulte ; avec les Jean Mousin, les Philippe Odot, les Toignard, les Tholosain, les Mangenot, les Lepoix, les Leverchon de Chardogne, il raisonnait médecine. Ce chef d'œuvre de sculpture (le Saint-Sépulcre), dont un élève de Michel Ange (Richier) dota la ville de Saint-Mihiel, est un ouvrage de son temps. Il avait donné son nom à cette cloche si harmonieuse, fondue à Nancy, dont Louis XIV préférait le son aux plus harmonieux concerts. Béatrice, Bérain, Callot, les Henriet, sont les enfants de son règne ; il pourvoyait lui-même à leur instruction, et entretenait à Rome, à ses frais, Péron, Doflin, Bellanger et d'autres peintres devenus célèbres. Les ouvrages publics qu'il multiplia,

(1) Erard, géomètre et ingénieur, né à Bar-le-Duc, a fait imprimer, en 1604, la *Fortification démontrée et réduite en art*, et, en 1620, sa *Géométrie générale et pratique d'icelle*. Ce sont ces principes, adoptés par Vauban, qui ont fait toute la réputation de ce dernier ; Vauban a rectifié simplement la forme donnée par Erard aux bastions : Vauban est connu de l'univers, Erard est oublié. (NOEL, *Mém. V*, p. 71.)

développèrent les talents des Grata, des Marchal (1), des Lhoste, des Vautiers; ils allumèrent les premières étincelles de ce génie inventeur (Jean Thiriot) qui opposa aux Anglais la digue de La Rochelle; et lorsque Charles n'avait plus de villes à attaquer, à défendre ou à policer, il traçait avec Orphée de Galéan (2), le Vauban de la Lorraine, le plan de nouvelles villes à construire (?). Non content d'avoir agrandi Nancy, il fit élever à côté, par Jean-Baptiste Stabile,

(1) Nicolas Marchal, né à Saint-Mihiel en 1564, ingénieur, construisit, sur les principes d'Érard, les fortifications de la ville neuve de Nancy. (NOEL, t. V, p. 71.)

(2) C'est en 1567, que Charles III, prévoyant les désordres qui allaient arriver en France, résolut de mettre sa capitale à l'abri des ennemis. Le plan que lui donna Orphée de Galéan (?), grand capitaine et habile ingénieur, pour corriger les défauts de la vieille ville, lui fit supporter, non seulement la dépense qu'exigerait cette fortification, mais encore celle de la nouvelle ville, qu'il voulait ajouter à l'ancienne. Il convoqua les Etats... qui accordèrent les aides qu'il demanda, à la condition que les deniers qui en proviendroient ne seroient employés qu'aux ouvrages des dites fortifications... Dès l'année 1567, des ouvriers furent employés aux fortifications de la ville vieille pour démolir les anciennes et en reconstruire d'autres, suivant le nouveau plan. Par le relevé des journées de chaque semaine, depuis 1570 jusqu'en 1573, on voit plus de 1.500 manœuvres employés à conduire la terre des ouvrages de la ville vieille seulement. En 1574, on en trouve déjà pour la ville neuve. Ni dans les comptes, ni dans les lettres patentes, ni dans aucun autre document, il est question de plans donnés par Orphée de Galéan. C'est un nommé ANTOINE DE PERGAMO, QUI ÉTAIT LE FORTIFICATEUR DE NANCY : Jacques Beaufort avait la charge de contrôleur des ouvrages et fortifications... de cette ville. H. Lepage a trouvé (*Communes de la Meurthe*) d'autres ingénieurs et fortificateurs dont l'existence ne laisse aucun doute sur la réfection des fortifications de la ville vieille, bouleversées, dès 1567, par Charles III. Ce prince avait la manie des fortifications; plusieurs fois il a fait changer celles de la ville vieille; et, au moment de sa mort, il revenait sur les plans tracés de celles de la ville neuve. Un bastion était-il construit, une courtine était-elle faite, on se croyait exempt de corvées, on allait se reposer des fatigues de la veille, quand survenait tout-à-coup un nouvel ingénieur plus ou moins italien, qui proposait d'autres plans, en faisant ressortir les avantages du système de défense qu'il préconisait. Charles III succombait à la tentation; de nouveaux fossés se creusaient, de nouvelles murailles s'élevaient. (COURBE, *les Rues de Nancy*, t. I, pp. 149-150.)

Stabili ou Estabili, sur un terrain jusqu'alors marécageux, une nouvelle ville plus grande, plus régulière que l'ancienne... Alors Georges Maimbourg, Jean Sachenot, François Bardin, Georges de Chatenoy, Nicolas de Gleissenove, Jean Voilot passaient pour d'habiles négociateurs; le père Comelet fut un des plus célèbres prédicateurs de l'époque. Le père Mathieu (le postillon), autre jésuite, acquit une triste renommée dans les affaires de la Ligue; les cardinaux, Jean de Lorraine, Charles de Guise, Robert de Lenoncourt, Charles de Lorraine eurent autant de réputation par leurs intrigues que par leurs connaissances ou leurs ouvrages; Volffangen Musculus, ministre protestant, né à Dieuze, dogmatisa avec grand succès en Allemagne; Jean Viriot, d'Épinal, professa la rhétorique à Milan; le père Jean d'Aulxi et le président Cunin Alix, précepteur du fils de Charles III, écrivirent, sur l'histoire de Lorraine, des pages qui ne sont pas dénuées d'intérêt (1); Nicolas de Nomesius, Pascarius, Nicolas Romain, de Pont-à-Mousson, Henri Humbert, devenu aveugle (2), nous ont légué des poésies où l'on trouve du naturel et de la naïveté; Michel Thevenin, secrétaire d'État de Charles III, est auteur d'un traité juridique et historique sur la masculinité du duché de Lorraine; Fronton du Duc a fait représenter, à Pont-à-Mousson, une tragédie de la Pucelle d'Orléans... Presque tous ces hommes de talent étaient retenus ou attirés à la Cour par les libéralités du souverain... Lorsque Gérard Mer-

(1) Le président Alix classa les titres du Trésor des Chartes, composa un *Traité sur le Barrois et la Lorraine*, etc., et dirigea l'exécution du *Cartulaire de Lorraine*, immense recueil de 77 volumes in-folio.

(2) Cet auteur adressa les vers remarquables suivants au comte de Brionne, dont les deux filles venaient de mourir:

. . . .
A peine naissons-nous dans la pénible couche,
Que jà la mort nous touche,
Et devers le cercueil achemine nos pas.
Chaque heure de nos jours en cette triste vie,
A nos jours est ravie,
Et ce que nous vivons est acquis au trespas.
. . . .

cator travaillait à dresser, sous les yeux du Duc, la carte de Lorraine, l'aïeul d'Abraham Fabert en dirigeait l'imprimerie; Barclai, Maldonat, Grégoire de Toulouse, Jacques Sirmond, Lairuels, dit Servais, et plusieurs autres célébrités moins connues, apportaient à l'Université de Pont-à-Mousson le tribut de leur immense (?) érudition ; et des artistes recommandables venaient de la France, de l'Italie et des Pays-Bas, à la cour de Nancy, prendre Charles III pour Mécène. Metz, Toul, Verdun, et généralement toutes les cités du pays, étaient loin de demeurer étrangères à cette fièvre d'émulation (1). Indépendamment des prédicateurs que l'hérésie mit en évidence, on voyait briller à METZ le célèbre Bousmard, qui fut depuis évêque de Verdun; Pierre Joly, magistrat érudit; Jacques Boissard, antiquaire profond ; le controversiste Pierre Stator; les jurisconsultes Jean-Baptiste Praillon, Cantiuncula et Jean d'Abaucourt, qui eut la gloire de coordonner et de former en code de loi les « Coustumes anciennes de la cité de Mès ». A TOUL, l'évêque Pierre du Chatelet, diplomate aussi habile que littérateur instruit ; François de Rosières, que son *Stemmatum Lotharingiœ...* fit jeter à la Bastille; à VERDUN, l'évêque Boncher, le doyen Nicolas Marius, le médecin Simon de Saint-Hilier, le poète Mussonius, etc., jouissaient d'une réputation bien méritée... (Citons aussi le père Abram, jésuite, auteur d'une histoire manuscrite de l'Université de Pont-à-Mousson, Florentin le Thierriat, etc.)

Les écoles cependant étaient tombées en décadence ; celles

(1) Voici un fait qui montre de quelle somme de liberté jouissaient alors les écrivains. « Près de Metz (ETIENNE, p. 305), un maitre d'école écrivit sur les matières de la religion ; le livre fut censuré par la Sorbonne, comme sentant les hérésies des ébionites, des ariens, des manichéens, des albigeois, etc. Les juges ecclésiastiques de Metz mirent sur le bûcher le livre et l'auteur; cet ouvrage qui avait agité les esprits fut réfuté, et à cette occasion l'évêque de Madaure fit cette réflexion épique : « Ces matières ne souffrent point de disquisitions ; ce sont les premiers principes de la religion, lesquels il faut supposer et non pas prouver, et ceux qui les nient doivent être traictés plus tost à coups de baston que par raison. »

de Gorze, de Saint-Vincent de Metz, de diverses cathédrales et des grands monastères, ne jetaient qu'une pâle lueur; le droit d'enseignement accordé, puis refusé aux Protestants, reprit à peine quelque activité après la publication de l'édit de Nantes, grâce aux soins de Chassanion, de Buffé, de François Combe et de Pierre Mosé qui prêchaient à Metz, à la fin du XVIe siècle. Ce fut pour remédier au défaut d'instruction, et rendre en même temps populaire l'enseignement des humanités et de la philosophie religieuse, que l'évêque Psaume tenta le premier d'introduire quelques Jésuites en Lorraine. Dès l'année 1565, ils commencèrent à enseigner à Verdun; mais leur collège n'y fut définitivement établi qu'en 1570. Vingt années plus tard, on organisa à Metz une institution du même genre. L'évêque Charles II de Lorraine voulut y mettre des Jésuites et en faire une succursale de l'Université de Pont-à-Mousson sur le modèle du collège de Verdun; mais les magistrats messins s'y opposèrent, et ce ne fut qu'en 1622 que l'évêque Henri de Bourbon remplaça les professeurs séculiers par les pères Jésuites. Les enfants protestants étaient admis à ce collège avec les catholiques, faveur dont ils ne jouissaient ni à Pont-à-Mousson, ni à Verdun, et qui produisit plus tard dans la ville de Metz cette pépinière d'hommes érudits que le prince de Brandebourg accueillit avec une distinction si marquée, après la fatale révocation de l'édit de Nantes. (BÉGIN.)

Avec la République, à Metz, disparut l'*architecture* dite gothique; on s'attacha plus à la solidité qu'à l'élégance, plus au gigantesque des formes qu'aux beautés de détail. Florent Drouin était un architecte de mérite; il construisit l'église des Bénédictins à Nancy.

Parmi les *peintres*, citons les Crock (1), les Chuppin,

---

(1) Claude Crock fut anobli sous Charles III. On lit dans les lettres patentes délivrées à cet effet:

…« Nous… avons iceluy Claude Crock, de notre certaine science, plaine puissance auctorité, anobly… voulons… que ses enfants… leur

Didier de Vic, Moyse Bogault, Jean de Wayembourg, Raymond Constant, Claude Gilbert, de Bar; Thierry Vignolles et Jean Lallement, de Nancy; Paul la Tarte, de Pont-à-Mousson; Bellange, Jean Leclerc, Claude Henriet, Claude Deruet (1), Nicolas-Guillaume Latleur, Georges Allemand, Claude Gelée de Chamagne (dit le Lorrain), François Buscay, de Milan, anobli, Denis Sauley.

Parmi les *graveurs*, nommons Pierre Woériot, Pompée de Bouzey, Nicolas Beautrisel, Julien Maire ou le Maire, Alexandre Vallée, enfin notre célèbre Jacques Callot, qui n'a jamais été surpassé, ni même égalé comme graveur à l'eau forte, et dont l'œuvre compte près de 350 sujets divers.

Comme *sculpteurs*, mentionnons Gaget, de Bar-le-Duc, Nicolas Cordier, les Drouin, principalement Florent, l'auteur du mausolée du cardinal de Vaudémont.

Les Lepois (Antoine, Charles et Nicolas), Christophe Cachet, de Neufchâteau, Dominique Berthemin, Jean Mousson,

postérité et lignée, soient à tousjours maintenuz, traictez et réputés pour nobles en jugement et en dehors, joissent et usent de tous honneurs, libertés et franchises, droits, privilèges, prérogatives dont joissent étant accoutumez joir tous autres nobles. qu'ils puissent prendre et recevoir ordre de chevalerie, acquester chasteaux, forteresses, seigneuries, haultes justices, basses et moyennes et tous autres fiefz, arrière-fiefz et nobles tenements de quelque auctorité et dignité qu'ilz soient, pour par eux et leur postérité et lignée les tenir et posséder noblement.» (*A. L.*, t. IV, pp. 28-29.)

Charles III accorda à Médard Chuppin, peintre, par lettres patentes, les prérogatives suivantes, pour une propriété située à Rosières-aux-Salines, assez importante pour employer une charrue... « Avons affranchi et exempté... le susdit gaignaige en tout ce qu'il comporte... ensemble le moictrier y résident avec sa famille, de tous traitz, tailles, impositions... et en outre ce... avons audict Médard Chuppin, pour lui, ses hoirs ou ayant cause, permis et accordé qu'il puisse tenir troupeau à part de bestes rouges jusqu'au nombre de vingt, et de blanches jusques à trois cents, avec ce qu'il luy soit loisible... de bastir et ériger ung colombier contenant jusques à huit cens trouz au dedans... et aussi faire et construire ung four à cuyre pain pour son deffruict et dudict moictrier et sa famille .. Nancy 12 juin 1580.» (*Id.*, pp. 40-41.)

(1) Claude Deruet forme avec Callot et Claude Gelée une triade d'artistes. (*Id.*)

Nicolas Guibert, furent des médecins distingués. — En 1592, Toussaint Fournier ouvrit des cours (de médecine) dans sa propre maison et la Faculté fut définitivement constituée, en 1598. Le 3 janvier 1600, Charles III ajouta une chaire d'anatomie et de chirurgie et, en 1628, nomma un professeur de pharmacie. (*A. L.*, t. VIII, p. 69.) En 1699, et surtout sous Léopold, en 1708, on organisa complètement l'enseignement médical. (*Id.*, p. 70.)

Sorcellerie. Sorciers. — A lire le panégyrique qui précède, on se croirait arrivé au XVIIIe et même au XIXe siècle. Hélas! l'exposé de faits d'une brutalité inouïe, relatifs aux malheureux accusés de sortilège, maléfice et vénéfice, nous ramène vite à la sombre réalité de ces temps d'ignorance et de fanatisme aveugle, et fait justice des dithyrambes des écrivains aux gages de Charles III. Dans tout le pays, le seigneur haut justicier possédait marques, échelles, piloris, carcans et prisons, qui devaient êtres sûres, larges, hautes et non infectées. Pendant une heure entière, il avait le droit de faire donner la question aux malfaiteurs. Cette latitude allait être étendue aux prétendus sorciers et sorcières. Le geôlier devait veiller à ce que le patient « le prisonnier n'usât de sçavoir, raison ou mots extraordinaires ou inconnus, qui souvent invoquait le démon », et ne portât sous les ongles et sur d'autres parties du corps des caractères mystérieux qui détruisaient le sentiment de la douleur. C'est sous l'empire de pareilles billevesées qu'on allait procéder contre les sorciers qui surgissaient sur tous les points du territoire. Charles III lui-même y croyait (1). Moins éclairé sur ce point

(1) Le duc Charles III (*A. L.*, t. XIII, p. 424) « ayant vu, dit-il, lui-même, les heureux effets des exorcismes faits par les religieux de Saint-Barnabé et de Saint-Ambroise *ad Nemus* de Milan, sur plusieurs personnes qui se trouvaient molestées par sorts, possessions et obsessions des malins esprits, et considérant le grand bien et soulagement que telles personnes pourraient apporter, tant en ces pays qu'ès circonvoisins » leur permit, en 1604, de fonder un monastère à Saint-Nicolas. Les historiens (DIGOT, t. IV, p. 319) prétendent que ces religieux furent

que son père, Antoine, qui, en 1529, avait décidé qu'on ne procéderait légèrement à leur prise (des sorciers) (1) « si doncques ne fust qu'il y eust partie formelle », il permit à son procureur général Remy (2) de s'acharner à la poursuite de ces malheureux hallucinés, auxquels d'atroces tortures arrachèrent des aveux où l'odieux, le grotesque, le disputent à l'absurde. Or, voici ce que généralement on reprochait à ces

appelés d'Italie, à l'occasion de la maladie du cardinal de Lorraine, lequel voyant que la médecine était impuissante, pensa que les exorcismes auraient plus de pouvoir.

Ce prince (comme nombre des plus notables gentilshommes) (DUMONT, t. II, pp. 17-18) ne craignant pas d'attribuer les guerres, la peste, la famine et la stérilité aux jurements aussi impuissants qu'insensés de quelques ivrognes, étendit l'amende de dix, vingt, cinquante, soixante et cent sous à l'arbitraire du juge. Un tiers devait être attribué aux pauvres, un tiers à la fabrique et un tiers aux travaux publics, pour les cas peu graves. Mais si le blasphème était si exécrable, méchant et indigne d'un chrétien qu'il ne pût être assez puni d'une amende, on infligeait une peine corporelle arbitraire. Pour la septième fois, le carcan, la huitième, même peine ou section de la lèvre supérieure, la neuvième, percement de la langue (pp. 17-18).

(1) On compte neuf cents arrêts rendus en Lorraine, dans l'espace de quinze ans, pour crime de sorcellerie. A Metz, dans les seuls mois d'août et de septembre 1588, trente-trois sorciers furent brûlés vifs. Voltaire fait remarquer qu'ils ont disparu depuis qu'on a cessé de les livrer aux flammes. (VIVILLE t. I, p. 492, note.)

(2) Remy Nicolas (l'abbé BEXON, pp. 264 et suiv.), magistrat en Lorraine, sur la fin du XVIe siècle, dont il reste un livre intitulé : *Demolatriæ libri tres, ex judiciis capitalibus nongentum plus minus hominum, qui sortilegii crimen, intra annos quindecim, in Lotharingia capite luerunt. Lugduni 1595.* En quinze ans neuf cents hommes mis à mort en Lorraine pour crime de sorcellerie. O misérable humanité ! Le livre porte pour épigraphe ce verset du Lévitique : *Vir, sive mulier in quibus Pythonicus, sive divinationis fuerit spiritus, morte moriatur.* Il serait difficile de trouver un monument tout à la fois plus horrible et plus honteux de cruauté et d'extravagance. C'est une tête perdue, frappée et remplie de visions monstrueuses et de tous les fantômes de la manie et de la peur ; c'est un inquisiteur sanguinaire qui raconte froidement les supplices qu'il a fait souffrir à des malheureux moins ensorcelés que lui. Tout ce que le plus sombre délire peut enfanter de songes impurs et affreux ; tout ce que la vile scélératesse imagina jamais de noir et d'impuissant, trouve croyance dans ce dépôt de stupidité ; une profusion d'érudition ridicule et dégoûtante ; une

infortunés. Les pauvres sorciers qui avaient vendu leur âme à Satan pour des richesses imaginaires, réduites, en fin de compte, à des feuilles sèches d'arbres, tenaient avec le diable des assemblées nocturnes dans des campagnes désertes ou au

continuelle profanation des paroles de l'Ecriture y servent d'assortiment et d'appui. On trouve en tête les gratulations que font à leur père deux fils imbéciles, pour avoir mis au jour cette œuvre de ténèbres. Dès les premières pages, on lit en frémissant ces mots écrits de sang-froid : « Je compte que depuis seize ans que je juge à mort en Lorraine, il n'y a pas eu moins de huit cents sorciers convaincus, envoyés au supplice par notre tribunal. Outre un nombre à peu près égal de ceux qui ont échappé à la mort par la fuite ou par leur constance à ne rien avouer dans les tortures » (suit le texte latin). Car cet homme était leur juge ; on l'eût cru leur bourreau. Si nous en parlons ici, ce n'est pas sans doute que nous prétendions illustrer ce Torquemada de la Lorraine ; c'est que malheureusement le délire et l'absurdité tiennent toujours une grande place dans l'histoire de l'esprit humain ; c'est qu'il faut conserver ces images hideuses pour épouvanter du moins les âmes atroces, encore toutes prêtes peut-être à renouveler ces barbares fureurs. On fouettait les enfants nuds à l'entour du bûcher où l'on brûlait leurs pères... Ce qui a, dit-il, été pratiqué communément depuis que mon collègue et moi pensâmes l'ordonner. Et il ne nomme pas le *Cannibale* qui déchirait avec lui ces déplorables victimes ; mais il doute, si par là, les lois sont encore satisfaites ; il eut voulu pour la sûreté publique, exterminer aussi toute cette race perverse... Du reste, continue-t-il, les lois contre les enfants ont quelquefois été bien plus sévères ; et il le prouve par les Athéniens qui condamnèrent l'enfant qui avait crevé les yeux à son moineau, et par les quarante enfants dévorés par deux ours, pour s'être moqués du prophète Elisée qui était chauve. Il cite les noms, les lieux, les personnes... Le Démonolâtre termine le roman informe de ses contes absurdes et impies, par ces paroles dignes de tout le reste : « Ceux, dit-il, qui estiment que dans ce genre d'accusation il faut avoir pitié de l'âge, du sexe, de la simplicité ou de la séduction, sont des insensés et je les maudis... »

Pour moi qui par un long usage suis au fait de juger les sorciers, j'en dirai franchement mon avis que je crois être la pure lumière de la vérité : c'est que je ne doute pas que, suivant toutes les lois, il ne faille, après les avoir déchirés de toutes sortes de tortures, les jeter au feu... Ce qui est incompréhensible, c'est que, sous le grand, le sage Charles III, ces scènes d'horreur et de folie aient couvert toute la Lorraine. Tel est donc le poids de l'opinion sur les têtes les plus fortes et les plus saines. Mais quand on pense qu'il faut peut-être absoudre Nicolas Remy de tout l'odieux de ces jugements ; quand on pense que ce fut le crime de son temps beaucoup plus que le sien ; que son siècle le vit, le souf-

milieu de sombres forêts. Au moment du pacte, ils recevaient de leur nouveau maître un onguent magique; il suffisait d'en oindre son corps pour pouvoir se transporter avec une inconcevable rapidité dans le lieu où les sorciers de la contrée devaient se réunir, sous la présidence de leur possesseur infernal. C'était à cheval sur un bouc, un chien ou même un manche à balai qu'on accomplissait ce mirifique voyage, et le tuyau de la cheminée était la voie que l'on prenait pour sortir de sa demeure. En arrivant, on s'asseyait à un prétendu festin où les convives ne voyaient paraître que des viandes fades, sans saveur, sans sel et grossièrement apprêtées. Elles n'apaisaient pas même la faim. Le repas terminé, on formait une ronde, animée par un orchestre dont les ins-

frit, l'applaudit sans doute; on tremble, on se trouble, on frémit : ô misérable humanité !

Saint-Mauris (t. II, p. 46) dit à ce sujet : A lui seul, Nicolas Remy, ce magistrat, ou plutôt ce *boucher*, pendant l'espace de quinze ans que durèrent ses fonctions inquisitoriales, fit brûler neuf cents prétendus sorciers, et encore déplora-t-il dévotement à sa dernière heure de n'en avoir pas exterminé un plus grand nombre... Le malheureux cite les noms et surnoms des personnes ; il marque les dates, les familles, les demeures et villages des témoins qui ont été ouïs, et qui ont comparu devant lui, depuis les années 1580 jusqu'en 1590, à Nancy et dans les villages des environs. (LYONNOIS, t. II, p. 351.) N'oublions pas que les procès en première instance par les divers juges de la Lorraine étaient revisés par les maîtres-échevins et échevins de Nancy.

Comment se persuader (D. CALMET, t. III, pp. 31-32) qu'une infinité de procédures faites avec tant de soin et de maturité, par de très graves magistrats, par des juges très éclairés, soient toutes fausses... Si l'on nous citoit des choses éloignées, arrivées dans un autre pays, et dans un *siècle d'ignorance* et reculé, je m'en défierois beaucoup davantage; mais les auteurs (REMY, BINSFELD, suffragant de Trèves) vivoient dans le siècle même où ces choses se passoient. Ils les entendoient, ils en étoient très bien informez. Ils ont écrit dans le temps le plus éclairé et le plus fécond en hommes habiles qu'ait eus la Lorraine...; l'on ne peut nier que les princes, les évêques et les juges n'ayent tenu, en les poursuivant par les plus sévères châtiments, une conduite *très sage et très louable*, puisqu'il était question d'arrêter le cours *d'une impiété très dangereuse* et d'un culte sacrilège, ridicule, abominable, rendu au démon, qui séduisoit et perdoit une infinité de personnes et causoit dans l'Etat mille désordres très réels. »

truments n'étaient rien moins qu'harmonieux. Les flûtes se composaient de tibias percés de trous; les violons de têtes de chevaux sur lesquels on avait tendu des fils de cuivre; enfin la basse consistait en un tronc de chêne creusé par les ans et sur lequel on frappait avec un marteau. Après la danse, les sorciers se livraient à des actes infâmes où les hommes et les femmes se mêlaient sans choix ni distinction; les plaisirs honteux qu'on espérait goûter se trouvaient être feints, stériles, froids et sans effet satisfaisant; avant l'aurore chacun se retrouvait dans sa maison. Le démon se montrait à ses esclaves sous les apparences d'un bouc, d'un chien ou d'un chat noirs, d'un cheval ou d'un loup; quelquefois cependant il avait la figure humaine; mais des ongles démesurés et une longue queue suffisaient alors pour le reconnaître. Une des grandes faveurs octroyées parfois aux privilégiés c'était de le baiser au derrière. Satan se faisait appeler *Persil, Persin, Jolibois, Verdelet* ou *Saule-Buisson*. Quand il daignait adresser la parole aux sorciers, c'était d'une voix si faible et si cassée qu'on avait peine à l'entendre.

En dehors de la fantasmagorie de posséder de l'or, les sorciers et sorcières étaient alléchés par l'attrait de pouvoir exercer des actes de vengeance sur leurs ennemis. Satan, pour les corrompre, s'adressait surtout aux femmes, aux pauvres, aux gens qui se trouvaient dans de fâcheuses affaires ou animés de violentes passions, haine, avarice, amour, etc. Il enseignait à ses adeptes l'art de préparer des philtres, de broyer des poisons, de *jeter des sorts*, et leur remettait certaines poudres dont une petite dose opérait les effets les plus extraordinaires; la blanche rendait la santé, la grise causait des maladies, et la noire donnait la mort. On s'en servait pour frapper les hommes aussi bien que les animaux (1). Les opérations magiques et diaboliques avaient

(1) Pour donner une idée de la procédure suivie dans les cas de sorcellerie, et des billevesées dont on chargeait les malheureux accusés, nous transcrivons presque textuellement les pages suivantes du tome II,

le pouvoir de gâter les fruits de la terre, d'exciter des tempê-

(p. 361 à 363), de l'*Hist. de Nancy*, par l'abbé J.-J. Lionnois (Nancy 1811) :

« L'an 1629 (longtemps après la retraite de Remy), le 22 septembre, vers neuf heures du matin, au château de Fontenoy, en la seigneurie de Haulmont, nous, Demange Vannerot, maire en ladite seigneurie, assisté de Jean Carbot, Jean Durand, jurez, et Nicolas Bernard, échevin, en exécution des requises du sieur Procureur fiscal, après des dénégations de la part de l'accusée, avons fait raser et visiter par toutes les parties de son corps, en nos présences, la nommée Claudon Voillaume, d'Amecy, prisonnière pour cas de sortilège et vénéfice dont elle est présumée, afin de voir si on pourrait reconnaître quelques marques diaboliques sur son corps. M⁰ Claude Picart, chirurgien, demeurant à Conflans, homme expert et usité, commis à cet effet, nous a fait voir à l'œil, quatre marques sur la personne de ladite Claudon, l'une au derrière de la tête, une autre au bras dextre, une autre sur la cuisse dextre, et la quatrième sur la hanche senestre. Dans toutes quatre ledit Picart a planté de grandes épingles assez profondément et jusqu'aux os sans que ladite Claudon ait fait aucun semblant d'en ressentir douleur, ni que desdites piqûres en soit sorti aucune goutte de sang, ainsi que nous l'avons vu et reconnu. Ledit Picart, sous la foi du serment, a déclaré que ces marques, en tout semblables à celles qu'il a précédemment constatées sur d'autres sujets, étaient vraiment des marques du malin esprit... »

Ensuite de cette constatation, la malheureuse Claudon fut condamnée par les juges susnommés, à subir devant eux la *question ordinaire* et *extraordinaire*, avec cette seule différence que M⁰ Jacob, autre chirurgien audit Fontenoy, prit la place de Picart.

Solennellement ajournée (adjurée) et enquise par le Président de dire si elle est sorcière, ayant renoncé à Dieu pour prendre le Diable pour maître, l'accusée a fait réponse qu'elle n'est pas sorcière, mais femme de bien.

Lui avons remontré que sa *mauvaise renommée*, les indices violents qui résultent contr'elle par son procès, lesquels vérifiés, témoignent assez qu'elle est sorcière, enjoint pourtant de confesser la vérité, autrement qu'il sera passé outre à ladite question, l'intimidant de plusieurs tourments qu'elle voit lui être préparés.

A dit qu'on fasse ce qu'on voudra.

Sur son refus persistant d'avouer, nous l'avons fait prendre par l'exécuteur des hautes-œuvres, lequel l'a déshabillée en chemise, puis l'a fait asseoir sur la petite sellette. A cet effet il lui a appliqué les grésillons aux pouces des mains. En sentant la douleur, elle s'est écriée : Jésus Maria, douce vierge Marie !

Enquise si elle n'a pas fait mourir une vache à Vaubourg Colinchard, a dit : Nian, sire, par ma foi.

tes, de produire des animaux dangereux et des insectes qui

Lesdits grésillons appliqués aux doigts, s'est écriée : Je vous crie, mercy, Messieurs.

S'il n'est pas véritable qu'elle a fait malade et mourir Nicolas, fils de ladite Vaubourg, a dit : Que non.

Interrogée, depuis quel temps elle est séduite, et que le malin esprit l'a tentée, a dit : Qu'elle n'a pas été tentée.

Lesdits grésillons appliqués aux orteils des pieds, et enquise si elle ne fit aussi malade Colin Colin.

Répond, faisant semblant de pleurer, sans néanmoins jetter larmes, qu'elle n'a fait mal ni à bêtes ni à gens.

Si elle n'a fait mourir deux autres vaches de ladite Vaubourg?

Dit que nenny, et qu'on la fasse mourir.

Et ayant été environ un quart d'heure auxdits grésillons, l'exécuteur l'a couchée sur l'échelle, lui a lié les pieds avec cordes au bois d'icelle, et les bras à une autre corde attachée autour, puis lui a mis le bois triangle sous le dos, et avant que la tirer, lui a enjoint de dire la vérité, et s'il n'est pas vrai qu'elle donna une maladie à Nicolas Raguel, d'Anery.

A dit : Nan, sur ma foi, s'écriant : Jésus. — De tirer un quart de tour, s'est écriée : Jésus Maria !

Enquise depuis quel temps elle est sorcière ? — N'a voulu répondre.

Si, en la même année, elle ne fit encore mourir une vache à ladite Nicole ?

Répond : Nany, ma foi.

S'il n'est pas véritable qu'elle fit encore mourir deux veaux à Claude Girardin ?

A dit qu'elle n'a fait mourir ni veaux ni vaches.

Par quels moyens elle fit mourir lesdits veaux ? — A dit qu'on la lâche et qu'elle dira la vérité.

Si elle ne fit, par ses imprécations, rompre la jambe du cheval de Blaison Grillot ?

A dit : Que non ; ne sachant toute fois, si au moyen desdites imprécations ledit accident arriva ou non.

Qu'elle ne se contenta de causer la perte dudit cheval audit Grillot, mais encore, huit jours après elle fit rompre la jambe d'un autre cheval, appartenant audit Grillot ? — Répond : Que de Dieu soit-il maudit, celui qui l'a fait.

Comment elle fit rompre la jambe audit cheval ?

N'a voulu répondre autre chose.

De tirer d'un autre quart de tour. — Et enquise si elle n'a pas fait malade et guéri l'enfant d'Isabel Rouyer de Moyenpal ? A dit que : Par si digne foy, elle ne l'a pas fait.

Depuis quel temps elle a été séduite par le malin esprit ? — Dit

désolaient la campagne, corrompaient l'air et les eaux, exci-

qu'elle ne l'a pas été, que ce sont tous faux témoins qui ont déposé contre elle.

Et ayant été environ demi-heure étendue sur ladite échelle, l'exécuteur lui a appliqué les tortillons aux jambes et aux cuisses, et bras droit, et avant que de lui en faire sentir la douleur, enquise s'il n'est pas vrai qu'ayant icelle guérie ledit enfant, elle lui tordit le bras d'une autre sorte qu'il n'était et comme il est encore à présent?

A répondu : Par ma foy, je ne l'ai pas fait.

Si elle n'a pas donné une maladie et fait mourir Claudel Gérardin d'Annery ?

A dit que non.

Aux douleurs desdits tortillons, enquise si elle n'a pas fait mourir une vache à Claudel Gérardin ?

Répond : Que non, par ma foy.

Si elle n'a pas fait tarir le lait d'une vache de Pierron Vaubourg ?

A dit : Que non, disant ces mots : Ha ! les méchants laix.

De qui elle entend parler ? De Mongeotte, veuve de Jean Vaubourg à laquelle elle guérit une vache du langueux.

Comment elle fit pour la guérir ? Dit qu'elle ne peut dire autre chose que ce qu'elle a dit en son audition, et que ce fut par une prière y mentionnée et écrite.

Si elle ne fit pas malade et mourir Jean Vaubourg, d'Annery ?

A répondu : Nian, par ma foy.

Si, il y a environ *neuf ans*, elle ne fit pas tarir le lait à ladite Mougeotte, en haine de ce qu'elle ne s'était pas servie d'elle à son accouchement ?

A dit : Nian, je vous promets, ma digne foy.

Et ayant été ladite Claudon aux tortillons, ainsi comme est dit, ledit exécuteur l'a mise à l'estrapade, et avant de la soulever lui avons enjoint de nous dire la vérité, et s'il n'est pas vrai qu'elle fit aussi tarir le lait à Marguerite Mourel, femme de Claude Demangel ?

A dit : Nian, par ma foy.

Comment elle a ôté le lait à ladite Mougel ?

A dit : Par ma foy, je ne l'ai pas fait.

Depuis quel temps elle est sorcière ?

A dit qu'elle ne l'est pas.

Soulevée d'environ un pied et demi de terre, enquise si elle n'a pas aveuglé le cheval de Vaubourg-Gauthier ?

Dit : Que non.

Si elle ne fit mourir une chèvre de ladite Vaubourg Gauthier ?

Dit : Nenny, par ma foy.

Finalement l'avons admonestée de sauver son âme et confesser la vérité des crimes qu'elle nie : et sur ses dénégations avec invocations à Dieu, l'avons fait ôter de ladite question, approcher du feu et r'habiller,

taient et nourrissaient dans les hommes des passions honteuses et criminelles.

puis mettre en prison, ce vingt-huit desdits mois et an, comme le lendemain où, après avoir ouï lecture de notre besogne de la veille, elle a persisté dans ses négations, déclarant ne vouloir dire autre chose.

....L'abbé Lyonnois (*Id.*, t. II, pp. 500-501) cite la condamnation à 500 et à 200 francs d'amende des juges, et à la mort, des Procureur d'office et bourreau, sur l'appel de la veuve de Jean Gaudel, mort, parce que les dits Procureur et bourreau avaient comploté entre eux de le mettre sur une *chaise hérissée et parsemée de chevilles pointues* pour inhumainement tourmenter ledit Gaudel, comme il aurait été fait la nuit du jour qu'il eut la question, avec telle inhumanité et cruauté que la mort s'en serait ensuivie la même nuit. Ce jugement du 26 septembre 1629 devait être exécuté pour les condamnés à mort, sur la place du marché de la ville neuve à Nancy.

— Voici quelques faits qui attestent l'ignorance et la cruauté qui animaient les esprits à cette époque.

Simon le Malfait, ainsi nommé parce qu'il avait une figure difforme, fut traité d'une manière inouïe. On le mit (à Metz) dans une cage ou geôle de fer et on l'y brûla à petit feu. Selon sa propre confession, dit la *Chronique*, il avait fait mourir environ soixante-dix personnes, outre celles dont il ne se souvient pas ; et en avait d'ailleurs rendu plusieurs percluses de leurs membres, ou tourmenté d'infirmités cruelles. (*Hist. de Metz*, t. III, p. 163.)

Vaincues par les douleurs de la torture, les victimes, pour faire cesser le supplice, avouaient tout ce qu'on voulait. C'est ainsi que Barbe, femme de Jean Remy, de Moyemont (*Docum. inéd. de l'Hist. des Vosges*, t. I), entre autres crimes, communs à tous les sorciers et sorcières, avoue (après la torture de l'échelle) avoir porté au diable des hosties consacrées. Par sentence, confirmée à Nancy, le 17 juillet 1613, elle fut brûlée vive.— On condamna en 1603 un enfant de *onze ans* pour crime de sortilège. (*Id.*, de pp. 133 à 141.) « Le bruit ayant couru dans la ville de Saint-Dié, qu'un jeune garçon qui y mendiait son pain, du nom de Claude, fils de Claude Jean Perrin, du village de Remeymont, exécuté trois ans auparavant par le feu, après avoir été convaincu du crime « de sorcerie », que ce garçon se déclarait lui-même sorcier, et avouait avoir donné le mal à Marie Thouvenin, bourgeoise dudit Saint-Dié, mal dont elle languissait encore, le maire et gens de justice des seigneurs de la ville le firent arrêter et interroger après l'avoir emprisonné. »

L'extrait suivant résume assez exactement l'interrogatoire et donne une idée de la procédure.

...« Le procureur d'office des sieurs vénérables, doyen et chapitre de Sainct-Diey souscript, qui a veu (vu) la présente procédure instruicte allencontre de Claude, fils de Claude Jean Perrin, de Remeymont, pré-

Cette folie n'était pas particulière à la Lorraine; elle sévis-

venu de sortilèges et vénéfices, notamment l'act du tesmoing de l'aage du dit Claudel et tout ce que faict à veoir et considérer, dit que par les confessions propres et volontaires d'iceluy, il est suffisamment attainct et convaincu d'avoir esté aux sabbats et assemblées du diable, par deux diverses fois, y ayant été porté par le dict Claude, son père, renoncé nostre créateur, prenant le diable pour son maitre, et par les moyens de la pouldre qu'il luy a donné, auroit causé l'estrange maladie à Marie Thévenin (en lui jetant de la poudre dans le dos) encore de présent allictée, et à une autre seconde fois se mis en debvoir d'en donner à ung jeune garson qui l'avait battu, en quoy faisant, il a fait acte de sorcier et vénéficien, ne le pouvant son bas aage qu'est de onze ans, exempter de la peine dicte contre les sorciers. Pour réparation de quoy requiert ledit procureur, qu'iceluy Claudel soit condamné d'être exposé au carquant, à la vue du peuple, puis conduit au lieu où l'on at accoustumé supplicier les délinquants, attachés à ung posteau, qu'à ceste fin y sera dressé, estre estranglé, son corps bruslé et redigé en cendres, ses biens déclairés acquis et confisqués aux seigneurs qu'il appartiendra sur iceulx au préalable prins les frais de justice raisonnable. Faict à Saint-Diey, ce XXII janvier 1603.   Signé : Ruiz.

« Les maitre-eschevin et eschevins de Nancy ayant veu la présente procédure, extraordinairement faite à l'encontre de Claudel, fils de Claudel Jean Perrin, de Remeymont (hameau de Remémont), prévenu de sortilège et vénéfice, disent qu'iceluy prévenu est suffisamment attainct convaincu des dictz crimes, et partant y a matière d'adjuger au procureur d'office ses conclusions d'autres... Signé Bourgeois, Guichard, de Bernécourt, Gondrecourt... »

— Les bourreaux des sorciers ne respectèrent pas plus la vieillesse que l'enfance. Ainsi (*Livre des Enquerreurs*, p. 229), en 1617, messire Jean, prêtre à Offraucourt, âgé de 70 ans, atteint et convaincu de sortilège, fut en premier lieu condamné à être dégradé; ce qui eut lieu au cloître de l'église Saint-Mansuy; puis (il fut) brûlé à Offraucourt.

— Dumont (t. II, p. 47) montre que la non-observation des commandements de l'Eglise amenait l'accusation du crime de sorcellerie.

« Jean Grégoire Mathis, en 1609, est mis à la torture et interrogé sur le reproche de n'avoir pas communié à Pâques précédent.

« Interrogé s'il n'est pas vrai que, sur la remontrance qu'on lui fit d'aller crier merci à Révérend M. le grand prévôt, de ce qu'il n'avait pas fait son devoir de bon chrétien à Pâques dernier, il ne répondit pas que le diable l'emporte, s'il y allait, ou propos semblable ?

« A répondu qu'il n'en a usé, qu'il est homme de bien, où que Dieu le veuille faillir.

« Interrogé s'il est donc pas vrai qu'il n'a été confessé ni communié à Pâques dernier ?

« A dit que oui; mais que ce fut bien malgré lui et pour ce qu'il ne

sait dans d'autres pays. A Toul (1), du 5 novembre 1584 au

peut être mis hors de *saonne* et de quoi il crie merci à Dieu et audit sieur Révérend.

« Enquis s'il n'a pas dit que plutôt d'aller demander pardon à MM. les vénérables, ses seigneurs, on le traînerait plutôt par sa cheminée.

« Dit, qu'il n'en a usé, ou que Dieu le faille.... »

— Le 27 jour d'avril 1576, une poure femme, demeurant au Wa-de-Bollon, fut appréhendée de justice, accusée d'être sorcière et mise en prison. Après quelques jours en fut mis hors comme innocente. Lors le peuple s'en émut de *telle façon qu'elle fut tuée*, oyant ce bruit qu'elle avait fait engeler les vignes. Ce nonobstant, les vignes, au bout de cinq ou six jours furent engelées. (*Mém. des choses advenues à Metz*, Bibl. de M. Noël.) — En 1622, des enfants poursuivirent tellement une femme estimée sorcière, qu'ils la lapidèrent. (DUM., t. II, p. 61, note.) Là même année une pauvre veuve avoua dans les tortures que depuis vingt-trois ans elle était possédée par le diable. On la brûla vive dans le village de Talange, à trois lieues de Metz. (VIVILLE, p. 41.)

— Claudon Hardier, pâtre à Hesse, fut poursuivi, en 1608, par le maire de ce lieu qui exerçait la justice pour l'abbé de Hauteseille. Son plus grand crime était d'employer, pour la guérison des animaux, des prières rimées. Quoique placées sous l'invocation de la Sainte-Trinité, elles furent jugées diaboliques et entraînèrent sa condamnation. Il avoua que l'un de ses chiens, plus ardent que les autres, était le diable déguisé; que plusieurs fois, sous la forme d'un loup, l'ancien maire de Neuting et un surnommé Chausel étaient allés harceler les troupeaux, et lui avaient parlé ainsi métamorphosés. (DUMONT.)

— Le curé de Vomécourt, Dominique Cordet, par ses études sur la sorcellerie, acquit la certitude que ce crime, d'ailleurs très manifeste à ses yeux, ne méritait pas le feu. Il exorcisait ses paroissiens pour les préserver du bûcher. Accusé par Cathelinotte, femme perdue de réputation, il fut traîné alternativement des cachots de Saint-Dié en ceux de Toul, pendant près de deux ans. Le malheureux prêtre, réclamé par ses paroissiens et par ses compatriotes, n'obtenait de sursis que pour subir de nouveau les cruelles épreuves de la question. Accusé d'avoir introduit Cathelinotte au sabbat, de l'avoir présentée à Maître Persin, homme grand, sec et noir, froid comme glace (*etiam in coitu*), habillé de rouge, assis sur une chaise couverte de poil noir, pinçait ses néophytes au front pour leur faire renier Dieu et la Vierge. Cordet était inculpé, en outre, d'avoir profané les mystères en célébrant la messe à minuit, en jacquette rouge et avec une hostie noire pour la réception de Cathelinotte ; d'avoir fait rôtir et servir aux convives diaboliques les enfants de Cathelinotte, dont il était père, et enfin d'avoir exorcisé des gens qu'il aurait dû faire brûler. Cordet fut condamné et exécuté, en 1632, avec la malheureuse tante de l'infâme accusatrice.

(1) Nous empruntons les curieux détails suivants à une intéressante

26 septembre 1623, on jugea soixante-sept procès de sorcellerie dont un seulement se termina par un acquittement. (DAULN., p. 265.) A Metz, on brûla, le samedi 8 août 1588,

monographie composée par un de nos plus jeunes écrivains, M. Albert Denis, avocat à Toul, à l'aide de patientes recherches personnelles et de notes laissées par son aïeul, qui avait consulté les archives de la vieille cité épiscopale lorraine et colligé ses procédures... (1)

.....« La multiplicité des condamnations prononcées dans les années
« 1619, 1621 et 1622, est épouvantable: ainsi, en 1619, il y eut huit
« exécutions, dont six en un seul jour, autant qu'on en compte aujour-
« d'hui par année dans toute la France, pour crimes de droit commun;
« en 1621, dix condamnations dont sept suivies d'exécution ; soit *dix-*
« *huit* personnes livrées au bûcher à Toul, dans le cours de trois
« années... (p. 75).

Dans certaines dépositions des témoins contre des prévenus de sorcellerie, nous trouvons les particularités étranges, bizarres, que voici :

— 15 avril 1592. Le témoin Henri de Gye, laboureur à Toul, âgé de 60 ans, dont la jambe enflée l'empêchait de marcher et de travailler, blessa encore ce membre malade avec sa hache en coupant une branche d'arbre. Se regardant comme ensorcelé, il demanda à un tiers un remède pour se guérir. On lui dit, « de trouver moyen d'avoir du pain
« et du sel secrètement de la maison de celui ou de celle qu'il soupçon-
« nait l'avoir ensorcelé, et les ayant, de saler lui-même une partie du
« pain, le couper en quatre morceaux et en jeter lui-même la moitié au feu,
« avec ledit sel, après avoir fait un âtre pour cet effet, le couvrir et le
« laisser consumer, puis manger l'autre moitié...». Il exécuta la prescription, et « vingt-quatre heures après il se trouva grandement allégé de la
« jambe qui désenfla peu à peu, si bien qu'à présent il n'y ressent que
« bien peu de douleur... » (pp. 55-56).

— 28 mai 1591. Une dame Claudon, après avoir mangé de la quiche et bu de la piquе que lui présenta son ancienne logeuse, devint très malade. Un premier remède resta sans effet. Elle en obtint un second, fait avec du vin blanc. Quand elle eut bu ce breuvage... « elle tomba par
« terre quasi comme en extase, ayant les dents serrées, et sans mou-
« vement aucun, de sorte qu'il a fallu la secouer violemment par mou-
« vements violents pour la faire revenir à soi. Incontinent fut saisie

(1) Ce respectable savant mourut en 1863; son père était un ardent patriote. H. Etienne (*Hist. de Lorr.*) cite de lui le trait suivant (p. 318) : « La bataille de Waterloo ouvrit aux armées coalisées la Lorraine, qui fut fort tourmentée par des passages continuels de troupes. Un trait suffit pour montrer le patriotisme des habitants au milieu de toutes les calamités d'une seconde invasion. Un imprimeur de Commercy, M. Denis, à qui l'on proposait une pièce de vers en l'honneur d'un monarque étranger, imita l'exemple de Callot en répondant qu'il aimerait mieux briser ses presses que de se déshonorer par cette indigne publication. »

C'est ce noble citoyen qui mit à découvert, en grande partie à ses frais, la ville gallo-romaine de Nasium, reconnu l'emplacement des temples, le tracé des rues, les bains et les mosaïques, etc.

huit sorciers d'un coup, et, le 20 du même mois, douze autres. Tous étaient catholiques; pas un juif, pas un protestant ne se trouvait au nombre des malheureux hallucinés poursuivis par la justice.

« d'un grand vomissement ayant du premier coup jeté, à son avis, un
« *crapeau* (sic), des cheveux, de la crasse de maréchaux, des charbons,
« et plusieurs autres choses qui, au passage de la gorge, lui faisaient
« grande douleur comme plusieurs personnes ont vu... » (pp. 60 et 61).

En effet, deux témoins, Catherine... et Barbe, attestent, — la première, que Claudon « lui montra un verre rempli de *villenies* comme cheveux,
« petites bêtes, le tout entortillé de la grosseur d'une noix et fort qu'elle
« avait jeté par la bouche... » — la seconde, que « ladite *Claudon* lui
« raconta sans nommer ladite Laurence (prévenue comme sorcière),
« que s'en étant allée quelque temps en son logis, elle lui donna de la
« quiche (et elle ajoute tous les détails précédents, même le vomisse-
« ment de *crapeaux*, de cheveux, crasse de maréchaux, charbons et
« plusieurs petites bêtes)... » (pp. 60-61-62).

— Dans les procès de sorcellerie, on trouve des faits absurdes semblables à ceux-ci, articulés dans la déposition de Claude Bourguignon contre Catherine, femme de Demange Noël, de Barbonville.

...« Revenant une fois des champs à deux heures de nuit, ce fut une nuée avec de grands éclairs et étoiles. Approchés qu'ils furent de la maison de Guillaume, ils aperçurent au devant une femme hideuse, noire, de grande et grosse stature, appuyée contre la porte, sans mouvement, dont il fut grandement effrayé; ce qui l'occasionna de demander audit Guillaume ce que ce pouvait être. Il lui répondit que c'était le taureau, d'autant qu'il était rouge.

...« Un autre témoin dit qu'en battant à la grange il a vu un chat noir qui est venu se jeter entre les fléaux, sans que l'on ait pu toucher dessus, et se sauva. »

— Noël (*Mém. III*), au sujet de la sorcellerie, raconte le fait curieux suivant: « Catherine de Lorraine, fille de Charles III, abbesse de Remiremont, étant tombée malade, s'adressa aux Capucins qui, après de longues et impuissantes prières, lui suggérèrent l'idée de faire béatifier l'un des leurs. La princesse adoptant l'idée envoya à Rome soixante-dix mille livres pour la béatification de Félix Cantalice. En échange de son argent elle reçut un os du bras de ce nouveau béatifié. (CHEVRIER.) Essai inutile! On conclut alors que le diable devait se mêler de l'affaire. La princesse interrogée avoua que le chevalier de Tr..., en plaisantant avec elle, s'était permis une familiarité inconvenante. Immédiatement on conclut qu'il était sorcier, qu'il avait jeté un sort à la princesse, punie ainsi de lui avoir permis une privauté. Tr... fut pendu sans forme de procès sur la place de Châtel (pp. 29-30, note). Le pape avait accordé à cette princesse un bref pour faire gras les jours défendus. Au sujet

A côté des sorciers figuraient les possédés qu'on rencontre même au XVIII⁰ siècle. On tenait pour certain (GRAVIER, p. 240) que les démons qui se logeaient dans des corps humains donnaient à leurs hôtes la science universelle, et qu'ils connaissaient à fond toutes les langues anciennes et modernes. C'est par le défaut de ces connaissances que les exorciseurs de bonne foi parvenaient à découvrir la supercherie des compères à qui l'on faisait jouer le rôle lucratif de

de cette princesse Chevrier (t. V, pp. 12 et suiv.) constate l'esprit mystique permanent de la cour ducale lorraine. Le duc Simon avait donné toute sa confiance aux Bernardins, René II aux Cordeliers, etc.

— Tout était possible dans ces temps de grossière superstition. « Ce fut un procès contre les rats qui, en 1531, fit la célébrité du jurisconsulte Chassané ou Chassaneux (*Chassaneus*) qui ayant été nommé leur défenseur a fait sur la matière un véritable traité écrit en latin et imprimé sur vingt feuillets in-folio. — Gravier (pp. 234-235) raconte, en ces termes, un procès, dit du PORC CLAUDON (1572). « Arrêté en flagrant délit de dévorer un enfant, le vorace animal fut, à la diligence du procureur de l'abbé, traduit ès prisons de l'abbaye de Moyenmoutier et écroué sous le nom de porc Claudon. Ce magistrat requit les informations usitées et la confrontation des témoins avec l'accusé ; il dénonça au prieur du monastère la négligence des pères et mères dans la garde de leurs enfants. Les actes de cette procédure furent soumis à la sanction des échevins de Nancy qui opinèrent pour la mort du coupable.

La justice locale prononça donc la sentence suivante... « Nous trouvons et disons par notre sentence que, heu l'égard à l'inconvénient de mort, advenu de l'enfant Claudon François, dévoré par un sien porc, et afin que les pères et mères preignent meilleure garde à leurs enfants ; que ledit porc doit être pendu et étranglé en une potence, au lieu où on a accoutumé faire semblables exécutions. Et quant à la pénitence et correction des père et mère dudit enfant, cela appartient et est à la charge de Monsieur le Prieur de céans... Comme de toute ancienneté l'on a accoutumé, qu'ayant ledit Révérend Seigneur Abbé aucuns criminels en ses prisons condamnés à punition corporelle, sa justice les met et délivre en ce lieu et place ès mains d'un sieur prévost *Saint-Dié*, *tout nuds* avecque leur procès, pour en faire les exécutions ; et à cause que ledit porc, est une bête brute estant lié d'une corde, les maire et justice vous le délivrent en cedit lieu, et laissent ledit porc, lié d'icelle corde, en grâce spéciale, et sans préjudice dudit droit et usaige de vous rendre lesdits criminels nuds ; aussi vous mettent et délivrent ès mains l'information et procédure sur ce fait, pour dudit porc faire faire l'exécution au contenu de ladite sentence. »

possédés; mais ces exorciseurs étaient rares. On n'aimait pas, en général, que les médecins se mêlassent d'interroger les possédés, lorsqu'ils étudiaient encore Hippocrate dans le texte grec; souvent ils mettaient le diable en défaut. A côté des sorciers, il y avait les morts qu'on supposait revenants. Pour ceux-ci « après prières, on enlevait la terre qui les couvrait; si le cadavre se trouvait entier, on lui enfonçait un pieu qui devait lui traverser le cœur ». (D. CALMET, *des Vampires et des Apparitions*.) (NOEL, *Mém. V*, notes, p. 61.)

Parmi les nombreuses contradictions qui rendent ce siècle si remarquable, la plus frappante, et peut-être la moins aperçue, c'est que les femmes supportaient tout le poids des iniquités du genre humain. Les cinq huitièmes des sentences de mort prononcées contre les prétendus sorciers ont pour objet des femmes... Si l'on a brûlé moins de femmes de qualité que de filles du peuple, c'est que les dames ne vont au sabbat qu'en masque et qu'on ne peut les reconnaître qu'à l'allure, à la taille; ce qui doit rendre un juge plus réservé sur les preuves. Un véritable sorcier, d'après l'auteur, ne doit peser que quinze livres. Dans l'épreuve de l'eau froide, il fallait qu'il surnageât pour être brûlé; s'il allait au fond de l'eau il était innocent, mais il mourait asphyxié. (*Démonolât. de Remy. Arch. de Saint-Dié. Traité de l'épreuve de l'eau froide dans l'examen des sorciers.* Francfort, 1686.)

AGRICULTURE (1). — Au XVIe siècle, grâce aux guerres incessantes, les habitations des laboureurs se serraient, se

---

(1) Voici, d'après le *Livre des Enquéreurs de Toul*, quelques données sur la température à cette époque. — 1564... il feit une extrême gelée et froidure, de sorte que les vins, en beaucoup de lieux, furent engelés ès caves, pareillement le bois des vignes et les arbres, signamment les nouyers; et convint extorper et tailler la plupart des vignes du ban de Toul et aultres lieux jusqu'à la souche. Les bestes sauvaiges, principalement les liepvres, contrains par les neiges et la froidure, se venoient jusqu'aulx maisons des villeiges et s'en prenoit grande quantité par

groupaient autour et sous la protection des églises et des châteaux-forts qui formaient le centre d'un ban considérable. Les petites propriétés (meix, jardins, vergers, chenevières, etc.) attachées aux habitations, seules, pouvaient et devaient être closes. A mesure que le pouvoir ducal grandissait, il étendait ses règlements sur tout le pays et principalement sur les campagnes. C'est ainsi que Charles III, par une ordonnance de 1569, donnée « *à la postulation des États Généraux* », défendit aux communautés de ses pays, terres et seigneuries, de vendre, aliéner, hypothéquer aucun bois, paquis, usages et biens communaux, « sous la peine de réunion d'iceux à son domaine ».

Les Coutumes de 1599 établissent en droit que « d'usage commun les habitants en divers villages peuvent... » envoyer leurs troupeaux pâturer, champoyer ès lieux de vaine pâture de clocher à clocher. Vaine pâture s'entend en chemins, prairies, dépouillées après la première ou la seconde faulx, terres en friches, bois et autres héritages non ensemencez et ouverts... Défense, en quel temps et saison que ce soit, d'y faire vainpâturer les porcs. En vignes indistinctement n'y a et n'y échet usage de pâture. Les prés sont en défense depuis la Notre-Dame en mars jusqu'après la faulx. Le bois taillis est en défense jusqu'à ce que le rejet soit de cinq feuilles. On ne peut mettre de ban aux fruits des arbres assis en lieux ou champs ouverts; mais le ban rompu, les fruits sau-

---

chacun jour, mesmement les sangliers, biches, cerfz et aultres bestes sauvaiges se trouvoient mortes de froidures ès bois et sur les chemins... (p. 206). Les vignes furent gelées ; le bled à vij fr. et demy le bichet. — 1565. Année de disette. — 1583. Année d'abondance, en vins surtout. — En 1587, une contagion furieuse sévit à Toul. Les principaux bourgeois et les chanoines se réfugièrent à Void ou Vaucouleurs où l'air était moins corrompu. La populace (?) se mutina alors et se livra à toutes sortes d'excès dans une véritable guerre civile qui dura plusieurs semaines, que les magistrats furent impuissants à réduire et qui ne put être terminée qu'avec le secours de la garnison. (DAULNOY, p. 265). — 1594. Les vignes furent engelées le xxij may, et le virlin qui se donnoit pour 20 francs, a esté vendu 50 francs. — 1602. Pénurie..., etc.

vages (1) sont communs à tous les habitants... On ne doit charroyer par prés en aucune saison... Usager ayant droit de prendre bois de marronage ou chauffage doit user de ce droit en bon père de famille. Ceux qui ont droit de tenir troupeau à part ne peuvent ni le céder ni le louer à un tiers... Arbres sauvages fruitiers... ne peuvent être coupés sans la permission du seigneur haut-justicier...

À cette époque encore, on ne cultivait que les meilleures des terres arables. Le cours des moissons était triennal, obligatoire et invariable, et avait pour objet la production des blés hivernaux et des marsages : c'était sur les grains qu'on prélevait la grosse dîme. Le fond des vallons et tous les lieux humides étaient maintenus en pâturages et en prairies naturelles, ces dernières fort considérables. Les terres incultes du ban (2), conquises par les communautés par l'usage sur le domaine seigneurial, étaient laissées en pâturages.

(1) Ceux-ci devaient être fort abondants, principalement dans les forêts. Ainsi, pour ne citer qu'un exemple, à Moyen (près de Gerbéviller) « les forestiers et gardes, outre trente-deux aunes de toiles, comme les bangards, paient au souverain, l'évêque de Metz, *quatre mesures de verjus de pommes sauvages* ». (LEPAGE, *Comm. de la Meurthe*.)

(2) Voici quelques indications sur la manière dont nos ancêtres fécondèrent nos campagnes par leur travail et leurs sueurs.

Les habitants de Champigneulles possédaient par ancienne donation des ducs de Lorraine, deux cents jours de bois rapailles... En 1584, ils demandèrent et obtinrent la permission de les essarter pour les mettre en nature de terre labourable, à charge d'entretenir à leurs frais les chemins de... et tous autres à l'entour, sans pouvoir couper les arbres fruitiers qui seraient en ladite contrée lesquels ils laisseraient pour leurs usages communs. (*A. L.*, an. 1879, p. 109.)

En 1585, J. Lallemant... sollicita l'acensement d'une contrée de terre... alors couverte de roseaux, buissons, épines, etc., se proposant de la convertir en nature de pré. Charles III fit droit à cette demande et lui acensa, moyennant une redevance annuelle de quinze francs, « ladicte contrée contenant trente-quatre jours..., pour icelle contrée convertir et mectre en telle nature que bon lui semblera et mieulx viendra à proffict, à charge toutes fois d'y laisser et entretenir le grand ruysseau qui passe à travers, avec des aulnes, le long des bordz d'icelluy, pour *l'umbrage et esbat des truites* ». (*Id.*, pp. 109-110.)

En 1586, l'écuyer de cuisine du fils de Charles III, obtint l'acense-

La Lorraine possédait alors de nombreux troupeaux communaux. Pauvres, riches, francs et non francs, tous les habitants mettaient au troupeau commun leurs vaches, brebis, porcs, etc. On remarquait, en ce temps, épars dans les campagnes, de nombreux bouquets d'arbres à fruits, noyers, poiriers et autres qui abritaient les troupeaux dans les temps de chaleur ou en cas d'orage. Ces troupeaux n'étaient nourris à l'étable que dans les gros temps de l'hiver; pendant le reste de l'année, ils paissaient sur les pâtis, les terres en versaine, les terrains incultes et les bois déjà grands, sur les chaumes des deux saisons récoltées et les prairies dépouillées.

Les forêts couronnaient les sommets des plateaux et s'étendaient sur les flancs des grands coteaux. Très considérables encore à cette époque, elles appartenaient au prince, aux seigneurs civils et ecclésiastiques et aux communautés de paroisses; les roturiers n'en possédaient pas encore.

Les communautés ne souffraient pas que quelque culture particulière, des haies ou des clôtures, vinssent porter obstacle à cette jouissance commune. La glandée dans les bois était partagée entre les habitants pour la nourriture des porcs, avec défense (ordonn. de 1577) de les vendre, sous peine par les communautés, de la privation du droit de glandée. Cette ordonnance accorde également la permission

ment d'une « contrée rapaille », ne rapportant aucun profit « pour être le lieu maigre et pierreux »..., pour l'essarter et le mettre en nature de terre arable, à charge d'entretenir le chemin le long de cette contrée. (*Id.*, p. 110.)

En 1587, Mengin Haut-Eclaire obtint l'acensement de deux pièces de hayes... à prendre depuis le *trexe* (friche) jusqu'au... Les gens de comptes chargés d'estimer cette pièce disent « qu'elle sera de très-difficile garde étant essartée et la cloison de grand frais à entretenir... à cause du passage des bestes saulvages allant à l'abreuvoir du ruisseau qui est tout proche ». Pour garantie de paiement de son cens, le concessionnaire hypothèque différentes propriétés, notamment une pièce de terre arable, sise au ban de Champigneulles, lieu dit auprès de la Grande-Forge.

Le compte de l'année 1611 mentionne le payement... d'une somme de douze francs pour l'acensement de cinq jours de terre « sis contre l'hermitage du sieur Barthélemy. » (*Id.*, p. 111.)

de partager les fruits champêtres, avec réserve d'un tiers au profit du domaine du prince, et d'un tiers aux hauts-justiciers.

On connaissait déjà au XVIe siècle les embanies (réserves des prés après la fenaison, pour nourrir les chevaux et autres animaux dans le temps des semailles) des communautés et celles des amodiateurs et laboureurs; mais, pour les établir, il fallait le consentement du seigneur et de la communauté. On la publiait à l'issue de la messe paroissiale, et on la faisait connaître aux voisins qui avaient droit de parcours.

Dès 1603, Charles III ordonna, vu la pénurie et la cherté des foins (36 francs la charretée de Nancy), de mettre une partie des prairies en réserve pour faire des regains. Il permit aussi de conduire les troupeaux dans les bois défendables de ses domaines.

Au XVIe siècle, le ban des vignes, dans beaucoup de paroisses, était déjà considérable, et tendait même, par abus, à descendre dans les terres arables. Le gros plant repoussait déjà l'ancien plant du pays, le pineau blanc et noir qui seul pouvait produire de bon vin sous notre latitude. En 1578, le Duc défendit d'acheter de la vendange au cep, dans le but de protéger le vigneron contre les marchés usuraires. Une ordonnance de 1600 prescrivit de rétablir dans leur premier état les pâtis qu'on avait convertis en vignes (1) et en terres arables. C'était du progrès à rebours.

Disons, pour terminer ce long règne, que différentes épidé-

---

(1) En janvier 1598, à Toul, ordre d'arracher dans trois ans, les plantes des gouaulx dans les vignes, sous peine de 5 francs pour la première fois, et d'amende arbitraire pour les autres. (*Livre des Enquéreurs*, par LEPAGE, pp. 217-18.)

En 1602:
> Fascheuse leur fut fort l'année et difficile
> Car elle estoit sans vin et stérile
> Ne produisit son fruict, car le ciel inclément
> Au printemps précédent gela si rivement
> Que le vin se vendit six gros la pinte plaine
> Et sans les estrangiers on eust encore heu peinne
> De recouvrer du vin.....

mies parurent en 1574, 1585, 1587, 1594, 1596, 1597, 1599 (1), et qu'en l'année 1565, selon les *Chroniques d'Alsace*, il tomba de la neige avec une telle abondance que les communications furent interrompues dans les campagnes. Le dégel amena des inondations et fut suivi d'un été très aride, de maladies et d'épidémies. Il en fut à peu près de même en Lorraine, à en juger par le *Livre des Enquéreurs de Toul*, disant que de longtemps

> . . . .
> Des plus vieux de la ville
> Avaient veu telle année infertile
> Universelle par tout le monde
> (*A. L.*, t. IX, p. 187, note.)

(1) En 1599 « la famine et une peste affreuse désolèrent le pays environnant Commercy, en décimant les populations, alarmées déjà par la prédiction que le monde devait finir avec le siècle ». (DUM, *Hist. de Comm.*, t. II, p. 63.) En 1601 « les arbres et les hayes furent tellement chargés de limaces et de chenilles que c'étoit chose horrible à veoir et fit Son Altesse un édit pour les brûler et nectoyer par ce moyen lesdits arbres ». *Item*, en cette dicte année, et pendant les fenaisons et moissons, il y eut pluye continuelle que les foins furent partye pourris sur terre, partye noyés et emmenés par le débordement des eaux, et les froments germinés, tant ceulx qui estoient droits et en espies que les coupés et mis par terre, que causa une cherté grande au vieil blé. (*Mém. de* GUILLERME, *A. L.*, 1869, pp. 69-70.)

— La citation suivante permet de se faire une idée du costume des plus pauvres paysans de l'époque. — Un nommé Pierron, natif de Franoux, près de Dommartin, pauvre domestique à gages à Labresse, ayant été tué dans une dispute, en 1587, la dame secrète du chapitre (de Remiremont) dont il était *mainmortable* fit réclamer ses effets. Ils consistaient, suivant le procès-verbal du maire, en un hocqueton de pellicon (casaque doublée d'une peau de mouton), une paire de strihousen de sairi (guêtres sans boutons, espèces de bas sans pieds qui descendaient jusqu'à la cheville, appelés huesces dans le moyen-âge), et un chaperon fait avec des ételles de bois. (RICHARD, *Traditions*, etc., p. 93, note.)

De 1608 à 1624. — Henri II (1).

Femmes: { CATHERINE DE BOURBON.
{ MARGUERITE DE GONZAGUE.

SOUVERAINS ET PRÉLATS LORRAINS CONTEMPORAINS

ROIS de France.	EMPEREURS d'Allemagne.	ÉVÊQUES		
		de Metz.	de Toul.	de Verdun.
HENRI IV.	RODOLPHE II	CHARLES de Lorraine.	CHRISTOPHE de LA VALLÉE.	Nicolas BOUCHER
	MATHIAS.			HENRI de Lorraine, dit le duc ERRIC.
LOUIS XIII.	FERDINAND II.	ANNE DE PÉRUSE DESCARS, de GIVRY, cardinal.	JEAN des PORCELETS de MAILLANE.	CHARLES de Lorraine.

SOMMAIRE. — Henri II. — Son portrait. — Il diffère son entrée solennelle. — Mesures contre les pauvres. — Subsides votés par les États. — Essais d'absolutisme. — Précautions contre les premiers actes militaires de la guerre de Trente ans. — Mansfeld et Brunswick en Lorraine. — Persécutions contre les Protestants en Lorraine, dans le comté de Salm, à Lixheim. — Ancerville et Vaudémont briguent la main de Nicole. — Le baron de Lutzelbourg assassiné. — Action du Père Dominique sur le Duc. — Mariage de Vaudémont et de Nicole. — Prodigalité de Henri II. — Vingt mille messes pour le repos de l'âme de Henri II.

Législation. — Ordonnances sur les duels, prairies, vins, cabarets, etc.

Religion. — Persécutions contre les Religionnaires. — Enseignement ultramontain. — Cruauté contre les sorciers. — Charles Poirot, de Remiremont, supplicié.

Sur les *lettres, sciences et arts,* imprimerie, commerce, voitures publiques.

Notes. — Devise de Henri II. — La Lorraine prospère. — Mendicité onéreuse. — Brasseries. — Le baron d'Ancerviller. — Uniforme des soldats. — Ravages de Mansfeld et de Brunswick. — Le Père Fourrier. — Cervoise. — Bière. — Ancerviller persécute les Protestants. — Bâtards légitimés. — Règlements contre les cabarets. — Collège des Jésuites à Nancy. — Jean Leurechon. — Recluses lorraines. — Luxure du clergé. — École protestante à Metz. — Prix du papier. — Dyssenterie.

De même qu'il n'y a pas eu en Lorraine de duc ayant régné sous le nom de Charles Iᵉʳ, il n'y en eut pas qui ait porté le nom de Henri Iᵉʳ. Le fils de Charles III voulut bien admettre

(1) Henri II (1608), prince timide, irrésolu, généreux à l'excès, manquant de vues élevées, peu propre aux grandes affaires (PIMODAN, p. 380), avait adopté pour devise : une épée portant sur sa pointe une couronne de lauriers, et un bouclier entouré d'un feston de feuilles de chêne. On voyait au-dessous, au milieu d'un nuage, le nom de Marie, et ces mots : *Utrumque mihi.*

comme prédécesseur Henri, lieutenant de l'empereur Othon I*er*, que quelques historiens rangent parmi les ducs bénéficiaires.
« La nature avare (CHÉVRIER, t. IV, pp. 259-60) n'avait pas doté Henri d'esprit ; mais les vertus (?) de son cœur et la bonté de son âme suppléèrent aux talents, et la Lorraine fut aussi heureuse pendant son règne qu'elle l'avait été sous ses plus grands princes. Le nouveau Duc sut préserver ses États de la guerre ; ce qui le rendit cher à ses sujets (1).

Digne fils de Charles III, Henri, comme son père, différa pendant deux ans son entrée à Nancy pour ne pas prêter le serment usité. Enfin, le 20 avril 1610, il se résigna à jurer, selon les formes adoptées, de respecter les libertés et les privilèges des trois Ordres.

En même temps qu'il fit embellir le palais ducal, Henri ordonna de continuer les fortifications de Nancy. Plagiaire de son père, il eut recours aux pauvres pour se procurer des travailleurs. Une ordonnance, du 26 mars 1615, de MM. du Conseil de ville de Nancy, enjoignit à tous les pauvres, vagabonds, n'ayant marque en ville, d'en sortir dans les vingt-quatre heures, et de se retirer dans le lieu de leur naissance, à peine d'être menés *aux fortifications*, et d'autres punitions. (LEPAGE, *Arch. de Nancy*, t. IV, p. 124) (2).

Une autre ordonnance du 16 juin 1631 enjoignit à tous les pauvres valides compris dans l'état de l'aumônerie géné-

(1) Les dernières années du règne de Charles III et celui tout entier de Henri II ont été pour la Lorraine une ère de paix sans interruption, de prospérité sans exemple (jusqu'alors), et de civilisation progressive. (BEAUPRÉ, p. 185.)

(2) La mendicité devait déjà être onéreuse à la population, témoin les deux ordonnances suivantes. — Ordre du duc Henri (23 mars 1616), portant défense à toutes personnes de mendier ni quêter par la ville ou dans les églises, sous peine d'être rasées et mises hors de la ville, la première fois ; pour la seconde, d'être fouettées sous la custode, et à toutes personnes, de donner l'aumône aux pauvres, à peine de 10 francs d'amende. — Ordonnance du 5 novembre 1615, défendant à tous les ermites des environs de Nancy, à femmes et enfants, mais n'ayant marque en ville, d'aller mendier ès maisons, à peine de désobéissance et d'être mis hors de la ville. (LEPAGE, p. 124.)

rale, *d'aller travailler aux fortifications*, sous peine d'être privés de la dite aumône et chassés de la ville. (*Id*, p. 124, note.)

Les constructions (1) et restaurations, jointes aux libéralités plus ou moins judicieuses du Duc, épuisèrent vite les réserves du passé, et il fallut recourir à des impositions nouvelles. Les États, tout en faisant de justes remontrances sur les dépenses excessives, votèrent, en décembre 1614 (2), pour

(1) Suivant le toisé et la réception du 11 août 1614, il y avait des ouvrages faits pour 1.383.649 francs 8 gros 8 deniers, et il en restait à faire pour 487.151 francs, soit pour environ trois millions de francs.

(2) Des commissaires du clergé et de la chevalerie sont constitués en chambre des aides pour la levée de ces impôts, avec pouvoir de juger souverainement toutes les difficultés auxquelles elle donnera lieu. Et sans doute, pour le motif qu'on ne peut être juge et partie, le Tiers-Etat qui est *partie payante*, ne concourt pas, même indirectement, à la nomination de ces commissaires.

.... Les réponses du Prince (aux lettres de non-préjudice) et sans doute aux demandes de ces Etats (1614), manifestent généralement une tendance bien prononcée de l'autorité ducale à s'affranchir des entraves qu'elle rencontrait dans ces assemblées, et surtout des exigences de la Chevalerie qui y était prédominante.

Voici, au reste, les remontrances et supplications très humbles de MM. du clergé, en particulier, à Son Altesse (toujours en 1614) :

.... 2° Et avoir agréable qu'ils lui (au duc) remonstrent qu'il y a encore par ses pays plusieurs de la religion réformée, qui sont un scandale et un danger des autres; et partant que les ordonnances de ses prédécesseurs, contre les religionnaires soient raffraischies et soigneusement observées.

Réponse: Accordé.

3° De mesme faire prendre garde que les seigneurs et autres, qui, par tolérance sont de contraire religion, n'exerceront publiquement ladite religion et que les ministres ne pervertissent vos subjects.

Réponse: Accordé.

4° Qu'elle commande que la jeunesse soit instruite à la religion catholique, et que les maistres des escoles soient approuvez par le curé et autres officiers.

Réponse: Accordé (p. 173)......

4° Que les ordonnances contre les blasphémateurs trop insolentz soient raffraischies et observées.

Réponse: Accordé.

Griefs pour tout l'Estat.

.... 10° De mesme est supplié de faire faire défense à un certain qui

six ans un aide de huit gros par mois sur chaque conduit des villes et bourgs, et de six gros huit deniers sur les conduits des villages ; quatre deniers par franc sur les marchandises débitées dans les deux duchés, et le quinzième pot des vins et bières (1) vendus en détail ; à condition que l'argent pro-

s'intitule *maistre des Ribauds* (soubz très humbles respects) comme aussi le *maistre des haultes œuvres*, de ne plus s'ingérer avec d'aultres consorts, lesquels à chacun festin de nopces qui se font ez deux villes de Nancy, vont demander aux nouveaux mariez neuf gros pour leurs droicts ; qui est chose ridicule de voir un bourreau demander son droict à toutes sortes de qualités de personnes... (P. 183.) — Le roi des Ribauds a existé en Lorraine depuis une date inconnue jusqu'en 1614. On ignore qu'elles étaient exactement ses attributions. On suppose qu'elles étaient doubles : les unes s'exerçaient dans l'intérieur du domicile royal (visiter le logis, voir s'il ne s'y était pas introduit un étranger, une ou des garces (belles filles), les autres au dehors, dans les lieux de prostitution. Cette fonction avait quelque chose de honteux, vu que nulle part dans les cérémonies publiques où on assigne un rang particulier aux domestiques, on ne mentionne cette dignité. (BEAUPRÉ, A. L., t. IV, p. 25.) — On lit dans un rapport pour Pierre du Rozet, roi des Ribaulx (A. L., t. IX, p. 61), seulement qu'il est vray que de tout temps il y a eu *semblables roys de Ribaulx* establis, lesquelz ont voulu prétendre debvoir avoir, de chacuns nouveaux mariez, 18 deniers ; et, en effet, selon les titres de quelques ungs, ils ont de plus, poursuivy quelques personnes convaincues de paillardise, et en ont tiré, au fins de se rédimer de leurs molestations, tantost plus, tantost moins, sans qu'il y ait rien eu d'asseuré et limité...

(1) A cette époque, il n'y avait guère de brasserie dans notre pays qu'à Nancy et à Dieuleward. Henri II publia une ordonnance défendant de brasser de la bière sans permission, et une autre, du 16 janvier 1610, prohibant l'introduction des bières étrangères sans autorisation. (GUÉRARD, p. 76.)

Charles III, déjà en 1588, avait fait délivrer 200 francs au père gardien et aux Cordeliers de Nancy, afin de les aider à acheter une grande chaudière pour avoir moyen de faire une plus grande quantité de bière qu'ils n'avaient accoutumé faire pour le défrait de son hôtel. Une autre somme de 171 francs 6 gros fut donnée en aumône, par ordre du Duc, aux Cordeliers de Vic, pour aider à refectionner « leur brasserie (ustensiles, alambics, chaudières, etc.) ». En 1591, une certaine quantité de blé est comptée à frère Didier, brasseur au couvent des Cordeliers, pour bière qu'il avait brassée pour le défrait de l'hôtel. En 1587, par suite de la stérilité de la vendange, et « pour subvenir de boisson, tant à ses sujets qu'aux gens de guerre de son armée, Charles III fit brasser certaine bonne

venant de ces levées serait employé à l'acquisition du marquisat de Nomeny, à l'entretien des garnisons, à l'achèvement des fortifications de Nancy et d'autres villes, et aux frais nécessaires à « la défense et tuition du pays ».

Sur le refus des Assises, en 1615, d'autoriser la levée d'un aide supplémentaire, il demande et obtint, en 1619, une partie de ce qu'il réclamait, mais sous la réserve de délivrer des lettres de non-préjudice. Henri refusa d'abord, et déclara fièrement aux députés... « qu'il ne vouloit pas être sujet à ses États. Ce ne fut qu'après une troisième sommation qu'il apposa sa signature, en déclarant qu'il contribueroit de tout ce qu'il pourroit pour le bien, repos et consentement de l'Estat et qu'il vouloit vivre et mourir pour la patrie ».

En 1621, les États votèrent un aide assez considérable, afin de permettre au Duc de dégager quelques domaines, et de tenir sur pied un grand nombre de soldats, à cause des troubles qui agitaient les pays voisins. En 1622, nouveau vote, accordant, du 1er juin de l'année courante au 28 février 1628, la levée, chaque mois, de dix gros dix deniers par

quantité de bière... » En 1590, une brasserie fut établie au château de Hombourg, pour faire de la bière aux soldats qui y tenaient garnison.

La bière a été précédée par une autre boisson, la cervoise, faite comme elle avec du grain, mais en y ajoutant des herbes, et dont l'origine remonte aux temps les plus reculés. Elle était connue des Gaulois, nos ancêtres. Sous Charlemagne on trouve mention de la bière. La règle de Chrodegang mentionne la cervoise. Pendant la seconde moitié du XIe et du XIIe siècles, on fabriquait dans les Vosges la cervoise et la bière. En 1516, le duc Antoine fait don d'une tourelle de cervoise aux Clarisses de Pont-à-Mousson chez lesquelles s'était retirée sa mère. En 1414-1415, les gouverneurs de Saint-Mihiel avaient obtenu d'Édouard III, duc de Bar, puis des ducs René et Antoine, permission de faire et vendre bierre et cervoise. On n'a pas de données plus précises que celles indiquées ici. Il est fait mention, en 1618, du houblon récolté dans la gruerie de Jamets. — Sous Charles III, la bière s'était assez généralisée pour devenir matière à impôt. En 1590, les États Généraux autorisèrent le Duc à percevoir le dixième denier du vin et de la bière qui se vendraient à la feuillée. Pareille imposition en 1595-1602. De cette dernière date à 1615, l'impôt ne fut plus que du 10e, puis du 15e pot.

franc sur les ventes de marchandises, ainsi que le dixième pot sur les vins et bières; de plus, en 1622 et en 1623, on pouvait prendre deux francs sur chaque paire (1) de resal, et, en 1622, six gros sur chaque jour de vigne. (Ces deux derniers impôts n'atteignaient que les roturiers, francs et non francs) (Digot).

Le vote de ces forts subsides par les États se trouvait justifié par les troubles qui éclatèrent, d'abord en France, puis, par contre-coup, en Allemagne. Henri s'empressa de prendre des mesures militaires complémentaires (2).

Dès son arrivée au pouvoir, en 1608, il avait ordonné, pour Nancy et sans doute ailleurs encore, la création de gens à pied « pour subvenir à la défense d'icelles villes, en tant que besoin sera ». Ce qui eut lieu sans délai. (Lepage, p. 46.)

Le 6 décembre 1615, il manda à tous les Baillis de faire fournir un homme de pied avec son armure, par dix conduits, non nobles, à l'exception des Villes où il y avait une garnison, attendu que les Bourgeois en demeuraient affectés à leur gardes ; et, à l'égard des nobles, ce Prince leur ordonna de se fournir de chevaux, et des armes nécessaires pour former un corps de cavalerie en cas de besoin. » (Rogéville, t. II, p. 80) (3).

(1) La paire est un résal de froment et un résal d'avoine, mesure de Nancy ; deux risdales et demi par fauchée ou jour de pré, trois risdales et demi par jour ou arpent de vigne (impôt de Charles IV en 1627-28) sur tous les biens de roture. (Durival, *Descrip. de la Lorr. et du Barrois*, t. I, p. 55.)

(2) Comme on le voit les États Généraux s'attachaient à limiter le pouvoir du Duc. C'est ainsi que, dans la session de 1614-15, ils disent dans un de leurs griefs : « Son Altesse est suppliée de permettre à un chacun de faire cartes, savons, teintures, bières, chaudronneries et choses semblables, et d'en lever toutes les différences qu'on a cy-devant faict... ; et où il luy plaira de faire continuer les privilèges qu'il a donné à des particuliers touchant la dicte permission, qu'il luy plaise de ne la continuer plus longues années que celle qui leur a esté accordée, et de n'en faire d'autres. »

(3) Le dernier article de l'ordonnance de 1615 révèle l'existence, dans certaines villes, d'une milice sédentaire qui avait remplacé les mortes-

En 1617, le Duc prescrivit la levée de trois cents chevau-légers (1), et de cinq cents hommes de pied. (LEPAGE, pp. 240-41). — Il avait déjà doublé le nombre des archers.

Ces précautions furent bien utiles en 1617-18-19, pendant la guerre civile qui éclata en France. Henri proclama bien haut son désir de garder une stricte neutralité entre les deux partis, et ce vœu fut accepté avec empressement par les intéressés

L'ouverture de *la guerre de Trente ans*, si funeste dans la suite à notre pays, attira l'attention du Duc du côté de l'Allemagne. En 1619 et en 1623, il défendit à ses sujets de s'engager « pour aller ès guerres sans sa permission »; cependant il permit à son frère François (le futur duc pour cinq jours) d'accepter le titre de chef de la Ligue catholique sur la rive gauche du Rhin (1620), et l'autorisa à prendre les mesures qu'il jugerait nécessaires. Le comte rassembla aussitôt huit mille fantassins et quinze cents cavaliers lorrains et étrangers. Avec cette petite armée il couvrit nos frontières de l'est menacées par les Protestants. Son fils Charles, alors favori de Louis XIII, quitta Paris et vint le rejoindre. Peu après, avec les trois régiments de cavalerie lorraine, il se fit remarquer dans le combat près de Prague qui ruina la cause de l'électeur Palatin.

Mansfeld, avec les débris de l'armée battue à Prague, gagna l'Alsace et menaça la Lorraine. Henri II plaça de bonnes garnisons à Nancy et dans d'autres villes, notamment à Marsal dont on augmenta les fortifications. Pour se

---

payes et était chargée d'en faire la garde pendant que la milice active marchait en campagne. (LEPAGE, p. 45.)

(1) C'est en 1627, que les régiments français commencèrent à avoir un uniforme. (CHASSIGNET, p. 271.) On n'a pas de renseignements sur l'uniforme des chevau-légers lorrains. Ils avaient pour armes et armure, des cuirasses à l'espreuve devant et derrière, et le reste léger, brassars, culotte, tassettes, jambières, casque et le gantelet gauche, le tout bien garny de bon cuir, boucles et hardillons..., à raison de quarante francs, six gros pour chacune paire d'armes. (LEPAGE, p. 247.)

procurer des ressources pécuniaires, il fit appel aux gentilshommes et aux diverses villes de ses Etats. Charmes, par exemple, lui prêta (16 août 1622) mille écus, sur lesquels quinze cents seulement furent remboursés, en 1625. (RENAUD, *Charmes-sur-Mos.*, pp. 50-51.)

Mansfeld et Brunswick, auxquels Henri refusa de traverser la Lorraine, passèrent outre, sans être sérieusement inquiétés; leurs soldats brûlèrent quantité de villages et commirent de tels désordres qu'un siècle plus tard la mémoire de Mansfeld était encore en horreur dans les campagnes (1). Battues à Fleurus, une partie des phalanges démoralisées de ce général se jetèrent dans le Luxembourg, la Lorraine et le Barrois, où ses soldats périrent presque tous de la main des paysans qu'ils avaient si cruellement traités à leur passage. Une épidémie survint ensuite, et rava-

---

(1) En 1622, au mois de juillet, dit, dans son *Journal*, Vuarin, témoin oculaire, l'armée de Mansfeld et de Brunswick, forte de soixante mille hommes, se répandit dans les campagnes, les soldats tuant tous ceux qu'ils rencontraient, comme à guerre ouverte, brûlant les villages, violant filles et femmes, pillant les églises et les chapelles pour en faire des écuries qu'ils laissaient remplies de fumier et d'immondices, *coupant les moissons sur pied* pour nourrir leurs chevaux, nonobstant les vivres et les munitions que Son Altesse leur avait fait fournir. De ce fait, le village de Gondrecourt-en-Woëvre fut complètement détruit, ainsi qu'une partie de ceux de Belchamp, Aucourt, Jandelize, Saint-Jean, Hennemont, Rouvres et une infinité d'autres aux environs de Stenay. (*Doc. sur l'hist. de Lorr.*, 1859, p. 24.) Pendant le passage de cette armée, le régiment de Nubécourt, fort de mille hommes, fut chargé par le duc de Lorraine de la garde d'Etain; mais comme ce régiment vécut pendant treize jours comme en pays conquis, il ne contribua pas peu à la ruine du pays. Au mois d'avril suivant, le prince de Phalsbourg y séjourna à son tour pendant cinq jours, et son armée, composée de quatorze mille hommes qui se trouvait échelonnée dans les villages des environs d'Etain, acheva d'y apporter la désolation. Aussi les fièvres pestilentielles y firent tellement de ravages que les trois quarts de la population succomba. (*A. L.*, an. 1878, pp. 88-89.) Viville (p. 274) dit que Mansfeld et dix mille Espagnols qui l'observaient, commirent de tels excès que les campagnes furent abandonnées et qu'il s'ensuivit une peste appelée *furie de Hongrie*. Plus de trois mille personnes périrent à Metz.

gea les rives de la Moselle, depuis Thionville jusqu'à Nancy.

Persécutions contre les Protestants. — Ces actes de barbare cruauté firent renaître les querelles religieuses, assoupies depuis quelques années. Les protestants du pays messin furent les premiers à s'en ressentir. On les exclut de toutes les fonctions publiques : — la cour et le clergé s'entendirent pour les opprimer.

Henri, aussi bigot et fanatique que ses devanciers, s'acharna sur les malheureux religionnaires. Une ordonnance (12 février 1617) enjoignit aux protestants de toutes sectes de sortir de la Lorraine et du Barrois avant le jour de Pâques, de vendre leurs meubles avant la Saint-Jean, et d'aliéner leurs immeubles dans l'année. On appliqua incontinent la mesure inique à plusieurs Réformés fixés dans le val de Liepvre et dans la partie lorraine de Sainte-Marie-aux-Mines. De là, on l'étendit au comté de Bitche où le luthéranisme s'était glissé depuis quarante ans. Dans cette principauté, les villages restés catholiques se trouvaient dans l'état le plus misérable; les curés, à l'exception de deux, avaient des concubines et des enfants, et leurs paroissiens ne se distinguaient plus des hérétiques que par un petit nombre de cérémonies. Le suffragant de Metz se rendit à Bitche avec deux Jésuites, régularisa l'usage des sacrements, chassa les prêtres concubinaires, et installa dans chaque village des maîtres d'école et des sages-femmes catholiques. (DIGOT, t. IV, p. 22.) C'était le prélude aux dragonnades (1).

Pareille croisade dans le comté de Salm. Le comte de Vaudémont, prince souverain, grâce à son mariage avec Christine de Salm, unit ses efforts à ceux du rhingrave ou

---

(1) Grâce au désir de combattre le protestantisme, le clergé orthodoxe comprit le besoin de l'instruction qu'on borna généralement aux lieux gagnés auparavant à la réformation. Celle-ci, en prescrivant aux fidèles de discuter l'écriture sainte, les poussait à savoir lire. On peut donc dire que le protestantisme a enfanté l'école communale primaire.

comte sauvage du Rhin, auquel l'Empereur ordonna (1624) de proscrire l'hérésie dans sa principauté. De concert, les deux seigneurs promulguèrent (mars 1625) un édit qui prohibait l'exercice du calvinisme dans le comté et la principauté, prononçait la fermeture du temple, ordonnait aux pasteurs et aux maîtres d'école de partir immédiatement, et aux habitants de se faire instruire dans le délai d'une année. Le P. Fourrier (1) fut chargé de convertir les habitants qu'on ne pouvait bannir en masse. Le Fénelon lorrain, grâce au concours, à la pression du pouvoir, atteignit le but désiré; ce ne fut pas sans peine. Lorsqu'il se présenta dans le bourg de Badonviller, chef-lieu du comté de Salm, on l'accabla d'injures. La punition des récalcitrants fit réfléchir la population, et, peu à peu, des conversions plus ou moins sincères se produisirent. Les femmes se montrèrent les plus rétives, et un certain nombre résista à l'action de Fourrier. Au reste, l'autorité, peu convaincue de la sincérité des apostasies, conserva, jusque vers 1680, le vicariat apostolique créé pour la terre de Salm. On voulait imprégner des doctrines orthodoxes l'esprit des nouvelles générations.

Les dragonnades ducales s'étendirent sur Lixheim dont Henri II venait de faire l'acquisition. Comme Phalsbourg, cette ville avait été créée pour servir de refuge aux religionnaires expulsés de Lorraine et des petits États luthériens du voisinage. A peine maître de la localité, le *bon* Duc prit incontinent les mesures indispensables pour y établir l'exercice de la religion catholique; mais, malgré ses efforts (*sic*) et

---

(1) On sait que ce prêtre avait exercé son zèle dans le village de Mattaincourt, gagné à la réformation... « En ces temps malheureux, dit l'ancien biographe du P. Fourrier, la messe ne s'entendait qu'aux plus grandes fêtes de l'année; à peine se confessait-on à Pâques : les fêtes étaient profanées; les autels dépouillés et l'église déserte ; tandis que les cabarets et les tavernes regorgeaient tous les jours ; ce qui était tellement connu dans tout le voisinage que, *vulgairement, on appelait Mattaincourt, la petite Genève*... «

ceux d'un vicaire apostolique (lisez inquisiteur), le protestantisme ne put être extirpé entièrement.

La Famille ducale. — Henri était fort aimé de ses sujets (1) ; mais, comme plusieurs de ses prédécesseurs, il trouva des adversaires dans sa famille même. Il n'avait eu de son second mariage que deux filles, Nicole et Claude. Henri IV, roi de France et le roi d'Espagne avaient fait demander tous deux Nicole pour leur fils aîné, le dauphin et l'infant. Le Duc, fort embarrassé, n'osa répondre négativement au Béarnais. Le poignard de Ravaillac dégagea Henri II de sa promesse. A son tour, son frère, le comte François de Vaudémont, brigua la main de Nicole pour son fils aîné, le futur duc Charles IV. Henri se prononça pour Louis de Guise, baron d'Ancerviller, fils naturel du cardinal de Guise, tué à Blois, jeune homme plein de mérite et qui n'eût certes pas entraîné la Lorraine dans les catastrophes qu'elle éprouva sous le règne de Charles IV. Beaupré (*Nouvelles Recherches*, p. 266), après Thierriat et avec Noël, hasarde, non sans apparence de raison, le terme de *mignon*, en parlant du favori de Henri II (2). Le comte de Vaudémont,

(1) Cette affection générale n'empêcha pas un ex-fourrier congédié, Clément Hussenot, d'essayer d'attenter aux jours du Duc. Armé d'un poignard qu'il fit fabriquer à Marsal, ce misérable, pour accomplir son odieux dessein, suivit le Duc dans différentes villes, Marsal, Lunéville, etc. Arrêté, il fut condamné à mort et roué à Nancy, le 17 juillet 1609. Sa tête fut mise en évidence et clouée à un « poteau avec le poignard..., et le corps estant coupé en quartiers furent iceux exposez sur les quatre hauts grands chemins, devant les portes de Nancy ». Le *bon* Duc ne fit grâce d'aucune partie du supplice à ce meurtrier (d'intention seulement).

(2) Henri l'avait fait maréchal de Lorraine, conseiller d'Etat, grand chambellan, maître de sa garde-robe, général de toutes ses troupes. Il lui donna successivement les château, châtellenies, terre et seigneurie de l'Avant-Garde (1607), la haute, moyenne et basse justice de Rosières-en-Haye, et les biens *confisqués* sur Jean d'Apremont (1608) ; 3.000 francs de rentes sur les salines de Dieuze, et 20.000 écus, en principal (1609) ; les terres et seigneuries de Mandres-aux-Quatre-Tours et d'Apremont (1610) ; les terres et seigneuries de Sampigny, Port-sur-Meuse, Vadonville, et 2.000 francs de rentes sur la recette de Bitche (1611) ;

exaspéré, publia et fit distribuer dans les cours de l'Europe, une protestation qui exhorte « les peuples de la Lorraine de ne point se soumettre à la domination d'un fils de prêtre, et de ne point favoriser la conjuration formée contre l'héritier présomptif de la couronne ». (GUILLEMIN, *Vie manuscrite de Charles IV.*) Il alla plus loin, et fit assassiner, non loin de Nancy, le baron de Lutzelbourg, ministre plénipotentiaire de Lorraine, vieillard fort dévoué à la famille des Guises.

Le Duc, justement irrité d'un pareil attentat, voulut tout d'abord punir sévèrement le coupable et toute sa maison. Il envoya des troupes avec du canon assiéger le château de Viviers (entre Morhange et Nomeny) où la comtesse de Vaudémont s'était retirée avec ses filles. Quant au criminel, il s'enfuit à Munich, près de son beau-frère, Maximilien de Bavière. Lorsque les premiers moments d'irritation furent passés, on parvint, à force de supplications, à obtenir le

la terre et la seigneurie de Boulay, et une nouvelle rente de 2.583 francs sur les salines de Dieuze (1614); la terre et la seigneurie de Preny (1617) et, postérieurement à cette époque, l'usufruit des château, ville, terre et seigneurie de Neufchâteau (1618); enfin les terres et seigneuries de Phalsbourg, Hombourg et Saint-Avold, plus 200.000 francs, monnaie de Lorraine, de rente annuelle, en faveur de son mariage (HUGO) (1621). (*A. L.*, 1883, LEPAGE, Assass. de Pierre Egloff de Lutzelbourg.)

Devenu prince de Phalsbourg et seigneur de Lixheim (1623) qui fut érigé en principauté en sa faveur par l'Empereur (1629) après son mariage avec Henriette, sœur de Charles IV, d'Ancerviller dut quitter la Lorraine pour aller mourir à l'étranger, après avoir aidé l'empereur Ferdinand à réprimer les troubles d'Allemagne. (LEPAGE, p. 258.) — Nous verrons plus loin les exploits galants de sa virile et peu farouche moitié.

Au sujet de ce personnage nous lisons (*A. L.*, an. 1876, p. 158): « Le baron d'Ancerviller est, dit-on, le personnage principal à la cour, car c'est lui qui dirige tout. Il est bâtard du cardinal de Guise, tué à Blois, et d'une demoiselle Chabot. Gorze est aussi très assidu à la cour ; c'est le frère du duc régnant, étant le bâtard du duc Charles (III); on l'appelle Mons. de Saint-Mihiel, ou l'abbé de Saint-Mihiel. (A. BENOIT. *Voyage en Lorr. au commencement du XVIIe siècle*, traduit de l'allemand.)

pardon du comte, et même l'autorisation, pour son fils Charles, de se regarder comme fiancé à la princesse Nicole. Personne (BEAUVEAU, *Mém.*, pp. 5 et 6) ne contribua plus à ce raccommodement qu'un Carme espagnol, nommé le père Dominique, qu'on fit passer en Lorraine,... avec charge de Sa Sainteté de représenter, en secret, au duc Henri les inconvénients qui pouvaient arriver de son opposition au mariage de sa fille avec le prince, son neveu, jusqu'à lui faire craindre la perte de son âme, s'il n'y consentait. Comme ce bon Père avait acquis la réputation de sainteté parmi le peuple de Nancy qui déchirait ses habits pour en garder quelques reliques, il gagna enfin ce bon Duc, déjà affaibli par l'âge et la crainte de la mort, en sorte qu'il donna les mains à ce mariage, mais sous la condition formelle que son neveu reconnaîtrait tenir la succession de ses États de par sa fille Nicole, qu'en tous les actes publics ou de justice, on insérerait ces mots : De par Charles et Nicole, et que la monnaie qui se fabriquerait serait marquée des effigies et des noms de l'un et de l'autre. (LYONN., t. III, pp. 93-94.)

D'autre part les Etats Généraux lui avaient demandé que « pour le bien de son peuple et pays, il luy plust déclarer que cet estat (la Lorraine) aurait pour ses successeurs son plus proche héritier de naissance et de parenté ».

Le traité de mariage fut conclu le 18 mai 1621. Vaudémont, informé qu'on allait insérer dans le contrat un article qui dérogeait à la masculinité de la Lorraine, protesta la veille entre les mains de Porcelet de Maillane, évêque de Toul, et de Jean Midot, notaire apostolique. Le 22 mai, on procéda à la fois à la rédaction du contrat de mariage de Charles et de Nicole, et à celui du baron d'Ancerviller avec Henriette de Vaudémont, dont on avait vaincu difficilement

---

(1) Dans la suite, Henri II s'assura par de fortes sommes le bon vouloir, et, au besoin, l'appui des favoris du jour (à la cour de France). Le mauvais gouvernement de Marie de Médicis était pour la Lorraine un gage de sécurité. (SAINT-MAURIS, p. 71.)

les répugnances. Le lendemain eut lieu la cérémonie religieuse pour les deux couples, quatre ans après l'assassinat commis sur Lutzelbourg.

L'allégresse générale en Lorraine, à l'annonce de ce double mariage, ne fut pas partagée par Henri et quelques-uns de ses plus intimes conseillers. Tous connaissaient le caractère des Vaudémont et conçurent pour l'avenir de sombres appréhensions. Aussi le Duc obligea-t-il les officiers de sa cour et de ses troupes, les gouverneurs des places fortes et les magistrats, à prêter entre ses mains le serment solennel de ne reconnaître jamais Charles pour souverain qu'en qualité de mari de la duchesse.

Ce prince, dans les dernières années de sa vie, eut, dit-on, le projet d'entrer dans un monastère et d'abandonner le gouvernement à son gendre ; mais la mort le prévint.

Dans son testament, il recommanda « à sa Fille, sa très-chère héritière, d'aymer son mari, de le servir et honorer..., mais de ne pas oublier qu'elle estoit duchesse, que tout le bien venoit d'elle ; et qu'elle ne se fasse point gourmander, et que toutes choses se fassent premièrement pour elle ou conjointement ensemble, elle étant son héritière de tous ses biens... Il léguait à chacune des églises de Nancy et aux religieuses Clarisses de Pont-à-Mousson et de Neufchâteau une somme de deux mille francs barrois ; ...cent mille francs à l'abbé de Gorze (son frère naturel) ; pareille somme à l'abbé de Saint-Mihiel, fils naturel légitimé (1) qu'il avait eu de

---

(1) A l'exemple de Henri IV, le Béarnais, Henri II, tout en vivant avec la duchesse, sa femme, légitima sans sourciller ses bâtards. C'est ce qui eut lieu, le 10 janvier 1605, pour son fils naturel Henri, qui fût abbé de Bouzonville, de Saint-Pierremont et de Saint-Mihiel. Pareils avantages pour le chevalier de Lorraine auquel, afin qu'il restât chevalier de Malte, il donna une pension de vingt mille francs ; le troisième fils qu'il eut d'une dame Mathurine, femme de Louis Fleury, reçut, en 1604, suivant un compte du receveur général, « deux cent quinze escus de vestement et escolage d'un petit guarçon... que ladite Mathurine at de mondict seigneur, et quinze escus.... » (1606, selon DIGOT, p. 49, note).

Sara Verousier, veuve d'un de ses gardes ; deux cents francs barrois de pension à cette maitresse ; cinquante mille francs au chevalier de Lorraine, son second fils naturel, né de mère inconnue ; trois cent mille francs au prince de Phalsbourg (pour garantie de ce dernier legs il engageait à son favori les revenus du comté de Bitche) ; deux cent mille écus à Henry de Lorraine, marquis de Mouy, « pour la complaisance qu'il a eue d'attendre à se marier pour faire plaisir au Duc ».

Ces legs, entre autres, portant des sommes énormes pour l'époque et joints aux libéralités infinies que ce prince exerça pendant seize années de règne, épuisèrent les finances ducales à un tel point, que le déficit n'était pas encore comblé un siècle plus tard. On comprend que les particuliers, objets de ces prodigalités, appelées par Henri « le péché originel de sa maison », aient gratifié le souverain du titre de *bon* ; mais son frère François était dans le vrai quand il blâmait hautement une profusion qui ne tendait à rien moins qu'à la ruine de l'État. Hâtons-nous d'ajouter que ce Caton de contrebande, une fois au pouvoir, s'empressa d'imiter,

(1) Un des premiers soins de ce *mignon*, en prenant possession de de la ville si généreusement octroyée par Henri (1621), fut de rechercher les moyens d'expulser les malheureux religionnaires, entreprise difficile dans une localité qui n'était peuplée que de Réformés. Prévoyant que le zèle des prêtres serait insufisant, d'Ancerviller résolut, du consentement de sa femme Henriette de Lorraine-Vaudémont, au commencement de l'année 1626, d'établir dans sa nouvelle propriété, un couvent de Capucins. Ceux-ci travaillèrent avec ardeur à leur mission ; mais ils trouvèrent dans leurs adversaires une résistance presqu'invincible et mirent un acharnement incroyable pour réaliser leur dessein. Le prince, informé de la situation, enjoignit au gouverneur de la ville de soutenir les moines de tout son pouvoir, et, en même temps, il fit défendre aux Réformés de les molester, sous peine de punition corporelle. Les habitants, las de lutter contre un maitre qui ne cherchait que les occasions de les punir, abandonnèrent presque tous la ville et se refugièrent définitivement à Bischwiller, en Alsace, où déjà beaucoup de leurs compatriotes s'étaient rendus et y avaient établi un pasteur français et un maitre d'école de la même langue, dès 1618. (A. BENOIT. *A. L.*, an. 1868, p. 87.)

sinon de surpasser, la conduite de son frère. Non moins prodigue que Henri II, sa femme, Marie de Gonzague, fit dire, dans la seule ville de Nancy, *vingt-cinq mille messes* pour le repos de l'âme de son époux. (*A. L.*, t. I, p. 222.)

Cette princesse, trois ans avant sa mort, en 1629, prit l'habit du tiers-ordre de Saint-Dominique.

Législation et Agriculture. — Henri II rendit un grand nombre d'ordonnances sur les sujets les plus divers. Citons-en quelques-unes : — 1609, édit renouvelant ceux de son père (1586, 1603) prohibant les duels (1); — 1612, ordonnance pour restreindre les colombiers et volliers ; — 1610, remise en vigueur de l'ordonnance de 1436, pour « contenir les hostelains, taverniers en leur debvoir, d'user des vins crûs en ses pays, qu'il a plu à la bonté de Dieu donner pour ladite année 1610, en notable quantité et bonté (2) et n'abus des (vins) étrangers qu'ils achètent à prix excessif et démesuré, pour servir aux appétits désordonnés de ceux qui les recherchent au préjudice de leurs facultés et moyens et de leurs familles... » Cependant Henri excepta de la règle « les vins d'Espagne et musquats qu'il n'entend n'estre comprins en ladicte ordonnance » (Dig., t. V, p. 13); il se contenta de défendre « à toutes personnes autres que gens ecclésiastiques et de noblesse, d'en acheter et vendre, à peine de confiscation... »; — 1615, ordre de mettre la totalité des prairies en réserve et d'en partager le regain entre les propriétaires du fonds et les corps des communautés ; — édit prohibant la mendicité ; — 1616, défense aux officiers de gruerie d'accorder la permission de faire pâturer dans les forêts domaniales, et à toutes personnes et communautés d'y conduire leur bétail, à moins qu'elles n'y soient fondées en titre ou en *possession immé-*

---

(1) L'édit disposait que les coupables, s'ils étaient gentilshommes, seraient enfermés pendant six mois dans le donjon de Châtel-sur-Moselle, et, s'ils étaient roturiers, frappés d'une amende arbitraire pour la première fois, et condamnés à mort en cas de récidive.

(2) Sous Henri II, on taxa uniformément le vin à 3 gros (0,45 centimes) le pot (3 litres). (*A. L.*, 23e ann., p. 70.)

moriale ; — 1622, création de foires franches à Sarreguemines ; — *Id.*, autorisation aux familles nobles mais pauvres, à prendre à ferme des biens d'église et autres, pour les faire valoir, et à commercer *en gros, sans dérogeance* ; — *Id.*, défense de vendre plus cher les vins étrangers que ceux de pays (fort abondants et excellents en 1622), à l'exception toutefois de ceux d'Espagne et de muscat nécessaires aux malades. Henri II défendit aux cabaretiers de permettre aucun jeu ou brelan. Il déclara nul tout engagement contracté pour dépenses de bouche, et défendit de livrer à chacun « des vivres au-delà de ce qu'une personne peut raisonnablement consommer dans les vingt-quatre heures, sous peine de 50 francs d'amende » (1).

Religion. — On ne cite à l'actif de Henri II qu'un seul fait de tolérance religieuse. Dans un échange avec le comte de Nassau-Sarrebrük (2), il s'engagea à maintenir au village d'Uchtelfange le libre exercice des deux religions, catholique et protestante : concession extraordinaire de la part d'un souverain fanatique, qui crut bien servir le ciel en poursuivant de sa haine les religionnaires réfugiés ou établis dans ses États. Henri établit à Nancy les Capucins, les Jésuites (3),

(1) On porta l'amende pour les délits forestiers de 5 francs, établie par Jean II, à 25 francs pour le chêne, 10 francs pour le fruitier et le *faug* (hêtre, fagus), à 5 francs pour les autres espèces. Sciés, l'amende était de 50 francs pour le chêne, 30 francs pour le hêtre. Les insolvables encouraient, la première fois, un mois de prison au pain et à l'eau ; la deuxième, deux mois ; la troisième, le carcan et le bannissement pendant trois ans ; la quatrième, le fouet avec bannissement à perpétuité. Léopold, en 1721, renouvela ces dispositions. (DUMONT, pp. 202-203.)

(2) D'accord avec ce prince, Henri rendit la Sarre navigable depuis le village de Herbitzheim jusqu'à Sarrebrück.

(3) Le collège des Jésuites fut fondé à Nancy, le 10 mai 1612, moyennant 60.000 francs, « lequel (collège) serait d'un grand fruit, utilité et commodité, tant pour l'instruction de la jeunesse, en toute piété et doctrine, que pour le peuplement de la ville ». (LEPAGE, t. IV, pp. 108-109.) Dans ce dernier but, Henri accorda aux bourgeois de Nancy (*lettres patent., du 2 juin 1618*), le droit de pêcher en la rivière de la Meurthe, depuis Frouard jusqu'à Saint-Nicolas, avec treuilles,

les Minimes, les Bénédictins, les Carmes, les Dames du Saint-Sacrement, les Carmélites, les Tiercelins, les Religieuses de la congrégation de l'Annonciate, les Filles repenties, les supplots et lignes, et de vendre leurs pêches. — L'article biographique suivant concernant Jean Leurechon, par M. Gillet (A. L., an. 1865, pp. 101-107), indique à quel degré de puissance se trouvait alors déjà la Compagnie de Jésus.

Jean Leurechon n'avait qu'un enfant qui fut placé au collège des Jésuites de Pont-à-Mousson. A dix-huit ans, il pouvait écrire facilement en prose grecque et latine, il composait aussi des vers élégants dans ces deux langues ; mais il se distinguait surtout par ses connaissances en philosophie et en mathématiques.

Les Jésuites « grands veneurs de beaux esprits » concertent le plan de s'attacher ce brillant sujet et ils emploient tous les moyens pour atteindre leur but. « Ils le sollicitent et le subornent par tous les alléchements et artifices qu'il est possible d'imaginer, le font confrère de leurs mystères et congrégations les plus secrettes, et enfin le traversent en telle sorte qu'ils l'asservissent à eux, et lui font promettre de se rendre à leur Société. »

Averti de ces menées, le père retire son fils du collège et le conduit à Bar-le-Duc, où la mère résidait. Mais ces gens-là « qui ne desmordent jamais rien » ne sont pas disposés à abandonner leur proie. Les lettres et les messages se succèdent à son adresse. Le père Albéric, son régent de philosophie et son confesseur, a soin de lui rendre des visites assidues. Il a d'abord recours à la douceur, puis aux menaces et enfin aux malédictions, pour déterminer son élève à désobéir à la volonté de son père et de sa mère.

Ces manœuvres finissent par épouvanter l'enfant qui, lisant un jour une lettre pleine d'horribles malédictions, s'écrie, en levant les yeux au ciel et en se frappant la poitrine : « Bon Dieu, quelles nouvelles ! »

Enfin, après avoir gagné les serviteurs de la maison, on y introduit un nommé Roulin qui, malgré les cris et les larmes de la mère, l'arrache des bras de celle-ci et l'entraîne avec lui, d'abord dans le Luxembourg, puis dans les Pays-Bas, où on le couvre de l'habit de l'ordre.

Les parents firent intervenir Charles III ; Jean Leurechon est ramené à Nancy, mais on a soin de le renfermer dans l'une des maisons des Jésuites de cette ville et on le prépare à être reçu à la profession.

A Bar, où le délit a été commis on engage un procès. Mais « ceste nation (les Jésuites, bien entendu) a tant de crédit et d'authorité », qu'elle paralyse les ordonnances de la justice ; elle arrête leur exécution et intimide celui-là même qui les a rendues.

On ferme les portes du collège aux officiers chargés d'informer, on ne produit que des témoins qui ne peuvent ou ne veulent pas les éclairer ; nonobstant le *pareatis* du Parlement, le magistrat de Bar refuse de prendre aucune mesure corporelle contre les sieurs Albéric, Aubertin

pères de l'Oratoire ; — à Lunéville (où il fit bâtir l'ancien château), à Dieuze, à Vézelise, des Minimes; — à Saint-Nicolas-de-Port, des Bénédictins, etc. (1).

Le clergé lorrain le poussait vivement dans cette voie. Ainsi, aux États Généraux de 1614, il pria le Duc : 1º de renouveler les ordonnances de ses prédécesseurs contre le protestantisme ; 2º d'empêcher les gentilshommes et autres « qui, par tolérance estoient de contraire religion », de l'exercer publiquement ; 3º de veiller à ce que les ministres entretenus par ces individus ne se livrassent à aucun acte de prosélytisme ; 4º de ne permettre d'ouvrir *aucune école dont le régent ne serait pas approuvé par le curé* et par les officiers du prince ; 5º de ne plus autoriser les Lorrains à envoyer, par suite d'échange, leurs enfants en Allemagne, pour être élevés dans des familles hérétiques, et, 6º de ra-

et Roulin, mêlés à l'action du rapt; toutefois une sentence définitive ordonne la remise de l'enfant à la famille, dans le délai de six semaines, sous peine de dommages et intérêts dont la quotité n'est pas déterminée.

Jean Leurechon appelle de ce jugement illusoire au Parlement de Paris et demande, entre autres choses, qu'on ne reçoive cet enfant à aucune profession de vœu, à peine de nullité et de vingt mille livres de dommages et intérêts. » ... « La Cour fit un commandement exprès aux Jésuites, qu'elle manda, de rendre le fils de l'appelant; ce qu'ils promirent de faire, mais pourtant ils *n'en ont rien fait et le tiennent encore aujourd'huy malgré toute la justice et ses arrêts.* » (29 juillet 1611.)

(1) Chevrier (t. IV, pp. 280-81) dit au sujet de l'établissement de ces nombreuses congrégations : — Rien ne nuit plus à la société civile que cette foule de recluses dont la Lorraine est inondée ; victimes de l'avarice de leurs parents ou jouets des passions, elles vont cacher dans un cloître leur honneur ou leur honte ; inutiles à la patrie, qu'elles pourraient servir, elles causent la dépopulation dans un État et croient mériter singulièrement du ciel, parce qu'elles l'invoquent à minuit, dans une langue qui leur est inconnue ; ce que je dis des sociétés de filles, peut se rapporter à presque tous les ordres religieux. . A cette cause de dépopulation et d'appauvrissement, il faut joindre le nombre des fêtes chômées que déplorait le *savetier* de Lafontaine et qui inspirèrent le distique suivant :

Qui semper servat sanctorum singula festa
Discere nequaquam poterit codicem atque digesta.

fraîchir les anciens édits contre les blasphémateurs trop insolents.

A cette époque les ecclésiastiques, pour échapper aux rigueurs de l'ordonnance de Charles III, du 12 janvier 1583, prirent des femmes légères pour servantes. Une nouvelle ordonnance, du 9 septembre 1624, donna lieu à de nombreuses poursuites sur tous les points du pays. Dans un procès de cette nature, à La Mothe, la prévenue, Barbe Lamothe, est sans façon qualifiée de *chambrière et garce* de Messire Gaspard Poirot, curé de Saint-Thiébaut. Leur enfant fut mis en nourrice par ordre de justice, pendant le jugement de son appel au Parlement de Paris. (DUMONT.)

On ajouta aux rigueurs du pouvoir contre les religionnaires un enseignement ultra-orthodoxe. Le P. Fourrier créa une congrégation de religieuses chargées d'instruire la jeunesse. Ces femmes eurent vite une vogue immense, grâce au patronage du haut et du bas clergé. Saint-Nicolas-de-Port, en 1604 (1), Verdun, en 1609, Châlons-sur-Marne, en 1613, Bar en 1618, Mirecourt, en 1619, Epinal, en 1620, Dieuze et Soissons, en 1621, Metz, en 1623 (2), Vitry-le-France, en 1624, Châtel-sur-Moselle et Lunéville, en 1625, Sainte-Menehould, Luxembourg et La Mothe, en 1627, Longwy, Nomeny, Gorze, Remiremont, en 1628, etc., reçurent des membres de la congrégation.

Les miracles ne firent pas défaut. Selon frère Chappot (BEAUPRÉ, *Recherches sur l'imprimerie en Lorr.*, pp. 342-

---

(1) A cette époque, il y avait dans cette ville dix-huit drapiers, huit lingiers, un vendeur de clous, dix cordonniers, dix-sept savetiers, un coutelier, dix-sept boulangers, trois chaussetiers, cinq fromagiers, six chapeliers, un saunier, quatre bonnetiers, deux merciers, un vendeur de cuir, trois cordiers, trois quincailliers, cinq huiliers, quatre épingliers. (M. JOLAIN, p. 301.)

(2) C'était la première institution de ce genre qu'on vit dans le pays messin. Déjà au XVIe siècle, les Protestants avaient eu à Metz une école pour les jeunes personnes; l'autorité ferma cette école, en 1622. Il en fut de même du collège des Réformés que dirigeaient des maîtres d'une haute capacité.

343), saint François de Paule fit deux miracles en Lorraine, en donnant une descendance à Henri II et à François de Vaudémont. Il faut demander à frère Chappot, qui écrivit l'histoire du saint en 1621, comment le bienheureux « reput trois mille personnes avec une corbeille de pain et un bien petit pot de vin ; comment il satisfit, le matin avec une figue, et le soir avec un pain, la faim de trois cents ouvriers ; comment il fit cuire des fèves sans feu, et remit en vie un chevreuil dont on avait mangé la chair et jeté les os dans un four à chaux ; comment il guérit, avec trois pommes, Anne de Bretagne, fort malade et quasi réduite à la dernière extrémité, etc., etc. ; comme quoi Louis XI, qui avait bâti un couvent de Minimes à Tours, allait souvent dans la chambrette du saint, où.. se despouillant, il se fustigeoit lui-même avec de rudes disciplines... », etc.

Sorciers. — L'aberration mentale qui voyait des sorciers (1) partout continua à faire des victimes, témoin le supplice de Ch. Poirot, médecin à Remiremont. Voici le récit de cet acte odieux.

Une demoiselle Elisabeth de Ranfing, veuve de Dubois, prévôt d'Arches, fit vœu de chasteté. Un médecin de Remiremont, Ch. Poirot, devint éperdûment amoureux de la jeune veuve, et, pour obtenir sa main, mit en usage tous les moyens que sa passion lui inspira. Elisabeth résista ; mais

---

(1) La brutalité qu'on déployait contre les sorciers s'exerçait contre les accusés de toute catégorie. Dumont (*Commercy*, t. II, p. 39) cite le fait suivant : En 1608, une femme âgée, prévenue d'un mince délit, fut traduite devant la justice des prévôts de Commercy. Le 20 janvier, par un froid des plus rigoureux, ils la firent appliquer à la question et tirer avec tant de violence qu'elle eut la jambe rompue. Sans appeler de chirurgien pour la secourir, sans lui donner aucun soin, elle fut jetée dans un fond de fosse et traitée avec tant de rigueur qu'elle mourut après quelques heures d'horribles souffrances. On fut impitoyable pour certains coupables. Ainsi, en 1612, Henri Simon, de Barbonville, vit la justice faire défense à tous les habitants de l'employer, l'aider, lui donner à coucher et de demeurer parmi eux. En vain il se pourvut au Duc ; sa demande fut rejetée. (*Archiv. de Lorraine, Barbonville.* DUMONT.)

bientôt elle dit et fit des choses si extraordinaires qu'on crut qu'elle était possédée du démon. M. des Porcelets, évêque de Toul, consulta des médecins et des théologiens qui ne furent pas d'accord sur la nature du mal de demoiselle Ranfing. Elle fut néanmoins exorcisée, mais sans succès, et elle ne recouvra la raison qu'après avoir fait plusieurs pèlerinages. L'état de la jeune veuve fut attribué aux maléfices de son amant. Accusé de sorcellerie, le malheureux médecin fut jugé, condamné et brûlé à Nancy, le 2 avril 1622, avec une fille qu'on lui donnait pour complice. (*A. L.*, t. VIII, p. 143.) Le père Pithoys, minime champenois, se prononça ouvertement contre la possession d'Elisabeth, et, chose étrange, un médecin nommé Pichard, réfuta le Minime dans un écrit sur l'admirable vertu des saints exorcismes, sur les princes d'enfer, etc. La vérité, c'est qu'Elisabeth était en proie à une maladie nerveuse. (*Ibid.*, pp. 143-44.)

COMMERCE. — Par suite de l'accroissement de la population qui, de quatre cent mille âmes qu'elle comptait sous Antoine, était montée à huit cent mille sous Henri II, il se produisit un immense besoin d'échange de produits de toute nature. A Saint-Nicolas, vers la fin du règne de Henri II, on comptait 1955 ménages, c'est-à-dire plus de dix mille individus dont beaucoup de négociants, de changeurs, d'orfèvres. (DIGOT, t. V, p. 124.) Les Ducs, bien que fortement imbus d'idées protectionnistes, tentèrent d'encourager, de favoriser le commerce et l'industrie ; c'est ainsi que fut publiée, sous Henri II, l'ordonnance que nous avons citée sur l'exportation et l'importation des vins, et qu'on canalisa une partie de la Sarre.

Metz, réuni à la France, alla plus loin et créa, en 1611, un service de messageries avec Paris. Il était fait par deux piétons décorés du titre de messagers à l'ordinaire de Metz à Paris. (HUGUENIN, *Chron.*, p. 746) (1).

(1) Dès 1607, des lettres patentes du duc Charles III, avaient conféré à Jean Bourbonnais la charge de « carrossier ordinaire », et l'avaient

Antérieurement à cette date, le transport des paquets et des lettres à Paris se faisait au moyen d'exprès. La ville de Metz avait à ses gages un certain nombre de messagers assermentés, les uns à cheval, les autres à pied, qui portaient ses dépêches et servaient de guides aux corps de troupes et aux envoyés de la cité. Quelquefois aussi, ces messagers louaient leurs services aux particuliers assez riches pour les payer ; ainsi Perrette Baudoche et Jeannetto Minart, lorsqu'elles partirent pour Jérusalem, en 1520, avaient loué, pour les conduire, un messager nommé Nicolas. (*Ibid.*)

En 1636, on établit un messager à cheval ès villes de Metz, Toul et Verdun.

Bientôt le besoin de voitures publiques se fit sentir. Les premières, allant de Metz à Paris, datent de 1613. En 1619, 1624, il y avait un départ par semaine, le mardi. En 1619, quatre cochers faisaient ce service. On mettait quinze jours pour le trajet simple. En 1624, il n'y avait plus que trois cochers qui exécutaient en trois semaines l'aller et le retour.

SCIENCES. LETTRES. ARTS. — Les arts libéraux, filles de la paix, continuèrent à briller comme ils l'avaient fait sous le règne précédent. La plupart des hommes distingués du règne de Charles III, prêtèrent à celui de son fils l'éclat de leurs œuvres et de leur renommée. On en vit paraître d'autres que le panégyriste de Charles III, cité plus haut, avait déjà

autorisé à établir un service de carrosses pour Paris et autres villes. (LEP., *Annuaire*, an. 1856, p. 20.) A la mort de son père, Marie Bourbonnais obtint la permission de tenir les coches ordinaires de voitures, allant de Nancy à Paris, Metz et ailleurs. Après la mort de cette femme, son mari, Louis Urbain, obtint la confirmation du privilège à elle accordé par lettres patentes du 3 août 1625. Les chemins étaient dans un état déplorable. Ainsi, E. Briard (*Un voyage princier de Nancy à Paris, en 1623*) cite la note que voici : « Donné à ung chartier de Laxou qui aurait aidé à amener le bagage avec un char attelé de six chevaulx, depuis le milieu du bois de Hey jusque Nancy, d'aultant qu'iceluy bagage estoit arresté dans un vallon, duquel il ne pouvoit sortir à cause du mauvais chemin, vj fr... »

englobés dans sa galerie, tels que Claude Gelée, Callot, Abram, le ministre Paul Ferry, les médecins Samuel Duclos, François Foës, le jésuite Valladier, l'évêque Nicolas Coëffeteau, le père Typhaine, etc.

Mentionnons encore Jean Appier, Hauzelet de Haraucourt, Jean Barclai, né à Pont-à-Mousson, François de Bassompierre, maréchal de France, né à Haroué, Jean et Bernard Lhoste, père et fils, Dornet, Jean Leclerc.

Lorsque Jean Leclerc peignait le saint Sébastien qui est dans l'église de ce nom à Nancy, le duc Henri vint à l'atelier de cet artiste et trouva le frère de Leclerc dans l'attitude gênante du saint à reproduire. Le Duc émerveillé, le récompensa généreusement.

L'imprimerie était en plein essor. En 1625, il y eut jusqu'à onze imprimeries tant à Saint-Dié, Toul, Verdun, Saint-Mihiel et Épinal qu'à Nancy et à Pont-à-Mousson. Ces deux dernières villes en comptaient chacune trois. Et cependant le duc Henri, par une ordonnance du 8 octobre 1622, avait défendu d'imprimer aucun livre sans sa permission, sous peine de vie. (DUMONT) (1).

En 1618, on accorda à Jean Barthelemy, venu de Neufchâteau, la permission « d'enseigner (à Nancy) la jeunesse tant à bien lire, écrire, jeter, nombrer, orthographier, que chanter musique et décorer l'église, voire même l'usage de l'astrolabe (instrument d'astrologie), carré géométrique, et si besoin est, les principaux fondements de la grammaire ».

Ajoutons qu'en 1622 (docteur SIMONIN père) la dyssenterie a été en Lorraine si répandue et si meurtrière que Charles Lepois en a fait le sujet de ses méditations, et a publié sur elle un traité digne de la réputation de ce grand médecin.

(1) En 1612, on paya 600 francs pour quinze balles de papier fin. A cette époque, un Italien obtint du Duc le privilège exclusif, en Lorraine, de fabriquer des cordes de luth.

LISTE DES SOUVERAINS

(PRINCES, DUCS, ETC.)

QUI ONT ADMINISTRÉ LA LORRAINE

AVANT LA RÉVOLUTION FRANÇAISE

PRINCES CARLOVINGIENS (voir p. 189).
DUCS BÉNÉFICIAIRES (voir p. 213).

Ducs et duchesses de Lorraine.

De 1048 à 1070. — Gérard d'Alsace. — *Femme*: Hadvide de Namur.
1070 - 1115. — Thiéry Ier. — *Femme*: Gertrude de Flandres.
1115 - 1139. — Simon Ier. — *Femme*: Adelaïde de Querefort.
1139 - 1176. — Mathieu Ier. — *Femme*: Berthe de Souabe.
1176 - 1205. — Simon II. — *Femme*: Ide de Macon.
1205 - 1206. — Ferry Ier. — *Femme*: Ludomille de Pologne.
1206 - 1213. — Ferry II. — *Femme*: Agnès de Bar.
1213 - 1220. — Thiébaut Ier. — *Femme*: Gertrude de Dachsbourg.
1220 - 1251. — Mathieu II. — *Femme*: Catherine de Limbourg.
1251 - 1303. — Ferry III. — *Femme*: Marguerite de Navarre.
1303 - 1312. — Thiébaut II. — *Femme*: Isabelle de Rumigny.
1312 - 1328. — Ferry IV. — *Femme*: Isabelle d'Autriche.
1328 - 1346. — Raoul. — *Femmes*: Aliénor de Bar, — Marie de Blois.
1346 - 1390. — Jean Ier. — *Femme*: Sophie de Virtemberg.
1390 - 1431. — Charles II. — *Femme*: Marguerite de Bavière.
1431 - 1453. — René Ier d'Anjou. — *Femmes*: Isabelle de Lorraine, — Jeanne de Laval.
1453 - 1470. — Jean II. — *Femme*: Marie de Bourbon.
1470 - 1473. — Nicolas.
1473 - 1508. — René II. — *Femmes*: Jeanne d'Harcourt, – Philippe de Gueldres.
1508 - 1544. — Antoine. — *Femme*: Renée de Bourbon.

De 1544-1545. — **François Ier**. — *Femme :* Christine de Danemark.
1545-1608. — **Charles III**. — *Femme :* Claude de France.
1608-1624. — **Henri II**. — *Femmes :* Catherine de Bourbon, — Marguerite de Gonzague.
1624-1675. — **Charles IV**. — *Femmes :* Nicole de Lorraine, — Béatrice de Cusances, — Marie-Louise d'Apremont.
1625. — **François II**, pendant cinq jours. — *Femme :* Christine de Salm.
1634. — **Nicolas François**, temporairement. — *Femme :* Claude de Lorraine.
1675. — **Charles V** (règne purement nominal). — *Femme :* Eléonore-Marie d'Autriche.
1698-1729. — **Léopold Ier**. — *Femme :* Elisabeth-Charlotte d'Orléans.
1729-1737. — **François III**. — *Femme :* Marie-Thérèse d'Autriche.
1737-1766. — **Stanislas Leczinski**. — *Femme :* Catherine Opalinska.

Réunion à la France.

1766. — **Louis XV**. — *Femme :* Marie Leckzinska.
1774-1790. — **Louis XVI** — *Femme :* Marie Antoinette d'Autriche.

Division de la Lorraine en quatre départements (MEURTHE, MEUSE, MOSELLE, VOSGES). Elle perd son existence autonome.

Pour les ducs de Bar et les comtes de Vaudémont (voir pp. 270-274).

TABLE DES MATIÈRES

DE LA DEUXIÈME PARTIE

La Lorraine autonome, ducale, féodale et parlementaire

	PAGES.
Considérations préliminaires	263
Duché et ducs de Bar...................................	270
Comté et comtes de Vaudémont	274
Metz (notice historique)................................	275
Toul (notice historique)	279
Verdun (notice historique).............................	283
Les Trois-Évêchés	283
Histoire des Juifs.....................................	287

CINQUIÈME SECTION — DUCS HÉRÉDITAIRES

Première Période. — Temps antérieurs à l'affranchissement des Communes

Chapitre VII. — De 1048 à 1070. Gérard d'Alsace 291

Sommaire. — Investiture du duché. — Lutte contre Frédéric-le-Barbu et les nobles. — Prise du château de Vicherey. — Gérard favorise les abbayes. — Lois promulguées sous Gérard.

Notes. — La Maison d'Alsache d'Alsace en Lorraine. — Le Saintois. — Garde des abbayes. — Ban de vendange aux Toulois par le pape Léon IX. — Principales abbayes fondées aux XI° et XII° siècles. — Chamousey. — Saint-Nicolas. — Autrey. — Habitants d'Amance. — Excommunication des habitants de Varangéville.

De 1070 à 1115. Thierry Ier 296

Sommaire. — Sacerdoce et Empire. — Lutte intestine suscitée par Gérard de Vaudémont. — Brigandages des nobles. — Alliance avec Henri IV. — Guerre avec l'évêque de Metz. — Thierry protège les abbayes. — Un jugement des Assises. — Querelle des Investitures étrangère à la France. — Législation. — Première Croisade. — Persécution contre les Juifs.

Metz. — Administration intérieure. — Grand tonneu. — Famine de 1176. — Commerce. — Industrie.
Toul. — Lutte des évêques contre les comtes. — Udon. — Pibon. — Liberté à Toul. — Institutions.
Verdun. — Lutte de l'évêque Thierry contre les Godefroy (le Barbu et Bouillon). — Triomphe sur plusieurs seigneurs. — Richer de Metz. — Thierry de Bar. — Richard de Grandprey. — Henri de Vinton. — Adalbéron et Renaud de Bar.
Arts et sciences. — Architecture. — Monuments.

Notes. — Testament de Gérard d'Alsace. — Tutelle des duchesses. — Coutume de Vaudémont. — Sa population. — Senones incendié et ravagé. — Idées révolutionnaires du pape Grégoire VII. — Excommunication. — Plaids. — Combats judiciaires. Pibon et la simonie. — L'investiture. — Les évêques lorrains pendant la querelle des Investitures. — Domaines de la comtesse Mathilde, en Lorraine. — Intérieur des châteaux au moyen âge. — Ventes de Godefroy de Bouillon pour les Croisades. — Les Communes primitives. — Prise de possession d'un domaine. — Écoles à Toul. — Sigebert de Gemblours.

De 1115 à 1139. Simon Ier 314

SOMMAIRE. — Victoires de Makeren et de Château-Jules. — Défaite de Frouard. — Simon chassé de l'Église. — Campagne en Italie. — La duchesse Adelaïde. — Fondations d'abbayes. — Législation. — Duché de Bar. — Verdun.

Notes. — Nancy capitale du duché. — Démêlés de Simon avec les chanoines de Saint-Dié. — Contremand. — Saint Bernard. — Tribunaux ecclésiastiques. — Service militaire. — Lettre du pape Pascal aux Verdunois.

De 1139 à 1176. Mathieu Ier 323

SOMMAIRE. — Guerre contre divers. — Renaud Ier, comte de Bar. — Mathieu excommunié. — Deuxième croisade. — Famine en 1251. — Guerre civile à Verdun. — L'évêque se venge odieusement. — Renaud II de Bar contre les Messins. — Le duc Mathieu excommunié de nouveau. — Expéditions de Mathieu. — Lettre de l'empereur Barberousse. — Cottereaux. — Nancy, résidence du duc. — Gresille Allain. — Fondation de l'abbaye de Clairlieu. — Prévôts. — Règlements pour avoués. — Législation. — *Metz.* — *Toul.* — *Verdun.* — Templiers.

Notes. — *Print.* — Lettre de saint Bernard. — Préambule de l'acte de fondation de Clairlieu. — Baillis. — Prévôts. — Leurs attributions. — Curieuses stipulations pour une dîme. — Injures de l'époque. — Famine de 1162. — Sierk. — Lutte politique à Verdun. — Richesses des Templiers. — Hospitaliers.

De 1176 à 1205. Simon II 337

SOMMAIRE. — Régence repoussée par la noblesse. — Lutte de Simon contre son frère. — Guerre contre les chanoines de Toul. — Guerre au profit de l'évêque de Verdun. — Expédition contre les Messins. — Gands Notre-Dame. — Réglementations diverses. — Abdication en faveur de Ferry. — Retraite à Sturtzelbronn. — Bailliages. — Chevaliers errants. — Troisième croisade. — Croisés lorrains. — Seigneurs, maîtres absolus dans leurs domaines. — Législation.

TROIS-ÉVÊCHÉS. — *Metz.* — Constitution de Bertram. — *Toul.* — Suprématie des Évêques. — *Verdun.* — Luttes intestines. — Assassinat de l'évêque Hirgis.

Lettres. — *Sciences.* — *Arts.* — Écoles de Toul. — Gorze. — Traduction des livres saints. — Vaudois. — Progrès dans la classe bourgeoise. — Metz, française de langue et de tendance. — Le français, la langue officielle des ducs de Lorraine. — Arts peu cultivés.

Notes. — Pierre Brixey exploite Simon II. — Le trouvère Enguerrand. — Donations de la Régente à Sainte-Marie. — Même don de Henri Ier, comte de Bar. — Don d'un Lenoncourt à l'abbaye de Beaupré. — Proposition d'expulsion d'Allemands. — Nombreuses excommunications. — Famine de 1196. — Loups-garous. — Coût d'un corps de troupe. — Cottereaux. — Serfs avec les révoltés. — Lois somptuaires du duc Simon. — Juifs commerçants. — Amende honorable à Saint-Dié. — Philippe de Flandres. — Création des bailliages. — Adalberon de Metz, à Antioche. — Classes de citoyens à Metz. — L'évêque Bertram chassé de Metz. — Chartes de l'empereur Henri VI à Verdun. — Relations des Trois-Évêchés avec la France. — Historiens de l'époque. — Livres de théologie défendus aux laïques. — Lutte des Vaudois. — Leurs doctrines. — Leur supplice.

De 1205 à 1206. Ferry Ier.............. 354

De 1206 à 1213. Ferry II.................. 355

SOMMAIRE. — Guerre malheureuse avec Thiébaut, comte de Bar. — Expédition en Alsace au profit de l'empereur Frédéric. — Rosheim. — Entrevue des roi de France et empereur d'Allemagne. — Lois et règlements.

De 1213 à 1220. Thiébaut Ier 358

SOMMAIRE. — Gertrude de Dachsbourg. — Rosheim. — Défaite des Lorrains. — Ravages en Alsace. — Défaite du duc, à Bouvines. — Seconde attaque de Rosheim. — Frédéric II assiège Amance. — Thiébaut, prisonnier en Allemagne, souscrit des traités onéreux. — Mariage de la veuve du Duc. — Lois et Règlements. — Hôpitaux. — Léproseries. — Bordes.

Metz. — Paraiges. — *Toul.* — Histoire scandaleuse de l'évêque Mathieu.

Notes. — Texte de l'hommage pour Foug. — Sac de Nancy. — Usurpations diverses. — Tentative de destitution du duc prisonnier. — Cambyris d'Ourches. — Version sur l'empoisonnement du duc. — Captation faite par des Templiers. — Attributions du comte de Metz. — Messe pour les lépreux. — Bordes, sentine de vices. — Mœurs du clergé à cette époque. — Législation pour refréner la cupidité du clergé messin.

De 1220 à 1251. Mathieu II 371

SOMMAIRE. — Mathieu bat les seigneurs révoltés. — Alliance avec le comte de Champagne. — Guerre contre le comte de Bar et l'évêque de Metz. — *Metz.* — Mathieu battu par l'évêque de Metz. — Rescrit de Worms (1231) contre les villes libres. — Troubles à *Toul* et à *Verdun.* — Longue lutte des bourgeois contre les évêques. — Lorrains partis pour la nouvelle croisade. — Leurs exploits. — Croisade contre les Albigeois. — Lutte de Mathieu II contre l'empereur Frédéric II. — Le duc arrondit ses domaines. — L'évêque de Strasbourg et le comte de Dabo repoussés. — Lois promulguées. — Trait de justice. — Tabelliors. — Hôpital de Lunéville. — Température désastreuse en 1258-59.

État social au XIIIe siècle (première moitié). — Clergé à l'apogée de sa puissance. — Dîme. — *Monastères.* — Acte de fondation de Beaupré, Clairlieu (reliques), La Chalade, Évaux. — Don de serfs par le pape Léon IX. — Autres dons de serfs. — Les

SEIGNEURS FÉODAUX. — *Assises.* — Hauts Hommes. — *Grands chevaux.* — Seigneurs de Parroye. — Chevalerie. — Tribunal des Assises. — Son fonctionnement. — Son utilité pour l'*heur* de la Lorraine. — *Grands Jours.* — BOURGEOIS. — Leur richesse. — SERFS. — Droits tyranniques du clergé. — Serfs vendus, gagés, razziés. — Sous-voué de Chauvency. — *Affranchissements.* — Loi de Beaumont. — Ses effets. — Maires. — Échevins. — Plaids. — Main morte conservée par les chanoines de Toul. — *Agriculture.* — Droits féodaux, fours, moulins banaux. — Culture de la vigne. — Don de vignes.

Notes. — Régence revendiquée. — Action de la comtesse Blanche de Champagne pour les affranchissements. — État social avant l'introduction de la loi de Beaumont. — Manœuvre odieuse des ducs lors d'une invasion. — Mathieu abandonné par sa cavalerie. — Dévouement de Frisson. — Soldoyeurs à Metz. — Catherine Dupont. — Sibille de Marsal et l'évêque Jacques de Metz. — Le sire de Réchicourt. — Larme de Jésus-Christ. — Duels barbares. — Tabellions en Lorraine. — Règlement pour les ouvriers mineurs. — Vignes dans les Vosges. — Élection des évêques enlevée au peuple. — Nobles faisant travailler les serfs les jours fériés. — On s'enrichit en prêchant la pauvreté. — Excommunication inefficace. — Abbayes en Lorraine. — Richesses de Clairlieu. — Don, legs pour rendre les moines joyeux. — Corvées dues à l'abbaye d'Évaux — Destination des cadets nobles à la cléricature. — L'abbaye de Senones souveraine. — Dons de serfs aux abbayes. — Don de terre aux monastères. — Noblesse militaire, la seule authentique. — Domesticité monarchique. — Grands et petits chevaux de Lorraine. — Les sujets des sires de Parroye. — Le ventre anoblit. — Maisons fortes. — Assises. — Seigneurs plaidant aux Assises. — Anoblissements. — Titres de barons, comtes ou marquis. — Anoblis et Chevaliers. — Vers curieux à leur sujet. — Formule générale des anoblissements. — Richesses de l'Église. — Forfuyances. — Diverses catégories et appellations des serfs. — Dons de serfs. — Diverses espèces de serfs. — Serfs de la crosse. — Punition des serfs et autres. — Affranchissements avant les croisades. — Loi de Beaumont jugée. — Prévôts. — Main-morte. — Vaine pâture. — Domitien et les vignes.

SIXIÈME SECTION

DEUXIÈME PÉRIODE. — **Depuis l'affranchissement des Communes jusqu'à l'avènement de la Maison d'Anjou.**

CHAPITRE VIII. — **De 1251 à 1303. Ferry III**.................. 416

SOMMAIRE. — Régence conférée par les Assises à Catherine de Limbourg. — Accord avec les ducs de Bar et de Luxembourg. — Lutte contre Toul qui achète la protection ducale. — Mariage avec Marguerite de Navarre. — Affranchissement de Neufchâteau. — Affranchissements. — Assises. — Guerre avec l'évêque de Metz et le comte de Bar. — La Lorraine frappée d'interdit par le pape. — Guerres et paix avec Metz et le duc de Bar. — Défaite et emprisonnement de ce dernier par la France. — Traité onéreux. — Hommage pour le *Barrois mouvant* imposé. — Entrevue du roi de France avec l'empereur d'Allemagne. — Querelle entre Philippe-le-Bel et le pape Boniface VIII. — Plombières. — Droit de battre monnaie. — Règlements et lois.
Metz. — Luttes intestines.
Toul. — Établissement d'un maître-échevin. — Lutte de l'évêque contre les bourgeois et les nobles. — Achat par l'évêque de l'office de Comte. — Guerre de quatre ans. — Qui-qu'en-Grogne. — Bourgeois domptés, et révoltés de nouveau.
Verdun. — La vicomté reprise par les bourgeois. — L'évêque Jean de Réchicourt amène la concorde.

État social au XIII° siècle (2° moitié). — LOI DE BEAUMONT. — Divers articles. — Elle est adoptée avec certaines modifications. — Avantages généraux qu'elle procure. — Elle modifie surtout la justice.

Lettres. — Sciences. — Arts. Progrès. — École de Salerne. — Écoles des monastères et des cathédrales assez florissantes. — Noms de quelques célébrités. — Foires et marchés. — Prescriptions contre le luxe. — Maître d'école imposé. — Construction de divers châteaux et palais. — Juifs.

Notes. — Ferry II en Espagne. — Hommage pour quelques fiefs à l'empereur d'Allemagne. — Affranchissements accordés. — Droit d'ost et de chevauchée. — Obligation des vassaux. — Déclamations contre les Communes. — Charte de Mirecourt. — Saint Louis. — Pourquoi il est patron des perruquiers. — Emprisonnement du duc dans la tour de Maxéville. — Rançon de de Choiseul payée par le duc. — Ferry III et l'abbesse de Remiremont. — Mirecourt cédé au duc. — Longwy vendu par lui. — Barrois *mouvant* et *non-mouvant*. — Prévôts dans le Barrois. — Leurs attributions. — Droit de battre monnaie concédé. — Obligation du vassal de marcher avec son seigneur pour *faire butin*. — Gérardmer. — Legs réparateur de Ferry III. — Polygames. — Messins obligés de se retirer dans leurs paraiges. — Défense à Metz de faire des legs aux religieux. — Miracle dit de la Vierge au pied d'argent à Toul. — Le pape Urbain V. — Chevrier, Digot, Dumont et Munier-Jolain (opinion) sur la loi de Beaumont. — Droit de pêche pour les femmes *en gésine*. — Organisation diverse des mairies. — Mise en *Assise*. — Jugement de Beccaria. — Chartes d'affranchissement de Charmes, Pont-à-Mousson, Étain, Cons-la-Grandville. — Obligation de Laxou, Montureux, Girancourt, Giraumont de battre l'eau des marais, pour le repos du seigneur. — Servitude de Prény et de Bruyères. — Justice (haute, moyenne, basse). — Fils naturel voué aux autels. — Opérations chirurgicales défendues aux clercs. — Péages. — Dérèglement du clergé. — Lombards.

De 1303 à 1312. Thiébaut II.............. 445

SOMMAIRE. — Vasselage envers la France pour Neufchâteau. — Cruelle répression exercée sur les bourgeois. — Le duc combat pour la France. — Lutte contre le duc de Vaudémont. — Loi salique applicable en Lorraine. — Guerre avec l'évêque de Metz. — Suppression des Templiers. — Tailles payables en argent. — Lois promulguées sous ce règne. — Précautions des Messins contre les captations du clergé. — L'évêque de Metz bat les bourgeois de Toul. — L'évêque de Verdun permet aux bourgeois d'élire certains fonctionnaires.

Notes. — Thiébaut, simple prétendant, se place sous le protectorat de la France. — Neufchâteau le qualifie (à tort) de faux-monnayeur. — Procès du duc contre Neufchâteau perdu par lui contre le Parlement. — Trait curieux concernant Thiébaut. — Réunion des États à Colombey. — Commanderie de Bellieuvre saccagée. — Templiers supprimés à Metz.

De 1312 à 1328 Ferry IV..... 453

SOMMAIRE. — Victoire sur les comtes de Dabo et de Réchicourt. — Famine affreuse pendant trois années. — Guerre lamentable au sujet de la succession à l'empire d'Allemagne. — Persécutions contre les Juifs et les Lépreux. — Ferry, vaincu en Allemagne, est fait prisonnier. Le roi de France obtient sa liberté.

Metz. — Guerre inique contre cette ville. — *Toul*, id. — Ferry blessé à Cassel pour la France. — *Verdun*. — L'évêque rachète la vicomté cédée autrefois aux bourgeois. — *Lois promulguées*. — Bel édit pour protéger l'agriculture. — Affranchissements dans les campagnes. — Droit de pâturage et de prise de bois, réglé.

Notes. — Misères en 1315, 1316 et 1317. — Mortalité énorme. — Damoiseaux de Commercy. — Israélites (suite de leur histoire). — Juifs à Nancy. — Accusation inique contre les Juifs et les lépreux. — Guerre contre Metz. — Ravages épouvantables. — Les Messins font usage du canon. — Armées peu nombreuses. — Mutilation de l'abbé de Saint-Èpvre. — Le bâtard Aubert excommunié par l'abbé de Saint-Dié. — Excommunication.

De 1328 à 1346. Raoul.................... 465

SOMMAIRE. — Isabelle d'Autriche, régente, par l'assentiment des Etats (Assises). — Guerre contre Bar. — Toul contraint à payer cent livres annuellement. — Nouvelle guerre contre le duc de Bar. — La Dame de Vendières. — Raoul en Espagne et en Bretagne. — Sa mort à Crécy. — Son testament. — Son épitaphe à Beaupré. — Fondation de la Collégiale Saint-Georges. — Création des corporations de marchands. — Confréries. — Jean de Maron.
Lois et Règlements promulgués sous ce règne.
Trois-Évêchés. — *Metz.* — Révolte des bourgeois contre l'évêque. — Il rentre à Metz le jour des Palmes (Rameaux). — *Toul.* — Trois révoltes des bourgeois contre leurs évêques. — *Verdun.* — Insurrection provoquée par les brutalités d'un clerc. — Excommunication. — La ville de Verdun prise et domptée. — Nouveaux mouvements en 1336. — Trois compétiteurs se disputent le droit d'exploiter le peuple.
Notes. — Liverdun fortifié. — La Vendière à Saulrupt. — Prise de son château. — Trois lettres d'Alix à Raoul. — Alix circonvient les ouvriers de Mirecourt. — L'évêque de Metz protège des brigands. — Amelincourt. — Epitaphe de Raoul. — Dons de Raoul à la Collégiale. — Formalités de la prise de possession du duché. — Prérogatives de Saint-Georges. — Don d'un mainmortable. — Reliques appartenant à la Collégiale. — L'umbillique. — Salines. — Gruyer. — Ouvriers en bois. — Mouches à miel. - Évêque par la grâce de Dieu. — Toul demande la protection de la France. — Règlement de police de cette ville. — Confrérie. — Sa signification. — Roi des Merciers.

De 1346 à 1390. Jean Ier.................... 481

SOMMAIRE. — Tutelle de Marie de Blois, puis du comte de Wurtemberg. — La chevalerie consolide ses droits. — Peste noire. — Flagellants. — Yolande régente de Bar. — Jean à la bataille de Poitiers. — L'empereur Charles IV à Metz. — Troubles en Lorraine. — Révolte des paysans à Thionville et à Metz. — Insurrections à Pont-à-Mousson. — Jean fait prisonnier à Auray (Bretagne). — Il guerroye en Lithuanie, puis en Champagne. — Ravages en Lorraine par le comte de Vaudémont. — Bataille de Saint-Blin. — Routiers. — L'archiprêtre en Lorraine, puis en Alsace. — Jean bat les Routiers près de Saint-Nicolas et à Thionville. — Guerre du duc de Bar contre Metz. — Jean est fait prisonnier. — Guerre des Lorrains contre les Messins. — Joie de Marsal. — Bretons à la solde des Messins. — Cruels ravages. — Guerre interminable. — Paix. — Départ des Routiers. — Danse de Saint-Guy. — Retour des Routiers qui rançonnent l'évêque et les bourgeois de Metz. — Ordre de chevalerie institué. — Vaudois exécutés. — Cruelle et inique persécution contre Neufchâteau. — Jean combat à Rosbach. — Premiers anoblissements. — Préservation des forêts.
Lois promulguées.
TROIS ÉVÊCHÉS. — *Metz.* — Lutte des bourgeois contre l'évêque. — Lettre de celui-ci au pape. — Thierry de Boppart vend l'absolution aux Treize excommuniés. — Grand schisme. — Pierre de Luxembourg. — Guerre inique faite par de Saint-Pol. — Après une première paix, il recommence les hostilités et est battu.
Toul. — Démêlés des bourgeois avec les évêques Jean de Heu et Jean de Neufchâtel.
Verdun. — L'évêque et les nobles font abolir par le pape les franchises autrefois accor-

dées. — Pierre de Bar ravage le Verdunois. — L'évêque traite avec les bourgeois qui récupèrent quelques libertés.
Industrie. — *Luxe* — Luxe des jeunes nobles, des clercs. — Réglementations. — Proscription de certaines superstitions. — Les villes, centres de l'industrie de luxe. — Horloge à Bar. — Metz, entrepôt d'un grand commerce. — Lombards. — Clergé. — Celui-ci conserve son empire. — Testament de Robert de Bar. — Inquisiteurs en Lorraine.
Peuple. — On étend les affranchissements pour encourager la population. — Comté de Vaudémont dépeuplé. — Avilissement des immeubles dans le Barrois.
Arts. — *Sciences* — Traduction de la Bible. — Écoles assez florissantes en Lorraine. — Professeurs payés en volumes. — Écrivains et savants lorrains. — Pierre Perrat, architecte.
Agriculture. — Réglementation pour les vignes à Metz.

Notes. — Texte du serment aux États. — Serment des Ducs en qualité de roués des Chapitres vosgiens. — Flagellants à Metz. — Misère dans le Barrois, causée par les compétitions princières. — Yolande de Flandres. — Trois régentes en Lorraine. — Bijoux engagés par elles aux Lombards. — Aide sur la prévôté de Gondrecourt. — L'empereur Charles IV à Metz. — (Cérémonies bizarres). — (Conjuration révélée). — Traîtres noyés. — Dons offerts par Metz aux divers empereurs. — Dons des Toulois à divers potentats. — Lombards. — Luxe des jeunes nobles. — Prières. — Misère générale. — Impositions diverses. — Peste. — Victoire de Saint-Blin. — Nobles au service de la République messine. — Refus de paiement aux villes libres des sommes empruntées par divers princes. — Aide pour le rachat du duc de Bar. — Feu éteint avec du vin. — Robert de Bar excommunié. — Danse de Saint-Guy. — Serfs renvoyés à la glèbe. — Turlupins. — Nobles ravageant des villages en payement des sommes dues. — Ducs iniques envers Neufchâteau. — Juifs expulsés de Metz. — Fière réponse du duc Jean au roi de France. — Juifs chassés de Metz et demandés par l'archevêque de Trèves. — Maladie pestilentielle — Tabellions, Jurés, Notaires. — Anoblissements contre écus. — Les Messins contre les Darnoises. — Usure. — Délits punis cruellement. — Sarrebourg amnistié moyennant finances. — Pierre de Luxembourg. — Venceslas, contre finances, confirme les franchises de Metz. — Corps de métiers abolis à Metz et à Verdun. — Étendue du domaine messin. — Peste à Metz. — Jalousie entre bourgeois et seigneurs de Toul. — Prétentions nobiliaires des bourgeois. — Chanoines baignés. — Charte de l'empereur Charles IV. — Serment imposé aux évêques de Toul. — L'évêque H. d'Apremont admet la loi de Beaumont. — Lombards florissants. — Règlements de Thomas Bourlemont pour les prêtres du diocèse. — Mouches à miel dans le Barrois. — Horloge. — Don du duché à son fils, par le duc de Bar. — Stipulations étranges pour un mariage projeté entre deux enfants des familles ducales. — Ventes annoncées à l'église. — Peuple pressuré. — Prix de certains objets ouvrés. — Esprit public des XIVe, XVe, XVIe, XVIIe et XVIIIe siècles. — Immunités des Templiers. — Charte pour Fontenoy. — Guetteurs dans les donjons. — Appauvrissement général dans le Barrois. — Écoles à Nancy. — Lettre curieuse de l'évêque Adhémar pour l'achèvement de la cathédrale de Metz. — Serment d'un maire à un bourgeois de Metz. — Règlement pour les drapiers d'Étain. — Récolte des vins dans le Barrois.

De 1390 à 1431. Charles II............. 526

SOMMAIRE. — Engouement de Charles II pour les ducs de Bourgogne. — Son expédition en Tunisie. — Son mariage. — Guerre heureuse contre les Bourguignons. — Hideuse répression contre Neufchâteau. — Charles condamné et amnistié à Paris. — Attaque des Strasbourgeois. — Rançon accordée. — Voyages du duc. — Amnistie. — Nicopolis. — Charles bat le roi de Prusse. — Deux candidats à l'Empire. — Guerre barbare du duc contre les Toulois. — Paix où les Citains sont rançonnés. — Neufchâteau se donne de nouveau au roi de France. — Charles bat ses ennemis à Champigneulles. — Assassinat du duc d'Orléans à Paris. — Nouvelle victoire de Charles sur ses adversaires. —

Alison Du May. — Désastre d'Azincourt. — Ligue des seigneurs lorrains pour le maintien de l'ordre. — Charles II nommé connétable par Isabeau de Bavière. — Mariage d'Isabelle, fille du duc, avec René I*er* d'Anjou. — Les États reconnaissent Isabelle comme duchesse. — Jeanne d'Arc à Nancy. — Charles II et la Du May. — Mort misérable de celle-ci.

Lois et Règlements. — Romaric Bertrand.

TROIS-ÉVÊCHÉS. — *Metz.* — L'évêque Raoul de Coucy vend aux Messins le droit de créer les Treize. — Révolte démocratique à Metz (Jacquerie). — Attaque de la Cité par le duc de Bar. — Guerre de la *hottée de pommes.* — Charles II traite avec Metz. — Révolte d'Épinal réprimée.

Toul. — Concordat de l'Évêque avec les bourgeois. — Ils sont autorisés par Sigismond à assister aux diètes. — Guerre dite des *Bâtards de prêtres.* — Capture du Damoiseau de Commercy par les Toulois.

Verdun. — Charles II harcèle la ville. — Administration pacifique du cardinal Louis de Bar. — Usages du temps.

Notes. — Il n'y a pas eu de Charles I*er* en Lorraine. — Guerres privées. — Pillage assuré par traité. — Cruautés et extorsions du duc à Neufchâteau. — Brigands détruits. — Charges imposées au peuple pour les folies des ducs, — rachat de prison, — mariage, — funérailles, etc. — Vivres consommés aux funérailles de Marie de France. — Mets étranges. — Causes du dévouement des Toulois à Wenceslas. — Rançon du Damoiseau. — Droit du plus fort exercé brutalement. — La Chevalerie et la loi salique. — Charles II amateur de musique. — Don à l'abbaye de Belchamp. — Haine de Charles II contre la France. — Thierriat et Jeanne d'Arc. — La *Chronique de Lorraine* sur la Pucelle. — Alison du May. — Bourgeois à Rosières. — Romaric Bertrand, sorcier. — Valéran III de Luxembourg. — Prudhommes, conjuration et rébellion à Metz. — Cause de la guerre pour une *hottée de pommes.* — Les Rodemachs, vrais bandits. — Le corps de saint Sigisbert à Nancy. — Organisation municipale des villes libres, à Toul surtout. — Vol et mauvais traitements exercés par des bandits sur des ambassadeurs allant au concile de Constance. — Aumônes affermées. — Article I*er* du traité au sujet des *Bâtards des prêtres.* — Le roi Charles VI constate les brigandages exercés sur les Verdunois.

SEPTIÈME SECTION.

TROISIÈME PÉRIODE. — **Depuis l'avènement des Maisons de Bar-Anjou et de Vaudémont jusqu'aux guerres de religion.**

CHAPITRE IX. — **De 1431 à 1473. René I*er* d'Anjou**............ 558

SOMMAIRE. — René I*er*. — Jugement sur lui, de Thierriat et de Hugo. — Dot apportée par René. — Le duc de Bar et le comte de Vaudémont lui disputent le Barrois et la Lorraine. — Confirmation des privilèges de la Noblesse. — Prétentions d'Antoine de Vaudémont repoussées par les États. — Désastre de Bulgnéville. — Captivité de René I*er*. — Ravages des Brigands. — Ils sont exterminés. — La Lorraine adjugée à René au concile de Constance. — Brigandages du Damoiseau de Commercy. — René en prison. — Sa femme va recueillir la couronne à Naples. — Les États votent les deniers pour la rançon du duc. — René échoue à Naples. — Nouvelle agression du comte de Vaudémont. — Il est battu. — Arrestation de l'évêque de Metz, administrateur de la Lorraine. — Nouveaux ravages par des aventuriers unis au Damoiseau. — On les contraint à la paix. — René aliène le domaine de l'État pour récompenser ses partisans, puis se rétracte. — Le Barrois ravagé par le Damoiseau. — Metz attaqué par divers.

Metz. — La cité attaquée par Charles VII et René II. — Metz se disculpe. — Curieux argument de son avocat. — Metz achète la paix à prix d'or. — Affreux ravages commis. — Fête des fous supprimée. — René cède la Lorraine à son fils Jean, mais garde le Barrois. — Il se retire à Angers et en Provence. — Ordre du Croissant. — Veuf, René épouse Jeanne, comtesse de Laval. — La d'Albertaz. — René, souverain généreux. — Sa mort.

Législation. — *Les Trois-Évêchés.* — *Metz.* — Union étroite de l'Évêque et des Bourgeois. — *Toul.* — Lutte des Bourgeois contre l'Évêque.

Verdun. — L'Évêque et l'archidiacre se disputent la même femme. — Juifs demandés par Verdun. — Industrie. — Commerce. — Agriculture. — Verriers.

Notes. — René jugé par Saint-Mauris. — Concessions faites aux États. — Le Damoiseau de Commercy à Bulgnéville. — Milices bourgeoises, id. — Lance, signification. — Vaudémont et la rançon. — Seigneurs, caution de René. — Le bandit Vauchelin de la Tour. — René en prison. — Inanité de ses titres. — Premières impositions générales en Lorraine. — Les Trois-Évêchés imposés pour la rançon. — Les ducs et les impositions. — Saint-Nicolas pillé. — Anarchie en guerres intestines. — Seigneurs perturbateurs. — Domaines cédés et repris par le Duc. — Églises fortifiées. — Frédéric III, en 1444, abandonne Metz. — Marguerite d'Anjou, femme de Charles d'Angleterre. — Sa dot. — Fête des fous abolie. — Maîtrise de René Iᵉʳ. — Curés bannis de Metz pour refus de contributions. — Instruments de musique de l'époque. — Statuts de l'ordre du Croissant. — La d'Albertaz. — René agriculteur. — Juif écorché. — Cybèle et Saturne à la fête de Dieu. — Moyen et le château de *Qui-qu'en-Grogne*. — Don de Metz à l'évêque, en 1461. — Noblesse obligatoire pour les chanoines de Toul. — Reine du Bordel. — Roi des Ribauds, des Jottiers. — René protecteur des chanoines de Toul. — L'archidiacre Huin et l'évêque d'Haraucourt rivaux pour la même femme. — Maximilien et les franchises municipales. — Martin Crochet.

De 1453 à 1470. Jean II 590

SOMMAIRE. — Ce règne, quant au duc, se passe à l'étranger. — Expédition de Florence. — Tournoi à Nancy. — Ambassade hongroise de passage à Nancy. — Jean en Italie. — Nicolas, son fils, régent. — Jean et la Ligue du Bien-Public. — Il s'en détache après Montlhéry. — On le dispense de divers hommages. — Épinal au maréchal de Bourgogne, puis au duc de Lorraine. — Sarrebourg se donne au duc. — Nouvelle répression cruelle contre Neufchâteau. — Le prince Nicolas fiancé à Anne de Beaujeu. — Jean meurt en Catalogne. — Les États à Pont-à-Mousson. — Enfants naturels de Jean. — Législation.

Trois-Évêchés. — Guerre avec les Barisiens. — Metz rançonné. — Peste affreuse à deux reprises. — Chanoines bannis. — Antoine de Neufchâteau, évêque de Toul a douze ans. — Les Bourguignons en Lorraine. — Les chanoines élisent un rival. — L'évêque de Verdun Guillaume d'Haraucourt à la Bastille. — La cage de fer. — Industrie. — Commerce.

Notes. — Conditions dans un tournoi. — Emprunts de Jean II. — Pèlerinage bizarre. — Cérémonies aux funérailles de Jean. — Haine des Messins contre les chanoines. — Conduite peu édifiante des ecclésiastiques toulois envers le pauvre peuple.

De 1470 à 1473. Nicolas 600

SOMMAIRE. — Nicolas d'Anjou. — Il quitte sa maîtresse, Anne Robert. — Siège de Châtel par les Lorrains. — L'arrivée du Téméraire fait lever le siège. — Entrée du duc Nicolas à Nancy. — Fière réponse de Simonin des Armoises. — Brutale conduite de Louis XI envers Nicolas. — Alliance de celui-ci avec le Téméraire. — Cadeaux faits par Metz. — La Simonin. — Metz. — Tentative de Crantz sur la ville. — Nicolas meurt sans avoir pu se venger. — L'évêque de Metz favorise le Téméraire.

Notes. — Marguerite de Calabre. — Villages dépendant de Metz. — Réponse narquoise d'un Messin à un député de Nicolas. — Epidémies à Metz. — Franchises d'Epinal.

De 1473 à 1508. René II 607

SOMMAIRE. — René II. — Sa devise. — Le Barrois est définitivement réuni à la Lorraine. — Maison d'Anjou fatale au pays. — René II enlevé par le Téméraire. — Alliance avec Louis XI. — L'empereur Frédéric III et le Téméraire à Metz. — René quitte l'alliance du roi pour celle du Téméraire. — Louis XI occupe diverses forteresses lorraines. — Coalition contre le Téméraire. — René y entre, provoque follement le Bourguignon, rançonne Verdun et ravage le pays Messin. — Le Téméraire entre en Lorraine. — Louis XI abandonne René. — Briey et nombre de places se soumettent au Bourguignon. — Dompaire maltraité. — La Lorraine française entre les mains de l'envahisseur. — Dieuze, Epinal se soumettent au Bourguignon. — Siège et reddition de Nancy. — Entrée du Téméraire dans la capitale selon l'*us* usité. — Il confirme les privilèges des Etats. — De Bièvre, gouverneur de Nancy. — Toul reçoit le Bourguignon. — Le Téméraire en Alsace et en Suisse. — Granson. — Soulèvements en Lorraine. — René à Lyon, puis à Saint-Nicolas et dans la Lorraine allemande. — Morat. — La Lorraine debout contre le Téméraire. — Doron à Bruyères. — Bayon enlevé. — Epinal se rend. — Siège de Nancy par les Lorrains. — Le Téméraire à Toul. — Second siège de Nancy par les Bourguignons. — René recrute en Suisse. — Chiffron. — Bataille de Nancy. — Mort du Téméraire. — Campo-Basso. — Fuyards bourguignons à Metz. — René Ier cède le duché de Bar à Louis XI. — Confiscations sur les nobles lorrains traitres. — Année de famine (1481). — Actes des Etats Généraux. — René II guerroyant pour Venise. — La Provence à Louis XI. — René s'allie avec la Dame de Beaujeu. — Le Barrois restitué. — Jeanne d'Harcourt répudiée. — Philippine de Gueldres. — Abandon forcé de Naples. — Constructions de René. — Aide de la Saint-Remy. — Henri de Vaudémont, évêque de Metz. — René attaque la Cité. — Odieux ravages réciproques. — Trahison de Jean de Landremont. — La duchesse à Metz. — Guerre avec le bailli de Luxembourg. — Toul. — Don à René du comté de Blâmont. — Toul capitule. — Prise de Void et de Vicherey par René. — Le duc, besoigneux, sollicite des aides. — Institutions juridiques. — Guerre de Sedan. — René signe un traité désavantageux. — Famine épouvantable. — Peste. — Lépreux. — Séquestration. — Etablissements religieux fondés par René. — Sa mort. — Trois de ses fils illustres. — Loi salique. — Philippine de Gueldres religieuse.

Lois promulguées. — *État social.* — Puissance acquise par les Etats sous les princes angevins. — Extension du pouvoir ducal par la défaite du Téméraire. — Avènement de la Bourgeoisie. — Communes. — Bundschuh. — Affranchissements arrachés. — Nature et étendue des affranchissements. — Plusieurs seigneurs possesseurs d'une même localité. — Noms de famille. — Tabellions. — Corporations. — Hans. — Associations diverses. — Verriers. — Imprimeries. — Papeteries. — Instruction. — Langue française obligatoire pour les actes publics. — Lettres, Sciences et Arts. — Mystères. — Pouvoir civil contrôlant la puissance ecclésiastique. — Mœurs relâchées du clergé. — Divertissements publics dans les églises. — Clergé en liesse. — Variété de la justice. — Pas de code pénal. — Diverses condamnations pour crimes et délits. — Bêtes coupables d'homicide condamnées et exécutées. — Délits ruraux. — Amendes. — Délits de pêche. — *Sorciers.* Premières condamnations.

Notes. — Coutume de Vaudémont. — Précautions des Messins contre l'Empereur. — — L'entrée de la ville refusée à l'armée du Téméraire. — Ravages des Bourguignons.

— 997 —

Tombe du bâtard de Vaudémont. — Animosité de Châtel contre Charmes. — Les Alsaciens-Lorrains annexés en 1870, fidèles à la France. — Les Messins heureux des revers de René. — 1777 et 1871. — Ignorance des Suisses en métaux précieux. — Couleurs lorraines. — Armoiries des villes et bourgs. — Chanoines de Toul favorables à René. — Distinction entre les deux invasions du Téméraire. — Juifs alsaciens victimes des Suisses allant en Lorraine. — Claude de Beaumont. — Charte octroyée par René aux Nancéiens. — Les Bourguignons battus, fugitifs aux portes de Metz. — Le chardon des armes de Nancy. — Le pressoir de Saint-Dizier, en 1477. — Jean de Wisse reçoit les biens confisqués sur Gaspard de Farille. — Simon des Armoises traître. — L'ours et le petit savoyard. — René maltraite Baccarat. — Noël contre les détracteurs des réformateurs. — René faux-monnayeur. — Forbin et Louis XI au sujet de la Provence et de l'Anjou. — Progrès réalisés. — États de 1480. — Lettre de défi du bâtard d'Auby à René II. — Libéralités forcées de Metz. — Pont-à-Mousson assaini. — Metz achète sa neutralité. — Intempéries attribuées aux sorciers. — Processions troublées par la pluie. — Prêtres bourguignons dans le Toulois. — Premiers messagers. — Gabelle sur le vin, le pain et la viande. — Droit de havage à Nancy. — Les Cordeliers. — Sages avis de René mourant. — Testament de René introuvable. — Peine de mort contre les arracheurs de bornes. — La glandée. — La nationalité lorraine. — La confiscation. — Tribunal des Assises. — Garde et armée des ducs. — Insurrection des serfs. — Estaulx. — Entrecours. — Charte de Gondrecourt. — Droits des seigneurs à Azerailles. — Autre charte. — Cordonniers. — Tailleurs. — Ménétriers. — Musiciens et instruments usités. — Contrats d'apprentissage. — Règlements pour les hôteliers. — Adam Rot, typographe. — Divers sujets des Mystères. — Style ogival. — Quêtes avec la tête de saint Mathieu. — Médecins soumis à l'approbation des évêques. — Lettre en français de l'évêque de Bamberg. — Statuts des chanoines de Saint-Dié. — Termes injurieux pour les maîtresses de prêtres. — Danses exécutées dans les Églises. — Échevin. — Nombreux exemples de condamnations pour crimes et délits. — Docteurs en médecine. — Pénitence publique. — Exécution d'animaux pour avoir dévoré des enfants. — Bourreau remplacé. — Maires sur la paille. — Valeur du miel. — Pêche et poissons rares. — Femme traînée sur la claie. — Chats brûlés à la Saint-Jean. — Croyance aux fées, etc. — Quêtes pour restaurer les édifices publics. — Style ogival. — Valeur approximative des denrées de toute nature.

HUITIÈME SECTION.

QUATRIÈME PÉRIODE. — **Depuis les guerres de religion jusqu'à l'occupation française.**

CHAPITRE X. — **De 1508 à 1545. Antoine**.................. 695

SOMMAIRE. — Noël et l'épithète de *Bon*. — Causes de la popularité d'Antoine. — Les États le proclament duc. — Impositions nécessitées par le mauvais état des finances. — Antoine jure de respecter les libertés des Toulois. — Agnadel. — Les Grands Jours réunis à Saint-Mihiel. — Gardes-du-Corps. — Paix sur les rives de la Moselle et de la Sarre. — Antoine épouse Renée de Bourbon. — Marignan. — René et sa femme à Laxou et à Nancy. — Disette et Peste. — Antoine bat deux aventuriers. — Châtel rendu à la Lorraine. — Juridiction ecclésiastique élargie au profit du pouvoir civil. — Entrevue du Drap d'Or. — Édit contre les blasphémateurs et contre les émancipations. — Jean de Lorraine, évêque de Metz. — Relâchement des mœurs du clergé. — Signes précurseurs de la Réforme. — Insurrection des paysans allemands. — Les douze articles des Rustauds. — Modération des paysans insurgés. — Ils respectent la liberté religieuse. — Rustauds lorrains. — Ils sont très nombreux dans le bailliage d'Allemagne. — Le bas clergé en faveur de la Réforme. — Inquisiteurs en Lorraine. — Défenses ordonnées par Antoine. — Rustauds de Dieuze et Antoine. — Adresse des chefs luthériens au duc. — Officier, avocat des protestants, décapité. — Sommes énormes offertes aux chefs catholiques. — Antoine lève une armée de condottieri et marche sur Dieuze. — Rustauds à Herbitzheim. — Marche sur Sarrebourg. — Gerber propose un armistice. — Antoine fait emprisonner le messager. — Loupestein. — Massacre de Saverne. — Odieuses exécutions. — Scherwiller. — Défaite des Rustauds. — Supplice du pasteur Schub. — Retour d'Antoine. — Son pèlerinage à Saint-Nicolas. — Enquête et répression dans la Lorraine allemande. — Aveux des ex-rebelles. — Leur nombre. — Sévère répression. — Couteaux enlevés. — Récompense aux orthodoxes. — Privilèges enlevés aux roturiers. — Jubilé accordé aux Lorrains. — Neutralité d'Antoine entre François Ier et Charles V. — Metz lui donne le titre de comte. — On lui livre le château de Void. — Landfried. — Troupes fournies contre le Turc. — Bandits repoussés. — Trêve de Nice due à Antoine. — Prétentions de la France sur le Barrois mouvant. — Charles V refuse de restituer le duché de Gueldres. — 1540, la chaude année. — Sorciers. — Mariage du futur duc François Ier avec Christine de Danemarck. — Stenai abandonné à la France. — Traité de Nuremberg consacrant l'indépendance de la Lorraine (1542). — Nouvelle tentative d'Antoine pour la paix. — Subside voté pour la défense du pays.

Trois-Évêchés. — *Metz.* — Catégorie des citoyens disposés à accueillir le protestantisme. — Prosélytes à Metz. — Jean de Lorraine et ses parents, trafiquant du siège épiscopal de la Cité, poussent au luthéranisme. — Prohibition des magistrats. — Supplice de Jean Châtelain. — Jean Leclerc. — Jacques le libraire. — Expansion du protestantisme. — Guillaume Farel. — Ses controverses. — Les femmes l'attaquent. — Temple protestant à Metz. — Guise attaque Gorze. — Odieux massacre. — Farel s'échappe. — Intolérance à Metz. — Charles V jure de conserver les privilèges des Messins et visite armes et fortifications. — Dons qu'on lui offre. — Ordonnances contre l'hérésie. — Deux autres visites de l'Empereur. — Charles V, despote.

Toul. — La ville rançonnée par François Ier et Charles V. — Peste de 1522. — Disette de 1521. — Nouveaux fléaux en 1528-29. — Conflit à propos de Vicherey. — Inquisiteur à Toul. — L'évêque d'Hocédy est mal accueilli. — Détresse en 1544.

Verdun. — Troupes et argent contre les Rustauds. — Concordat germanique. — Furstemberg battu par Guise. — Expansion générale du protestantisme.

Justice. — Jean Blin et sa femme. — Lois cruelles contre les Égyptiens. — Lois sévères sur la chasse. — Fauconnerie. — Corvées de chasse.

Notes. — Devise d'Antoine. — Luxe de table en 1524. — Assemblée des Grands Jours. — Bayard défend le duc de Lorraine. — Filiation des Guises. — Étangs battus pour faire cesser les coassements des grenouilles. — Chaud été de 1516. — Vers adressés à Renée de Bourbon. — Sa réception à Metz. — Mines du Val-de-Liepvre. — Mesures cruelles contre les blasphémateurs. — Publication des bulles soumises à l'approbation du Duc. — Assassinat impuni commis par Claude de Vaudémont. — Ignorance et relâchement du clergé. — Corruption des mœurs de certains clercs. — Rustauds. — L'article premier des Rustauds justifié. — Qu'est-ce que les douze articles, et l'arbre de liberté ? — Cause de l'échec des Rustauds. — Ils ne prennent que les biens du clergé. — Les paysans à Morhange. — Soulèvement dans les châtellenies de Dieuze, etc., les prévôtés de Boulay, etc. — La portion congrue. — Récit de Dom Calmet sur l'insurrection. — Doutes de Bourdon sur les libéralités du clergé. — Rapide organisation de l'armée lorraine. — Avocat des Rustauds tué par ordre d'Antoine. — Digot essaye de justifier le Duc. — Prétendu saut d'Antoine près de Saverne. — Lansquenets. — Les Rustauds jugés par un écrivain clérical. — Massacres des Rustauds constatés. — Thierriat flétrit la déloyauté d'Antoine. — Gerber et ses lettres. — Antoine après sa victoire. — Insurgés debout à Kœstenholz. — Massacre ordonné par Guise. — Jeûne observé par les bourreaux des Rustauds. — Nombre de victimes de la guerre. — Les habitants de Saint-Hippolyte pressurés. — Articles des conditions du pardon. — Sur la fondation d'une messe commémorative à Saint-Nicolas. — Alsaciens victimes de l'insurrection. — Jugement de Weil, — de Chevrier, — et de Beaupré. — Moyens employés pour l'enquête.

— La Lorraine allemande. — Valeur des enquêtes contre les adversaires politiques ou religieux. — L'enquête de 1525. — Bermeringer et Brubach. — Diverses faces de l'enquête. — Répression cruelle. — Confiscations. — Composition en payant des amendes — Griefs dérisoires contre la veuve Matern de Marmoustier. — Exécution d'Antoine de Grosbliedersdorf. — Jeûne rompu. — Liberté de répression accordée au duc de Deux-Ponts, à Philippe de Harengs. — Rémission accordée à un luthérien du Valde-Lièpvre — Insurgés châtiés. — Bliesbrucken et les Rustauds. - Épinal protestant. — Nouvelles mesures coercitives contre les Réformés. - Typographie proscrite indirectement. - Traité d'Antoine avec l'archevêque de Trèves. — Diverses acquisitions d'Antoine. — Uniforme aux soldats. — Édits contre le clergé — Claudine Boussard. — Misère et intempéries des saisons témoignant contre les prétentions des orthodoxes. — Aide imposé pour la conquête de la province de Gueldres. — Ducs indépendants de l'Empire. — Landsfried. — Population de la Lorraine. — Anoblis. — Bartholoméo Castel San Nazar. — Processions sans résultat contre les intempéries. — Température insolite. — Jean de Lorraine et ses riches prébendes. — La duchesse de Lorraine à Metz — Cadeaux divers des citains. — Metz, fief d'Antoine. — Notables messins protestants. —Corneille Agrippa. — Farel et les moines. — Guerres privées. — Linge et toile. — Protestantisme proscrit à Metz. — Médecins à Toul. — Chanoines toulois, seigneurs laïques. — Statuts publiés par l'évêque Hugues des Hazard. — Condamnations diverses. — Fauconnerie. — Corvées de chasse. — Température et récoltes à Toul.

De 1544 à 1546. François Ier 763

SOMMAIRE. — Charles V attaque et prend Commercy et Ligny. — Paix de Crespy. — Désordres commis par les Impériaux dans notre pays. — Les Lorrains les repoussent. — Entrée du duc à Nancy — Il succombe à une série d'attaques d'apoplexie. — Le premier des ducs, il eut une oraison funèbre. — État social de 1500 à 1550. — Fléaux qui s'abattent sur le pays. — Commerce. — Verre exporté. — Produit des mines. — Vins et bois exportés. — Littérateurs et historiens. — Mystères représentés. — Imprimeries à Metz, etc. — Édifices construits.

Notes. — Devise de la duchesse. — Empennicks et soldats de l'époque. — Vêtements mortuaires de François Ier. — Jeu de quilles permis à Metz. — Planches de sapin et péages sur les fleuves. - Typographie stérile.

De 1545 à 1608. Charles III 770

SOMMAIRE. — Charles III. — Christine de Danemarck et le prince Nicolas, régents par le vote des États. — Henri II, roi de France, défend de fortifier La Mothe. — Édit contre le Protestantisme. — Ligue du roi de France avec les Électeurs allemands. — Causes qui favorisent l'entreprise de Henri II sur les Trois-Évêchés. — Occupation de Toul par les Français. — Charles III enlevé et conduit à la cour de France. — Prise de Gorze par Montmorency. — L'évêque de Metz conspire en faveur des Français. — Des traîtres livrent Metz. — Serment à Henri II, prêté par la nouvelle administration municipale. — Rebuté à Strasbourg, le roi de France prend Damviller et entre à Verdun. — Charles V. — Le marquis de Brandebourg bat le duc d'Aumale près de Lupcourt et passe à l'Empereur. — Henri II fortifie Metz, Toul et Verdun. — Charles V vient pour assiéger Metz. — Siège de cette ville — Guise et les maladies forcent les Impériaux à la retraite. — Désordres affreux à Metz. — Dévastations des campagnes. — Détestable administration du gouverneur de Gonnor. — Révolution communale opérée par l'évêque. — Sage administration du gouverneur de la Vieilleville.— Conjuration et supplice des Cordeliers. — Citadelle à Metz. — Siège et prise de Thionville. — Cette ville peuplée de Messins et de Français. — Tristes résultats de de cette campagne. — Diverses impositions votées par les États, en Lorraine. —

Maria. de Charles III avec Claude de France. — Il ajourne son entrée solennelle à Nancy dans des vues despotiques. — Donation à l'ex-régent Nicolas de Lorraine. — Charles III à Remiremont. — Entrée à Nancy et prestation du serment constitutionnel. — Doléances de la noblesse. — Charles III favorisé par l'Empereur. — Il obtient la garde (platonique) de Toul. — Révocation des aliénations domaniales opérées par les régents.

Protestantisme. — Il se répand en Lorraine, — à Pont-à-Mousson, — à Saint-Nicolas, — à Mattaincourt. — Répression dans ces localités. — Fuite de Des Masures. — Supplice du Florentin. — Saint-Mihiel réclame la liberté religieuse. — La Chevalerie imite cet exemple. — Olry Duchâtelet — Jean IX, comte de Salm. — Le Luthéranisme dans le val de Senones, — à Fénétranges. — Charles III ne néglige rien pour arrêter l'expansion de la Réforme.

Metz. — Extension du Luthéranisme dans cette ville. — Temples protestants à Metz. — Librairies protestantes. — Effets de la Saint-Barthélemy, à Metz.

Toul. — Le Protestantisme s'implante à Toul. — Efforts du clergé pour l'enrayer. — Excès des Luthériens. — Riposte des Catholiques. — Charles IX arrête les progrès des religionnaires.

Verdun. — La cité est asservie, grâce aux évêques. — Inquisiteur à Verdun.

Guerres de religion. — L'armée luthérienne en Lorraine. — Baccarat. — Dieulouard. — Les Protestants messins essayent de rétablir la République. — Charles III prête trente mille écus au cardinal de Lorraine. — Ravages du duc d'Aumale en Lorraine. — Charles IX, en Lorraine. — Après Jarnac, persécution contre les Protestants messins. — Les religionnaires allemands prennent Vicherey. — Dégâts en Lorraine. — Edit de Charles III contre le Protestantisme et pour la réformation des abbayes. — Il s'empare de Bitche, passé au protestantisme. — Réforme judiciaire. — Droit civil. — Abolition des Coutumes (grandes et petites). — Le Parlement de Saint-Mihiel substitué aux Grands Jours. — Essai d'unification des mesures. — Création de l'Université de Pont-à-Mousson. — Port d'armes défendu aux Mussipontains. — Libéralité pécuniaire du clergé pour la répression de la Réformation. — Acquisition de diverses seigneuries.

La Ligue. — Aspirations de Charles III au trône de France. — Conciliabule guizard à Nancy. — On y organise la Ligue catholique. — Les Ligueurs, maîtres de Verdun. — Henri III se déclare chef de la Ligue. — Ordonnances sévères pour extirper le protestantisme de la Lorraine. — Vote, pour six ans, de fortes impositions par les Etats Généraux. — Guerre de Sedan. — Le Duc lève des troupes pour défendre la Lorraine menacée. — Les Protestants maîtres de Sarrebourg. — Les vaincus de Vimori et d'Alnau ravagent la Lorraine. — Odieuse expédition de Montbéliard. — Assassinat des Guises à Blois. — Charles III entre en campagne. — Les Etats votent des sommes énormes. — Siège de Jametz. — Pourparlers en faveur du mariage du futur duc Henri II avec Mademoiselle de Bouillon. — Jametz se rend enfin. — Nouveaux subsides votés par les Etats. — Charles emprunte encore à divers. — Assassinat de Henri III. — Le duc envoie son fils à Paris avec des troupes. — Toul ouvre ses portes à Charles. — Marsal pris par les Messins. — Précautions prescrites aux Lorrains contre les surprises. — Impôt jeté sur le comté de Vaudémont. — Le maréchal d'Aumont dans le Barrois. Victoire de Charles III en Alsace sur les Allemands. — Il est candidat au trône de France. — Nouveaux impôts votés par les Etats. — Escarmouches entre Lorrains et Messins. — Marsal repris. — Dévastations dans la banlieue de Metz. — Trêve non ratifiée par Henri IV. — Troupes lorraines envoyées à Paris. — Nouveaux impôts votés. — Mademoiselle de Bouillon épouse Turenne qui prend Stenay. — Guerre en Champagne. — Défaite de Beaumont. — Dun, pris aux Lorrains. — Nouvelles impositions votées par les Etats Généraux. — Don pécuniaire du clergé. — Convention avec Henri IV. — Prise de Stenay. — Charles III, candidat au trône fleurdelysé. — Ses titres. — Dans trois réunions les États (1593) votent des subsides. — Traité de Folembray. —

Résultats de la folle ambition de Charles III. — Continuation de votes de subsides par les Etats Généraux. — Plusieurs sessions. — Précautions indispensables contre les soudards licenciés. — Nouvelles précautions et rigueurs contre les Calvinistes. — Livres proscrits.
Administration de Charles III. — Le duc défend de porter des armes. — Il recherche la main de Catherine de Bourbon. — Mariage étrange. — Mort de la duchesse Catherine. — Henri IV à Metz et à Nancy. — Le futur duc Henri II épouse Marguerite de Gonzague. — Cour de Charles III. — Principales réformes opérées. — Agrandissements de Nancy. — Mort du Duc. — Jugement sur son règne.
Législation. — Duels prohibés. — Mesures prises pour écarter les abus chez le clergé. — Police des vivres. — Règlements pour les mendiants et vagabonds. — Edit contre les blasphémateurs. — Lois pour la voirie.
ÉTAT SOCIAL. — *Institutions politiques et administratives.* — Extension du pouvoir ducal. — Prodigalité de Charles III. — Actes d'absolutisme. — Roturiers au gouvernement. — Lettres de noblesse vendues. — Nobles, Clergé et Tiers Etat, aux Etats Généraux. — Représentants du Tiers peu connus. — Organisation des Etats. — Vote par ordre. — Doléances des Etats contre la Magistrature. — Tribunal des Assises. — Il supplée parfois les Etats. — Le pouvoir ducal lui devient supérieur. — Parlement de Saint-Mihiel. — Tribunaux consulaires. — Délits conservés au jugement des prévôts. — Les principaux droits seigneuriaux. — Haute, moyenne et basse justice. — Torture. — Instruments de torture. — Grésillons. — Echelle. — Tortillons. — Estrapade. — Branlure. — Brodequins. — Frontal. — Jarretière.
Plaids annaux. — Réforme du clergé. — Monastères. — Haut clergé. — Synodes. — Intolérance. — Institutions militaires. — Troupes régulières. — Milices. — Fêtes publiques. — Population de certaines villes. — Commerce. — Sel. — Verre. — Papier. — Mines. — Charles III, protecteur des sciences, lettres et arts. — Illustrations en tous genres. — Ecoles. — Savants et artistes.
Sorcellerie. — Sorciers. — Haute-Justice. — Sabbat. — Exécutions à Metz. — Enfant mis à mort comme sorcier.
Agriculture. — Vaine pâture. — Assolements. — Troupeaux. — Pommes de terre. — Vignes.
Notes. — Devises de Charles III. — Misère dans le pays messin. — Adhérents au protestantisme. — Ressources fiscales de Toul. — Toul rançonné. — Metz endetté. — Mécontent populaire à Metz. — Le cardinal de Lorraine gagne Toul aux Français. — Droits et privilèges des Toulois. — Toul désarmé. — Population de Metz. — Fanatisme religieux. — Trahison qui livre Metz. — Récit de François de Rabutin. — Armes dans les arsenaux de Metz. — Souveraineté de la France. — Familles des Paraiges. — Le temporel de l'Evêché indépendant. — Détresse dans Metz pendant le siège. — Etat lamentable des soldats ennemis. — Les Impériaux, au lendemain du siège. — Devise orgueilleuse de l'Autriche. — Réponse des Messins. — Livres protestants brûlés. — Privilèges des Messins. — Peste à Metz (1556). — Résultats de l'ambition de la maison d'Autriche. — Polvillers à Rambervillers. — Guise écarté pour le traité de Câteau-Cambrésis. — Juifs à Metz. — Habillements de soie défendus aux bourgeois. — Deux entrées solennelles à Nancy. — Don de joyeux avènement pour Charles III. — L'évêque de Toul vend les droits régaliens à Charles III. — Grand hiver de 1564. — Garde-du-Corps de Charles III. — Les Guises à Saverne et Christophe de Wurtemberg. — Seigneurs lorrains gagnés au protestantisme. — Mariage de Dandelot. — Protestants à Metz. — Salcide à Marsal, Vic et Albestroff. — Argenterie du Chapitre de Toul volée à Nancy. — Enterrements protestants à dix heures du soir. — L'évêque Psaume et le protestantisme à Verdun. — Eglises dépouillées pour combattre le protestantisme. — Baptême protestant donné à la fille de Pierre de Deuilly. — L'évêque d'Hocédy impopulaire. — Protestants persécutés à Verdun. — Calviniste brûlé à Ligny. — La mute à Metz et le protestantisme. — Hérétiques pires que le démon. — Traîtres pendus. — Observance obligatoire des jours fériés et de l'abstinence de gras. — Sévérités contre les filles publiques. — Diverses condamnations pour mœurs déréglées. — Femmes dans les camps. — Divers arrêts et condam-

nations. — Mariage géminé. — Les habitants de Lagney changeant de femmes. — Règlement pour les droits de souveraineté sur le Barrois. — Première école de médecine. — Justice en Lorraine avant la loi de Beaumont. — Réforme ordonnée par Charles III. — Coutumes réformées. — Nouvelle Chambre en Lorraine. — Abus dans l'exercice de la justice par les Grands Jours. — Caractères des élèves de l'Université de Pont-à-Mousson. — Discussion sur le mot Pont-à-Mousson. — Dépenses personnelles de Charles III. — Le cardinal de Vaudémont. — Femme et maîtresse de Charles III. — Le cardinal de Lorraine. — Privilèges ecclésiastiques de certaines familles nobles. — Tristes résultats de la prétendue neutralité de Charles III. — Charles III acquis aux Ligueurs. — Premiers régiments d'infanterie. — Levées d'hommes. — Impôts énormes consentis par les Etats. — Phalsbourg. — Protestants tenus en échec. — Ennemis ivres exterminés. — Contagion à Toul. — Sommes dues au duc par Henri III. — Termes de la capitulation de Jametz. — Sommes levées par Charles III, en 1589. — Prêts divers. — Nancy. — Fortifications. — Ville vieille. — Ville neuve. — Ville de Stanislas. — Traîtres exécutés. — Titres de Charles III au trône. — Femmes de Philippe II. — *Il padre Toledo*. — Etat déplorable du clergé de Toul. — Sacrifices de Charles III pour la cause catholique. — Les quatre cloches de Saint-Epvre à Nancy. — Les Conventionnels de 1793 plagiaires de Charles III. — Levée d'hommes pour la guerre. — Sacrifices d'argent. — Exploitation du peuple et intolérance religieuse seule cause des guerres. — Henri, fils de Charles III, proposé pour roi. — Philippe II achète les députés. — Titres de Charles III et de son fils au trône de France, comme descendants des Carlovingiens. — Refus de certains subsides par les Etats Généraux. — Cent évêques en faveur de Henri IV avant sa conversion. — Charles III voit réduire le chiffre accordé par Henry IV. — La Bourlotte. — Consentement des Etats. — Obligation pour impôts. — Jolly, curé meusien condamné pour un libelle. — Mœurs des écoliers de l'Université de Pont-à-Mousson. — Henri IV et les excès de Vénus. — Mariage de Henri II avec Catherine de Bourbon. — Discussions religieuses à la Malgrange. — Miracle à rebours. — Prohibitions à la suite du décès de Catherine de Bourbon. — Henri IV et les verriers. — Le cardinal Jean de Lorraine. — Les chanoines de Toul refusent de céder le temporel. — Etablissements des divers enfants de Charles III. — Jean IX, comte de Salm. — Réforme du calendrier. — Conseillers de Ville à Nancy réduits de 12 à 7. — Sobriété du duc. — Presse de misérables faite pour les fortifications de Nancy. — Bizarrerie des coutumes de Marsal, de Sainte-Marie et de Charmes. — Résumé des Coutumes. — Procureur et Prévôt à la Chambre de Ville. — Effets lamentables des guerres civiles et religieuses. — Les trois Bailliages pour la Justice. — Portrait de Charles III. — Edit sévère pour soldats délinquants. — Sur les funérailles de Charles III. — Bulle *in Cœna domini*. — Archives des Notaires créées. — Edits : — pour les hôteliers — sur la chasse — les maraudeurs — les mendiants du duché et bailliages. — Libertés d'Etain. — Gentilshommes verriers. — Dénombrement. — Finance pour lettres de noblesse. — Anoblis. — Pouvoir des ducs presque absolu dans le Barrois. — Noblesse exigée pour les Chapitres. — Rhingraves figurant dans l'ancienne Chevalerie. — Députés du Tiers conviés aux cérémonies nationales. — Villes et villages de la Lorraine. — Pouvoir des Etats Généraux. — Cause des bourgeois jugée. — Action des nobles pour crimes. — Obligation de siéger aux Assises. — Juridictions locales établies. — Prévôts. — Exemples de crimes punis. — Esquisse historique sur la justice en Lorraine avant la réforme de Charles III. — Le duc supérieur aux nobles pour la justice. — Sentences et exécutions cruelles. — Droit du plus fort toujours en vigueur. — Haute, moyenne et basse justice. — Signe patibulaire. — Les grésillons et l'échelle tourment atroce. — Mise à délivre. — Ordonnance pour la tenue des plaids annaux. — Maires élus par corruption. — Principaux droits féodaux. — Droit d'entrée à Nancy. - Bâtards légitimés. — Réglementations pour observances religieuses. — Registres de paroisses. — Moines débauchés. — Les abbesses de Poussay. — Quêtes scandaleuses. — Punition pour avoir mangé chair le vendredi. — Origine du mot *infanterie*. — Musique militaire. — Punition d'un blasphémateur. — Droit des curés des nouvelles paroisses de Nancy. — Mont-de-Piété à Nancy. — Gabelle, id. — Métiers id. — Fabriques id. — Messageries. — Prix de journée d'un ouvrier. — Deux cent mille pèlerins à Saint-Nicolas. — Pierre à mariage dans l'église de Saint-Nicolas. — Vente du sel en Lorraine. —

Prescriptions pour les bouchers et boulangers de Vic. — Papeteries lorraines. — Imprimeries. — Tailleurs pour femmes à Nancy. — Erard le géomètre. — Fortifications de Nancy — Cartulaire de Lorraine — Vers de Henri Humbert (aveugle). — Un maître d'école hérétique brûlé. — Lettres d'anoblissement de Claude Crock. — Privilèges accordés à Médard Chuppin. — Barnabistes exorciseurs introduits en Lorraine. — Neuf cents sorciers brûlés — L'abbé Bexon sur Remy, le bourreau des sorciers. — Saint Mauris, id. — D. Calmet croit aux sorciers. — Procès de Claudon d'Amecy. — Jean Gaudel torturé et vengé par sa veuve. — Supplice de Simon le Malfait. — Barbe, femme de Jean Remy de Moyemont. — Claude, enfant de onze ans exécuté comme sorcier. — Jean, prêtre à Affraucourt. — Mathis accusé de sorcellerie pour n'avoir pas communié à Pâques. — Supplice de Claudon Hardier. — Dominique Cordel, curé de Voméocurt. — Procès de sorciers à Toul d'après Albert Denis. — Catherine de Lorraine ensorcelée, et le chevalier de Tr... pendu. — Procès contre les rats. — Procès du porc Claudon. — Température dans le Toulois. — Contagion id. — Fruits sauvages abondants. — Défrichements à Champigneulles. — Goüaulx arrachés à Toul. — Famine à Commercy. — Costume d'un pauvre.

De 1608 à 1624. Henri II.................. 960

SOMMAIRE. — Henri II. — Son portrait. — Il diffère son entrée solennelle. — Mesures contre les pauvres. — Subsides votés par les États. — Essais d'absolutisme. — Précautions contre les premiers actes militaires de la guerre de Trente ans. — Mansfeld et Brunswick en Lorraine. — Persécutions contre les Protestants en Lorraine, dans le comté de Salm, à Lixheim. — Ancerville et Vaudémont briguent la main de Nicole. — Le baron de Lutzelbourg assassiné. — Action du Père Dominique sur le Duc. — Mariage de Vaudémont et de Nicole. — Prodigalité de Henri II. — Vingt mille messes pour le repos de son âme.

Législation. — Ordonnances sur les duels, prairies, vins, cabarets, etc.

Religion. — Persécutions contre les Religionnaires. — Enseignement ultramontain. — Cruauté contre les sorciers. — Charles Poirot, de Remiremont, supplicié.

Sur les *lettres, sciences et arts*, imprimerie, commerce, voitures publiques.

Notes. — Devise de Henri II. — La Lorraine prospère. — Mendicité onéreuse. — Manière de procéder aux États Généraux. — Le roi des Ribauts. — Brasseries. — Bière. — Cervoise. — États Généraux et Ducs. — Uniforme des soldats. — Ravages de Mansfeld et de Brunswick. — Le Père Fourrier. — Délits forestiers réprimés. — Ancerviller. — Il persécute les Protestants. — Bâtards légitimés. — Règlements contre les cabarets. — Collège des Jésuites à Nancy. — Jean Leurechon. — Recluses lorraines. — Métiers à Saint-Nicolas. — Brutalités judiciaires. — Voitures publiques. — Luxure du clergé. — École protestante à Metz. — Prix du papier. — Dyssenterie.

Nous croyons être agréable à nos lecteurs en transcrivant les fragments humoristiques suivants que nous avons relevés sur les registres de certains de nos anciens tabellions (notaires) dans le cours de nos recherches pour l'*Histoire de Lorraine*.

Qui abreuve son cheval chauld et froid à toutes eaues, et menne chien à toutes boucheries, et jeune femme à tous festins, bancquetz et festes, il est en danger d'avoir son cheval poulsiffe, son chien cocquin et sa femme p...

NICOLAS DE BAR, tabellion à Nancy.

On dit souuent qu'amour fait moult
Mais par-dessus argent fait tout.
Tant fussent-ils puissant et grant gent
Deschassez furent par argent.

(Chron. de Metz, en vers, 1375).

Dormir ne puis sy ne suis yvre,
Et sans dormir je ne peulx vivre ;
Or faut il doncques, si je veulx vivre,
Que je sois tous les jours yvre.

Amour de femme et ris de chien,
Tout n'en vault rien que ne dict tien.

Item gourmandise est-ce mal ?
Jesus-Christ fit-il pas la cène ?
Mangea-t-il pas l'agneau pascal
Devant sa passion et peine ?

Ne plaide point et suis l'avis que je te donne
Laisse-là le procès, crois-moi.
— Mais mon procureur dit que mon affaire est bonne.
— Oui, pour lui, mais non pas pour toi.

Plaider ! oh, la plaisante chose !
Quel fruit prétends-tu donc, plaideur, de tes lauriers ?
Il ne t'en reviendra qu'une métamorphose
De tes sacs pleins d'écus en sacs pleins de papiers.

(LE NOBLE, procureur-général vers 1660).

J'aimerais mieulx aller sans chausses et sans cotillon, et boire du bon. (1623) *Liv. des Enquér. de Toul*, p. 119.

—

On dit que les poètes,
Faisant des vers, grattent leurs têtes ;
Mais quand je vois Cusson, dans ses vers malotrus,
Du prince de Lixheim nous chanter les vertus,
De ce jeune héros parler comme une bête,
Je dis : Si Cusson est poète,
Cusson n'a pas gratté sa tête
Cusson n'a gratté que son c...

—

D'Adam nous sommes tous enfants ;
La preuve en est connue
Et que tous nos parents
Ont mené la charūe.
Mais las de cultiver enfin
Leur terre labourée,
L'un a dételé le matin
L'autre l'après diné

—

Quand Adam mangea la pomme
Où étoit le gentilhomme ?

A. I., 20ᵉ an., p. 80.

—

O père des humains la sagesse est profonde
Mais à quels plats tyrans as-tu livré le monde !

L'abbé GRÉGOIRE.

—

(Sur M. de Beaubourg, intendant de Lorraine)
. . . .
Malgré Beaubourg qui avait entrepris
De nous mettre en sabots.
Qu'il est sot,
Ce bigot,
Ce cagot,
Ce mangeur d'escargots.
. . . .

« Modeste en ma couleur, humble dans mon séjour,
Franche d'ambition, je me cache sous l'herbe ;
Mais si sur votre front, je puis me voir un jour,
La plus humble des fleurs sera la plus superbe. »

Claude François REBOUCHER.

Je venais avec grand respect,
Pour vous apporter vos étrennes ;
Mais en paraissant en corset,
C'est vous qui me donnez les miennes.

NOTA. — Sur la demande d'un certain nombre de souscripteurs, l'auteur s'est déterminé à continuer dans un APPENDICE, l'Histoire de la Lorraine *jusqu'à nos jours*.

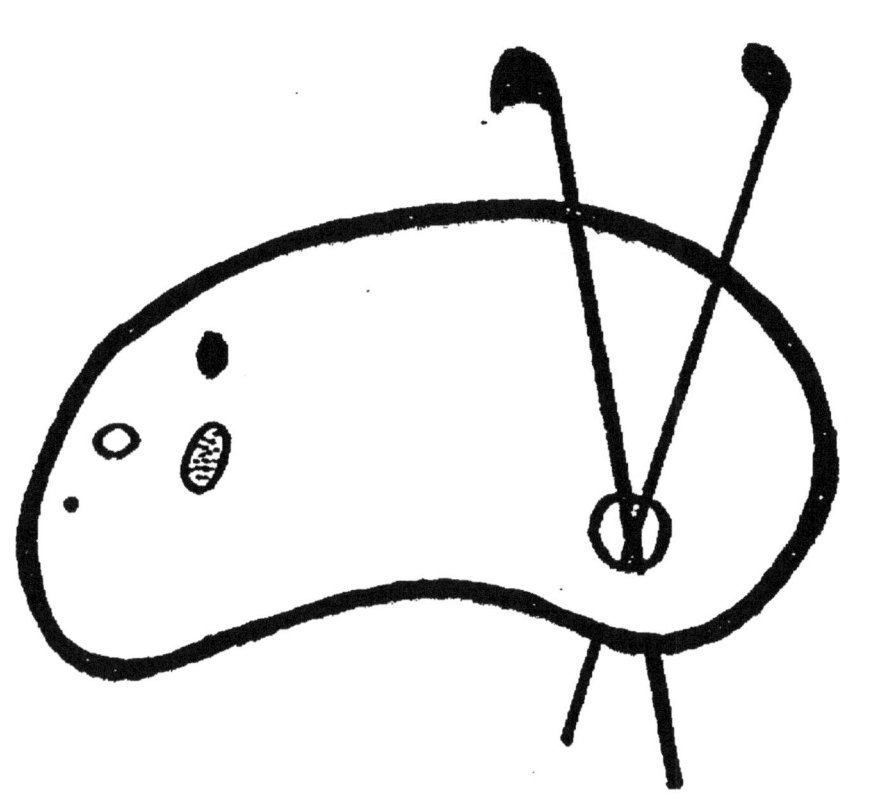

ORIGINAL EN COULEUR
NF Z 43-120-8

www.ingramcontent.com/pod-product-compliance
Lightning Source LLC
Chambersburg PA
CBHW060359170426
43199CB00013B/1928